U0739536

陇上学人文存
LONGSHANG XUEREN WENCUN

陇上学人文存

邵国秀 卷

邵国秀 著 肖学智 岳庆艳 编选

甘肃人民出版社

图书在版编目（CIP）数据

陇上学人文存．邵国秀卷 / 范鹏，马廷旭总主编 ；邵国秀著 ；肖学智，岳庆艳编选．-- 兰州 ：甘肃人民出版社,2023.1
ISBN 978-7-226-05898-5

Ⅰ．①陇… Ⅱ．①范… ②马… ③邵… ④肖… ⑤岳… Ⅲ．①社会科学－文集 Ⅳ．①C53

中国版本图书馆CIP数据核字(2022)第224264号

责任编辑：张　菁
封面设计：王林强

陇上学人文存·邵国秀卷

范鹏　马廷旭　总主编
邵国秀　著　肖学智　岳庆艳　编选
甘肃人民出版社出版发行
（730030　兰州市读者大道568号）
兰州新华印刷厂印刷
开本890毫米×1240毫米　1/32　印张14.75　插页7　字数371千
2023年1月第1版　2023年1月第1次印刷
印数：1~1000

ISBN 978-7-226-05898-5　定价:60.00元

《陇上学人文存》第一辑

《陇上学人文存》第五辑

《陇上学人文存》第七辑

《陇上学人文存》第八辑

《陇上学人文存》第十辑

总　序

陇者甘肃，历史悠久，文化醇厚。陇上学人，或生于斯长于斯的本地学者，或外来而其学术成就多产于甘肃者。学人是学术活动的主体，就《陇上学人文存》（以下简称《文存》）的选编范围而言，我们这里所说的学术主要指人文社会科学研究。《文存》精选中华人民共和国成立以来，甘肃人文社会科学领域成就卓著的专家学者的代表性著作，每人辑为一卷，或标时代之识，或为学问之精，或开风气之先，或补学科之白，均编者以为足以存当代而传后世之作。《文存》力求以此丛集荟萃的方式，全面立体地展示新中国为甘肃学术文化发展提供的良好环境和陇上学人不负新时代期望而为我国人文社会科学事业做出的新贡献，也力求呈现陇上学人所接续的先秦以来颇具地域特色的学根文脉。

陇原乃中华文明发祥地之一，人文学脉悠远隆盛，纯朴百姓崇文达理，文化氛围日渐浓厚，学术土壤积久而沃，在科学文化特别是人文学术领域的探索可远溯至伏羲时代，大地湾文化遗存、举世无双的甘肃彩陶、陇东早期周文化对农耕文明的贡献、秦先祖扫六合以统一中国，奠定了甘肃在中国文化史上始源性和奠基性的重要地位；汉唐盛世，甘肃作为中西交通的要道，内承中华主体文化熏陶，外接经中亚而来的异域文明，风云际会，相摩相荡，得天独厚而人才辈出，学术思想繁荣发达，为中华文明做出了重要贡献。

近代以来，甘肃相对于逐渐开放的东南沿海而言成为偏远之地，反而少受战乱影响，学术得以继续繁荣。抗日战争期间作为大后方，接纳了不少内地著名学府和学者，使陇上学术空前活跃。新中国成立之后，人文社会科学领域的专家学者更是为国家民族的新生而欢欣鼓舞，全力投入到祖国新的学术事业之中，取得了一大批重要的研究成果，涌现出众多知名专家，在历史、文献、文学、民族、考古、美学、宗教等领域的研究均居全国前列，影响广泛而深远。新中国成立之后，人文社会科学几次对当代学术具有重大影响的争鸣，不仅都有甘肃学者的声音，而且在美学三大学派（客观派、主观派、关系派）、史学“五朵金花”（史学在新中国成立之后重点研究的历史分期、土地制度史、农民战争史等五个方面的重点问题）等领域，陇上学人成为十分引人注目的代表性人物。改革开放以来，甘肃学者更是如鱼得水，继承并发扬了关陇学人既注重学理求索又崇尚经世致用的优良传统，形成了甘肃学者新的风范。宋代西北学者张载有言：“为天地立心，为生民立命，为往圣继绝学，为万世开太平”，此乃中华学人贯通古今、一脉相承的文化使命，其本质正是发源于陇原的《易》之生生不已的刚健精神，《文存》乃此一精神在现代陇上得到了大力弘扬与传承的最佳证明。

《文存》启动于中华人民共和国成立六十周年之际，在选择入编对象时，我们首先注重了两个代表性：一是代表性的学者，二是代表性的成果，欲以此构成一部个案式的甘肃当代学术史，亦以此传先贤学术命脉，为后进立治学标杆。此议为我甘肃省社会科学院首倡，随之得到政界主要领导、学界精英与社会各界广泛认同与政府大力支持，此宏愿因此而得以付诸实施。

为保证选编的权威性，编委会专门成立了由十几位省内人文社会科学领域著名学者组成的专家指导委员会，并通过召开专题会议研讨、发放推荐表格和学术机构、个人举荐等多种方式确定入选者。为使读者对作者的学术成就、治学特色和重要贡献有比较准确和全面的了解，在出版社选配业务精良的责任编辑的同时，编委会为每一卷配备了一位学术编辑，负责选编并撰写前言。由于我院已经完成《甘肃省志·社会科学志》（古代至1990年卷，1990至

2000 年卷）的编辑出版工作，为《文存》的选编提供了坚实的基础和基本依据，加之同行专家对这一时期甘肃人文社会科学发展的研究，使《文存》能够比较充分地反映同期内甘肃人文社会科学的基本状况。

我们的愿望是坚持十年，《文存》年出十卷，到 2019 年中华人民共和国成立七十周年之际达至百卷规模。若经努力此百卷终能完整问世，则从 1949 至 2009 年六十年间陇上学人以“人一之、我十之，人十之、我百之”的甘肃精神献身学术、追求真理的轨迹和脉络或可大体清晰。如此长卷宏图实为新中国六十年间甘肃人文社会科学全部成果的一个缩影，亦为此期间甘肃人文社会科学学术业绩的一次全面检阅，堪作后辈学者学习先贤的范本，是陇上学人献给祖国母亲的一份厚礼。此一理想若能实现，百卷巨著蔚为大观，《文存》和它所承载的学术精神必可存于当代，传之后世，陇上学人和学术亦可因此而无愧于我们所处的伟大时代，并有所报于生养我们的淳厚故土。

因我们眼界和学术水平的局限，选编过程中必定会出现未曾意料的问题，我们衷心期望读者能够及时教正，以使《文存》的后续选编工作日臻完善。

是为序。

2009 年 12 月 26 日

目 录

三、地方文献研究整理

四、书画赏析

编选前言

邵国秀先生长期从事图书馆学情报学的研究、教学及图书馆管理工作,是享誉省内外的著名图书馆学家。他崇尚学以致用的学术理念,常常站在一个广阔的视野上,对图书情报工作实践和理论研究中的各种问题,加以科学的解析,提供一个新颖的思路,以问道的精神将理论研究和实践经验融入图书馆的具体工作中。他既是潜心学术的研究者,也是传道授业的解惑者,更是省级图书馆的领导者,“知行结合”是贯穿其学术思想及学术实践始终的主题。

邵国秀(1937—2016 年),北京顺义人。1961 毕业于北京大学图书馆学系,支边来到甘肃省图书馆工作,历任甘肃省图书馆科技服务部、研究辅导部副主任及甘肃省图书馆副馆长,兼任甘肃省图书馆学会副会长、常务理事兼秘书长,甘肃省情报学会常务理事、甘肃省中心图书馆委员会办公室主任、甘肃省史志学会理事、中国图书馆学会学术委员会文献资源建设研究组成员、全国图书馆古籍文献编委会编委、甘肃省古籍保护专家委员会委员、《图书与情报》编委、《烃蛋白技术》主编,兰州大学、甘肃广播电视大学兼职教授等,1997 年退休。

邵国秀先生毕生从事图书馆工作,几乎干遍了图书馆的各项业务工作,为甘肃省图书馆乃至甘肃省全省的图书馆业务建设和规范化管理做出了贡献。特别是在全省图书情报单位馆际协调协作、全省文献资源普查、图书馆学情报学专业教育、地方文献整理出版、古籍文献普查等方面做出了重大贡献。退休之后,先生仍奔走在各种重大文化项目的第一线，直到生命的最后时刻，还在伏案为古籍普查做着文献整理和版本鉴定工作。

读书、著述是邵国秀先生终其一生的乐事。他的研究领域非常广泛，既有理论图书馆学、应用图书馆学的内容，也有情报学、目录学、文献学等相关学科的内容。1961 年以来，先生撰写和翻译了大量图书馆学情报学基本理论、图书馆业务建设和地方文献研究的文章，在《图书与情报》《图书馆理论与实践》《图书情报工作》《图书馆学研究》《情报杂志》等国家级、省部级核心刊物上发表，累计发表学术论文 50 余篇，译文 28 篇，出版著作(含合著)10 余部。退休居家时，先生仍笔耕不辍，2001 年，参与了《中华竹枝词全编》的编纂工作，担任分卷主编。之后，又先后完成了《陇右地方人士著述提要》《历代宫词汇编》两部遗稿，共计百余万字。

一、图书馆学情报学理论研究

20 世纪 80—90 年代，我国图书馆界正在经历着从传统图书馆到现代化图书馆的深刻转变，图书馆学的学科体系、研究对象等学科基础架构不断被重新认知，图书馆学与情报学的渗透、融合催生了图书情报工作一体化趋向。邵国秀先生大学时攻读图书馆学，又一直在图书馆工作，他顺应时代发展的需求，围绕图书情报界关注的热点问题、难点问题展开研究，先后发表了一系列涉及藏书建设、图书分类、目录学、情报信息建设等图书馆学情报学基础理论研究的文章。在他的论述中，有对图书馆学研究对象、内容体系、学科性质的探讨，也有图书馆学学科体系和内容在面临新潮流冲击时，如何向情报事业、信息事业、知识产权方面转化的探索。他的多篇论文被中国人民大学《复印报刊资料(图书馆学·情报学·资料工作)》转载。1988 年，为庆祝中华人民共和国成立 40 周年，吉林省图书馆学会、四川省图书馆学会等团体联合收集当代十余位著名图书馆学家的论文，编辑出版“图书馆学论丛”,《邵国秀论文选》位列其中。1989 年,该书荣获中国图书馆学会丛书著作奖。

1. 藏书建设研究

藏书建设亦即馆藏发展政策，是图书馆开展读者服务工作的基础。针对图书馆藏书建设的原则、途径、方法和质量,邵国秀先生先后发表了《略论图书馆藏书的研究方法》《略论图书馆藏书的再选择》等文章。他指出:“读者的需要是我们建设藏书的依据”“图书馆的藏书,不是许多个别图书的简单汇集和总和，而是必须形成一个合理的藏书系统。”先生的论述是对阮冈纳赞“图书馆学五定律”的进一步阐释和细化。先生认为,图书馆要综合运用数量的方法、图书目录的方法和社会学方法对藏书进行研究，从而更好地认识藏书系统发展的客观规律,科学地补充、组织和管理藏书。先生还通过对苏联图书馆学家 Ю.В.格里高利耶夫等人图书馆藏书建设“再选择”概念的介绍,全面阐释了图书馆藏书再选择理论的历史意义、内容、方法、程序和结果,认为定期对藏书进行“再选择”,有助于把藏书补充工作、藏书组织工作和藏书剔除工作向前推进一步。这些观点,充分体现了邵国秀先生构建藏书建设体系、优化藏书资源架构的思想理念。

2. 图书分类法研究

1975 年,《中国图书馆图书分类法》(以下简称《中图法》)出版,1980 年第二版问世,并得到全国 80%以上的图书情报单位使用。但随着科学技术的迅猛发展,新兴学科、交叉学科不断涌现,文献数量大大增加,这就使得《中图法》在类目设置和分类体系上,愈来愈无法满足现实发展的需要。这一时期,图书情报界就《中图法》的编制原则、分类体系、标记符号、复分、学科类目等问题展开了广泛而深入的研究,邵国秀先生是积极的参与者之一,他撰写了《〈中图法〉加“0”问题产生的原因及解决方法》《再谈〈中图法〉加“0”问题的解决方法》《论“综合科学”在〈中图法〉中的位置》《分类目录中同类款目排列方法新探》《复合主题图书分类标引规则新探》《论标记符号的容纳性》等多篇围绕如何完善和利用《中图法》的论述。其中，针对《中图法》类目复分中纷繁复杂的加“0”问题，先生从理论、方法、规则等方面多视角地进行了研究，提出了把“0”作为《中图法》的专用复分号等建议，极具独到见解和创新价值。

对图书分类法的研究，是邵国秀先生图书馆学基础理论研究中，用力最勤建树最丰的领域。他对体系分类法类目之间存在的等级、并列、交替、相关四种关系中鲜有人论及的相关关系进行了研究，重点从概念逻辑的角度和实用的角度对体系分类法中类目之间存在的各种各样的相关关系进行了研究分析，列举大量的参见实例探讨、验证参见类目的作用和形式，指出了《中图法》类目设置欠缺和失当等问题，并有针对性地提出了修订和补充完善的建议。他的研究观点和研究成果，为《中图法》第三版的修订出版提供了可资借鉴的理论依据。

3. 情报学研究

20 世纪中后期，随着信息技术在社会各领域的广泛应用，信息的获取、传输、分析、处理受到重视，情报学研究日益兴盛，大量成果涌现。邵国秀先生在这一时期撰写了《情报信息与科学决策》《论信息产业及我国信息产业的发展战略》，翻译了(罗)阿塔那塞乌《情报需要的研究》、Ю.Т. 沙拉伯契耶夫《关于免疫学领域情报流的研究》及《作为建设世界科学情报系统基础的自动化情报系统》等文章。在他的论述中，将图书情报事业发展置身于整个社会发展的大环境下加以考察，指出图书情报事业对政治、经济、科技、文化等社会生活方方面面的推动或制约作用，强调图书情报事业和信息产业的战略地位，建议培育健全的情报信息市场，建立健全政府决策的情报信息保证体制,加强情报信息立法。这些观点,在当时具有较高的前瞻意识和发展意识。先生发表在《图书馆工作》上的《试谈科技文献在期刊中的分布规律》一文,因其中较早地介绍了英国文献学家的布拉德福定律,受到了学术界的广泛关注并常为后人所引用。

二、图书情报事业研究

20世纪70年代末,特别是80年代以来,图书馆界在反思、探索、拓展中开创了活跃、开放、进取的繁荣局面。宽松的社会环境使邵国秀先生的才能得以充分发挥。1979年,甘肃省各系统图书馆联合成立“甘肃省图书馆学会”,邵国秀先生任副会长、常务理事兼秘书长;1981年,甘肃省恢复中心图书馆委员会,邵国秀先生担任中心图书馆委员会办公室主任;1985年,邵国秀先生担任甘肃省图书馆副馆长,主管业务工作和日常事务。先生善于思考,才思敏锐,对图书情报事业发展和图书馆业务工作中出现的种种现象,都及时予以分析评说,引导省图书馆步入全国业界一流行业。他的文章,立论精辟,结构严谨,具有很强的科学性,成为指导图书馆事业发展和具体业务工作的理论依据;有的文章则是对身边的事、人或书发表的某种漫谈式的看法,成为人们进一步研究和解决问题的参考或指导。

1. 馆际协作协调

1981年,甘肃省科学技术委员会恢复“文化大革命”前的甘肃省中心图书馆委员会。该委员会由省科委、省文化局、省教育厅、省图书馆、中科院兰州图书馆、八大院校图书馆等单位联合成立,旨在全面开展本地区三大系统图书情报单位间的协作协调工作,邵国秀先生担任中心图书馆委员会办公室主任。为了更好地对全省图书情报工作进行宏观调控,最大限度地实行全省文献信息资源的共建共享,先生对国内外的协作协调情况进行认真细致的研究,撰写了《论藏书建设的馆际协调》《九年来甘肃省馆际互借工作的分析》等文章，以扎实的理论视野指导馆际协作协调工作。这一时期，中心图书馆委员会办公室在先生的领导下，制定了《甘肃省外文原版期刊工作协调办法》《甘肃省中心图书馆委员会馆际互借书刊试行办法》等，并联合各成员馆开展了外文原版期刊采购协调、编制外文期刊联合目录、发放馆际互借证、为全社会提供书刊资料查阅服务等多项行之有效的工作。

2. 省图书馆业务建设

1985 年，邵国秀先生因其卓越的工作能力和丰硕的学术研究成果，荣任甘肃省图书馆副馆长，开始了他图书馆管理思想厚积薄发的历程。先生先后主导了甘肃省图书馆南河滩新馆搬迁、新馆业务建设和规范管理、善本特藏库清点整理、馆藏古籍整理编目、珍稀文献缩微复制、自动化启动、书目文献数据库建设等工作。1986 年甘肃省图书馆南河滩新馆落成，这是甘肃图书馆史上一个划时代的大事，馆舍条件、阅览环境有了质的飞跃。为了保证新馆搬迁和对外开放工作的顺利进行，先生负责制定了搬迁工作计划和新馆开放工作计划，首先组织人力对馆藏图书、报刊和目录卡片进行全面清点，摸清了家底，剔除了破旧和复本书刊，优化完善了藏书结构；其次，合理布局新馆书库、阅览室和办公区域，修订完善了各项规章制度和借阅程序，建立了较为超前的现代图书馆服务体系。特别值得一提的是，先生负责制定了统领全馆各项业务工作的书刊采购验收统计表、业务辅导统计表、编制书目索引文摘统计表、图书宣传统计表、业务动态年度统计表等 26 种业务统计和分析表格，其中业务动态年度统计表下设五个分表，分别统计和分析图书补充、图书典藏、读者工作、参考咨询、学术交流等工作在各个时段的变更、发展情况。这些表格囊括了图书馆业务工作的各个方面，是先生图书馆事业建设和业务管理思想的集中体现,极具科学性和前瞻性。时至今日,同仁们言及于此时仍赞叹不已!

邵国秀先生是一位善于思考、勇于创新的学者型领导,在主持图书馆业务工作和日常事务的同时，先生还不断通过理论研究来指导业务工作,或从具体工作中提炼学术思想。他先后撰写了《略论省级公共图书馆的科学交流功能》《论图书馆在文化发展战略中的地位和作用》《情报意识与读者服务工作》《微生物对图书馆藏书的损害及防治》《书库害虫及防治》《西北五省（区）第六次图书馆科学讨论会总结》等论文，其中《论图书馆在文化发展战略中的地位和作用》获1989年中国图书馆学会优秀论文奖;《论信息产业及我国信息产业的发展战略》获西北五省(区)情报科学讨论会优秀论文奖;《情报意识与读者服务工作》获1995年甘肃省社会科学成果三等奖。

3. 甘肃省文献资源调查

1989年,文化部、国家科委、国家教委等联合下达全国文献资源调查任务。甘肃省公共、高校、科研三大系统主要图书情报单位联合组成了“甘肃省文献资源调查课题组”,并获甘肃省科委批准立项。邵国秀先生担任课题主持人，负责制定了《全省文献资源调查方案》。1990年开始,对甘肃全省不同系统、不同地区的57个主要文献收藏单位收藏的不同类型、不同文种的文献数量及增长情况进行了调查,历时一年,共完成了42项成果。邵国秀先生执笔撰写了《甘肃省文献资源现状的分析研究》《甘肃省文献资源布局、开发和利用方案》,主持合编了《甘肃文献资源利用指南》,建立了“甘肃省文献资源事实数据库”等。这是甘肃省有史以来开展的规模最大的一次文献资源调查,从整体上弄清了甘肃文献资源按系统、按学科门类分布的状况,并对全省文献资源的整体能力做出了现实的评价，确定了各主要文献收藏单位的研究级学科文献类型。同时也发现了甘肃省文献资源建设中存在的诸多问题，提出了解决问题的合理化建议。其中，《甘肃文献资源利用指南》详尽地介绍了甘肃省文献资源的状况与分布，主要的文献情报机构及其文献的报道、检索和服务体系，文献利用的技术和方法等，成为广大科技人员、教师、学生利用全省文献资源的必备工具书。《甘肃省文献资源现状的分析研究》《甘肃省文献资源布局、开发和利用方案》被收入中国人民大学出版社出版的《全国文献资源调查与布局研究成果汇编》，1992 年该项目获得国家科委优秀科技情报成果三等奖。

三、地方文献研究整理

邵国秀先生在甘肃工作、生活五十余载，有感于甘肃的历史悠久、人文灿烂，但文献零落，史料散佚，许多研究领域少有人问津。自 20 世纪 80 年代后期，他开始对甘肃藏书史、地方志书、地方人士著述、敦煌学、佛教典籍等进行整理研究，每一内容都有系列文章发表。他旁征博引古今中外知识，“辨章学术，考镜源流”，自成一家之言。在许多领域，他的研究成果无论在广度还是深度，都是开拓性和划时代的，成为我们今天从事地方史志研究的基石和依据。

1. 甘肃藏敦煌文献整理出版

甘肃是敦煌文献的出土地，境内多家单位珍藏有敦煌文献。20 世纪八九十年代，世界各地收藏的敦煌文献纷纷影印出版，惟甘肃所藏敦煌文献的完整确切情况尚不为人所知。1997 年，有关部门对甘肃全省敦煌文献的收藏情况进行了全面普查，并成立了《甘肃藏敦煌文献》编委会和编辑组。邵国秀先生作为主要成员，参与甘肃藏敦煌文献的整理、鉴定、拍摄、撰写叙录、统稿和校对的全过程。2000 年，《甘肃藏敦煌文献》（全六卷）正式出版，次年，该书获中宣部颁发的“五个一工程奖”，以及第五届中国国家图书奖提名奖。在此期间，先生撰写了三篇相关文章，即《甘肃省图书馆藏敦煌写经题录》《甘肃省藏敦煌文献知多少》和《关于敦煌文献中几种装帧形式的研究》。南宋张邦基在《墨庄漫录》中说，书籍装帧形式除蝴蝶装外尚有缝缋装，但具体如何“缝缋”已无实物留传，后人始终茫然。在鉴定敦煌文献的过程中，邵国秀先生发现敦研096《金刚般若波罗蜜经注》、甘博016《劝善经》等四件敦煌文献与张邦基所说的缝缋装相符，通过敦煌文献提供的实物，先生深入研究了4至10世纪中国古代文献的装帧形式，纠正了以往书史著作和敦煌学研究中的一些错误说法，把缝缋方法详细写进了《关于敦煌文献中几种装帧形式的研究》中，确认了一种被历史湮灭了八九百年的独立装帧形式——绳（或线）装册叶，极大地丰富了中国古代书史的研究成果。

2.《永乐南藏》鉴定整理

搬迁新馆后，甘肃省图书馆即着手对善本书库的珍本图书和名人字画进行清点整理。1987年，邵国秀先生对本馆收藏多年而为人所不识的《大藏经》进行了逐册逐页翻检，并参阅大量文献进行甄别、鉴定，最终确定该书为明永乐年间刊刻于南京的《永乐南藏》。先生先后撰写了《甘肃省图书馆藏本〈永乐南藏〉考略》和《世事沧桑话〈南藏〉》两篇论文，前者详尽叙述了该书刊刻于永乐年间、印刷于万历二十八年（1600年）的史料依据，后者考述了该书四百年间的沧桑流传史。此次鉴定对佛教文献学、大藏经编纂研究以及版本学、印刷史研究都具有非常重要的价值，受到媒体的广泛关注，中央电视台新闻联播、甘肃电视台、《光明日报》《中国文化报》《甘肃日报》等媒体均予以宣传报道。

1994年，甘肃省图书馆在整理未分编古籍时，发现了60册原藏于兰州五泉山崇庆寺的大型木刻佛教典籍丛书——《永乐南藏》残本，邵国秀先生撰写了《关于五泉山崇庆寺的〈永乐南藏〉——兼谈我省善本书保护问题》一文，考订了该藏经的印制、存藏和流失情况，先生写道："观其纸色，闻其墨香，考其历史，叹其命运，真是感慨良多！"于是先生提出：在省文化主管部门的领导下，对全省的古籍善本进行普查鉴定、统一登记、拨付专款保护、制定统一保管办法和阅览规定等五项具体意见。这些意见和建议完美契合了2007年国务院办公厅颁发的"中华古籍保护计划"中的一些条款。

3. 甘肃藏书史研究

甘肃是华夏文明脉流的重要组成部分，在这里，产生了秦汉简牍、丝路文明、敦煌遗书、西夏遗迹、宗教学说、黄河经典等丰富多彩的古代文化遗存，可以找到中华文化的诸多源头，因而甘肃也就成为中华民族最早使用文字、生产著作和存藏图书的地区之一。邵国秀先生广泛收集整理甘肃的地方史志资料，撰写了《辛亥革命以前甘肃的藏书事业》《民国时期甘肃的藏书事业》和《陇右著名藏书家——邢澍》等多篇著述，详尽考述了甘肃辛亥革命以前的私人藏书、寺院藏书、儒学与书院藏书，以及民国时期甘肃的公共图书馆、学校图书馆、科学教育馆的产生和发展脉络及藏书状况。先生对甘肃各个历史时期藏书事业发展的基本线索与主要特征的考述，史料翔实，治学严谨，功力深厚。特别是文章中对甘肃藏书史上某些具体问题的考证，以及提出的某些重要的观点，是今天我们在从事甘肃图书馆史乃至文化史研究时，必须翻阅、足可借鉴的成果，而且从中获益良多。

4. 甘肃地方志研究整理

对甘肃境内古旧地方志的整理研究，是邵国秀先生为甘肃地方史志学及文献学做出的另一重大贡献。1987年，海峡两岸二百余位学者共襄盛举，合作编纂《中国地方志总目提要》，邵国秀先生受邀担任甘肃部分的撰稿工作。经过近十载苦心孤诣，《中国地方志总目提要》于1996年由台北汉美图书有限公司出版。在对甘肃古旧地方志进行全面整理研究的过程中，先生发现了许多过往记载中的疏漏和讹误，于是撰写了近两万字的《甘肃省地方志考略》，对甘肃省地方志的发展脉络进行了全面梳理，考证出甘肃古旧地方志共350余种，较甘肃著名方志学家张维先生的《陇右方志录》和《陇右方志续录》多出近60种。与此同时，先生还编辑整理了《中国西北稀见方志》（全8册）《中国西北稀见方志续集》（全10册），分别于1994年至1996年由全国图书馆文献缩微复制中心影印出版。1995年《甘肃地方志考略》一文获甘肃省社会科学成果佳作奖。

5.《陇右地方人士著述提要》

邵国秀先生退休后仍笔耕不辍，耗时五载收集西汉至民国年间，甘肃籍300余位地方人士编著的580余部（篇）著述，考订篇名、卷数、著者、刊印版本等信息，并撰写内容提要，辑纂为《陇右地方人士著述提要》，共约30万字。该书将古代及近代甘肃地区文人学者的著作，全面而集中地呈现在世人面前，对开发和利用甘肃地方文献资源、研究甘肃学术思想脉流具有极其珍贵的参考价值。该书的整理出版，已纳入甘肃省图书馆“十四五”规划之中。

四、编译国外报刊文献

邵国秀先生学识广博，学术领域宽泛，他发表、出版的论著不止于图书馆学、情报学及与之相关的文献学、目录学等方面。先生有着极好的俄文功底，这也成就了他的国际视野，他一直致力于将国外的图书馆学情报学思想和理念引入国内。除在发表、出版的论著中大量引用国外图书馆学情报学的前沿思想和观点外，还翻译了《作为建设世界科学情报系统基础的自动化情报系统》《医学科学文献的语言障碍》《城市高等学校图书馆藏书补充的协调》《关于免疫学领域情报流的研究》《科学期刊利用情况分析》《选择对专家最有用的杂志的方法》《情报需求的研究》等多篇论述,刊载于期刊或在科学讨论会上交流,至今仍为许多学者所引用。

1973年,邵国秀先生受甘肃省科技局委托,负责主编刊载英、俄、日、法等国家关于烃蛋白研究与生产技术译文的期刊《烃蛋白技术》,他先后翻译了《微生物对正烷烃和石油芳香烃的消耗》《石油蛋白》《肉用仔鸡日粮中的烃饲料酵母》《烃培养的饲料酵母中游离氨基酸的测定》等18篇俄文文献。1975年该刊停刊后,他仍持续关注该领域的研究趋势,1980年在重庆科技情报所出版的《应用微生物(科技参考)》上发表《苏联微生物合成蛋白质的研究概况》和《由泥煤水解生产蛋白质维生素制剂》两篇译文。

五、教书育人,桃李满园

改革开放初期,甘肃省图书馆事业亟须补充具有专业知识的工作人员,以提高工作水平和服务质量。邵国秀先生作为当时甘肃为数不多的有学科背景的图书馆专家,在20世纪80、90年代,甘肃省开展的各类图书馆学专业教育中,义不容辞地承担起了大量的教学工作。自1980年以来,先后有兰州大学举办的图书馆学专修科、夜大学图书馆学专修科、图书馆专业干部进修班,西北师范大学夜大学图书馆学专修科,西北民族学院夜大学图书馆学专修班和金城联合大学图书情报专修科,以及甘肃省广播电视大学图书馆学专科班、北京大学图书馆学情报学系函授班等等,邵国秀先生奔走在各类教学的第一线,主讲图书分类、主题标引、期刊工作等课程。1983年兰州大学设立图书馆学系,1985年甘肃省广播电视大学设置图书馆学专业,邵国秀先生均被聘任为兼职教授,并兼任"甘肃广播电视大学省图书馆工作站"站长。

先生勤于治学,并能与时俱进,他根据学科的发展变化,不断调整修改自己的授课讲义和教学大纲，编写了逾百万字的《图书分类》《主题标引方法》《期刊工作》等各课讲义。1996 年，为了满足在兰州大学任教期间的教学需要，与安邦建先生合作出版教材《科技文献管理》，该书荣获甘肃省第五次社会科学优秀成果评奖三等奖。先生讲课思路开阔、条理清晰、内容丰富、论点新颖，既引人深思，又给人解惑。尤其对求教者不分生人熟客，无论多忙总是热情接待、耐心指导，深受学生的尊敬和爱戴。十几年如一日的风雨躬耕，邵国秀先生培养了大批图书馆学情报学的专门人才，桃李满园，硕果累累，曾经聆听过先生教诲的众多学子在各自的岗位上担当重任，建功立业，成为甘肃乃至全国图书情报行业的中坚力量。

六、书画赏析与文献整理

邵国秀先生是位通才，诗词、书法、绘画无不探究。20 世纪 90 年代末，先生先后在《兰州晚报》上发表了《乾隆御笔画观音》《乾隆〈御制诗〉书作鉴赏》《清代帝王书法荟萃》《何绍基墨迹赏析》等多篇书法、绘画赏析文章。2000 年，应主编潘超先生之邀，参与被誉为中国竹枝词集大成之作的《中华竹枝词全编》的编纂工作，收集整理甘肃地区所有竹枝词汇编成集，并担任分卷主编。

在编选《陇上学人文存·邵国秀卷》时，我们走访了先生的家。当先生家人打开书柜时，我们看到了满满三柜子先生的手稿和读书笔记，触景生情，感慨良多！特别是有个柜子里分门别类放着一沓又一沓手稿，仔细翻阅是先生生前辑录的历代宫词，起自隋朝至于清末，约有 7800 余首，40 万字左右，先生为每首宫词都作了注释，考证其诗法、体例及相关宫词总集的版本源流，特别是对各个历史时期宫廷生活和风俗掌故的研究，精详而细致，且文词涓洁，剪裁有度，极具史料价值和文献价值。望着沉寂在角落里的遗稿，不胜惋惜，在征得先生家人同意后，我们把遗稿带回了单位，希望能得到进一步的编辑整理……

北宋著名思想家张载有云："克己工夫未肯加，吝骄封闭锁如蜗。试于中夜深思省，剖破藩篱即大家。"邵国秀先生在几十年如一日的耕耘、求索中，不断冲破传统的束缚，站在社会发展的高度和人文视角去探讨图书馆学、情报学、文献学及其许多领域中的新课题，在理论与实践、学术与工作的交融中，完成了一部部、一篇篇充满创新思想的论述和一桩桩、一件件影响深远的工作成就，用自己的行动完美地诠释了图书馆学家笃行"知行结合"的真谛。

肖学智　岳庆艳

2022 年 6 月

（此文及书稿得到甘肃省图书馆副馆长陈军、业务处副处长张超、研究辅导部副主任王文涛、信息咨询部黄建辉和韩德彦等同仁的专业指导，特此致谢！）

一、图书馆学情报学理论研究

略论图书馆藏书的研究方法

藏书，是图书馆开展读者服务工作的主要物质基础。没有丰富的藏书，要想很好地满足读者的需要是不可能的。但是，图书馆的藏书，不是许多个别图书的简单汇集和总和，而是必须形成一个合理的藏书系统。没有这样一个系统，要想很好地满足读者的需要，也是不可能的。

30多年来，我国各类型图书馆的藏书都有了很大发展。以公共图书馆为例，据1979年统计，有各级公共图书馆1,651个，藏书总数达18,360万册。其中省级公共图书馆30个，藏书5,600万册，平均每个省馆藏书186万册。这些藏书，无论在为科学研究和生产提供资料方面，还是在提高广大群众科学文化知识方面，都发挥了一定的作用。然而，我们在藏书建设中也存在着很多问题。主要有：(1)选书时缺乏必要的科学依据，盲目性大；(2)复本多，品种少，有些书的复本高达几十册，甚至几百册；(3)藏书组成结构与读者需要结构不相适应，致使图书周转率低；(4)大量书刊在书库中长期积压，无人问津，而一些必需的书刊则又缺藏。这些问题的存在，严重妨碍了图书馆读者服务工作的改进和提高。

针对目前藏书建设中的一些问题，如藏书的特点、藏书的补充、馆际协调、藏书组织和剔旧等等，不少同志进行了研究。综观这些文章，对藏书的研究方法，即如何评价一个图书馆的藏书质量的方法，尚少涉及。而这个问题对搞好藏书建设，把藏书建设置于科学的基础之上，却至关重要。为此，本文的目的在于探讨图书馆藏书的研究方法及其在藏书建设中的作用，以期引起人们的重视。

图书馆藏书的研究方法

图书馆藏书的研究，不同于对某一种具体图书的研究，它是把图书馆的全部藏书作为一个整体来研究的。评价藏书的主要标准是看藏书是否符合本馆的性质和任务，是否能够满足本馆读者的大部分需要。藏书质量的高低与图书本身科学价值的高低是两个不同的概念，前者是指一个图书馆所收藏的图书能够满足自己读者需要的程度怎么样，即指这些图书在特定条件下的使用价值；而后者则指图书本身的学术价值如何。当然，这两者之间有时候是一致的，有时候却很不一致。道理非常简单，一种图书其科学价值再高，只要不符合该馆读者的需要，也会无用武之地。只有当一种图书既有很高的科学价值，又符合本馆读者需要的时候，其使用价值才能够表现出来，这两者才是一致的。因此，在评价藏书时，固然图书本身的科学价值很重要，但主要的标准应当是图书的使用价值怎么样。

一般来说，研究藏书的最好方法是阅读藏书中的全部出版物。但是要想了解所有的著作，即使是在比较小的图书馆，实际上也是不可能的。科学研究表明，在健康人的记忆中保持的书名平均不超过 1 万个。况且，这些信息还会随着时间的流逝而逐渐消失，因此，除了阅读某些图书之外，还应当采取在图书补充、加工和出借过程中随时了解藏书内容的方法。它们是：

——在处理新书、借还书、图书上架、组织专题陈列时，迅速浏览图书；

——经常阅读报刊上登载的图书目录和评介、印刷卡片上的内容简介。

通过日常了解的方法，能够得到关于整个藏书和某些具体出版物的一般概念。实践证明,对于评价整个藏书来说,这种一般概念还是远远不够的。因此,还必须采用专门的研究藏书的方法。

通常认为,有三种研究图书馆藏书的方法,即数量的方法、图书目录的方法和社会学的方法。

(一)数量的方法

唯物辩证法告诉我们,任何事物都是质与量的统一,都有质的规定性与量的规定性,质的变化会改变事物的量,量的增加或减少到一定程度也会引起质的变化。所以,我们在认识过程中,既要注意客观事物的性质或特征,又要注意表现客观事物的性质或特征的数量,掌握反映事物不同质量的数量界限。围绕藏书建设工作的大量图书馆业务活动,无不表现为一定的数量关系。对这些数量关系进行统计和计算、比较和分析,有助于我们认识藏书建设工作中的客观规律。

藏书的统计研究是数量方法的基础。离开统计研究,用数量方法研究藏书是不可能的。在用数量方法研究藏书时,以下几个方面的研究具有重要意义。

1. 藏书组成结构合理程度的研究

这种研究是通过将藏书组成结构与图书流通结构、读者需要结构进行对比的方法,来确定藏书组成结构的合理程度。具体做法:按照图书排架目录,将馆藏图书进行分门别类的统计,并算出每一类图书占全部藏书的百分比;按照图书外借登记卡,将一定时期内(一年、半年或三个月)所流通的图书,按上述类别进行分门类的统计,并算出每一类图书占总流通量的百分比；按照索书单将读者所需要的图书,依上述类别进行分门别类的统计,并算出每一类图书占总需量的百分比。然后,将以上三个方面的百分比逐类进行对比,看其符合的程度。如果某一类藏书的百分比很高,而流通和读者需要的百分比也很高，就说明藏书与需要大体相符；如果某一类藏书的百分比很高，而流通和需要的百分比很低，就说明这一类图书超过了读者需要；如果某一类藏书的百比很低，而流通与需要的百分比很高，则说明这类图书不能满足读者的需要。总之，通过对比可以明显地看出藏书组成结构的合理程度。

在采用结构对比方法研究藏书时，应当注意：(1)既可以研究一个馆的藏书，也可以研究其中某一个或某几个知识部门的藏书；(2)在进行分类时，可根据本馆所采用的分类法视具体情况做些微小的调整；(3)藏书组成结构与图书流通结构，读者需要结构的分类方法要一致，不然，就无法进行比较了；(4)对比完毕之后，结合其他因素，如本馆的性质、任务等调整或重新确定本馆的图书采购重点。

2. 具体周转率的研究

这种方法，比较精密。首先，需要根据统计资料求出某一门类图书的初始年平均周转率，并将这个指标作为最佳值。然后通过以年计算的出版的年龄，除出版物出借总数求得的该类图书中每一种出版物的具体周转率。在这里，出版物的年龄不是从它出版的那个时候算起，而是从它成为图书馆藏书的时候算起。

用这个方法研究藏书时应当注意，一定要将某出版物的具体周转率与同一类出版物的起初的年平均周转率相比较，而不能将其与其他类出版物起初的年平均周转率相比较。这是因为，不同门类的出版物都具有自己的特点，有的内容浅显具有广泛的读者群，有的内容专深只能供少数人阅读。由于其读者范围不同，所以它们的流通强度也就不一样，初始年平均周转率有时相差悬殊，在这种情况下，进行比较是没有意义的。

用这个方法研究藏书，可以清楚地把藏书划分为三个部分，即积极流通的，“问津较少”的和未被利用的。这对组织藏书，做好读者服务工作，有很大的实践意义。

3. 文献半衰期的研究

通常，对一种文献的需求量会随着时间的延续而按比例下降。随着文献“年龄”的增长，它逐渐失去了作为科学情报源的价值，因此，越来越少被读者利用。然而，老化的不是科学情报本身，而是包含这些情报的文献，因为已经出现了包含新的、更全面和更准确的科学情报的文献。

为了把科学技术文献从时间上划分成积极流通的和很少被利用的部分，1960 年美国学者 R·巴尔顿和 R·凯普勒引入了半衰期的概念，即文献寿命的半衰期或情报陈旧的半衰期。他们认为半衰期即在那个时间里，发表了某一知识门类或学科现在被利用的全部文献的一半。例如，如果物理学文献半衰期是 4.6 年，就是说，在这一领域中现在被利用的全部文献，有一半的“年龄”不大于 4.6 年。

文献半衰期，一般是通过文献的出借情况、复制情况来确定的。按照间接的资料，比如通过其他著作中的目录引文，同样也可以确定。不同学科的文献，其半衰期的长短也不一样。按照 R·巴尔顿和 R·凯普勒的资料，生物医学 3 年，冶金 3.9 年，物理 4.6 年，化工 4.8 年，社会学 5.0 年，机械制造 5.2 年，生理学 7.2 年，化学 8.1 年，植物学 10.0 年，数学 10.5 年，地质学 11.8 年，地理学 16.0 年。这就意味着，这些文献最多 5~16 年就可以从积极流通的文献中剔除出去。文献的半衰期，不仅取决于这些文献所属的科学技术门类，还取决于其他一些因素，特别是文献的种类和性质。例如，科学专著、教科书、期刊论文、专利说明书和科学技术总结等，其半衰期的长短都不一样。文献半衰期的研究，有助于我们图书馆更好地划分藏书，也有助于我们预测未来文献的利用情况。

(二)图书目录的方法

藏书内容的研究,从翻阅分类目录的有关类就开始了。在这种情况下,它是作为反映具体图书馆藏书的目录出现的。这种研究可以使我们得到关于藏书的按知识门类、出版年、作者、出版物类型方面的概念,即某一个知识门类本馆有些什么书,或者更进一步,关于这个知识门类某一个作者的著作有哪些等。然而,这样的研究还是很不够的,必须把馆藏分类目录和字顺目录与有关的图书目录参考书,如全国总书目、联合目录、专题目录等进行比较。通过比较查明本馆重点知识门类的书刊藏入的是否全面、系统,本专业必需的参考书入藏得怎么样,某些重要作者的著作有无遗漏,丛书、多卷集是否配套,期刊有无缺期等。如果发现某些书缺漏,而在目前又无新的更好的书可以代替的时候,可将缺漏书编成待购目录,以便补充。

通过图书目录的方法研究藏书, 可以比较容易地查明本馆必须采购的书刊的完备程度怎么样, 这对于做好藏书补充工作有着很大的实际意义。

(三)社会学方法

藏书研究的社会学方法的重要意义在于, 它能够为我们提供读者对藏书的利用情况和态度的精确认识, 使图书馆工作人员了解读者以怎样的眼光看待藏书。通常分为两种方式, 一是直接同读者接触,一是间接的。

同读者直接接触的方式包括调查询问、访问、会话、研究读者来信等社会学手段。其中同读者谈话的方式是最可行的, 也是最有效的。在谈话过程中可以查明,某书符合读者需要到什么程度,读者现在需要什么书,将来需要什么书。读者对于图书的意见和看法,同样可以通过读者座谈会、意见等方式表现出来。

图书馆在研究藏书时,要广泛吸收报刊材料。这些材料,有的是专家学者对于某一书的评价，有的是读者读过之后写下的看法和意见。不管是哪一种，图书馆工作人员都应当注意阅读，以便扩大知识视野，广泛了解图书。图书馆员不但应该经常浏览报纸上刊载的书评，最好经常阅读几种刊物，如《读书》《世界图书》等。

为了研究藏书的利用情况和预先以相关的出版物补充藏书，读者阅读兴趣的研究也是很重要的。这里，既包括现实的兴趣，也包括传统的兴趣，以及潜在的兴趣，即随着时间的推移而将要形成的兴趣。

间接研究读者兴趣的个体方式是有成效的，但更重要的是进行群体研究。读者阅读兴趣虽然千差万别，但也有很多共同的地方，这是因为，读者阅读兴趣的形式，一般都受以下因素影响：(1)读者阅读兴趣的形式与他所处的时代有着密切的联系；(2)相同的社会职业和社会活动会产生大体相同的社会需要；(3)文化水平、科学知识修养接近，阅读兴趣也接近；(4)年龄、性别、个人气质和家庭教养等，对阅读兴趣的形成都有较明显的影响。因此，在对读者进行群体研究时，必须根据以上因素，把读者划成大大小小许多不同的群体，并对每一个群体进行深入的研究。读者兴趣的研究，是建立在不断发展着的读者心理学基础上的，每一个图书馆，都应当熟悉自己的读者结构，掌握各个不同读者群的人数、阅读特点、阅读强度及其变化规律。

藏书研究的数量方法、图书目录方法和社会学方法，它们之中的每一种都具有自己的优点和缺点。如果单独用一种方法研究藏书，往往不能够提供出藏书状态的客观全面情况。必须综合利用这些方法，取长补短，才能获得较为理想的结果。这一点，在实际工作中应当十分注意。

藏书研究在藏书建设中的作用

图书馆工作包括很多环节，如采购、交换、分类、编目、典藏、借阅等，每个环节都是不可缺少的。一个环节好比一个元件，它们共同组成了一个完整复杂的系统。在这个复杂的系统中，一个元件功能发挥得是否正常，明显地影响到另一个元件功能的作用。各个元件之间不但存在着直向联系，也存在着逆向联系，也就是说，不仅仅是前边的元件影响后边的，后边的元件对前边的也有制约作用。

藏书研究对藏书建设的各个环节都有着不可估量的作用，它是藏书建设的理论基础，可以为藏书补充、藏书组织和藏书的再选择提供科学依据，即根据藏书研究的结果可以确定，什么出版物应当补充到藏书中去，什么出版物按照读者使用情况应当重新分布，什么出版物应当从藏书中剔除等等。

（一）为藏书补充提供科学依据

一个良好的藏书系统的建立，不是一朝一夕的事，必须按照既定方向和重点，根据读者实际需要，多方搜集，长期积累。

开展藏书研究，对于做好藏书补充来说非常重要，它起着检验藏书补充的合理程度和为藏书补充提供科学依据的作用。首先，它有助于明确藏书补充的重点。通过对藏书进行研究可以知道，本馆各知识门类图书流通情况怎么样，读者的需要情况怎么样，各类藏书满足读者需要的程度怎么样，等等。根据这些，采购人员可以适时地调整和改变藏书补充的重点和比例。其次，有助于确定某些图书读者需要不需要，或者关于某一方面的图书读者需要不需要，或者关于某一方面的图书本馆收藏的完备程度怎么样，以便决定是否购买或购买多少。总之，开展藏书研究，可以使藏书补充的目的性更明确，针对性更强，减少盲目性，增强科学性。

(二)为藏书组织提供科学依据

图书经过科学加工和技术加工之后,送入书库,必须进行科学的组织管理,做到分布合理、排列科学、管理方便、使用方便。藏书组织方法的合理与否,直接关系到藏书的利用率和满足读者需要的程度。藏书接近读者,方便读者,是合理组织藏书的一项重要原则。

在组织藏书过程中,藏书研究的结果可以为之提供依据。比如,一个图书馆要决定全馆的藏书如何分布,即设立什么阅览室,什么辅助书库等，必须根据本馆各个读者群的阅读需要情况和各个知识门类图书的流通情况来确定。在藏书分布确定之后,基本书库对辅助书库应起调节作用。根据什么调节呢?实践表明,也必须以藏书研究的结果作为依据来调节,如藏书组成的变化,读者阅读需要的变化,图书流通情况的变化等等。按照藏书研究所提供的这些信息,由基本书库统一调度,或者是为了更好地满足读者的需要,从基本书库提取图书补充辅助书库，或者是由于辅助书库的某些图书已经不符合读者需要而归还基本书库。只有这样,藏书的分布才能合理,各部分藏书之间的联系渠道才能畅通,整个藏书才能活而不乱,真正做到既方便使用,又方便管理。

(三)为藏书的再选择提供科学依据

藏节的再选择,一般也叫藏书剔旧。不过剔旧的说法不太准确,因为从藏书中剔除出去的,不仅有陈旧图书,还有其他图书。藏书的再选择是藏书建设的重要组成部分,它是针对第一次选择而言的。按时间来说,如果第一次选择发生在图书采购之前,那么,再选择则发生在图书购进来之后。再选择是在已有的藏书中进行的,无论第一次选择进行得怎样仔细,也无论图书馆员怎样力求做到只购买最好的、获得读者好评的图书，过一个时期之后藏书中还是免不了积压一些不适合读者兴趣和需要的图书。

结束语

综上所述,藏书研究的方法有三种,即数量的方法、图书目录的方法和社会学方法。综合运用这些方法对藏书进行研究,有助于更好地认识藏书系统发展的客观规律,科学地补充、组织和管理藏书。因此,对藏书研究在藏书建设中的重要作用,必须予以足够的重视。只有这样,才能够逐步改变目前藏书建设工作中的很多不合理的现象,把藏书建设工作引向科学的健康的道路上去。

(原载于《宁夏图书馆通讯》1981 年第 3 期)

略论图书馆藏书的再选择

近年来，随着人类知识的迅猛增长，各种出版物的数量大大增加。据估计,我国现存的、自雕版印刷发明以来到辛亥革命前出版的古籍,总数才15万种。15世纪欧洲每年出版的图书总数也不过1000种。要买10万种书,需要100年才能买齐。而现在呢,情况却完全改变了。当前,世界每年出版的图书就多达60万种,期刊也在10万种以上。并且,它们每年还在以12.5%的速度递增。

图书馆是知识的宝库,在“知识爆炸”、出版物数量激增的情况下,自然导致图书馆藏书数量的增加。中华人民共和国成立以后,我国很多图书馆藏书增长了几倍,甚至十几倍。不仅我国如此,国外也复如是。美国大学图书馆的藏书,一般每16年增加一倍。哈佛大学图书馆在20世纪三四十年代,每年增加藏书10万册,原计划到2000年超过1000万册,但实际上到1967年已达670万册,按新的增长率计算,80年代末就将超过1000万册。藏书数量如此迅速的增长,已经产生了一些严重后果:(1)书库紧张,新书库的建设速度,赶不上藏书的增长速度,致使不少图书馆书刊乱堆乱放,无法整理上架和提供读者使用;(2)大量陈旧书刊无人问津,藏书利用率很低,100万册藏书的图书馆，每年流通册次不过一二十万，年流通率仅为0.1~0.2;(3)降低了图书馆工作的效率,由于藏书数量大,新旧书刊保存在一起,流通率高的书刊和流通率低的书刊混合排架,查重、排片、上架、找书都大大延误了时间，因而降低了图书馆内部工作和为读者服务工作的效率。

藏书急剧增加所引起的严重后果，当前在国内已引起了广泛重视。不少人写文章极力倡导从藏书中剔除陈旧过时的书刊，这无疑是很有积极意义的。但笔者主观认为：(1)剔旧的说法不太准确，因为从藏书中剔除出去的，不仅仅是陈旧过时的图书，还有其他图书；(2)这个问题是一个综合性的问题，很复杂，远非像剔除几本陈旧过时的书那样简单。1960 年，国外有人提出了对图书馆藏书进行“再选择”的概念，近年来随着图书馆工作实践和图书馆学理论研究的发展，这个概念逐渐发展成为一种完整的理论，并且成了藏书建设理论的一个有机组成部分。因此，这里介绍和评价一下这个理论，对我们更好地建设藏书可能是有益的。

再选择理论的发展历史

早在 1960 年 Ю.В.格里高利耶夫就把“再选择”的概念引入了图书馆藏书建设理论。然而，“再选择”思想的萌芽，以及实际工作中类似于“再选择”的做法，却要早得多。

1826 年 Ф.Ф.列依斯曾经指出，国内文献中旧的（少人问津的）和新的（利用较多的）藏书必须分开排列。1876 年沃龙涅什公共图书馆具体实行了这种主张，专门建立了储存书库。之后，不少人曾致力于这个问题的研究，Н.А.鲁巴金认为，图书馆无计划的补充藏书是形成许多文献未被利用的重要原因之一。К.Н.捷鲁诺夫指出，很多图书馆同时保存未被利用的文献是不适当的。Л.Б.哈芙金娜积极地宣传从藏书中剔除消极被动的部分。他们的共同结论是，必须根据读者兴趣补充藏书，并尽可能地宣传现有的藏书，提高图书馆员向读者推荐图书的作用。

十月革命以后，列宁同志非常重视图书馆事业的发展。他指出，

“……他们认为值得公共图书馆骄傲和引以为荣的，并不在于它有多少珍本书，有多少16世纪的版本或10世纪的手稿，而在于如何使图书在人民中间广泛流传，吸引了多少新读者，如何迅速地满足读者对图书的一切要求，有多少图书被读者带回家去，有多少儿童来阅读图书和利用图书馆……”列宁同志的这段教导，对如何建设图书馆的藏书具有很大指导意义。

20世纪60年代初，在图书馆学的刊物上，对如何蓄积图书资源的方法问题进行了广泛的讨论。如果说在开始的时候，人们还主要地着眼于克服“书库危机”的话，那么，随着对问题的深入讨论，就逐渐暴露了这个问题的综合性特点。Г.А.米斯特留科娃深刻分析了形成未被利用文献的原因，提出了重新划分藏书和改进藏书补充的办法。在实际工作中，也愈来愈倾向于按照读者对图书利用的程度划分藏书。科学图书馆把读者常常使用的图书组成为辅助藏书。公共图书馆广泛地开展开架阅览，并把少人问津的书刊转移到储存书库。在这个基础上，1960年Ю.В.格里高利耶夫正式提出了要定期对图书馆藏书进行“再选择”的概念，并阐述了它在藏书建设过程中的重要作用。从此之后，“再选择”的概念便广泛流行开了。

1970年以后，再选择理论有了进一步发展，苏联图书馆学界开始研究很少利用的图书使用集约化问题。他们主张，减少所需书刊复本，建立经济有效的储存系统。1974年以后，储存保管获得了广泛的推广。目前，已形成了全国范围的四级储存网，并成为服务于科学和生产的统一的图书情报系统的组成部分。

在欧美等国，虽然没有正式提出过“再选择”的概念，但与再选择有关的思想和方法却源远流长。早在1893年马萨诸塞州公共图书馆馆长K.G.亚当斯就主张建立少人问津文献的书库。U.K.莱因积极支持这个思想。C.U.埃利奥特并把这种思想发展成储存图书馆的设想。

1930 年英国图书馆家学 D.布朗指出，图书馆的任务在于精心地选择图书和精心地剔除经过时间和任务的考验而无人问津的、失去时效的和无益的图书。1914 年德国曾有人把没人利用的文献称作“死文献”，并主张将其从形体上消灭。1930 年另一个德国图书馆学家指出，这个术语是错误的，不能接受的，因为常常会有这种情况，一些不引人注意的著作一下子活跃了起来，引起了科学上的兴趣。

1940—1960 年欧美很多专家都认识到，图书馆不仅仅是一个简单的书库，它的真正作用是作为情报资料的来源。在此期间和以后，一些有远见卓识的图书馆学专家都极力提倡合作藏书，分工储存。他们认为，国家图书馆应尽可能全面的入藏书刊，以便其他图书馆可以经常地和毫无困难地从藏书中剔除无用的文献。英国伦敦及其近郊的图书馆实行了小说保存计划，由各馆按作者的姓名分别担负保存的任务，规定某个字头的作家由某馆负责，其他馆把有关的剔除书送到这里，以便集中除去不必要的复本。与此同时，1960 年 R·巴尔顿和 R·凯普勒研究了文献的老化速度提出了文献的“半衰期”概念，从文献的年龄方面为藏书的再选择提供了依据。

1967—1976 年期间，为了解决藏书急剧增加所引起的书库紧张、经费紧张和工作效率低等一系列矛盾，英国大学拨款委员会(UGC)提出了藏书增长的稳定状态理论，其中心思想是，要求图书馆不要无限地发展藏书数量，而应当在发展到一定规模时，控制增长，在购买新书的同时也要相应的处理掉数量相当的旧书，使图书馆藏书数量的增长等于零或者以尽可能低的速度增长。这个理论还没有定型，还在继续发展，但其出发点和所要达到的目的都与再选择理论大体相同。

再选择理论的内容和意义

再选择是藏书补充的重要组成部分之一，它是针对第一次选择而言的,同第一次选择存在着辩证统一的关系。按时间来说,如果第一次选择发生在书刊采购之前，那么再选择则是在已有的藏书中进行。无论第一次选择进行得怎样仔细,无论图书馆怎样力图做到购买最好的、获得读者好评的出版物,过一个相当长的时间之后,藏书中还是免不了要积压许多不被利用的出版物。因此,必须进行再选择,否则,藏书很难与本馆的任务和读者兴趣相适应。

导致必须进行再选择的原因很多,主要有:

1. 随着时间的推移,不少书刊内容变得陈旧,因而失去了保存价值。如,随着新的科学事实的发现和新的工艺的采用,往往使科学著作和生产方面的书刊变得陈旧。随着社会的发展,社会经济、政治生活和文化生活的变化,常常使许多社会科学方面的书刊过时;不少文艺作品(少部分除外)也会随着时代的前进而由“热门”变成“冷门”,以至于最后被时代的发展所淘汰;教科书和教学参考资料等,由于科学的迅速发展,不要多久,就必须换代。书刊随着时间的推移而变得陈旧的情况,往往被称之为“无形损耗”。H.K.克鲁普斯卡娅曾经指出:“无论怎样的图书,如果两年以前是迫切需要的,那么,现在在很多情况下就不那么需要了,而有时甚至是有害的……图书,不久以前完全适用,现在常常实际上成为仅仅是可资利用的废品。”书刊的无形损耗是合理的,而且也是不可避免的。

2. 图书馆藏书在发生无形损耗的同时,还会产生“有形损耗”。据统计,平装书出借 10~20 次,精装书出借 100 次之后,就破烂得无法再流通了。在图书馆的书库中,我们常常会发现,有些书刊已经破烂不堪,不能继续修补,也不能继续使用了。即使是新的文献载体,也存在“有形损耗”问题。如磁带或磁盘,时间长了会消磁,使用几十次之后还会产生不相干的杂音,以至于最后完全不能使用。鉴于这种情况,有些国家(如保加利亚)规定,图书馆有权每年从藏书中剔除占当年流通册次 1.5%~2.0%的不堪继续使用的图书。

3. 无论第一次选择怎样细心,由于各种主观原因和客观原因,错购一些书刊是很难避免的。如,由于书刊采购人员的业务水平、学科知识不够,或者由于征订目录介绍过于简略,书刊名实不符等,都会导致采购工作中的失误。再如,由于对读者的需要不太了解,有些书复本太多,供过于求。一般来说,错购图书的总数不应当超过现有藏书总数的 7%~10%。

苏联和欧美等国专家的研究都表明,科学图书馆未被利用的书刊占藏书总数的 30%~80%,公共图书馆占 40%。同时,还有人按照未被利用的原因做过进一步统计,在这些藏书中,20%是陈旧过时的出版物,13%是非本专业的,12%是复本过多的,4%是印刷有瑕疵或叙述的材料过于简单而不能令人满意的,仅有 1%的出版物是由于宣传不够或工作中的差错(排片、上架等)而被遗忘了的。

再选择对建设图书馆藏书具有重要作用。通过再选择可以确定,什么出版物可以补充到藏书中去,什么出版物应当按照读者使用情况重新安置,什么出版物应当从藏书中剔除。藏书系统是一个开放系统,藏书总是处于流动之中,新陈代谢、陈旧更新是正常现象。藏书系统发展的客观规律要求定期对藏书进行再选择,只有这样,才能实现像图书馆这样复杂系统正常功能所必需的逆向联系,才能建设一个既符合于本馆的任务,又适应于读者需要的良好的藏书系统。

藏书研究是再选择的理论基础

根据什么对藏书进行再选择呢?这是一个比较复杂的问题。一般认为,只有在对图书馆藏书的组成、数量和利用情况进行全面研究的基础上,才能够进行再选择。藏书研究可以给再选择提供依据,因此,是再选择的理论基础。

藏书的研究,不同于对某一种具体图书的研究,它是把一个图书馆的全部藏书作为一个整体来研究的。评价藏书质量的主要标准应当是,看其是否符合本馆的性质和任务,是否能够满足本馆读者的大部分需要。藏书量的高低与图书本身质量的高低是两个不同的概念。前者是指一个图书馆所收藏的图书能够满足自己读者需要的程度怎么样,即指这些图书在特定条件下的使用价值;而后者则是指图书本身的学术价值。这两者之间虽有联系,但绝对不能混同。道理非常简单,一种图书其科学价值再高,只要不符合本馆读者的需要,也是英雄无用武之地,只有当一种图书既有很高的科学价值,又符合本馆读者需要的时候,其使用价值才能够表现出来。价值不是静止不动的,不是绝对的范畴。作为图书馆藏书的图书的价值,不以收藏在哪个图书馆为转移,它或者被提高,或者被降低,往往是与有用无用联系在一起。因此,藏书研究的目的就是要弄清楚,在图书馆的全部藏书中,哪些出版物具有现实的或潜在的价值,哪些出版物已经失去了现实的或潜在的价值。

按照一般情况来说,研究藏书的最好方法是阅读藏书中的全部图书。然而,在“情报爆炸”的条件下,要想了解所有的著作,即使是在比较小的图书馆,实际上也是不可能的。研究表明,在健康人的记忆中保持的书名平均不超过1万个,况且,这些信息还会随着时间的流逝而逐渐消失。因此除了阅读某些图书之外,还应当:

——在处理新书、借还书、图书上架、组织专题陈列时,迅速浏览图书;

——经常阅读报刊上登载的图书目录和评介以及印刷目录卡片

上的内容简介。

通过日常了解的方法，仅能够得到关于整个藏书和某些具体出版物的一般概念。然而，实践表明，对于为再选择提供依据来说，这种一般概念还是远远不够的。因此，还必须得采用一些专门的研究藏书的方法。

1. 藏书的统计分析研究

统计分析为我们提供了对藏书数量、组成和利用的客观认识。全面和可靠的图书馆藏书统计，可以使我们掌握和了解：藏书总的数量及每年的增长情况，藏书按知识门类或专题的分布情况，图书的出借情况，读者的需要量，图书周转率等。

在图书馆的日常工作中，每一张读者登记卡、借书登记卡，甚至每一张索书单都是研究藏书的宝贵材料。对这些材料，要注意全面、系统、准确地进行积累。这样，就可以据以统计出真实、可靠、准确反映藏书数量、组成和利用情况的数字。

在藏书的统计分析研究中，将藏书组成结构与图书流通结构和读者需要结构进行比较研究是最有意义的。具体做法：是按照图书排架目录，将馆藏图书按照门类或专题进行统计，并算出每一类图书占全部藏书的百分比；按照图书借阅登记卡，将一定时期内（一年、半年或三个月）所流通的图书，按照同样的知识门类或专题进行统计，并算出每一类图书占总流通量的百分比；按照索书单，将一定时期内（一年、半年或三个月）读者所需要的图书（包括满足和未满足的）按照同样的知识门类或专题进行统计，并算出每一类图书占总需要量的百分比。然后，逐类对比，看其符合的程度。通过对比，可以清楚地看出，哪些类的藏书基本上符合读者的需要，哪些类的藏书不能满足读者的需要，哪些类的藏书已经超过了读者的需要。

2. 具体周转率的研究

这种方法,比较精密。首先,需要根据统计资料求出某一门类图书初始年平均周转率,并将这个指标作为最佳值 OБopt。然后,将该类图书中每一种出版物的周转率,即具体周转率,用 OБk 表示。具体周转率是通过以年计算的出版物的年龄“T”除出版物出借总数 B_k 求得的:

$$OБ_k=\frac{B_k}{T}$$

在这里,出版物的年龄不是从它出版的那个时候算起,而是从它成为图书馆藏书的时候算起。在查明 $OБ_k$ 值以后,将其与 OБopt 相比较,如果 $OБ_k$ 等于 OБopt 或大于和小于 OБopt 不超过 2 倍,那么就认为该出版物的流通是积极的,如果 $OБ_k$>OБopt 2 倍或更多,那么,就认为该出版物是超积极的。当 $OБ_k$<OБopt 2 倍或更多,那么,它就属于少人问津的种类。而如果该出版物一次也没有流通过,它就是未被利用的文献。

具体周转率的研究,从读者对藏书的利用程度方面为再选择提供了依据。由于这种研究是建立在精确统计基础上的,因而它所提供的依据也是比较科学和可靠的。

3. 文献半衰期的研究

通常,对一种文献的需求量会随着时间的延续而逐渐下降。随着文献“年龄”的增长,它逐渐失去了作为科学情报源的价值,因此,越来越少被读者利用。然而,老化的不是科学情报的本身,而是包含这些情报的文献。因为已经出现了包含更新的、更完全的和更准确的科学情报的文献。

文献寿命的半衰期或情报陈旧的半衰期的概念,是 1960 年美国学者 R.巴尔顿和 R.凯普勒提出来的。这个概念类似于原子核物理学术语“放射性衰变半衰期”。中心思想认为,半衰期是那样一个期限,即在那个时间里发表了某一知识门类或学科现在被利用的全部文献的一半。例如,如果物理学文献半衰期是 4.6 年,就是说,在这一领域中被利用的全部文献,有一半文献的“年龄”不大于 4.6 年。

文献半衰期,一般是通过文献的出借情况、复制情况来确定的。按照间接的资料,比如通过其他作者著作中的目录引文,同样也可以确定。不同学科的文献,其半衰期的长短不一样。按照 R.巴尔顿和 R.凯普勒的资料,生物医学 3 年、冶金 3.9 年、物理 4.6 年、化工 4.8 年、社会学 5.0 年、机械制造 5.2 年、生理学 7.2 年、化学 8.1 年、植物学 10年、数学 10.5 年、地质学 11.8 年、地理学 16 年。这就意味着,这些文献最多 5~16 年就可以从积极流通的文献中划分出去。文献的半衰期,不仅取决于文献所属的科学技术门类,还取决于其他一些因素,特别是文献的种类和性质。科学专著、教科书、期刊论文、专利说明书、科学技术总结等,其半衰期长短都不一样。

文献半衰期的研究,从图书的年龄方面为再选择提供了可供参考的依据,有助于更好地划分藏书,从藏书中剔除过时的图书和预测藏书未来利用的情况。

上述方法,一般统称为藏书研究的数量方法。除了这些方法之外,还有图书目录的方法和社会学方法。

用各种书目资料来研究藏书、检查核对藏书质量,也有助于藏书再选择的进行。全国总数目、重要图书馆的藏书目录、专题目录、联合目录、参考工具书中的目录、期刊目录、引文目录等都可以作为再选择时参考。检查核对结果,可以帮助确定藏书中应当补充什么,剔除什么。

用社会学方法研究藏书的重要意义在于,它能够提供读者对待藏书的态度,即读者以怎样的眼光看待藏书。调查询问、访问、会话、研究读者来信等都是行之有效的方法。与此同时,对读者阅读兴趣进行群体研究也是很重要的。读者阅读兴趣虽然千差万别,但总是与其职业、社会工作、文化水平、个人爱好,以及年龄等有着密切关系。掌握和了解不同读者群的阅读兴趣及其变化规律,有助于更好地对藏书进行再选择,更好地满足读者对图书的需要。

藏书研究的数量方法、图书目录方法和社会学方法,它们之中的每一种都具有自己的优缺点。如果单独采用一种方法,往往不能提供出藏书状态的客观全面情况。必须综合利用这些方法,取长补短,才能收到比较好的效果。这一点,在实际工作中应当十分注意。

再选择的程序和结果

对藏书进行再选择是比较复杂的问题,必须很好地组织,周密地计划。要由领导、藏书补充、服务和保管部门的工作人员组成专门的小组和委员会负责其事。具体进行时可分为四个阶段:第一,确定再选择的藏书门类和期限;第二,按照规定的藏书门类和期限研究藏书的数量、组成和利用特点,特别是读者对图书的利用情况,这是对藏书进行再选择的依据;第三阶段,对藏书研究过程中所获得的资料进行分析,并根据分析结果作出相应的决定;第四阶段,实施这些决定。

正如我们前边已经指出的那样,藏书的再选择绝不仅仅只是为了从藏书中剔除几本陈旧过时的图书,而是一个综合性的问题。

由于再选择的结果,图书馆可以重新审订采购重点和复本标准。读者对图书的利用情况,是检验以往藏书补充合理程度的标尺,也是预测读者未来需要的依据。通过对藏书进行再选择,可以进一步明确藏书补充重点,调整复本数量。根据读者需要情况,增加或减少某类图书的品种,增加或减少某些图书的复本等等,从而使藏书补充工作减少盲目性,增强科学性。

由于再选择的结果,图书馆可以在馆内重新安置某些图书。通常，我们总是把少人问津和无人问津的图书笼统地看作是藏书中的包袱,其实这是不太公正的。A.A.包科罗夫斯基曾经指出:“要仔细地阐明,图书为什么无人问津,或因为,对于那个图书馆来说它确实不适宜——不符合读者的兴趣,或很难符合等等。或者仅仅是因为读者不熟悉它,图书馆员也没有宣传他们。如果,比如在图书馆很多书放在那里不动,那么,也许从图书馆中剔除出去的不是这些图书,而是图书馆员。”这个意见是很正确的,绝不能把少人问津的书刊全部从藏书中剔除出去,必须根据再选择的结果,分别不同情况决定这些书刊的命运。其中之一是,在馆内重新安置某些藏书,如把辅助藏书中一些流通率不高的书刊转移到基本书库，或者把基本书库中一些流通率高的书刊提到辅助书库等,以使藏书的分布更趋合理。对于那些因强烈周转而迅速陈旧的书刊,则送去修补,以便再用。

由于再选择的结果,有些书刊确实是应当从藏书中剔除出去的。即使是这种情况,也不能一概而论,应当根据具体情况,分别予以处理。(1)虽然不符合本馆的性质、任务和读者要求,而对其他图书馆有价值的书刊;(2)过多的复本书刊;(3)经过时间和任务的考验已经失去时效,并且没有保存价值的书刊;(4)由于时间长久而被损坏,不能继续流通,也不能继续修补的书刊。对于前两类书刊,可以送到准备交换的书库中,以备与其他图书馆交换;后两类书刊,则可以从藏书中剔除出去。

在从藏书中剔除某些书刊的时候应当注意,一些书刊虽然失去了现实价值,但仍然可能具有潜在的科学价值。对具有潜在科学价值的书刊，不应当从藏书中剔除出去。历史上常常会出现这种情况,长久无人问津的出版物忽然引起了科学上的兴趣。比如,为了设计宇航员用的密闭飞行衣需要参考关于骑士盔甲的文献，在制造涡轮螺旋桨喷气机发动机的时候，需要参阅活塞航空发动机时代写的文献等等。

对于已经决定从藏书中剔除出去的那些书刊，一般也不宜从形体上把它们消灭。国外建立储存图书馆或采取合作储存的方法是值得借鉴的。他们的做法是，各图书馆把剔除的图书送到储存图书馆或有关的合作储存单位，由他们负责与储存藏书核对，储存藏书中没有的则留在储存图书馆保存（每种保存 2 册），储存藏书中有的复本超过 2 册的，则可销毁。

在履行保存出版物功能的大型图书馆，再选择的结果不管出版物具有什么样的价值，都不能实行完全剔除和从形体上消灭。比如，国家图书馆除非复本过多，其他均不应剔除；省级公共图书馆对于本省的出版物和有关本省的出版物，不应剔除；被国家赋予保存某些学科书刊功能的大型科学图书馆，对于它所要保存的学科的书刊也是这样。在这些图书馆，为了提高藏书的安全程度，应当建立储存书库。单本书不应当外借，只出借复制品。甚至对于那些破旧的出版物，也要精心修补，妥善保存，必要时予以复制。

结束语

以上我们较详细地阐述了图书馆藏书再选择理论的历史意义、内容、方法、程序和结果等。这种理论和方法，对我们的藏书建设工作有一些什么现实意义呢？

我国图书馆事业有着悠久的历史，在漫长的封建社会里，由于书籍生产的物质条件和技术条件落后，印一本书绝非易事，使得不管是政府藏书，还是私人藏书，都是重保存轻使用，这就是通常所说的封建藏书楼思想。正是在这种思想影响下，我们国家保存下来了一大批古代文献典籍，这些典籍对研究我们国家的历史、民族的文化，有着很大作用。如果说藏重于用的藏书楼思想在漫长的过去还起过一点好的作用的话,那么,在书籍生产技术高度发达和图书馆已经相当普及了的今天,它就很不适宜了。然而,这种藏书楼思想在我们藏书建设的实际工作中,仍然有不少影响。比如,买书时愈多愈全愈好,剔除时瞻前顾后等。我们认为,藏书的再选择理论有助于我们破除实际工作中的藏书楼思想残余,有助于使我们藏书建设理论现代化,藏书建设工作科学化。因为这个理论,为我们提供了一个建设藏书的正确指导思想,即读者的需要是我们建设藏书的依据,读者对图书的利用情况是我们检验藏书建设的标尺,也为我们提供了一整套科学的方法,这种方法有助于把我们的藏书补充工作、藏书组织工作和藏书剔除工作向前推进一步。

希望有人更深入地研究这个理论，更希望有人把这个理论逐步付诸实践。

（原载于《河南图书馆学刊》1983年第1期）

关于参见类目

在体系分类法中,类目之间存在着四种关系:等级隶属关系,即一个类与其细分出来的小类的关系;并列关系,即由一个类直接划分出来的若干平行类目的关系;交替关系,即使用类目与交替类目之间的关系;相关关系,即参见类目之间的关系。前三种关系较易理解,文献中谈得也比较多,唯有后一种关系尚少有人论及。本文拟结合《中图法》的参见类目,进行一些研究。

参见类目是具有相关关系的类目

类目之间的相关关系,是一种比较含糊的关系,也是不易确定的关系。它远比类目之间的从属关系、并列关系和交替关系复杂。正因为如此,关于什么是相关关系和参见类目就有各种不同的说法。《图书分类学》(白国应编)一书认为:"相关类目是指反映具有交叉关系的类目,它与交替类目不同。""交叉关系又称交错关系,凡是相关类目都具有这种关系。"《科技文献分类工作手册》(关家麟等编)一书认为:"对一些内容上既有区别又有联系的学科或事物,等级列举式分类法不可能将它们集中在一起,而是采用类目参照的方法将它们联系起来。"《图书分类》(李兴辉编)一书中说:"参见类目,是通过参见之类的注释彼此联系起来的类目。这些类目都是使用类目,彼此之间往往有不容分辨的特殊关系。"《图书分类》(北京大学图书馆学系《图书分类》编写组编著)一书认为:"这里所说的相关关系,是指类目之间除从属关系、并列关系、交替关系外的其他关系，通常称之为相关关系。在分类表上用参照的办法来表示，称之为类目参照。《中图法》用参见的方式来表示。”从以上所列来看，各家的说法是不尽相同的。

在体系分类法中，类目之间存在着各种各样的相关关系。关于这一点，我们可以从概念逻辑的角度和实用的角度加以分析。

（一）从概念逻辑的角度分析，主要包括三种关系。

1. 两个类目之间的相关关系是一种概念交叉关系，即两个类目的内涵有一部分是相同的，一部分是不同的，其外延有一部分是重合的，一部分是不重合的。例如：

Q132　　普通胚胎学

　　参见 Q418。

Q41　　普通生理学

418　　生长、发育与生殖

2. 两个类目虽然指的是同一个事物，但它们是从不同角度去反映该事物的。例如：

K879.1　　古代建筑。

　　参见 K928.72；TU–092。

K928.7　　历代名胜古迹

.72　　遗址

TU—092　　中国建筑史

它们分别从考古学、地理学和建筑史的角度研究古代建筑。

R654　　心脏血管和淋巴系外科学

.2　　心脏

　　参见 R541。

R541　　心脏疾病

它们分别从外科学的角度和内科学的角度研究心脏疾病。

TP34　　电子模拟计算机(连续作用电子计算机)

　343　　存储器

　　　　参见 TP333。

TP33　　电子数字计算机(不连续作用电子计算机)

　333　　存储器

分别从电子模拟计算机和电子数字计算机的角度研究存储器。

这种形式的参见类目,与交替类目不同。交替类目,两个类目的内涵和外延都相同,实质上是一个类目。这种形式的参见类目,因其所指的事物是相同的,所以其外延相同,又因其所表达的事物的属性不同,所以其内涵不同。同一事物的某种属性与它的另一种属性,是不能互相代替的,但因其是同一种事物的属性,所以又是有联系的。这种分属于不同类系中的、表达同一事物不同属性的类目,也是具有相关关系的类目,在体系分类法中用"参见"把它们联系起来。

3. 两个类目,一个代表整体,一个代表部分,或一个类目包含一个类目,从广义上说,两个类目在概念逻辑上具有从属关系。

(1)一个类目为整体,一个类目为部分。如:

TB302　　工程材料试验

　　　　参见 TG115。

TG115　　金属的分析试验(金属材料试验)

　　　　参见 TB302。

工程材料试验包括金属材料试验和非金属材料试验。

(2)一个类目表示学科,一个类目表示其分支学科。如:

Q947　　植物生物物理学

　　　　参见 Q6。

Q6　　生物物理学

(3)一个为总论性类目,一个为专论性类目。如:

TF12　　粉末冶金(金属陶制术)

　　　　参见 TB44。

TB44　　粉末技术

总论入此,专论各入其类,粉末冶金入 TF12。

(4)一个类目是类组,一个不是类组,在形式上好像两个类目一个包含一个。如:

TG175　　金属电抛光及化学抛光

　　　　参见 TQ153.5。

TQ153.5　　电抛光

　　　　参见 TG175。

表示整体和部分、总论和专论、学科及其分支等的类目,它们之间虽然也具有从属关系,但由于不处在同一类系中,所以不是上下位类关系。概念具有多向成族的特性,所谓多向成族,就是某个概念的外延可以根据其不同的属性被多个概念的外延所包含,沿着多个方向与若干概念分别形成族系,这样就使一些类目具有双重或多重从属关系。例如,“生物物理学”其下位类既可以是“生物声学”“生物光学”“生物电磁学”“生物热学”“生物力学”等,它们之间形成族系,又可以是“微生物生物物理学”“植物生物物理学”等,它们之间也形成族系。在体系分类法中,类目是单线排列的,显示类目之间从属关系的主要手段是采用等级隶属的方式。对于类目之间的双重或多重从属关系,只能以上下位类的形式显示其中的一种。这样,类目之间的从属关系就分成两种了。一种是以上下位类形式显示的从属关系,即类目之间的等级关系;一种是不以上下位类形式显示的从属关系,即暗含的从属关系。这种暗含的从属关系,也是相关关系的一种。对于具有暗含的从属关系的类目,在编制分类表时也应以“参见”的形式把它们联系起来。

(二)从实用的角度分析,主要包括:

1. 理论——应用,或技术——应用

O438　　信息光学

　　参见 TB877。

TB877　　全息摄影

2. 基础理论——技术理论

TU311.3　　结构动力学

　　参见 O313。

O313　　动力学

3. 原理——装置、设备、仪表

O318　　陀螺力学(回转仪理论)

　　参见 V241.5。

V241.5　　陀螺仪表

TH74　　光学仪器

　　参见 O435.2。

O435.2　　光具组理论与像差理论参见 TH74。

4. 制造——使用

R197.39　　医疗机械与设备

　　参见 TH77。

TH77　　医药卫生器械

5. 原因——结果

R541.2　　风湿性心脏病

　　参见 R593.1。

R593.1　　风湿病

凡是从实用的角度来看,具有一定联系的类目,均可视为具有相关关系的类目。因此,除了以上几个类型之外,实际上还可以归纳成更多的类型。

综上所述，认为参见类目是“具有交叉关系的类目”“既有区别又有联系”的类目，或彼此“有不容分辩的特殊关系”的类目等等说法，看来是不太准确或全面的。正确的说法应当是，参见类目是具有相关关系的类目。所谓相关关系，既包括概念逻辑上的交叉、从属等关系，也包括实用方面的关系。总之，是一种比较复杂的、不易确定的关系。

参见类目的作用和形式

参见方法是揭示类目之间联系的一种方法。类目之间的联系有多种，揭示这种联系的方法也有多种。参见方法是揭示类目之间相关关系的方法，正因为它可以揭示类目之间的相关关系，因此，可以起到两个方面的作用。

1. 提高分类标引的准确程度

通过参见方法，可以告诉分类标引人员，哪些类目之间具有相关关系，它们的内容范围如何，有什么联系和区别，以便分类标引人员按照每种图书的具体情况把其归入恰当的类目中去。对于类目之间的相关关系，如果在编表时不予以充分揭示，分类标引人员就很难从几万个类目中找出与某一类有关的类目，在具体分书时，也就无从准确地比较判断某些图书的归属。因此，参见类目有助于提高分类标引的准确程度。

2. 提高检索的查全率

在组织分类目录时，可以根据参见类目设置类目参照片，揭示分类目录中具有相关关系的类目，即把分类表中类目之间的横的联系转换成分类目录中类目之间的横的联系，使分类目录成为纵向横向都有联系的一个整体。这样，读者在查到某一类后，还可以通过类目参照片知道，还有哪些类的资料与自己所要查的资料有关，以便循着分类法事先规定好的方向和途径,扩大检索范围,提高查全率。否则,读者由于无从掌握分类目录中哪些类与本类有关,在检索过程中就会顾此失彼,漏掉一部分有参考价值的资料。

参见的形式是多种多样的,主要有以下几种:

1. 一般形式的参见类目

这种形式的参见类目,在大多数情况下是一个类目参见一个类目,但也有一个类目参见两个或两个以上类目的。

一类参见两类的,如:

R595　　中毒及化学性损害
　　参见 R135.1 及 R827.1。
R135.1　　生产性毒物及职业性中毒
R827.1　　化学武器中毒

一类参见三类的,如:

O622.3　　醇及其衍生物
　　参见 O623.4;O624.3;O625.3。
O623.4　　脂肪族醇(醇、羟基化合物)及其衍生物
O624.3　　脂环族醇及其衍生物
O625.3　　酚、芳香醇及其衍生物

一类参见四类的,如:

S879　　副产品的综合利用
　　参见 TS22,TS251/253。
TS22　　食用油脂加工工业
TS251　　肉与肉制品
TS252　　乳与乳制品
TS253　　蛋品加工制品

一类参见五类的,如:

R768　　气管与食管镜学

　　参见 R562;R571;R653;R655.3;R655.4。

R562　　气管和支气管疾病

R571　　食管疾病

R653　　颈部外科

R655.3　　支气管和肺

R655.4　　食管

一个类目参见几个类目，决定于这个类目与几个类目具有相关关系。大部分是一参一的形式,一参二和一参三是少数,一参四和一参五是极其罕见的。

2. 一个类目参见另一个类目的若干下位类,因为这个类目不是与另一个类目的全部具有相关关系，而是与其若干个下位类具有相关关系。这时,为了简便起见不采取与该类的一些下位类分别参见的形式,而是注明“参见×××有关各类”,到底参见的是哪些下位类,需要自己判断。如:

TG155.1　　热处理炉

　　参见 TM924 有关各类。

TM924　　电热

·0　　一般性问题

·1　　电热设备的各种系统

·2　　电加热器

·3　　电阻炉

·4　　电弧炉

·5　　感应电炉

·6　　真空电炉

·7　　特种电炉设备

3. 隐含的参见类目

有些类目从表面上看没有“参见×××”类字样，但实际上存在着相关关系，这种情况称为隐含的参见类目。如：

K93/97　　各国地理

依世界地区表分，再依下表分。

1　疆界

2　区域地理

3　山

4　水

5　城市

6　历史地理

7　名胜古迹

9　旅行、游记

参见 F59。

F59　　旅游经济

591　　世界旅行游览事业

592　　中国

593/7　　各国

这样，“各国旅行、游记”类就与“各国旅行游览事业”类都具有了参见关系了。如“K931.39 日本旅行、游记”与“F593.13 日本旅行游览事业”，“K954.69 意大利旅行、游记”与“F595.46 意大利旅行游览事业”，“K971.29 美国旅行、游记”与“F597.12 美国旅行游览事业”等等，这是由于类目本身采取了专类复分造成的。再如，“TK42 柴油机”类下注“仿 TK41 分”，但“TK418.9 燃料及润滑料”类下注明“参见 TQ51 燃料化学工业（总论）”，为此，由“TK42 柴油机”仿“TK41 汽油机”分所得的“TK428.9 燃料及润滑料”类也参见“TQ51 燃料化学工业（总论）”，这种情况，是类目本身仿分造成的。又如：

S23　　农业现代化、机械化
　　　　参见 F323.3。
F32　　中国农业经济
　323　　农业建设与发展
　323.3　　农业技术改造与革新

在“F33/37 各国农业经济”类下注有“依世界地区表分，再依下表分”。在专类复分表中有：

0　　政策
1　　土地制度、土地政策、土地利用
19　　农业所有制形式
2　　农业经济统计资料
3　　农业建设与发展
31　　农业计划、生产配置
32　　农业技术水平、技术改造
　　……
　　……

在这种情况下，我们可以通过类比的方法得出结论，由于“S23 农业现代化、机械化”与中国农业经济类下的“S323.3 农业技术改造与革新”类为参见类目，那么，它与“各国农业经济”类下的“农业技术水平、技术改造”类也应当为参见类目。所谓类比，是一种逻辑推理方法，它通过比较不同对象或不同领域之间的某些属性相似，从而推导出另一属性也相似。

隐含的参见类目，由于它的不明显性，所以必须通过分析和类比才能发现。在具体类分图书时往往易被忽略，这是应当十分注意的。

4. 甲类参见乙类，乙类参见丙类，甲类与丙类之间构成间接的

参见关系。如:

U212.23　　水文勘测

　　　　　参见 P33。

P33　　　　水文学(水界物理学)

　　　　　参见 TV12。

TV12　　　工程水文学

5. 在有些情况下,甲类参见乙类,乙类反过来又参见甲类,甲类和乙类之间构成互相参见的关系。如:

TN25　　　集成光学

　　　　　参见 TN491。

TN491　　　光学集成电路(集成光路)

　　　　　参见 TN25。

《中图法》在参见类目的设置方面存在的问题

《中图法》在参见类目的设置方面,存在着两个问题:

1. 参见类目少,该参见的未参见

参见类目是具有相关关系的类目。类目之间的相关关系是比较复杂的、多方面的,分类法应当尽可能揭示这种关系。据统计,《中图法》大约有 400 个左右参见类目。这显然太少了,很难充分揭示出类目之间的相关关系。如,研究党史的人需要参阅新民主主义革命史的著作,研究新民主主义革命史的人也需要参阅关于党史的著作,两者有着很密切的关系。但在《中图法》中,"D23 党史"与中国历史部分的"K26 新民主主义革命时期"之间却没有参见关系,即从分类法本身看不出两类之间有什么联系。

2. 参见类目设置不当

被参见的类目与该类关系不大,而真正需要参见的类却未参见。

如,“TK418.9 燃料及润滑料”注明参见“TQ5l 燃料化学工业(总论)”,仔细研究就会知道,“TQ51 燃料化学工业(总论)”与其关系不大,因为其下位类“TQ517.4 液体燃料”已经注明“石油、油页岩入 TE”,而内燃机所用的燃料及润滑料正是石油产品,所以真正应当参见的类目是“TE626 石油产品”。同样理由,关于燃气轮机的类目“TK478.9 燃料及润滑油”,以及仿“TK41 汽油机”分所得的有关柴油机的类目“TK428.9 燃料及润滑料”也应当参见“TE626 石油产品”,而不是“TQ51 燃料化学工业(总论)”。

被参见的类目为交替类目。所谓交替类目,是指那些一般不被使用的非正式类目。既然不被使用,参见它也就失去了实际意义。

例 1:TU996.7　煤气管道及设备
　　参见 TU84。
〔TU84〕　煤气设备
　　宜入 TU996。

例 2:F550.8　运输业务
　　参见 U69。
.81　货运工作
.82　客运工作
.83　水路联运
.84　国际联运
U69　水路运输技术管理
〔694〕　货运及商务工作
　　宜入 F550.81。
〔695〕　旅客运输工作
　　宜入 F550.82
〔699〕　远洋运输与世界航运

宜入 F55。

被参见的类目是同位类。如,“O141.13 类演算”注明“参见 O141.12,O153.2”,其中“O141.12 谓词演算(命题函项演算)”是同位类。参见类目,是指不同类系中的具有相关关系的类目。同位类,是由一个上位类按照一定标准划分出来的具有平行并列关系的类目。同位类之间如果具有概念交叉关系,可通过范围注释划清它们的界限,但不能建立参见关系。

类目之间相关关系揭示的是否充分、正确,是影响分类法质量的重要因素之一。因此,参见方法和参见类目是很值得我们进一步研究和探讨的。

(原载于《图书与情报》1984 年第 1 期)

《中图法》加“0”问题产生的原因及解决方法

在用《中图法》分书时，有时在需要复分的类号后先要加“0”，再加复分号。主要有三种情况：(1)在使用《世界地区表》时，在世界各个地区下(亚洲、东南亚)，如采用其他标准细分时，则必须在地区号码后加“0”，以便与该地区所属的国家区别开来。(2)在使用哲学、社会科学部分的某些专用复分表时，如果需要复分的类目是概括性类目，必须在该类号后先加“0”，再加专用复分号。若需要复分的类目是最低一级类目，则不必加“0”，可直接加专用复分号。(3)在具体问题仿一般性问题细分时，无论需要仿分的类目是概括性类目，还是最低一级类目，都必须先加“0”，再加被仿分类目的子目号。通过几年来的图书分类工作实践，大家普遍觉得，这种规定比较复杂，不易学，不易掌握，给实际工作带来了一定的困难。在进行深入的研究以后还发现，这些规定前后矛盾，采用的标准不一致，不利于《中图法》今后的修订。为此，有必要对加“0”问题产生的原因进行深入的探讨，并在此基础上提出进一步的合理的解决方法。

《中图法》产生加“0”问题的原因

欲解决《中图法》加“0”问题，必须从理论上弄清产生加“0”问题的原因。现在，让我们对加“0”的三种情况，分别予以剖析。

一、使用世界地区表复分时，需要加“0”的原因，可以“13/17 各国经济”类为例来说明。

在“F13/17 各国经济”类下注释中注明:“依世界地区表分,再依下表分。”根据这段注释,比如“F15 欧洲经济”,就可以按照两种标准进一步细分，一种是按地区展开，形成一个按地区展开的子目系列,即:

F15　　　　欧洲经济
151　　　　东欧、中欧经济
153　　　　北欧经济
154　　　　南欧经济
156　　　　西欧经济

另一种是按全面(指欧洲经济的全部问题)与某一方面(指欧洲经济的某一方面问题)关系展开,形成另一种性质的子目系列,即:

F15　　　　欧洲经济
150　　　　欧洲经济政策
151　　　　欧洲社会经济结构
152　　　　欧洲经济统计资料
153　　　　欧洲经济计划与执行情况
154　　　　欧洲经济问题
155　　　　欧洲对外经济关系
156　　　　欧洲人民生活
157　　　　欧洲地方经济概况
159　　　　欧洲经济史
1599　　　　欧洲经济地理

这两种性质不同的子目系列的子目,其类号大部分是相重的。

按照同样道理,“F156 西欧经济”在进一步细分的时候,也可以依据两个不同的标准,形成两种性质不同的子目系列。但,“F156.1 英国经济”在进一步细分的时候,由于在世界地区表中“英国”未再细分，因而不能再依地区展开，只能依一个标准，即按全面与某一方面的关系展开，从而只能形成一种性质的子目系列。由此可见，一个类目若同时按两种分类标准展开，同时形成两种性质不同的子目系列，其子目则必定重号；若只按一个分类标准展开，形成一种子目系列，则不存在子目重号的问题。

二、哲学、社会科学部分，在使用专用复分表细分时，需要先加“0”的原因，可以“G84 球类运动”这一类为例来说明。

“G84 球类运动”有两种进一步细分方式。一种是主表的方式，即按球类运动的种类展开，上位类是属，下位类是种，上下位类是典型的属种关系。

G84	球类运动
841	篮球
842	排球
843	足球
844	手球
845	网球
846	乒乓球
847	羽毛球
848	棒球、垒球
·1	棒球
·2	垒球
849	其他球类运动

由于“G819 体育运动技术(总论)”类下注有“以下 G82/89 各种体育运动，均可依下表分”，因此，“G84 球类运动”还有另一种展开方式，把球类运动作为全面，把球类运动的某一个问题作为一个方面，即按照专用复分表的方式进行展开。

G84　　球类运动
　841　　球类运动理论、方法
　842　　球类运动教学、训练
　843　　球类运动科学研究
　844　　球类运动规则、裁判法
　845　　球类运动场地器材设备
　846　　球类运动国际体育组织
　847　　球类运动会
　848　　球类运动成绩记录
　849　　球类运动概况

这样按照两种标准形成的两种性质不同的子目系列，其子目号是相重的。而“G841 篮球”“G842 排球”等类，由于只能按第二种方式展开，因此不存在重号的问题。

三、具体问题仿一般性问题细分时，产生加“0”的情况，也很类似。如，“TM41 电力变压器”这一类，按主表的方式，即以电力变压器的种类展开，形成：

TM41　　电力变压器
　411　　油浸式电力变压器
　412　　干式电力变压器
　413　　不燃性油变压器
　414　　防爆变压器
　415　　充气式变压器、气体绝缘变压器
　416　　自冷却变压器
　417　　脉冲变压器
　418　　另阻抗变压器、短路阻抗选择变压器
　419　　低噪音电力变压器

由于“TM41/47”均可仿“TM40”细分，因此，它还可以依另一种形式，即按“TM40 一般性问题”的子目展开，形成：

TM41　电力变压器
　411　电力变压器基本原理
　412　电力变压器设计
　413　电力变压器结构
　414　电力变压器材料
　415　电力变压器制造工艺、安装
　416　电力变压器试验、运行
　417　电力变压器维护、检修

这两种性质不同的子目系列，其子目类号也是相重的。

通过以上分析可以看出，《中图法》在三种情况下需要加“0”的原因，实际上都是相同的。一个类目往往可以按照多种标准细分，但图书类表是单线排列的，每一次细分只能采用一个标准。如果一次细分采取两个以上标准，即几次细分放在同一度线上表示，必须在同位类的排列上采取相应措施，使按不同细分标准所形成的子目系列前后错开，否则，它们的子目号就会重复。《中图法》在复分时之所以产生加“0”的问题，就是因为在对一个类目进行细分的时候，采用了两个标准，同时形成了两种不同性质的子目系列，而这两种性质不同的子目系列的子目，又都必须用 0 至 9 十个数字来标记。这样其子目号就会大部分以至于全部相重，为了解决这个矛盾，必须让一个子目系列为另一个子目系列让路。在“依世界地区表分，再以专用复分表分”的情况下，第一个标准是主，第二个标准是从，按专用复分表展开的子目系列应为按地区展开的子目系列让路；在用专用复分表复分时，如果需要复分的是概括性类目，按主表细分的标准是主，按专用复分表细分标准是从，按专用复分表细分标准所形成的子目系列应为按主表细分标准所形成的子目系列让路；在具体问题仿一般性问题细分时，按主表细分的标准是主，按一般性问题细分的标准是从，按一般性问题细分标准所形成的子目系列应为按主表细分标准所形成的子目系列让路。总之，一句话，按第二个标准展开的子目系列必须为按第一个标准展开的子目系列让路。问题是采取什么方式让路？《中图法》采取加“0”的方式，即通过加“0”压低按第二个标准展开的子目系列的级位，来达到避免两个子目系列子目号大部或全部相重的目的。好像两个物体在同一个平面上沿着同一条直线相向运动，或不等速的同向运动，其结果是两个物体必定相撞。如果两个物体处在两个平面上，不管它们作如何运动，其结果是两个物体无论如何也不会相撞。用加“0”避免子目号相重的方式与此非常类似。如：

F15　欧洲经济
150.0　欧洲经济政策
150.1　欧洲社会经济结构
150.2　欧洲经济统计资料
150.3　欧洲经济计划与执行情况
150.4　欧洲经济问题
150.5　欧洲对外经济关系
150.6　欧洲人民生活
150.7　欧洲地方经济概况
150.9　欧洲经济史
150.99　欧洲经济地理
151　东欧、中欧经济
153　北欧经济
154　南欧经济
156　西欧经济

我们知道,按照层累制的编号制度,“F15 欧洲经济”为三级类,“F151 东欧、中欧经济”至“F156 西欧经济”为四级类,“F150.0 欧洲经济政策”至“F150.99 欧洲经济地理”为五级类(“F150.99 欧洲经济地理”从号码看是六级类,实际上是五级类,这里借用了其下位类的号码)。如果按照专用复分表细分的时候,“F15”之后不加“0”,就会与“F151 东欧、中欧经济”至“F156 西欧经济”一样成为四级类,把其级位从四级压低到五级,就使按地区标准形成的子目系列在第四级上展开,而按全面与某一方面标准展开的子目系列在第五级上展开,因此,也就避免了两个子目系列的子目号相重。另外两种情况下的加“0”问题,道理与此完全一样,这里就不再详述。

专用复分表的类型

《中图法》的专用复分表,共有 39 个,其中,马列主义、哲学、社会科学部分 31 个,自然科学部分 8 个。由于自然科学部分的 8 个表,从 1982 年第 2 版第 2 次印刷本开始,在专用复分号前已加了“0”,可以说问题已获解决,因此这里仅对马列主义、哲学和社会科学部分的 31 个表进行分析研究,它们共分五个类型。

第一个类型包括七个专用复分表,即:

1. “B202 唯心主义”类后的中国哲学复分表(71 页)。

2. “D920.9 法律汇编”类后的中国法律复分表(103 页)。

3. “E27 各军、兵种”类后的各军兵种复分表(109 页)。

4. “G819 体育运动技术(总论)”类后的各项体育运动复分表(154 页)。

5. “H2 中国少数民族语言”类后的少数民族语言复分表(165 页)。

6. “I23 戏剧”类后的各种戏剧的时代复分表(176 页)。

7. “K875/879 专题研究”类后的考古学专题研究复分表。

这 7 个专用复分表,都有共同的特点,即需要按专用复分表复分的类目既有概括性类目,又有最低一级类目。中国少数民族语言复分表,初看与此不同,实则一样,需要按该表复分的类目,H212/289 各类均是最低一级类目,但“H29 少数民族古语言”则是概括性类目,它进一步细分为:

H291　匈奴语
292　鲜卑语
293　突厥语
294　回鹘语
295　契丹语
296　女真语
297　西夏语
〔298〕　吐火罗语

更重要的是,“H4 汉藏语系”前的一段注释规定,“以下 H4/95 各种语言,均可仿中国少数民族语言复分表分”。H4/95 各类,一般是按语系——语支——语种细分的,或按地区——语系——语支细分的,这些类目既有概括性类目,又有最低一级类目。

值得注意的是“D920.9 法律汇编”类后的中国法律复分表,该表与其他 6 个表完全相同,但号码不一样,即在该表所有的专用复分号前都加了“0”。如以下形式:

01　理论
02　法的历史
04　学习、研究
05　解释、案例
09　汇编

中国法律复分表的复分号前可以加“0”,其他 6 个复分表的复分号前为什么不可以加“0”呢? 结论只有一个,即完全可以像中国法律复分表的复分号那样,在编表时就把“0”加上去。

第二个类型以“F13/17 各国经济”类后的各国经济专用复分表为代表,其共同点是注释中都规定,“依世界地区表分,再依下表分”,就是说需要复分的类目,既有概括性类目(如欧洲经济、西欧经济),又有最低一级类目(如英国经济)。这样的表共有 17 个。“I212/217 各时代作品集”注释规定“依中国时代表分,再依下表分”,情况与依世界地区表分,再依专用复分表分相似,因此也可以说本类型包括 18 个专用复分表。它们分别是下述各类后的复分表:“D33/37 各国共产党”(94 页)、“D73/77 各国政治”(100 页)、“D83/87 各国外交”(102 页)、“D93/97 各国法律”(104 页)、“E3/7 各国军事”(110 页)、“F13/17 各国经济”(119 页)、“F33/37 各国农业经济”(123 页)、“F43/47 各国工业经济”(125 页)、“F513/517 各国交通运输经济”(126 页)、“F813/817 各国财政”(133 页)、“F823/827 各国货币”(134 页)、“F833/837 各国金融、银行”(135 页)、“G53/57 各国教育”(148 页)、“G813/817 各国体育事业”(154 页)、“I212/217 各时代作品集”(175 页)、“I3/7 各国文学”(179 页)、世界各国和地区历史复分表(201 页)、“K93/97 各国地理”(223 页)。

这个类型与第一个类型有不同之处,也有相同之处。不同之处是,第一个类型需要按专用复分表复分的概括性类目,是按属种关系展开的,展开后仍然是主表的一个部分,而本类型需要按专用复分表复分的概括性类目,是依世界地区表展开的,它们不是主表的一个部分。相同之处是,它们都可以按两个标准展开形成两种不同性质的子目系列,仅只展开的标准不同而已。由于这个原因,我们认为,可以与第一个类型一样,在专用复分表的复分号之前,编表时预先加上“0”。

第三个类型包括两个专用复分表,即“K291/292 各省、市区史志”和“K921/927 区域地理、地理志”后的两个复分表。这两个表,与中国地区表后的附表相同,均为:

1　　省(自治区)人民政府所在地

2　　各专区、自治州、盟

3　　各市、中央直辖市属各区

4　　各县

5　　各人民公社、乡

由于在中国地区表后的附表前已经注明“以上中央市、省、自治区均可照下表分”, 因此,201 页和 223 页的两个复分表就不必要了,可以取消。

第四个类型包括三个复分表,即:

1. “A16 专题汇编”类后的专题汇编表(54 页)。

2. “G322.2 科学研究机构和团体”类后的科研机构和团体复分表(144 页)。

3. “J830.9 戏剧艺术史”类后的各国戏剧艺术复分表(191 页)。

这三个专用复分表的共同特点是, 需要按它复分的类目都是最低一级类目,没有概括性类目。换言之,这些类目在进一步展开时,都只有一种标准和方式,即专用复分表的标准和方式。因此可以取消这三个专用复分表,把它改成仿邻近类目的子目细分。现以“J830.9 戏剧艺术史”后的各国戏剧艺术复分表为例予以说明。

J83　　各国戏剧艺术

830.2　　戏剧艺术评论和研究

830.9　　戏剧艺术史

以下各种戏剧艺术均可依下表分。

1　　导演艺术

2　　表演艺术

3　　舞台美术和技术

5　　化装和服装

〔7〕　戏剧配乐

宜入 J617

832　　歌剧艺术

833　　歌舞剧艺术

834　　话剧艺术

835　　地方剧艺术

837　　杂剧艺术

838　　杂技艺术

根据以上所述理由，可以把各国戏剧复分表的子目，在“J832 歌剧艺术”类下展开，“J833/838”各类则仿“J832 歌剧艺术”细分，如以下形式：

J832　　歌剧艺术

.1　导演艺术

.2　表演艺术

.3　舞台美术和技术

.5　化装和服装

〔7〕戏剧配乐

宜入 J617

以下各剧种均可仿 J832 细分。

J833　　歌舞剧艺术

J834　　话剧艺术

J835　　地方剧艺术

J837　　杂剧艺术

J838　　杂技艺术

这样做是可行的,《中图法》中国戏剧艺术部分,就是这样做的。

J82　　中国戏剧艺术

820.2　戏剧艺术评论和研究

.9　戏剧艺术史

821　　京剧艺术

.1　导演艺术

.2　表演艺术

.3　舞台美术和技术

.5　化装和服装

[7]　戏曲配乐

宜入 J6

以下各剧种均可仿 J821 分:

J822　　歌剧艺术

823　　歌舞剧艺术

824　　话剧艺术

825　　地方剧艺术

826　　戏曲、曲艺艺术

827　　杂剧艺术

828　　杂技艺术

第五个类型,包括一个专用复分表,即"I29 民族文学"类后的民族文学复分表。该类下的注释为:"各民族作家所写的文学作品综合集入此,各体文学作品入有关各类。例:诗歌入 I22、小说入 I24。如愿将民族作家所写的文学作品均集中于此者,可依中国民族表分,再依下表分。"

根据这段注释,可以认为,《中图法》为我们提供了两种类分少数民族文学作品的方法：

1. 本类只收少数民族作家所写的文学作品综合集，而各种体裁的文学作品各入其类。这是主要的方法，也是一般图书馆应当采用的方法。

2. 本类不但收少数民族作家所写的文学作品综合集，也可以收少数民族作家所写的各种体裁的文学作品。这是第二种方法，也是仅供某些图书馆选择使用的方法。

如果采用第一种方法，此处的专用复分表就不发生作用。只有在采用第二种方法时，该复分表才被使用，用于中国民族表是按双位制编号的，类目只有一级，所以在给号时没有必要在民族的号码后边先加“0”，再加专用复分号。但考虑到与其他专用复分表的一致性，也可以在编表时预先加上“0”，成为：

02　　诗歌

03　　戏剧

04　　小说

05　　报告文学

06　　散文、杂著

07　　民间文学

08　　儿童文学

解决《中图法》加“0”问题的方法

妥善处理专用复分表的问题，是解决《中图法》加“0”问题的关键。在分析清楚了专用复分表的类型之后，我们也就得出了解决《中图法》加“0”问题的方法。它们是：

1. 第一个类型 7 个专用复分表、第二个类型 18 个专用复分表、第五个类型一个专用复分表，编表时在专用复分号之前预先都加上“0”。

2. 第三个类型的两个专用复分表,因与中国地区表后的附表重复,可以取消。

3. 第四个类型的三个专用复分表取消,改成仿邻近类目的子目细分。以后在修订《中图法》过程中,可以遵循这样一条原则:凡需要仿分的类目均是最低一级类目时,一律采取仿邻近类目子目细分的方法;相反,凡是需要仿分的类目既有最低一级类目,又有概括性类目时,可以采用专用复分的方法。

这样做的好处是:

第一,《中图法》的专用复分表,社科部分给号时是否先要加“0”,后加专用复分号需要自己判断;自然科学部分编表时在专用复分号之前已经加了“0”,给号时可不再考虑加不加“0”的问题。社科部分与自科部分采取了两种方法,在理论和实践上都不一致。现在,编表时在专用复分号之前都预先加上“0”,社科部分和自然科学部分在理论上和方法上就都统一了,也就是说,在使用专用复分表时加“0”的问题已彻底解决了。

第二,不但在使用专用复分表时加“0”的问题获得了彻底解决,而且在使用《世界地区表》时加“0”的问题也彻底解决了。因为在使用《世界地区表》时,必须完全具备两个条件才需要加“0”,即(1)必须是洲或洲以下的地区(不包括相当于国家一级的地区);(2)在用地区复分之后,还必须再采用其他标准细分,这两个条件缺一不可。而第二个条件“再采用其他标准细分”,所谓“其他标准”,在《中图法》中实际上都是指按专用复分表的标准和方式细分。除此之外,翻遍《中图法》再没有其他标准。因此,我们说解决了专用复分表加“0”的问题,也就解决了使用《世界地区表》时加“0”的问题。

第三,在具体问题仿一般性问题细分时,无论需要仿分的是概括性类目还是最低一级类目，都必须先加“0”，再加被仿分类目的子目号。《中图法》从第2版第2次印刷本开始，做了上述规定，使具体问题仿一般性问题细分时加“0”的问题获得了解决。这种规定，与我们所提出的理论和方法是完全一致的。这就是，当一个类目可以同时按两种标准和方式细分的时候，所形成的两个子目系列的子目号必定相重。在编制分类表时或类分图书时，可通过加“0”的方法来压低按第二个标准和方式形成的子目系列的级位来避免重号，这样就使《中图法》加“0”问题在理论上和方法上都取得了一致。

总之，按照我们所提出的方法，《中图法》纷繁复杂的加“0”问题，大部分在编表时已经予以解决。在类分图书时，只要牢记一句话就可以了，即在具体问题仿一般性问题细分时，在需要仿分的类号后一律先加“0”，再加被仿分类目的子目号。

（原载于《河南图书馆学刊》1985年第1期）

再谈《中图法》加“0”问题的解决方法

《中图法》加“0”问题，主要有三种情况：

1. 在使用《世界地区表》时，在世界各个地区下（如亚洲、东南亚），如再采用其他标准细分，必须在地区号码后加“0”，再加被仿分类的子目号。

2. 在使用哲学、社会科学部分的某些专用复分表时，如果需要复分的类目是概况性类目，必须在该类号后先加“0”，再加专用复分表中类目的子目号。

3. 在具体问题仿一般性问题细分时，无论需要仿分的类目是概括性类目，还是最低一级类目，都必须先加“0”，再加被仿分类目的子目号。

在《河南图书馆学刊》1985 年第 1 期上，我曾写过一篇文章，探讨《中图法》加“0”问题的解决方法。文章认为，妥善处理专用复分表的问题，是解决加“0”问题的关键。为此，我曾提出如下建议：

1. 将“K291/297 各省市区史志”（201 页）和“K921/927 区域地理、地理志”（223 页）后的两个复分表取消。这两个表与中国地区表后的附表相重，无重复列出的必要。

2. 将“A16 专题汇编”后的专题汇编表（54 页），“G322.2 科学研究机构和团体”类后的科学研究机构和团体复分表（144 页）和“J830.9 戏剧艺术史”类后的戏剧艺术复分表（191 页），改成仿邻近类目的子目细分，因为需要按这些表复分的类目均是最低一级类目。

3. 其他26个专用复分表与自然科学部分的8个专用复分表一样，均在复分表中类目的子目号之前预先加好“0”，类分图书时再不用加“0”了。

以上建议，解决了加“0”的前两种情况，但对具体问题仿一般性问题细分需要加“0”的问题，未提出合理的解决办法。为此，本文试图进一步解决这个问题。

解决这个问题的方法是，取消具体问题仿一般性问题细分，当需要采取这种复分方式时，则把“一般性问题”类目改成专用复分表，在复分表中类目的子目号前预先加好“0”，变成专用复分方式。例如：

TD4　　矿山机械
　40　　一般性问题
　401　　机械原理
　402　　机械设计与计算
　403　　机械构造、结构
　404　　机械制造材料
　406　　机械制造工艺
　407　　机械安装、运行与维修
　〔41〕　　勘探机械，钻孔机
以下TD42/47可仿TD40细分。
　42　　采掘机械
　421　　地下采掘机械
TD421.1　　风镐、电镐
　　.2　　凿岩机、凿岩台车
　　.3　　联合钻井机
　　.4　　钻装机
　　.5　　掘进机

.6	回采机械	
.7	装载机械	
.8	综合机械化采煤设备	
422	露天矿采掘机械	
.1	露天钻孔机	
.2	挖掘机	
.3	装载机	
.4	铲运机械	
423	砂矿床采掘机械	
424	海底矿床采掘机械	
TD43	水力采矿机械化设备	
431	采掘机械	
.2	水力掘进机	
.3	水枪	
432	运输提升机械	
433	脱水机械与设备	
434	高压供水设备	
44	矿山固定机械设备	
441	矿山通风设备	
442	矿山排水设备	
443	矿山压气设备	
〔444〕	矿井提升与运输设备	宜入 TD53
45	选矿机械	
451	破碎机	
TD452	筛分机	
453	研磨机	

454　　分级机

455　　重力选矿机

456　　浮选机

457　　磁选、电选机

461　　特殊选矿机

462　　选后作业机械

463　　选矿辅助机械

464　　烧结、团矿机械

467　　选矿自动化

取消“TD40 一般性问题”类目，改成专用复分表形式。

TD4　　矿山机械

本类及 TD42/46 各类均可依下表分：

01　　机械原理

02　　机械设计与计算

03　　机械制造、结构

04　　机械制造材料

06　　机械制造工艺

07　　机械安装、运行与维修

以下 TD41/46 同前，不再重复列出。在“工业技术”大类，很多“一般性问题”类目，均可这样处理，如“TM30(电机)一般性问题”“TM40(变压器、整流器及电抚器)一般性问题”“N30(半导体技术)一般性问题”“TN60(电子元件、组件)一般性问题”等等。

将具体问题仿一般性问题细分改成专用复分，只是复分方式的改变，既不影响类表的结构，也不影响类分图书的实际结果。好处有：

1. 以“0”作为标记符号的“一般性问题”类目，实际类分图书时并不使用，它只起统帅以后各个类目的作用，改成专用复分方式，将其取消是合理的。

2. 复分方式的改变,不影响类分图书的实际结果,即用两种复分方式类分同一种图书时, 其类号是完全一样的。例如,《采掘机械维修》《地下采掘机械设计》与《凿岩机的原理》,用具体问题仿一般性问题细分和用专用复分,其类号都是 TD420.7、TD421.02 和 TD421.201。这样,各馆以前按具体问题仿一般性问题细分方式类分的图书,也无重新分类的必要了。

3. 加"0"问题的三种情况都得到了解决,而且所采取的复分方式都是一致的,即在专用复分表中类目的子目号前预先加好"0",类分图书时无须再加了。

《中图法》是体系分类法。当前,体系分类法都在向分面组配的方向发展,或大量吸收分面组配分类法的优点,增加组配成份,加强组配功能是《中图法》改革的方向。加强《中图法》的组配功能,必须解决组配符号问题。目前的《中图法》,仅有总论复分号(-)和利用于主类号之间直接组配的组配复分号(:)两种组配符号,这大大限制了《中图法》组配能力的加强。为什么会产生所谓加"0"问题呢? 原因就是《中图法》的专用复分表中类目的子目号前,没有专用复分号这种组配符号。关于组配符号的作用,阮冈纳赞曾有过贴切的比喻和精彩的叙述,他认为,冒号分类法的类表仅包括若干标准单元类表,这些标准单元类表,与一具梅加诺积木机标准部件的作用相类似,它可以按照不同的组合原则,织配或代表各种不同主题的类目和类号。在组配过程中,冒号(:)的作用类似于梅加诺积木机的螺栓和螺帽。本文与上一篇文章的中心思想就是,建议把"0"作为《中图法》的专用复分号, 使之成为在主类号与专用复分表中类目的子目号之间起连接作用的螺栓和螺帽。

(原载于《河南图书馆学刊》1987 年第 3 期)

论"综合科学"在《中图法》中的位置

当代,科学的发展存在着分化与综合两种趋势。分化,即把对象的某一部分或某一方面抽出来集中研究,在某个学科下形成若干个分支学科;综合,即把对象的各个方面作为一个整体,或把不同对象的共同方面作为对象进行研究,从而形成新的学科。第二次世界大战以后,两种相反的趋势之中,综合的趋势占据主导地位。分化的趋势使得学科愈分愈细,对于体系分类法来说,意味着类目的级位加深。体系分类法对这种情况的适应并不感到特别困难,相反,由于综合趋势的加强,综合科学的大量出现,使以科学分类为基础的体系分类法面临着新的挑战。为此,妥善地解决综合科学在《中图法》中的位置问题,引起了人们的广泛注意。

综合科学对体系分类法的挑战

要了解综合科学,必须明确学科的含义。学科本身不是一个严格规范化的概念,而是历史发展的产物。"学科"在不同的领域有不同的含义,有时候是根据研究对象来定义的,如生物学;有时候是根据事物过程来定义的,如历史学;有时候是根据研究和观察方法来定义的,如摄谱学。正像学科有种种分类方法一样,综合科学也有种种定义和分类方法。

按照研究的角度不同,综合科学可以分为:

1. 以横断法对不同客体以致现实世界整体的某一方面的共同

本质进行研究而产生的学科。因其采用横断法进行研究，故一般称为横断科学。它不是指综合采用各种方法理论研究某一个或某一类客体，而是对不同客体的某一共同方面进行综合研究，形成共同的规律。从这个意义来说，横断科学也是一种综合科学。例如，系统论是研究客观世界的一切结构等级上所表现出来的共同的物质属性，即整体性、系统性；控制论是研究生命现象、人类社会、机器系统、思维和一切可能的一般结构里的"控制与反馈"的规律；信息论是研究客观世界各种事物和过程中普遍具有的一种特殊现象——信息的传递、转换、贮存和受控规律。

2. 研究对象不仅包括自然现象和科学技术，还包括人和社会因素在内的各种社会现象之间的相互联系和相互作用的高度综合性和智能性的学科，又称软科学。如，未来学是用定性和定量分析来探索科学技术和社会发展前景，揭示按照人类所作的各种选择走向未来的可能性的一门综合性科学。其特点是将过去、现在和未来的科学技术和社会发展作为一种不断发展变化的动态来研究，目的不单纯是预测未来的发展，更重要的是探讨选择、控制甚至改变和创造未来的途径。研究范围涉及科学、技术、政治、经济、军事、社会、历史、文化、教育等领域。再如，管理学、科学学、战略学、决策学、预测学和领导科学等等。

3. 广泛采用各个学科的理论和方法，从各个侧面，各个角度探讨自然界和人类社会的某一综合性客体和现象的学科。由于这些客体和现象的复杂性，使用任何单学科都不能独立完成研究任务，必须综合运用多种学科的理论、方法和技术手段才能解决问题。例如：环境科学是研究人类环境的质量、保护和改善的一门综合科学，它不仅涉及生态学、生化学、生物学、地质学、物理学等自然科学方面的知识，而且涉及社会学、法律学、经济学、管理学、人口学等社会科学方面的知识。又如,城市科学、海港科学、能源科学、空间科学、海洋科学、水科学、材料科学、营养科学、大气科学和土壤科学等。

综合科学按其综合的范围不同,可以分为:

1. 学科内的综合,即综合的范围仅限于一个学科。如当前很多物理学家都致力于研究四种自然力——引力、电磁力、强力、弱力的统一理论。这种统一理论一旦建立起来,就标志物理学实现了第五次更大的飞跃。这种综合,是物理学内部的综合。

2. 学科间的综合,又包括社会科学内部各个学科的综合,即综合的范围仅限于社会科学内部,如人才学、教育心理学、阅读心理学等;自然科学内部各个学科的综合,即综合的范围仅限于自然科学内部,如量子化学、射电天文学、生物物理化学等。

3. 自然科学与社会科学之间各个学科的综合,即综合的范围不完全属于自然科学,也不完全属于社会科学,而是横跨于两大部类之上。如科学学、管理学和未来学等。

综合的结果,是创造性地形成关于对象的整体性认识,形成综合性学科。综合科学的兴起,对以科学分类为基础的体系分类法提出了严重的挑战。

按研究的角度来说,第一种情况,即横断科学,因其研究对象是不同客体以致现实世界整体的某一方面的共同本质;第二种情况,即软科学, 因其研究对象包括人和社会因素在内的各种社会现象之间的相互联系和相互作用,所以,它们都是横跨自然科学和社会科学两大部类之上的学科。这两种情况所形成的新学科,在《中图法》这样的体系分类法中很难找到其相应的位置。至于按研究角度分的第三种情况,即广泛运用各个学科的理论和方法,从各个侧面,各个角度探讨自然界和人类社会的某一综合性客体和现象的学科,则比较复杂,还必须按其综合的范围进行进一步分析。

按综合的范围来说，学科内的综合所形成的新学科，在体系分类法中的位置仍同于原科学；社会科学内部各个学科间的综合和自然科学内部各个学科间的综合所形成的新学科，在体系分类法中分别隶属于社会科学部类和自然科学部类；社会科学和自然科学两大部类之间的各个学科的综合所形成的新学科，横跨在社会科学和自然科学两大部类之上，在《中图法》这样的体系分类法中则很难找到其相应的位置。

以上所述只是总的原则，实际情况当然要复杂得多。

土壤学是一门综合性学科，它包括土壤的形成及演化、土壤分析、土壤物理学、土壤化学、土壤物理化学、土壤生物学、土壤改良、水土保持、土壤地理等，把它置于“农业科学”之中呢，还是归入“自然科学总论”呢？

海洋学也是一门综合科学，它涉及水文学、气象学、地质学、地貌学、工程学、仿生学、军事学，以及法学等。把它归入“地球科学”“自然科学总论”，还是归入其他类呢？

家政学是一门综合研究家庭管理的科学，它涉及伦理学、卫生学、经济学、遗传学、美学等，既有社会科学，又有自然科学，把其归入到《中图法》的什么类呢？

上述三个学科，均系综合科学，但假如将它们分别从社会科学和自然科学的有关类目中拿出来，归入横跨社会科学和自然科学两大部类之上的“综合科学”之中，行不行呢？那样的话，“综合科学”的类目就太多了。因此，必须进一步弄清楚哪些“综合科学”可以归入横跨社会科学和自然科学两大部类之上的“综合科学”里来。

1. 从研究客体来看，必须是综合性客体，其各个部分、方面、层次，必须横跨两大部类之上。

2. 从研究方法来看，必须既包括社会科学的理论与方法，又包括自然科学的理论与方法。

3. 从最后所得的规律性认识来看，必须是对客体的各个部分、方面、层次的整体性认识。

符合以上三条的，即可归入横跨于社会科学和自然科学两大部类之上的“综合科学”之中，如，系统论、控制论、信息论、科学学、未来学、管理学、统计学等；否则，按研究客体在体系分类法中的位置归类，如，土壤学归入“农业科学”类，海洋学归入“地球物理”类，家政学归入“社会学”类。

序列“综合科学”大类的各种方案

综合科学是高度综合的结果，是科学整体化的产物。科学的综合是横向的、无层次的、无级别的、无序的。体系分类法对于综合科学，特别是横跨社会科学和自然科学两大部类之上的综合科学很难序列。《中图法》第二版，对综合科学，或者根本没有反映，如人才学、潜科学等，或者使其屈居于某些学科之下，如，科学学归入“G3 科学、科学研究事业”，控制论、信息论归入“01 数学”，系统论归入“N 自然科学总论”等。

为了使《中图法》能够适应科学的发展，在《中图法》中设置“综合科学”大类，大家意见是一致的。但把这个大类序列在分类体系中的什么位置上，却有各种各样的方案。

第一，戴维民方案：将“A 马克思主义、列宁主义、毛泽东思想”大类分散，改为“A 综合科学”。把马克思、恩格斯、列宁、斯大林、毛泽东著作按其论述的内容分别归入“B 哲学”“D 政治、法律”“F 经济”等大类。专题汇编、语录和书信集、日记、函电等按内容归类。全集、选集、论文集归入“Z 论文集、全集、选集”类。对马克思主义、列宁主义、毛泽东思想的综合研究，入“A 综合科学”大类下的“马克思主义、列宁主义、毛泽东思想”类。作者认为，“综合科学”大类的类目结构可参照1978年出版的《概略分类体系》(BSO)，该法所设立的“知识总论”大类，相当于“综合科学”大类。具体如下：

100　知识总论
112　哲学
116　科学学
118　逻辑学
120/125　数学与统计学
128　计算机科学
140　情报科学与文献工作
143　图书馆与图书馆学
144　档案与档案学
148　会议
150　通讯科学
152　复印术、印刷术、图书贸易
155　定向通信
156　大众传播
158　广告与用户研究
160　系统论与控制论
163　运筹学
165　管理学
166　标准化与标准
168　各种组织
182　研究
184　发现、发明、专利
186　试验

188　　计量学

第二,黎盛荣、唐咸旗方案:该方案建议打破“五分法”的老框框,建立“六分法”,即增加“综合科学”部类,基本大类也由22个增加到23个。同时主张把“综合科学”大类序列在社会科学之后、自然科学之前,以“M”作为标记符号。具体如下:

马克思主义、列宁主义、毛泽东思想	A　马克思主义、列宁主义、毛泽东思想
哲学	B　哲学
社会科学	C　社会科学总论
	D　政治、法律
	E　军事
	F　经济
	G　文化、科学、教育、体育
	H　语言、文字
	I　文学
	J　艺术
	K　历史、地理
综合科学	M　综合科学(总论)
	MB　信息科学(信息论)
	MD　控制论、运筹学
	ME　系统工程
	MF　管理学
	MG　科学学
	MH　创造学

续表

综合科学	MJ 人才学
	MK 行为科学
	MN 情报学
	MP 图书馆学、文献信息学
	MQ 档案学
	MS 计算机科学
	MU 能源科学
	MV 材料科学
自然科学	N 自然科学总论
	O 数理科学和化学
	P 天文学、地球科学
	Q 生物科学
	R 医药、卫生
	S 农业科学
	T 工业技术
	U 交通运输
	V 航空、航天
	X 环境科学
综合性图书	Z 综合性图书

第三，侯汉清方案：作者提出，改造"Z 综合性图书"大类，使之成为一个容纳综合性科学和综合性报刊和参考工具书的专门大类。作者认为，"由于综合性学科的图书本身就可以说是一种综合性图书，

二者之间有着密切的联系,将它们放在一起,比较符合人们的用书习惯,也较为容易查找。"具体是:

Z　综合性图书
　1　丛书
　2　百科全书、类书
　3　辞典、手册、名录
　4　文集、杂著
　5　年鉴
　6　连续性出版物
　8　检索工具
ZA　知识总论(知识学)
[ZB]　哲学
[ZB81]　逻辑
[ZD]　数学
[ZE]　统计学
ZG　信息与传播
ZG21　新闻学
ZG22　传播学
[ZG25]　图书馆与图书馆学、目录学
[ZG26]　博物馆、展览馆
[ZG27]　档案学、档案事业
[ZG35]　情报及情报学
[ZG45]　计算机科学
ZG55　会议技术
ZJ　系统论和组织管理
　15　系统论

25　　　　控制论

35　　　　组织、计划与管理

45　　　　职业

65　　　　标准化

ZN　　　　科学和技术(总论)

10　　　　科学学

15　　　　学科

[18]　　　专利

[19]　　　发现发明(创造学)

[20]　　　机构团体

[30]　　　研究

[33]　　　试验

55　　　　计量学

ZS　　　　国家(地区)的综合论述

依世界地区分

ZX　　　　现象和实体的综合论述

从多学科角度全面论述某一现象或实体入此，可将定义或总论该现象实体的分类号加在本分类号之后,用冒号连接。

除以上三种方案之外,还有多种方案。不过这些方案,或接近于第一种,或接近于第二种、第三种方案。这里从略,不一一细述。

上述方案,各有各的合理性,但也存在着这样那样的缺点。

第一种方案的缺点:

(1)名为分散"A 马克思主义、列宁主义、毛泽东思想"大类,实质上是取消,所谓分散,是把这一类的图书按具体情况归入有关各类,但作为一个基本大类是被取消了。《中图法》第一版编制说明中说"马克思主义、列宁主义、毛泽东思想是指导我们思想的理论基础,作为一个基本大类,列于首位"。这虽不符合科学分类的原则,但根据我国情况,把其作为专藏,列在最前还是合适的。

(2)把"A 马克思主义、列宁主义、毛泽东思想"大类分散,势必导致对已分编的图书重新分类,会给实际工作带来困难和不便。

(3)将马克思主义、列宁主义、毛泽东思想的图书分散,用"A"标记"综合科学",即把"综合科学"置于"哲学"之前,而这样也是不合适的。作者在《综合科学的崛起与图书分类体系的变革》一文中自己写道,"哲学是关于世界观的理论体系,是关于自然科学、社会科学和思维知识的概括和总结。同时哲学又是指导我们认识世界和改造世界的方法论,它对各门具体科学研究起着指导作用。因此,哲学是首要的综合理论和方法科学"。既然是"关于世界观的理论体系",是"指导我们认识世界改造世界的方法论", 是 "首要的综合理论和方法科学",把其置于"综合科学"之后显然是不合适的,谁也不会认为"综合科学"比"哲学"更首要,更有"指导意义"。

第二种方案的最大优点是可以利用现有空号, 不改动原有分类体系。其缺点是:

(1)黎盛荣、唐咸旗在《打破老框框,突破"五分法"》一文中写道:"综合科学是运用各门学科的理论和方法来研究各种物质运动形态及其发展规律的一门科学, 是介于自然科学和社会科学之间的综合性边缘学科。"并进一步断定,把综合科学"列在社会科学和自然科学之间是符合科学之间的逻辑关系的"。我们认为,综合科学不是在自然科学和社会科学边缘地带、过渡地带、交接点上形成和生长出来的学科,而是比自然科学、社会科学的层次更高的学科,它是对众多客体的不同层次进行高度综合的结果。既然是更高层次的学科,就不能把其看作是自然科学和社会科学之间的桥梁或者连接点。就像不能把哲学看作是自然科学和社会科学的桥梁或者连接点一样, 因为它们不是一个平面或层次的学科。

(2)把“综合科学”置于自然科学和社会科学之间,不符合《中图法》序列基本大类和类目的原则。因为“综合科学”具有总的、一般的、抽象的性质,自然科学和社会科学相对来说则具有部分的、个别的、具体的性质。所以“综合科学”应当序列在自然科学和社会科学之前,否则,便违反了上述原则。

第三个方案的缺点:

(1)综合性图书与综合科学图书是两个概念,不能等同或混淆。综合性图书,是从图书的编辑出版形式方面来说的。它是把众多学科的知识汇集到一起,但被汇集的各门学科知识之间,并没有内在的、有机的联系,而只有形式方面的联系。比如,百科全书包括各个学科的知识,这些知识是以词条的形式出现的,各词条之间按字顺排列,词条与词条之间不必要有内在的、有机的联系。综合科学图书也涉及到众多学科知识,但不是把这些知识由编辑出版者汇集到一起,而是由科学家把它们综合到一起。综合就是将已有的关于研究对象的各个部分、方面、因素和层次的认识联系起来,形成对统一对象的整体性认识。比如,科学学是从整体角度研究自然科学、社会科学、哲学和思维科学的一门综合科学。研究的重点是科学在历史发展中的地位与作用(与社会的联系)、现代科学知识体系与结构(各学科知识之间的联系)等。它不同于把各门学科知识汇集到一起的综合性百科全书或辞典。综合性图书是把各门知识汇集到一起,综合科学图书是把各个学科的知识综合到一起,从读者使用的角度考虑,二者也不能互相代替。百科全书或辞典不能代替科学学图书,科学学图书也不能代替百科全书或辞典。正因为如此,综合性图书与综合科学图书不宜归并到一个大类。

(2)将“综合科学”放在社会科学和自然科学之后,不符合《中图法》序列基本大类和类目的原则，理由同前，兹不赘述。

序列“综合科学”大类的合理方案

1984年12月在南京召开的《中图法》编委会上决定，“要求在坚持原有体系结构和标记制度不变的基础上，进一步完善、充实和提高，为更好地建立全国的分类检索体系创造条件。”这个修订原则，无疑是正确的。

1. 设立“综合科学”大类，应考虑基本序列结构的连续性，不应打破原有的体系结构。“修订”不同于“新编”，“新编”可以冲破原有的体系，按照新的更合理的体系来序列基本部类和基本大类。“修订”则应尽可能考虑原有体系，否则，将会给实际工作带来很大困难。因此，“综合科学”大类只能在《中图法》原有的结构范围内序列。

2. 已使用的标记符号最好不要改变，至少也应少改变，尽量使用新号和其他办法标记新类，以免重新分编原有图书。

根据以上原则，我们认为，《中图法》可以增设“综合科学”大类，把其序列在“B 哲学”之后，以“BZ”标记，与哲学共同组成一个基本部类，这个基本部类可以名之曰“共同学科”，具体方案如下表。

哲学是关于自然科学、社会科学和思维知识的概括和总结。概括是人们追求普遍认识的方式，是一种由个别到一般的认识方法。哲学的概括是对不同对象的共同性认识，从广义方面来说，哲学也是一种综合性科学。综合科学是对研究对象的整体性认识，综合不是关于对象各个构成要素的认识的简单相加，综合后的整体性认识具有新的关于对象的机理和功能的知识。“哲学”“综合科学”对自然科学和社会科学来说，都具有总的、一般的、抽象的性质，同时也都具有指导的和方法论的意义。从这种意义来说，把“综合科学”与“哲学”作为一个基本部类，并名之曰“共同科学”是恰当的。由于“哲学”是关于世界观

基本部类	基本大类
马克思主义、列宁主义、毛泽东思想	A　马克思主义、列宁主义、毛泽东思想
共同科学	B　哲学 BZ　综合科学
社会科学	C　社会科学总论
	D　政治、法律
	E　军事
	F　经济
	G　文化、科学、教育、体育
	H　语言、文字
	I　文学
	J　艺术
	K　历史、地理
自然科学	N　自然科学总论
	O　数理科学和化学
	P　天文学、地球科学
	Q　生物科学
	R　医药、卫生
	S　农业科学
	T　工业技术
	U　交通运输
	V　航空、航天
	X　环境科学
综合性图书	Z　综合性图书

的理论体系，是指导人们认识世界和改造世界的方法论，是首要的综合理论和方法科学，因此，应当把“哲学”序列在前，“综合科学”作为一个基本大类序列在“哲学”之后。

胡耀彬在《图书分类法中综合科学的立类问题》中认为：“为了恰当地安置综合性学科，应在哲学之后，社会科学、自然科学之前列出综合性学科类。”侯汉清在评论这个方案时说，它“体现出综合性学科在科学分类体系中的适当地位，符合图书分类法从总到分，由一般到个别的排列原则”。但他同时又指出，“B、C 两类之间无空号，要在其中安插综合性学科大类势必要调整 B 类或 C 类。”这说明，他们都认为，把“综合科学”大类列在“B 哲学”之后、“C 社会科学总论”之前是合理的，但在标记符号方面有很大困难。

《中图法》为了扩大类列的容纳性，在标记符号方面采取了一些措施。主要有：八分法、双位制、借号法等。这些方法对基本大类的扩展没有什么作用。现在我们遇到的问题恰恰就是增设基本大类。

我们认为，可以采用阮冈纳赞在《冒号分类法》中提出的内插法解决这一问题。内插法就是使用一种两位数字的符号插入同种数的两个连续数字之间，以标记一全新的基本大类，并规定它与一位数字类号同位。如，在《中图法》中，用“B”标记“哲学”，用“C”标记“社会科学总论”。从逻辑关系方面看，“综合科学”应序列在“哲学”与“社会科学总论”之间，但“B”与“C”之间已无空位。在这种情况下，我们规定“Z”为空号数字，任何字母加上空号数字“Z”之后，其语义值便等于零，但其序数值仍然保留。“B”代表哲学，“BZ”中的 B 因其失去了语义值而不再代表哲学，但“B”的序数值仍然存在，所以“BZ 综合科学”应序列在“B 哲学”之后，“C 社会科学总论”之前。应当注意，“BZ”与“B”“C”是同级类，而不是下一级类。应把这种方法与双字母制分开。《中图法》中“T 工业技术”大类下的 16 个二级类，如“TB 一般工业技术”“TD 矿业工程”等采取的是双字母制。

引入内插法不仅解决了“综合科学”大类的位置问题，对《中图法》的标记符号也是一种革新。如果规定“Z”为空号数字，即意味着每个大类之后都可以容纳一个新的基本大类。如果同时规定 “X”“Y”“Z”为空号数字，那么可以容纳的基本大类就更多了。内插法的采用，为今后增设基本大类开辟了道路。

在确定了“综合科学”大类的具体位置之后，应当进一步确定该大类包括哪些学科。对此，我们前面曾提出了三条标准，即从研究客体、研究方法和最后所得规律性认识三方面来看，必须横跨于社会科学和自然科学两个部类之上。符合这三条标准的，则归入“综合科学”大类，否则，按研究客体在分类体系中的位置归类。再有，有些学科虽然确是“综合科学”，但它们在《中图法》中已经设立了大类，或有了适当位置的话，如“环境科学”“海洋学”等，应当考虑分类法的连续性及其具体使用情况，能不归入“综合科学”大类者，也可不归。根据目前的情况，我们认为“综合科学”大类应这样设立：

BZ　综合科学
1　横断科学
11　系统论
13　控制论
15　信息论
2　传播学
4　统计学
5　管理学
6　计量学
8　科学学
91　标准、标准化

92　发明、专利

93　研究、试验

94　机构、会议

综上所述，为了适应综合科学的发展，在《中图法》中应设立“综合科学”大类，置于“B 哲学”之后，“C 社会科学总论”之前，与哲学共同组成一个基本部类。在设立二级类目时，既要考虑综合科学的特点，也要考虑《中图法》的实际列类情况，能不变动者以不变动为宜，以免为实际工作带来困难。

（原载于《情报杂志》1987 年第 2 期）

论标记符号的容纳性

标记符号,是表示分类体系中各个类目的序数系统。标记符号离开分类体系,是一堆毫无意义的符号。分类体系离开标记符号,也将失去其存在价值。成千上万的大小类目,是根据它们的隶属于并列关系排列的,离开了类表,它们之间的逻辑关系就不再存在。类目是表达知识概念的语词,不是序级先后的符号,它只能表达类目的含义,而不能显示类目的先后顺序。如果按照自然语言顺序排列,即按字顺排列,则会产生一个与概念体系完全不同的序列,使每个类目都处于一种非逻辑状态。为了逻辑地描述和组织图书,反映客观知识体系的系统性和层次性,必须给作为概念体系表现形式的分类体系配以一定的序数系统。这个序数系统对于分类体系来说,具有定位作用,即固定类目先后次序的作用。同时也具有表达类表结构,即揭示类目之间逻辑关系的作用。

标记符号是为分类体系服务的,分类体系决定标记符号。但是不管什么样的体系,一经标记符号定位之后,它的发展和变动就会受到标记符号的限制。没有标记符号的体系可以自由发展,有了标记符号,分类体系必须在标记符号许可的范围内发展。因此,标记符号对分类体系也具有束缚作用。

分类体系是客观知识体系的反映。随着客观知识体系的发展,分类体系必须不断扩充。新事物、新主题不断出现,分类体系中必须增加反映这些新事物、新主题的类目。只有标记符号能够扩充,分类体系才能够扩充。标记符号容纳性大了,分类体系才能够接纳反映新事物、新主题的类目。这种在适当类位容纳新主题,而又不侵害原有类号,打乱原有类目顺序的能力,就叫做标记符号的容纳性。

容纳性,又叫扩充性、伸缩性,它是标记符号的一种最重要的性质。刘国钧先生说:"标记问题首先要解决无限容纳性问题。""容纳性似乎成为现代标记制度的最主要要求。""图书分类标记法的历史,基本上是一部追求最大可能的扩充性的历史。" 标记符号如果不能扩充,就意味着分类体系没有在适当类位接纳新主题的能力,不能反映客观知识体系的分类法,是没有生命力的。一部分类法的生命力是否长久,在很大程度上取决于标记符号的容纳性。

影响标记符号容纳性的因素

影响标记符号容纳性的因素很多,主要有符号的种类,分类体系中类目分布的均匀度标记制度以及简短性、易记性、表达性等四个方面。

一、符号种类与容纳性的关系

不同的符号,其基数大小不一样。所谓基数,是指类目的每一度划分,可用于标记同位类的符号数目。基数愈大,组合的数目愈大,可供利用的号码愈多;基数愈小,组合的数目愈小,可供利用的号码愈少。例如:用阿拉伯数字,两位的号码有 100 个,三位的号码有 1000 个;用拉丁字母,两位的号码有 676 个,三位的号码有 17576 个。采用混合号码,也能增加可供利用的符号,如:第一度划分用字母,第二度划分以后用数字,可供利用的号码两位为 260 个,三位为 2600 个,比用单纯数字要多。

二、分类体系中类目分布的均匀度与容纳性的关系

分类体系中的类目,是根据学科主题发展设置的,不可能每度划

分都依据符号的基数设置数目相同的同位类。例如:以数字为符号设置 10 个同位类,以拉丁字母为符号设置 26 个同位类等。这就产生了某些类里有闲着不用的符号,另一些类里符号又不够用,必须使用较长的号码解决同位类数目大于符号基数的问题。因此,类目分布愈均匀,标记符号容纳性愈大;反之,则影响标记符号的容纳性。

三、标记制度与容纳性的关系

标记制度,就是以阿拉伯数字或拉丁字母,或者把二者结合起来标记类目时所遵循的原则与方法。用这些符号标记一个类目,它们就是这个类目的代号;用这些符号标记一个完整的分类体系,它们就构成了一个代表这个分类体系的完整符号系统。因此,遵循什么原则与方法进行标记,与这个符号系统的容纳性有着非常密切的关系。

(一)层累制

层累制又名等级标记制,是一种与类目等级相适应的层次分明的标记制度。按其使用的符号不同,又分为小数层累制、整数层累制、字母层累制。

小数层累制标记符号,既能固定类目的先后顺序,又能反映类表的逻辑结构,整个符号系统是与类表结构相一致的等级层累体系。由于在上位类号码后面加上一位数字可以构成新的下位类号,所以每一个类系的号码在末端都可以无限展开。但在类目不断深入细分的情况下,类号过长。如,《杜威十进分类法》中"纺织工人罢工"的类号为 311·8928167702826,有 17 位。缺点是,同一类列的类目只能用小数 1~9 标记,类列不能充分展开,这就给插入和增加新的同位类造成了困难。

整数层累制与小数层累制一样,也是既能固定类目的先后顺序,又能反映类表的逻辑结构。所不同的是它采用的符号是整数而不是小数。为了区分类级,在每一级之间用圆点或逗号隔开。如:

3　　　情报和文献工作活动
3·1　　总论
3·2　　目录和编目
　　　　……
3·9　　分类法的元素和原理
3·10　　标记和号码
3·11　　分类法的类型
3·11·1　　分析分类法
3·11·2　　分析——综合分类法
　　　　……
3·11·10　　列举分类法
3·11·11　　展开分类法

这种方法,类系可以无限展开,类目增加一级,小圆点增加一个。一位小圆点表示二级类,两位小圆点表示三级类,三位小圆点表示四级类,依次类推。由于每一级至多可采用双位号码 99 个,即最多可容纳 99 个类目,因此,使类列的容纳性大大增加了,给增设新的同位类创造了条件。

字母层累制的配号方法与小数层累制一样,即类目每增加一级,分类号就增加一个字母。类系的扩展是方便的,类列的扩展也优于小数层累制。小数层累制标记符号只能标记 1~9 个同位类,字母层累制标记符号因字母的基数比小数制大,因此可以标记 26 个同位类。

总之,小数层累制、整数层累制和字母层累制三种标记制度,从理论上讲,类系末端的扩展都是无限的,但在满足类列的扩展方面却不大一样,整数层累制优于字母层累制,字母层累制优于小数层累制,小数层累制标记符号容纳性最小。

（二）顺序制

顺序制是一种不问类目等级，不显示类表结构，只反映类目排列相对位置的一种标记制度。类目之间的逻辑关系，通过类表的缩行、字型、字体来表示。在利用标记符号本身固有顺序来标记全部类目时，既可以按整数的固有顺序，也可以按小数和字母的固有顺序来为类目配备标记符号。

整数顺序制，即用若干数字编成固定长度的连贯号码，按分类体系中的直线排列顺序依次标记全部类目。由于号码是连贯的，所以在类表中要增加新的类目就很困难。当然在配号时也可以采用间隔配号法，即有意识地预留一些空号，但位置是否留得恰当就难说了。因此，一般认为纯粹整数顺序制标记符号，容纳性较差。为了解决这个问题，《美国国会图书馆图书分类法》规定，在相衔接的两个数字之间，如果需要插入新类，就在前一数字后面加小数。例如，B415 与 B416 之间，可以加入 B415.1~B415.9 共 9 个新类。

小数顺序制和字母顺序制标记符号容纳新类目的能力很强。例如，用 13 标记一个类目，14 标记一个类目，若在二者之间插进一个新类，只在 13 之后增加数字就可以了，成为 131、132、133……1391、1392、1393 等。这些数字，按小数的顺序来说，都位于 13 和 14 之间，字母顺序制也是如此。比如我们用 A 表示一个类，用 B、C、D 表示它的三个下位类，那么任何两个符号之间插入其他符号的可能性都是无限的。如 B 和 C 之间，可以插入 BA、BAA……BZ、BZZ 等许多符号。按字母顺序，它们都位于 B 和 C 之间。由于小数顺序制和字母顺序制标记符号的主要作用，只在于用符号本身的固有顺序来固定类目的先后，而不追求用它们来表达类表的逻辑结构，即表示类目之间的上、下位类和同位类关系，因此，也就消除了标记符号对类表的束缚，相反却给插入和增加新的类目开辟了广阔天地。

(三)分面标记制

分面标记制,又称分段标记制。它是伴随着组配方法而产生的一种标记制度。在每一个基本类下,分别列出不同范畴分面的各个焦点,各自配以不同的号码。类分图书时,首先将图书主题分析成主题因素(即焦点),然后再按分面公式,择取与主题因素相应的范畴号和焦点号加在基本类号之后,组建成这种图书主题的分类号。为了防止混乱,在每一节段的号码之间加上分面指示符号。即,

分面	指示符号
P(本体)	,(逗号)
M(物质)	;(分号)
E(动力)	:(冒号)
S(空间)	。(句号)
T(时间)	‘(倒置逗号)

如,脊髓外科。类号为 L73:4:7。"L"代表医学(基本大类),"73"代表脊髓(本体),"4"代表疾病(动力),"7"代表外科手术(第二轮动力)。第一个冒号为动力(E)分面指示符号,第二个冒号为第二轮动力(2E)分面指示符号。

再如,汽船船体的制图。类号 D523,6:4。"D"代表工程学(基本大类),"523"代表轮船(本体),"6"代表机械工程(第二轮本体),"4"代表制图(动力)。"6"之前的逗号为第二轮本体(2P)分面指示符号,"4"之前的冒号为动力(E)分面指示符号。

分面标记法不同于将各分面类号不加区别地连贯写出来的单向标记法。这种标记法,在同一类目内可以无限地平列许多平面,而在每一分面内,不管是同一类列的各个同位类之间,还是同一类系的中部、末端都可无限地自由扩充。因此,可以这样说,分面标记法在追求表达性的基础上,实现了类号的无限扩张性。

四、标记符号的简短性、易记性、表达性与容纳性的关系

一种好的标记符号,要具有简短性、易记性、表达性和容纳性这四种性质。只有简短、易记,标记符号才具有实用价值;只有表达性强,分类号才能显示类目在分类体系中的相对位置;只有能够容纳新出现的主题,分类表才能有强大的生命力。但是,标记符号的这四种性质,有时是互相矛盾的。在层累制条件下,容纳性与简短性、易记性有矛盾。类系愈长,类号愈长;类列愈大,类号愈复杂,这样就很难做到简短和易记。在分面标记制条件下, 标记符号的容纳性虽得以实现,但导致符号种类繁多、复杂,分类号冗长。在小数和字母顺序制条件下,标记符号能够做到简短、易记,容纳性也大,但却完全失去了表达性。由此可见,标记符号的容纳性,有时与简短性、易记性互相制约(层累制、分面标记制条件下),有时与表达性互相制约(顺序制条件下),四种要求不可能同时得到满足。

扩大标记符号容纳性的方法

为了适应新主题出现的各种不同情况, 并把新主题安置在恰当的地位,标记符号应当满足,第一,类列扩张的需要,在类列的开头、中间和末尾增加新的同位类(或新的分面);第二,类系扩张的需要,在类系的中间、末尾增加新的类目。为了满足这种要求,国内外各种分类法采取了很多解决办法。

一、扩大类列的容纳性

即在标记符号的构成中, 容许新的同位类号无限量地增加到类列之中,而又不致打乱原有的分类号。

1. 八分法。当同位类超过 9 个时,用 1~8 表示前 8 类,91~98 表示第 9~16 类,991~998 表示第 17~24 类,依此扩展,以至无穷。《冒号分类法》称之为扇形法,“9”作为空号,只起序列作用,不具有语义值。

也曾被称为扩九法，意思是当同位类超过9个时，从第9类开始，采用扩充“9”的办法来标记。以后发展到不只是扩9，在什么地方扩合理，就扩什么号码。

例1. H7　印欧语系
71　印度语支
73　伊朗语支
74　斯拉夫语支
……
78　凯尔特语支
791　希腊语支
……
795　吐火罗语支
（《中图法》）

例2. TH　机械、仪表工业
11　机械学
12　机械设计、计算与制图
13　机械零件及传动装置
……
18　机械工厂
2　起重运输机械
3　泵
……
7　仪器、仪表
（《中图法》）

例3. R　医药、卫生
1　预防医学、卫生学

2　　中国医学

……

6　　外科学

71　　妇产科学

72　　儿科学

……

79　　外国民族医学

8　　特种医学

9　　药物学

(《中图法》)

例 4. B　　哲学

0　　哲学理论

1　　世界哲学

……

7　　美洲哲学

81　　逻辑学(伦理学)

82　　道德哲学(伦理学)

83　　美学

84　　心理学

9　　无神论、宗教

(《中图法》)

例 1 扩 9,例 2 和例 4 考虑到局部体系的合理性扩 1 和 8,例 3 照顾到文献数量的多少而扩 7。

2. 双位制,也叫百分法。《冒号分类法》又称其为组合标记法、群标记法或集团标记法。当同位类过多时,即采用双位数字来标记,如 11、12、13……98、99 等。除 00~09、10、20……90 等不用外,可以标记

81个同位类。

例5. Q959.7	鸟纲
.711	鸵形目
.712	美洲鸵目
.713	鹤鸵目
	……
.737	佛法僧目
.738	鴷形目
.739	雀形目
	(《资料法》)

例6. 8	双子页植物
811	毛莨目
812	侧膜胎座目
	……
821	拢牛儿苗目
	……
853	玄参目
861	唇形目
	(《冒号分类法》)

3. 借号法,也叫借位法。当同位类超过9个,超过数量不多时,可借该类的上级类号、下级类号,或扩展使用同级位类号。

例7. P315	地震学
.0	理论与方法
.1	地震成因
.2	地震与地球构造
	……

.9　　工程地震

316　　地震调查、地震志

（《中图法》）

“地震调查、地震志”与“地震成因”等为同位类，均为五级类，但其类号“P316”与“P315 地震学”“P317 火山学”等一样，是四级类的类号。

例 8. R　　内科学

50　　一般性问题

51　　传染病

……

59　　全身性疾病

599　　地方医学

（《中图法》）

例 9. D0　　政治理论

01　　阶级、阶级斗争理论

……

06　　民族、殖民地问题理论

068　　战争与和平问题理论

069　　国际主义与爱国主义

07　　政治社会学

08　　其他政治理论问题

09　　政治学史、政治思想史

（《中图法》）

例 8 和 9 都是借下级类号码，前者借“9”，后者同时借“8”和“9”。

例 10. P5　　地质学

51　　动力地质学

……
59　　地球化学
61　　矿床学
62　　矿产普查与勘探
……
68　　宇宙地质学
69　　环境地质学
（《中图法》）

例10借同级位类号，不是只借一两个，而是扩展后大量借用。

4. 内插法，这是《冒号分类法》采用的一种方法。该法是在空号概念和扇形法基础上形成的“带”概念及其“带”标记法。它可以在已有两个类列之间插入一个新的与原来两个类列平行的类列。这一方法在《冒号分类法》第六版中，用来标记局部综合大类或全新的大类。

例11. A　　自然科学
AZ　　数理科学
B　　数学
BZ　　物理科学
C　　物理学
……
H　　地质学
HZ　　采矿学
I　　植物学
J　　农业
K　　动物学
KZ　　畜牧学
L　　医学

LZ　　药学
M　　实用技术
△　　精神体验与神秘主义
MZ　　人文科学与社会科学
MZA　　人文科学
N　　美术
NZ　　文学与语言
O　　文学
……
Y　　社会学
YZ　　社会工作
Z　　法律
(《冒号分类法》)

用一个实数符号加一个表示空号的字母表示一个新的大类，把其插入原有的两个大类之间。如，把“AZ 数理科学”插在“A 自然科学”和“B 数学”之间；把“BZ 物理科学”插入“B 数学”和“C 物理学”之间；把“HZ 采矿学”插入“H 地质学”和“I 植物学”之间；把“KZ 畜牧学”插入“K 动物学”与“L 医学”之间，等等。这里的“Z”为空号，不论任何符号，其后若加空号“Z”，其语义值则等于零，只保留其序数值。如“B”代表数学，“B”之后加空号“Z”为“BZ”，“BZ”中的“B”丧失了其语义值数学，但其序数值仍保留。“BZ”与其一侧的“B”同位，与其另一侧的“C”也同位，处于二者之间。《冒号分类法》第七版中，规定 T、U、V、W、X、Y 等也具有空号作用。

5. 双位数加“·”的方法。这是《人大法》为扩大类列的容纳性而采用的一种方法。《人大法》的类号采用阿拉伯数字，一个数字代表一级类目，同位类超过 10 个时，超过的类用两位数加“·”来表示。

例 12. 1	马克思列宁主义、毛泽东思想
2	哲学、辩证唯物主义与历史唯物主义
3	社会科学、政治
	……
10	文学
11·	历史、革命史
12·	地理、经济地理
13·	自然科学
14·	医药、卫生
15·	工程、技术
16·	农艺、畜牧、水产
17·	综合参考

（《人大法》）

这里"1"至"9"与"11·"至"17·"等位，均是一级类的类号。

6. 前置推荐法。即将一个特殊的符号，如"a"加在某一分类号的后面，并按规定将其排在该分类号的前面，以示推荐。这样做实际上在类列的前面增加了一个新同位类。

例 13. 3a	马克思、恩格斯、列宁、斯大林、毛泽东论科学
G3	科学、科学研究事业
30	科学研究理论
31	科学研究工作
	……

（《中图法》）

7. 前置增号法。即先在上位类号后加上"-""，""·"之类的分隔符号，然后再加表示下位类的号码。这样可以达到扩大类列容纳性的目的，并把新增加的同位类排在原有同位类的前面。

例 14. R73　　肿瘤学

–3　　肿瘤学实验研究

–31　　肿瘤学调查与统计

–33　　物理学实验

……

–37　　肿瘤的转移与扩散

R730　　一般性问题

732　　心血管肿瘤

……

(《资料法》)

例 15. П24　　蔬菜栽培

,1　　宅旁园地

,2　　集体菜园

,3　　学校菜园

240　　保护地蔬菜栽培

(《图书馆—书目分类法》)

例 16. П　　农业和林业

·a　　马克思列宁主义经典作家论农业

0　　农业的自然科学和技术基础

1　　普通作物栽培学

(《图书馆—书目分类法》)

有时把数字加上“( )”,降低其序数值,把其排在所有同位类号前面。

例 17. 6　　国家与法、法律

6(1)　　马克思列宁主义国家与法的理论

6(2)　　资产阶级国家与法、法律学与批判

6(3)	国家与法的历史、法的学说史
61	国家法
62	行政法
	……
	(《人大法》)

8. 扩充法。即将一系列连续的分类号,缩写成起止形式,其所表达的内容范围,等于扩充符号"/"前后两个主类号之间的一切主类号所表达的内容范围的总和。但是,扩充符号也可用来扩大类列的容纳性,打破十进制的限制。

例 18. 669·85/·86	稀土金属(稀土元素)
·854	镧
·855	铈
·856	镨
·857	铷
·858	釹
·859	钐
·861	锖
·862	钆
·863	铽
·864	镝
·865	钬
·866	铒
·867	铥
·868	镱
·869	镏
	(《国际十进分类法》)

稀土金属不止 10 种，它超出了十进制所能细分的范围，因此用 669·85/·86 这一综合类号表示稀土金属，以便给其下位类更多的类号，这是展开 10 个以上类目时常用的方法。依据从总体到部分，从一般到特殊，从抽象到具体的排列原则，669·85/·86 主题范围较广泛，应排在 669·854 等类号之前。

9. 主题法。主题法以适当的类属特征构成或细分一个孤立点或亚孤立点。当孤立点或亚孤立点需要个别化时，使用相关类目的类属特征对其细分，在相似的类目中形成相似的序列。主题法使用包装标记，即对表示主题概念的主题号部分括以圆括号“( )”。

例 19. D6,8(D85)　抽水机

D6,8(MJ381)　碾米机

D6,8(M14)　印刷机

(《冒号分类法》)

“D6”为机械工程号码(基本大类号与第一轮本体号码)，“8”为其他机械号码(第二层本体)。在《冒号分类法》中，其他机械类下注“用主题法分”。“D85”“MJ381”“M14”为主题法号码，分别代表“给水”“碾米”“印刷”。这种做法，使其他机械类可以无限细分。

10. 时代复分法。时代复分法是以适当的时代特征构成或细分一个孤立点。由于使用时代点可以无限组建类号，因而也可使同位类扩充至无穷。

例 20. XM　合作经济

XM2　社会主义

XN　工团主义

(《冒号分类法》)

“X”为经济，“M”为 19 世纪，“M2”为 19 世纪 20 年代，“N”为 20 世纪。“M”“M2”“N”都取自《冒号分类法》的时代表。

11. 字母复分法,即以主题名称的第一、第二或头三个字母作为复分号,加在原有类号之后,以使其下位类无限扩展。字母复分法一般仅适用于专业名词、行业名词或国际上通用的可靠技术术语。

例 21. D5125R　　工程学　自行车　Releigh 牌
（《冒号分类法》）

例 22. T3(5KИT)5　　历史(亚洲中国)近代
（《图书馆—书目分类法》）

例 23. O25.45UDC　　图书馆业务和技术　分类法
国际十进分类法
（《国际十进分类法》）

二、扩大类系的容纳性

在标记符号的构成中，应容许表明新主题的类号无限地播到原有的符号体系中去,而又不打乱原有的类号,以满足分类体系的类系扩张。

1. 小数制。这是《杜威十进分类法》首先采用的方法。小数制标记符号具有很大的伸缩性,它把所有数字一律当作十进小数看待,以便能够把一个新数插进相邻的两个数字中间。例如“22”和“23”,如果是整数,它们中间就无法插入另一个整数。如为十进小数,它们中间就可插入 221、2211 等很多小数,而又不打乱原有数字的序数值。十进小数的这一特点,给主题逐步深入而形成的在类系末端增加新类目,提供了无限可能性。

例 24. 621　　机械工程
·1　　蒸汽工程
·2　　水利工程
·3　　电力工程
·31　　电力的发生

……

·38　　电子及电力通讯工程

·384　　无线电通讯工程

·3841　　无线电原理

·38413　　无线电设备

（《杜威十进分类法》）

2. 空号法。也叫空位法。在一个类系下作为其连续结构的两个类号之间预留一定的空号，以备往后增加新类目使用的一种方法。其特点是简便，增加了标记符号的灵活性，缺点是预留的空位不一定准确。

3. 合成法。将两个或两个以上简单类号合成一个复合类号，来表示分类表中未列出的复杂概念。这种方法相当于《冒号分类法》中的面内组配。其优点是，只要列出少数的类目，就可以根据需要组配表达比较多的专指概念。在《国际十进分类法》中，合金、无机化合物、高分子材料等部分，就采用这种方法。

例 25. 669·15　　铁合金、合金钢

合金成分加各该金属的类号表示（略去 669），按成分比例排列，各成分之间用撇号隔开，再加–192/–194 复分。

669·24　　镍，镍合金

·25　　钴，钴合金

·26　　铬，铬合金

……

·71　　铅，铅合金

……

·782　　硅

·783　　硼

……

(《国际十进分类法》)

组配的原则是,取各种成分的类号,除去前三位数字 669,代之以撇号“’”,按含量多寡的顺序排在 669·15 之后。如,铬合金为“669·26”,铁铬合金则为“669·15’26”,铁的铬硅合金则为“669·15’26’782”,若是铬硅钢则再加“–194”,为“669·15’26’782–194”。

4. 插号法。将一个复分号或分类号加上分隔符号“〔 〕”,插到两个分类号中间,或前插到一个分类号中间,局部改变分类体系,构成专指概念,以便根据具体需要汇集某一方面的文献。

例 26. 620·17 材料力学性质(强度、形变)试验

·171 一般问题,试验方法和条件:时间,速度,温度,干湿度等。

·172 抗拉试验、抗张试验

·173 抗压试验、翘曲试验

·174 抗挠试验(弯曲试验)

·175 抗扭试验(扭转试验)

·176 抗切试验(剪断试验)

……

(《国际十进分类法》)

在《国际十进分类法》中,“669·14”为钢、碳素钢,“669·15”为铁合金、合金钢。如果要在抗拉试验下汇集各种金属材料,可把“669·14”“669·15”加上分隔符号插在“620·172”之后,即为:

620·172〔669·14〕 钢的抗拉试验

620·172〔669·15〕 合金钢抗拉试验

如果需要先把每种金属材料汇集到一起,每种金属材料之下再按抗拉、抗压、抗挠、抗扭、抗切等细分,则把“669·14”“669·15”加上

分隔符号前插到“620·17”之后，即为：

620·17〔669·14〕2　　钢的抗拉试验
620·17〔669·14〕3　　钢的抗压试验
620·17〔669·14〕4　　钢的抗挠试验
620·17〔669·14〕5　　钢的抗扭试验
620·17〔669·14〕6　　钢的抗切试验

620·17〔669·15〕2　　合金钢的抗拉试验
620·17〔669·15〕3　　合金钢的抗压试验
620·17〔669·15〕4　　合金钢的抗挠试验
620·17〔669·15〕5　　合金钢的抗扭试验
620·17〔669·15〕6　　合金钢的抗切试验

5. 分面法，即将主题分析成面的标记方法。每个分面的各个焦点，都可独立地无限制地加以细分，每一个分面的标记符号组配时都由一特殊的指示符号，即连接符号引进。这种方法，使每一分面类号的末尾都不致被另一分面的类号封闭。

例 27. ×4:9·44　　经济学——运输——劳工问题——印度
×415:9·44　　经济学——运输——铁路——劳工问题——印度
×415:93·44　　经济学——运输——铁路——劳工问题——工资——印度
×415:93·445　　经济学——运输——铁路——劳工问题——工资——北印度
（《冒号分类法》）

在这个例子中，首先是本体(P)分面扩展，由运输工业扩展为铁路工业，类号由×4 延伸为×415；其次是动力(E)分面扩展，由劳工问题扩展为工资,类号由 9 延伸为 93;再次是空间(S)分面扩展,由印度扩展为北印度,类号由 44 延伸为 445。在这个类系中,不管是类号的中间还是末尾,每一个节段都可根据类系的扩张而延伸。

分面标记法是阮冈纳赞对图书分类理论的巨大贡献，由于它可以很好满足类系扩张的需要,因而被不少图书分类法所吸收和采用。

例 28. 63(42)“18”　　农业(英国)“19 世纪”
（《国际十进分类法》）

例 29. Ш5(0)31　　文学(世界)古代东方
（《图书馆—书目分类法》）

6. 附加法,也叫深化法、自我倾向法。这种方法,是指一个分面内的焦点,可以用该分面内的另一焦点进行复分。前一焦点的类号,与用以细分该焦点的另一焦点的类号之间,用连接符号“-”加以连接。

例 30. 1　　按年龄与性别
11　　儿童
12　　青年
13　　老人
15　　妇女
16　　男人

3　　按居住地
31　　乡村
33　　城镇
35　　城市
38　　国家
394　　避难所
396　　山区

（《冒号分类法》）

以上都是“Y 社会学”大类中本体（P）分面中的焦点。“11”为儿童，“12”为青年，“15”为妇女，“31”为乡村。农村儿童、农村青年、农村妇女分面内均未列出。根据附加法，可以将同一分面内两个焦点的分类号用连接符号“—”连接起来，以表达更专指的概念。这样农村儿童、农村青年、农村妇女则分别为“Y11—31”“Y12—31”“Y15—31”。《冒号分类法》由于采用了附加法，使类系有了充分扩展的余地。

7. 相的方法。这是一种标记由基本类与基本类之间，面内焦点之间，类列内焦点之间结合而成的新主题的方法。所谓相关系是指，两个性质不同的主题之间的相互作用。在双相主题中，第一相类号与第二相类号之间用连接符号“o”连接。不同的相关系、类列内关系、面内关系，又有不同的指示符号。这样可以给类系的扩展提供广泛的可能性。

例 31. WoaX　　　　政治学与经济学之关系
X:5·44oj56　　印度与大不列颠贸易之关系
Y31ot35　　　农村与城市人们之间的关系
（《冒号分类法》）

以上三个类号，第一个是一般关系相，其中“o”为连接符号，“a”为一般关系相指示符号，“W”“X”分别分政治学、经济学类号，组配起来就是政治学与经济学之关系；第二个是一般面内关系，“o”为连接符号，“j”为一般面内关系指示符号，“X”为经济学，“5”为贸易类号，“44”与“56”分别为印度与大不列颠的号码，组配起来就是印度与大不列颠贸易之关系；第三个是一般类列内关系，“o”为连接符号，“t”为一般类列内关系指示符号，“31”与“35”分别为农村与城市号码，组配起来就是农村与城市人们之间的关系。

增强《中图法》标记符号的容纳性

《中图法》是体系分类法，它担负组织分类检索系统和组织藏书分类排架双重任务。分类排架要求分类体系和标记符号应当尽量简单；分类检索系统则不然，它要求分类体系必须紧跟时代发展。为适应分类体系发展，要求分类法的标记符号必须具有较大的容纳性。在这方面，《中图法》虽然采取了诸如八分法、双位制、借号法、空位法、双字母制等措施，但远不能满足分类体系发展的要求。为此，必须切实解决《中图法》标记符号的容纳性问题；否则，它将成为限制《中图法》分类体系发展的重要因素。

《中图法》的标记符号，在以下几个方面应当予以改进：

（一）解决新增基本大类的标记问题。很多人都认为，《中图法》应增设综合科学大类，法律也应从“D 政治、法律”大类中独立出来，设立法律大类。但如何标记这些新增大类，则是个问题。采用内插法便可迎刃而解。如，规定“Z”为空号，如果综合科学位于“B 哲学”与“C 社会科学总论”之间，法律位于“D 政治、法律”与“E 军事”之间，则可用“BZ”标记综合科学大类，“DZ”标记法律大类。使用内插法，不仅解决了综合科学、法律两个大类的标记问题，给以后增加新的大类也打开了通路。

（二）进一步扩大类列容纳性问题。《中图法》由于采用了八分法、百分法和借号法等，为类列扩张创造了一定条件。但还可以，1. 在有些类目有限度地使用字母复分法，如“U469.1 客车”“U469.2 载重汽车”“S219.1 轮式拖拉机” 等类；2. 扩大主类号直接复分的范围；3. 采用前置增号法解决在类列前增设新同位类的标记问题；4. 采用扩充法解决扩大类列容纳性或在类系中间插入新类问题。

（三）进一步扩大类系容纳性问题。《中图法》基本上采用小数层累制。这种标记制度,一般来说在类系末端增加新类目比较容易,但在类系中间插入新类就比较困难了,可以采用:1. 插号法,解决在类系中间插入新类问题;2. 合成法,解决类表中未列复杂概念的标记问题;3. 有选择地引入分面标记法和分面标记符号。

(原载于《图书与情报》1987 年第 2—3 期)

复合主题图书分类标引规则新探

主题,是指图书所研究和论述的具体对象和问题。复合主题,是由两个或两个以上主题因素组成的主题,也可以称为多因素主题。对于复合主题,图书分类方面的著作,都把其当作多主题对待;而主题法方面的著作,则将其视为单主题。前者以北京大学图书馆学系编著的《图书分类》教材为代表,《中国图书馆图书分类法使用说明》《图书分类学》(白国应著)、《图书分类学》(周继良等著) 也与其大同小异;后者以刘湘生编著的《主题法的理论与标引》为代表。为了便于比较分析,兹将其有关部分摘录于下。

一、《图书分类》(北京大学图书馆学系编著)

该书认为多主题的图书包括:

1. 诸主题是并列关系的图书,按篇幅多的、重点的或在前的主题归类。必要时对另外的主题作附加分类。

2. 诸主题是从属关系的图书,内容涉及的学科是上下位关系,一般应归入其上位类。如重点系讲小主题的书,则按讲小主题的性质归类。

3. 诸主题是因果关系的图书,一般按结果的方面归类。如果论述一个主题多方面后果的,则按原因的主题归类。

4. 诸主题是影响关系的图书,则按接受影响的主题归类。但如论及一个主题在各方面影响的则依发生影响的主题归类。

5. 诸主题是应用关系的图书,按应用到的主题归类,但一个主题在各方面应用的图书,则按该主题的学科性质归类。

6. 诸主题是比较关系的图书,按著者所要阐明的主题归类。

二、《主题法的理论与标引》(刘湘生编著)

该书认为,复合主题,是指一篇(种)文献的主题,必须由几个主题词进行逻辑积的组配,才能表达的一种单主题。也就是说,复合主题一般都必须选用几个主题词进行描述和表达。其表现形式主要有下列几种:

1. 交叉关系的复合主题,是由几个具有交叉关系的主题词进行组配所表达的一种复合主题。

2. 限定关系的复合主题,是由几个具有概念限定关系的主题词进行组配所表达的一种复合主题。

3. 应用关系的复合主题,是由几个具有应用与被应用关系的主题词进行组配所表达的一种复合主题。

4. 影响关系的复合主题,是由几个具有影响关系与被影响关系的主题词进行组配所表达的一种复合主题。

5. 因果关系的复合主题,是由几个具有原因和结果关系的主题词进行组配所表达的一种主题。

6. 比较关系的复合主题,是专门研究和论述几个主题词之间(即几个对象之间)的区别、联系、相互影响等关系的一种主题。

作者认为,上述主题,“一般应将它们视为一个完整的复合主题对待”,即单主题对待。而多主题,“是专指某篇(种)文献所研究和论述的中心对象不只一个,而是几个具有并列联合关系的对象,即几个相互独立并列的主题。”

从以上的引文可以明显地看出,图书分类方面的著作与主题方面的著作对这个问题持截然相反的态度。这样就向我们提出了一个难以回避的问题,哪种看法比较合适,要解决这个问题,我认为,既应当从主题本身来考虑,也应当从标引和检索的质量来考虑。

《图书分类》(北京大学图书馆学系)一书认为:“多主题图书是指一书研究两个或两个以上的主题。对这类图书,必须分析各主题之间的关系,它们分别可能是并列关系、从属关系、因果关系、影响关系、应用关系等。然后按其中最能代表书的内容本质或内容中起主导作用的主题的学科归类。”作者的观点很明确,因果关系、影响关系、应用关系、比较关系的图书,其内容都涉及两个或两个以上的事物,即主题,应当属于多主题图书。实际上,这里所说的两个或两个以上事物,即主题,不是作为两个或两个以上独立的主题出现的,而是作为一个完整的复合主题的两个或两个以上的主题因素出现的。一个事物既可以是一个独立的主题,也可以是一个完整的复合主题的一个主题因素。因此,因果关系、影响关系、应用关系、比较关系的主题,不应当被看作是多主题,而应当被看作是复合主题,即多因素主题,是单主题的一种。

例如,《优选法在金属切削中的应用》一书,涉及两个事物,一个是优选法应用,一个是金属切削。但这种书,既不是全面研究优选法应用的,也不是全面研究金属切削的,而是研究如何在金属切削中应用优选法的。优选法应用也好,金属切削也好,都只是构成该书完整的复合主题的主题因素之一,其真正的主题是,“在金属切削中如何应用优选法”。其主题范围如图 1 所示。

从图 1 可以看出,若把该书作为两个主题对待,其主题范围既包括 A 的全部,也包括 B 的全部,当然也包括 A 与 B 交叉的部分(划斜线部分);若作为一个完整主题的多因素主题对待,其主题范围仅包括 A 与 B 的交叉部分(划斜线部分)。

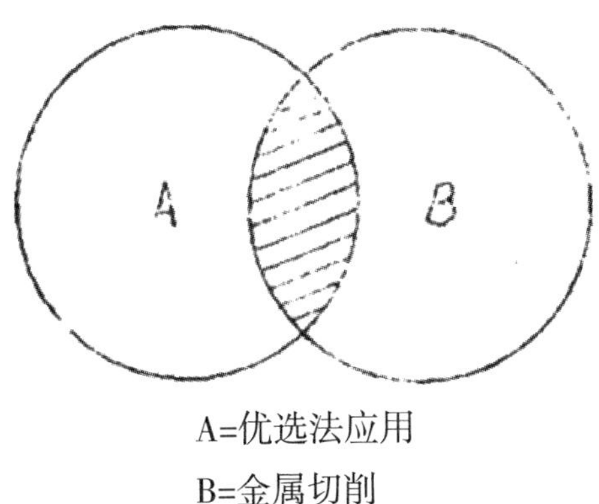

A=优选法应用

B=金属切削

图 1

再如，近代中俄两国关系方面的书籍，涉及两个国家的近代史，一个是中国近代史，一个是俄国近代史。但这种书，既不是全面研究中国近代史的，也不是全面研究俄国近代史的，而是研究在近代，中国与俄国如何往来交流的历史的。中国近代史也好，俄国近代史也好，只是构成该类图书完整的复合主题的因素之一，其真正的主题是，在近代中国与俄国如何交流发展关系的历史。其主题范围如图 2 所示。

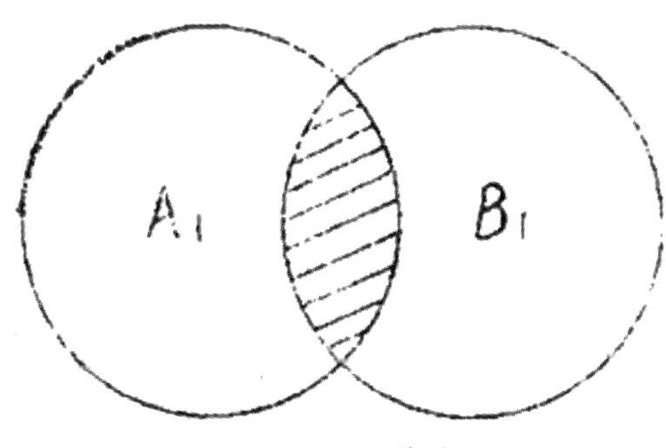

A1=中国近代史

B1=俄国近代史

图 2

从图 2 可以看出，若把该类书籍作为两个主题对待，其主题范围既包括 A1 的全部，也包括 B1 的全部，当然也包括 A1 与 B1 的交叉部分(划斜线部分)；若作为一个完整主题的多因素主题对待，其主题范围仅包括 A1 与 B1 的交叉部分(划斜线部分)。

准确、恰当的主题分析，是高质量标引和检索的前提。以往我们把因果关系、影响关系、应用关系、比较关系等多因素主题图书，作为多主题图书来标引，完全违背了多因素主题的多维性质，人为地、强制性地把其由多维变成为单维，使这些多因素主题，或者从属于这一主题因素，或者从属于那一主题因素，完全没有准确地反映主题本身的实际情况。这样标引的结果，严重影响了分类检索工具的多维检索能力，既可能降低检全率，也可能降低检准率。(1)降低检全率。《优选法在金属切削中的应用》一书，仅被分入金属切削类，读者从优选法应用的角度就查不到；仅被分入优选法应用类，读者从金属切削的角度就会查不到。近代中俄两国关系方面的书籍，仅被分入中国近代史，读者从俄国近代史的角度就查不到，仅被分入俄国近代史，从中国近代史的角度就查不到。总之，强制地使其从属于一个主题因素，总有一条检索途径会漏检。(2)降低检准率。《优选法在金属切削中的应用》一书，如果同时被分入两类，读者在查找这个主题的图书时，虽然从优选法应用和金属切削两类中都能够查到该书，但必须得从大量的优选法应用图书中或大量的金属切削图书中去挑选和甄别。近代中俄两国关系方面的书籍，如果同时被分入两类，读者在查找近代中俄两国关系这个主题的图书时，虽然从两个类都能查到，但必须得从大量的中国近代史图书中或大量的俄国近代史图书中去挑选和甄别。把包含两个主题因素的图书，同时分入两类，虽然检索途径多了，不至于产生漏检，但不管是从哪个检索途径去检索，检准率却都降低了。

因果关系、比较关系的主题与应用关系、影响关系的主题非常类似，这里不再详述。并列关系、从属关系的主题却是另外一种情况，与此完全不同。

并列关系的主题所论及的两个或两个以上事物，每个事物都是作为一个独立的主题出现的，而不是作为一个完整复合主题的主题因素出现的。一个事物与另一个事物或另一些事物之间不存在各种各样的复杂关系，包括一个事物对另一个或另一些事物发生影响、一个事物在另一个事物或另一些事物中得到应用等。事物与事物之间是独立的、并列的。比如，《塑料与橡胶》一书，作者既独立地论述了塑料这个主题，又独立地论述了橡胶这个主题，就是没有论述塑料与橡胶两个主题之间的关系。当然，也就不可能形成什么复合主题。并列关系的主题，是典型的多主题。

从属关系的主题，两个事物概念的外延虽然一个包含一个，但作者往往也是把其作为独立主题论述的。如《物理化学与胶体化学》一书，虽然物理化学包含胶体化学，但作者的目的是分别研究物理化学和胶体化学两个问题的，而不是研究二者之间的包含与被包含关系，即物理化学为什么包含胶体化学或胶体化学为什么被物理化学所包含的。从检索的角度看，也应以把它们分别看作两个主题为宜。现以某省馆所收藏的物理化学和胶体化学方面的图书为例加以说明。

O64　　物理化学、化学物理学 118 种

641　　化学键与分子结构、分子间的相互作用 52 种

642　　化学热力学、热化学、平衡 22 种

643　　化学动力学、催化作用 43 种

644　　光化学、辐射化学、超声波作用的化学过程 12 种

645　　溶液 2 种

646　　电化学、磁化学 16 种

647　　表面现象的物理化学 14 种

648　　　胶体化学(分散体系的物理化学)5 种

649　　　半导体化学 3 种

以上所录,第一栏是《中图法》的类号、第二栏是类名,第三栏是该类所收图书的种数。如果认为物理化学包含胶体化学,就把其作为一个主题对待,按大主题归类,分入"O64 物理化学、化学物理学",我们在查找胶体化学这个主题的图书时就会发生困难了。从"O648 胶体化学(分散体系的物理化学)"入手查,会发生漏检。从"O64 物理化学、化学物理学"入手查,误检率则会高得惊人。"O64 物理化学、化学物理学" 及其 9 个下位类共有图书 295 种, 而胶体化学的图书仅 5 种,检准率 1.7%,误检率 98.3%。 如果作为两个独立的主题对待,检索时就不会发生困难了。

至于《主题法的理论与标引》一书中所提的限定关系的主题,从分类法的特点方面看,我认为它们不是复合主题或多因素主题,而是典型的单主题。这里的所谓限定,是从语法方面来限定,如"苏联的石油工业","苏联"从地域方面限定了"石油工业"这个主题的范围。但不能把"苏联"看作一个主题因素,"石油工业"看作一个主题因素,前一个主题因素对后一个主题因素起限定作用, 而只能把它们共同看作一个主题。事实上,分类法中的上位类对下位类就起着限定作用。

根据以上分析,我认为,复合主题应当是由两个或两个以上主题因素组成的主题。所谓影响关系的主题,应当是指一个主题因素对另一个或一些主题因素发生影响;因果关系的主题,应当是指一个主题因素为原因,另一个或一些主题因素为结果;应用关系的主题,应当是指一个主题因素在另一个或一些主题因素中得到应用; 比较关系的主题,应当是指一个主题因素与另一个或一些主题因素进行比较。复合主题虽涉及两个或两个以上事物, 但这两个或两个以上事物不是以单独的研究对象出现的,而是以主题因素出现的。因此,复合主题实质上是多因素主题，而多因素主题是单主题，把其划入多主题是不恰当的。并列关系的主题和从属关系的主题则应当属于多主题，把其与复合主题或多因素主题混同也是不当的。

为了使分类标引能够反映复合主题图书的实际情况，应当根据其包含多个主题因素的特点，以与各个主题因素在分类体系中的具体情况，制定特殊的分类标引规则。

第一，复合主题中的各个主题因素，在分类体系中都未设专门性类目，宜用两个分类号组配的方法表达该书的主题。为了使读者从几个主题因素都能检索出该主题图书，用以组配的类号应当实行轮排。这样既可以提供多途径检索，提高检全率，又可以用后一个分类号对前一个分类号进行细分，提高检准率。

例1:《鸦片贸易与鸦片战争》

K253:F752.9

F752.9:K253

例2:《天主教与二十世纪艺术》

J19:B976.1

B976.1:J19

例3:《逻辑学与数学教学》

O1-4:B819

B819:O1-4

第二，复合主题的两个主题因素，在分类体系中已设立了专门性类目，不过一个是总论性类目，其类目范围比复合主题的一个主题因素的外延大，一个是专指性类目，其类目范围与复合主题的另一个主题因素的外延大体一致。在这种情况下，应把该主题图书同时分入两个类目。分入总论性类目时采用组配编号法，分入专指性类目时则不采用组配编号法。因为，为了提高检准率，前者有细分的必要，后者则无细分的必要。

例 1:《天气与飞行》

P49:V321.2

V321.2

例 2:《放射性同位素在医学中的应用》

TL991:R817

R817

如果复合主题有三个或三个以上的主题因素，在分类体系中都已设立了专门类目。其中一个是总论性类目，另外一些是专指性类目。在这种情况下，应该把该主题图书同时分入三个或三个以上类目。此时,无论分入总论性类目,还是分入专指性类目都可不再采用组配编号法。

例如,《放射性同位素在医学和农业中的应用》

TL991

R817

S124

将一种复合主题的图书按其组成该主题的主题因素，分别归入有关类目,给出两个或两个以上的分类号,那么,如何确定主要分类号即排架分类号呢? 我认为,《图书分类》(北京大学图书馆学系编)一书中提出的所谓因果关系、影响关系、应用关系、比较关系的“多主题”图书的分类规则可供我们参考及借鉴。只要将其中的提法稍加改变,即可作为确定复合主题图书的主要分类号和附加分类号的规则。它们是,一个主题因素为原因,一个主题因素为结果,代表结果的主题因素的分类号为主要分类号，代表原因的主题因素的分类号为附加分类号。如果论述一个主题因素在多方面产生后果的,则以代表原因的主题因素的分类号作为主要分类号，而代表结果的几个主题因素的分类号都作为附加分类号。影响关系、应用关系、比较关系的复合主题,也可按此原则确定主要分类号和附加分类号。

例 1:《鸦片贸易与鸦片战争》

主要分类号 K253 :F752.9

附加分类号 F752.9 :K253

例 2:《放射性同位素在医学中的应用》

主要分类号 R817

附加分类号 TL991 :R817

例 3:《放射性同位素在医学和农业中的应用》

主要分类号 TL991

附加分类号 R817

S124

综上所述,所谓因果关系、影响关系、应用关系、比较关系的多主题图书,不是真正的多主题图书,准确地说应当叫做复合主题或多因素主题图书,是单主题的一种。长期以来,把其视作多主题图书是一种误解,不但不符合这类图书的实际情况,也易于降低分类标引和检索的质量。现在到了纠正的时候了,应当根据复合主题包含多个主题因素的特点,以及各个主题因素在分类体系中的具体情况,制定特殊的分类规则,以提高检全率和检准率。

(原载于《图书与情报》1989 年第 2 期)

分类目录中同类款目排列方法新探

图书分类是时代的产物。随着时代的发展,图书分类法的修订补充,是必然的趋势。为此,我们在工作中经常会碰到按照修订后的分类体系改组图书的分类目录和分类排架问题。在《中图法》第2版出版前后,这个问题,曾引起了广泛注意。目前,《中图法》第2版即将出版,旧话重提,研究出更好的解决方案,应当说是很有现实意义的。

解决这个问题的关键是,充分认识分类目录和分类排架在职能上的不同,并在组织方法上完全脱钩。20世纪80年代初,卢子博同志的《对读者分类目录组织方法的探讨》一文是具有代表性的。他提出,"为了提高读者分类目录的效能,我们主张图书馆,应当摒弃直接用分类排架号组织读者分类目录的习惯做法,分别编制分类目录号和分类排架号,用分类排架号组织藏书,用分类目录号组织分类目录。"例如:

①S435/3　　玉米、高粱、谷子病、原手册
S435.1/Q173　　戚佩坤编
②S435/7　　水稻螟虫的发生和防治
S435.11/L336　　李宗明　章连观编
③S435/S　　水稻纹枯病的防治
S435.11/S361　　上海市金山县农业局编
④S435/1　　稻纵卷叶螟的防治
S435.1l/Z287　　张左生　王功满编

⑤S435/6　　　　　　水稻病虫害及其防治
S435.1l/Z287　　　　张作芳编
⑥S435/Z　　　　　　小麦全蚀病
S435.12/Y148　　　　烟台地区农业科学研究所编
⑦S435/4　　　　　　油菜菌核病
S435.654/H681　　　黄荣生编著

上列每种书均有两组号码,第一行的号码是分类排架号,由分类号和种次号构成,排架索书用此号码;第二行是读者分类目录号,由分类号和著者号构成,排卡检索即用此号。由于区分了分类排架号与分类目录号,“所以类目的进一步细分和修改,与排架号无关,只要改一下卡片上的分类目录号就可以了。”

无疑,上述方法与分类目录号和分类排架号合一使用相比是合理的,对实际工作也是有利的。是否有更好的方案呢?这里提出一个新的方案,即在目录细分、排架粗分的前提下,用分类号—责任者(字顺)—题名(字顺)排列法组织读者分类目录,而用分类号—种次号排列法组织分类排架和分类排架目录。

读者分类目录是读者按学科体系检索图书的重要工具。对其基本的要求是它应当有较高的检全率和检准率。分类目录的检全率与检准率,不仅仅取决于分类法的质量和分类标引的水平,同时也与同类款目的排列方法有密切联系。我们认为,较好的方法有:

(一)主要分类款目、附加分类款目、分析分类款目、综合分类款目,均依分类号码的顺序排列。先按字母排,次按字母后的第一位数字排,第一位数字相同者,依第二位数字排,依次类推。分类号带有辅助符号时,按《中图法》规定排列,总之,使分类号相同的各种分类款目均集中在一起。

(二)分类号码相同的款目,按责任者字顺排列(笔画笔形或汉语拼音均可），使同类同责任者不同著作的款目集中在一起。如前文所举7种著作的分类款目排列次序如下：

①S435/3	玉米、高粱、谷子病原手册
S435.1	戚佩坤编
②S435/5	水稻纹枯病的防治
S435.11	上海市金山县农业局
③S435/7	水稻螟虫的发生和防治
S435.11	李宗明　章连观编
④S435/1	稻纵卷叶螟的防治
S435.11	张左生　王功满编
⑤S435/6	水稻病虫害及其防治
S435.11	张作芳编
⑥S435/2	小麦全蚀病
S435.12	烟台地区农业科学研究所编
⑦S435/4	油菜菌核病
S435.654	黄荣生编著

第一行为分类排架号，第二行为目录分类号。第二至第五张款目分类号相同，它们之间依责任者的笔画笔形排列。

同类款目在按责任者字顺排列时，应当注意：

1. 款目上著录两个或两个以上责任者的，一律按第一责任字顺排列；

2. 款目上著录“本书编写组”或以书名加编写组为责任者的，依题名字顺排列；

3. 款目上著录以出版社为编辑者的，依题名字顺排列；

4. 款目上未著录责任者的，依题名字顺排列；

5. 同一种书的各卷或连续出版物，不依各卷册的责任者字顺排列,而依题名字顺排列。

多卷集和连续出版物的各卷册的责任者,有时相同,有时不同。为了使同一种书的不同卷次集中在一起,以按题名字顺排列为宜,可将同一种书的不同卷册的款目集中在一起,如果依责任者字顺排列,势必使其分散。如:

导弹设计原理第一卷制导　　(美)洛克著

导弹设计原理第二卷空气　　(美)鲍夸著

导弹设计原理第三卷运用　　(美)梅利尔著

导弹设计原理第四卷导弹　　(美)梅利尔著

(三)分类号相同、责任者也相同的款目,按题名字顺排列(笔画笔形或汉语拼音均可)。先按首字排列,次按第二字排列,依次类推,在按题名字顺排列时,可参照题名目录组织规则的一些特殊规定。主要有:

1. 题名中的标点符号,如,逗号、顿号、引号、惊叹号、题名号等省去不排。

2. 题名前有“增订”“增补”“简明”“袖珍”“最新”“新编”“绘图”等冠词时,均省去不排。如,《简明英汉电信词典》《新编日汉无线电词典》,自“英”“日”排起。

3. 题名中含有阿拉伯数字、罗马数字、外文字母和其他符号时,若在题名之前,应集中排在同类号同责任者款目之前(或之后)。其次序是:

①阿拉伯数字和罗马字母;

②拉丁字母;

③斯拉夫字母;

④其他外文字母;

⑤各种符号。

（四）分类号相同、责任者相同、题名也相同的款目，排法是：

1. 同一种书的不同版本的款目，按版次排。新版在前，旧版在后，或旧版在前，新版在后。

2. 同一种书不同卷次的款目，按卷次顺序排。

3. 如果同一种书，又有不同版本的款目，又有不同卷次的款目，先将同一版本的各卷次款目集中，再按卷次顺序排。不同版本的各个卷次的款目，不能混合排列。

同类款目的排列，是图书分类的延续。好的排列方法，应当方便读者检索，有助于提高检索速度和检准率。现在让我们以表格的形式，将分类号——责任者（字顺）——题名（字顺）排列法与分类号——责任者号、分类号——种次号排列法进行一次比较。

图书分类即是对馆藏图书进行划分，同类著作款目的排列既然是图书分类的延续，因此其实质也就是对同类著作款目的继续划分。一般来说，在组织分类目录时，对各种分类款目共进行四次划分，即下表所列。

同类款目各种排列方法比较表

	分类号——责任者(字顺)——题名(字顺)	分类号——责任者号	分类号——种次号
第一次划分	按分类号码顺序排列，分类号相同的款目集中在一起。	按分类号码顺序排列，分类号相同的款目集中在一起。	按分类号码顺序排列，分类号相同的款目集在一起。

续表

	分类号——责任者(字顺)——题名(字顺)	分类号——责任者号	分类号——种次号
第二次划分	分类号相同的款目，按责任者字顺排列，将同一责任者的各种著作款目集中在一起。	分类号相同的款目依责任者号排列，将同一姓氏的责任者的各种著作款目集中在一起。如果责任者号相重，再加区分号进一步区分。	未进行第二次划分而直接采用第三次划分。
第三次划分	分类号相同、责任者也相同的著作款目，按题名字顺排列，将题名相同的著作款目集中在一起。	分类号相同、责任者号也相同的著作款目，按区分同一责任者不同著作的种次顺序号排列，将题名相同的著作款目集中在一起。	分类号相同的著作款目，按依同类著作中每种著作的分编先后顺序所给的种次号排列，将题名相同的著作款目集中在一起。
第四次划分	分类号相同、责任者相同、题名也相同的著作款目，①按版次排;②按卷次排;③既有不同版本的著作款目，又有不同卷次的著作款目，先将同一版本的著作款目集中在一起,再按卷次排。	分类号相同、责任者号相同、种次顺序号也相同的著作款目，①依版次号排；②依卷次号排。	分类号相同、种次号也相同的著作款目，① 依版次号排;②依卷次号排。

第一次划分,即将分类号相同的款目集中在一起,三种方法都是相同的,没有什么区别。

第二次划分，即将分类号相同、责任者也相同的款目集中在一起。分类号——种次号排列法没有进行这次划分,而直接采用下一步的第三次划分。分类号——责任者号,分类号——责任者(字顺)——题名(字顺)排列法,均进行了第二次划分,但表现形式不一样。前者按责任者姓氏的顺序编制责任者号，以数字固定同类号不同责任者著作款目的前后顺序，然后按责任者号码排列同类号不同责任者的著作款目；后者不以数字固定同类号不同责任者著作款目的前后顺序,而直接按责任者姓名字顺排列。

第三次划分，三种方法的目的都是同一种题名的著作款目集中在一起,但集中的方法却不同。分类号——种次号排列法按种编号集中。分类号——责任者号与分类号——责任者(字顺)——题名(字顺)排列法按题名集中。后二者也有不同之处。分类号——责任者号排列法，对同类号同责任者的不同著作款目以种次顺序号等固定其前后顺序,并按种次顺序号排列款目:分类号——责任者(字顺)——题名(字顺)排列法,直接按题名字顺排列同类号同责任者的著作款目,而不以数字固定其前后顺序。

第四次划分,三种方法的目的都是区分同一种著作的不同版本、不同卷次的款目。不同之处在于,分类号——责任者号与分类号——种次号排列法均把款目中著录的版次、卷次，变成数字形式的版本号、卷次号，并将其作为排列题名相同的著作款目的依据；分类号——责任者(字顺)——题名(字顺)排列法,不编版本号、卷次号,而直接依据款目中著录的版次、卷次排列题名相同的著作款目。

通过以上分析,可以看出:

1. 分类号——责任者(字顺)——题名(字顺)排列法,与分类号——责任者号排列法,对分类款目的划分层次、划分顺序是完全一样的。它保留了分类号——责任者号排列法同类号同责任者的著作款目可以集中在一起的优点,而与分类号——种次号排列法相比,却没有同类号著作款目排列顺序是人为的、偶然的、无规律可循的缺点。从此可以得出结论,分类号——责任者(字顺)——题名(字顺)排列法,在集中同类同责任者著作方面,优于分类号——种次号排列法。

2. 分类号——责任者(字顺)——题名(字顺)排列法,与分类号——责任者号排列法的根本不同之处在于,后者用数字固定不同责任者著作款目、同一责任者不同著作款目,以及同一著作不同版次、不同卷次款目的前后顺序,然后按责任者号、版次号、卷次号组织分类款目;而前者摆脱了对于数字的依赖,不用数字固定其前后顺序,直接按责任者、题名字顺,以及版次、卷次组织分类款目。正是由于它完全摆脱了数字的束缚与羁绊,当修订分类法时,才可以真正做到只重新给目录分类号,并按新目录分类号改排目录。责任者号虽然一般不因类而异,但它毕竟是从属于分类号的。同一责任者在不同的类目中,其责任者号可能相同,也可能不同。当同类著作的责任者不止一个时,在责任者号后可能要加区分号。该责任者号若称作另一类,加不加区分号,加什么区分号,要据另一类的情况而定。同类同责任者的不同著作,责任者号后需加种次顺序号。而若移往另一类目,种次顺序号也会不同。因此,只要同类款目依责任者号排列,当因修订分类法而改组分类目录时,必须重新审查修改责任者号,否则会导致同类款目排列的混乱。从此可以得出另一个结论,在适应因修订分类法而改组分类目录方面,分类号——责任者(字顺)——题名(字顺)排列法大大优于分类号——责任者号排列法。当然,同类款目的先后顺序,不如采用责任者号明确、易辨,会降低款目排插速度。但是,在分编时只给分类号,不给责任者号,又会提高分编工作的速度。

在读者分类目录中,同类款目按分类号——责任者(字顺)——题名(字顺)排列,在公务分类目录中如何排列呢?

公务分类目录是图书馆业务人员在工作过程中使用的目录,按其用途分为采编用分类目录和典藏用分类目录两种。

采编用分类目录,是供分编时核对分类前后是否一致用的。其编制和排列方法是:

1. 采用细密分类(细分),以提高分类目录的检准率;

2. 分类号著录在款目中间,以利于款目的排检,分类排架号(分类号加种次号)著录在书名的左边,不作排检款目的依据;

3. 同类款目采用分类号——责任者(字顺)——题名(字顺)排列法,以利于核对分类前后是否一致。

典藏用分类目录,是完整、系统地反映图书在书架上的分类排列体系与次序的目录,其排列次序必须与图书在书架上的分类排列次序完全一致。它既是图书分类排架的缩影,又是图书在馆内分布状态的体现。编制和排列方法是:

1. 采用概略分类(粗分)。事先规定好排架分类号取到第几级类号(一般可取到三、四级),并把这些规定通过种次号记录卡固定下来。

2. 利用主要分类号编制分类排架号。分类排架号由分类号、种次号和辅助区分号组成。分编时先通过书名目录查重,在确认是新书后再分类并据种次号记录卡给种次号。一种书不管其主要分类号有几级,都必须按种次号记录卡规定编种次号。如规定"T 工业技术"大类取种次号时一律不得超过四级,那么下列图书的目录分类号(即主要分类号)和据其前四级编的分类排架号应当是:

书名	目录分类号	分类排架
《电力变压器》	TM41	TM41/1
《电力变压器原理》	TM410.1	TM41/2
《干式电力变压器设计》	TM412.02	TM41/3
《防爆电力变压器制造工艺》	TM414.05	TM41/4

斜杠之后的种次号是按分编先后顺序确定的。

3. 典藏用分类目录同类款目按分类号——种次号排列。

清典藏书时,用典藏分类目录与书架上的图书核对,以检查书与目是否相符。为了检查读者分类目录的款目是否与图书相符,先将读者分类目录的款目依分类排架号排列,并与典藏分类目录核对,之后再依分类号——责任者(字顺)——题名(字顺)将其复原。

用目录分类号组织读者分类目录,分类排架号组织典藏分类目录和图书的分类排架,二者完全脱钩,是有利于分类法的不断修订的。因为不管分类法如何修订都不会影响分类排架号,只要及时重给目录分类号即可。在分类法修订过程中,经常遇到如下三种情况,而这三种情况都不会影响分类排架号。

1. 增加新类目和新类号,《中图法》第 2 版:

TP1　　自动化基础理论

　11　　自动化系统理论

　　　　人机系统、联机系统、人工智能研究等。

　　　　⋮　　⋮

　17　　开关电路

《中图法》第 3 版:

TP1　　自动化基础理论

11　　自动化系统理论

┆　　┆

17　　开关电路理论

18　　人工智能理论

《中图法》第 3 版在“TP17 开关电路理论”之后，增加了“TP18 人工智能理论”。关于人工智能理论的书《中图法》第 2 版分入“TP11 自动化系统理论”。使用《中图法》第三版后，原来分入“TP11 自动化系统理论”类关于人工智能理论的图书，分类排架号均不改动，只把读者分类目录（也包括采编用分类目录）中的人工智能著作款目的目录分类号改为“TP18”，并调插到相应的位置即可。以后分编的新书分类排架号则从“TP18/1”“TP18/2”……编起。

2. 类目的细分和扩充，即延着类系的末端采用新的分类标准对某类进行细分，或采用通用复分、专用复分、仿分、组配复分对某类进行细分。如《中图法》第 3 版将“S852.1 家畜解剖学、组织学、胚胎学”细分为：

S852.11　　家畜解剖学分类

.12　　系统解剖学

.13　　局部解剖学

.14　　兽医各科解剖学

.15　　家畜比较解剖学

.16　　家畜组织学（显微解剖学）

分类排架号之种次号，原来从“S852/1”“S852/2”编起，使用第三版之后，仍继续往下编，只把用第二版所分图书的款目按第三版给予新的目录分类号，并据此重新组织该类的款目即可。

3. 类目调整与修改。因原表类目体系做局部调整、类号改动或被新增类目占用而另配类号。如《中图法》医学昆虫学类。

《中图法》第二版：

R38	医学寄生虫学
382	医学原虫学
383	医学蠕虫学
39	医学昆虫学
391	蚊、白蛉
392	蝇、虻
393	虱、臭虫
394	螨、蜱
395	蚋、蠓
399	其它

《中图法》第三版：

R38	医学寄生虫学
382	医学原虫学
383	医学蠕虫学
384	医学昆虫学
.1	蚊、白蛉
.2	蝇、虻
.3	虱、臭虫
.4	螨、蜱
.5	蚋、蠓
.9	其他
392	医学免疫学
394	医学遗传学
395	医学心理学、病理心理学

用《中图法》第2版所编医学昆虫学图书的分类排架号一律不

变,而将已分入“R39”及其下位类的各款目的目录分类号分别改为“R384”及其下位类的类号,并据此调插到相应的位置。关于新的医学昆虫学图书的分类排架号从“R384/1”“R384/2”……编起,而医学免疫学、医学遗传学等类图书的分类排架号则接着旧版的“R392”“R393”“R395”等类目的分类排架号继续编下去。

张琪玉在《情报语言学基础》一书中写道:“现代体系分类法的主要职能,应是作为组织分类目录的规范,在编制分类法时,主要应考虑如何提高分类目录的检索效率,保证首先满足分类目录的要求,适当兼顾分类排架的要求,而不应迁就分类排架的要求,束缚分类法采用更多更好的编制方法和技术,以及限制分类法的不断修订和提高。”毫无疑问,本文所提出的方法,不仅能很好地满足分类排架的要求,更重要的是可以解放分类法,摆脱分类排架对分类法发展的束缚,使分类法能够朝着更好提高分类目录检索效率的正确方向发展。

（原载于《图书与情报》1989 年第 4 期）

试谈科技文献在期刊中的分布规律

随着科学技术的不断发展，科学技术文献的数量正在以指数规律增长，近 50 年来，知识量增加了 1 倍，而科学技术文献的数量则增加了 7 倍。与此同时，随着人类对自然认识的不断深化，对各种个别的和特殊的现象或过程之间的联系有了愈来愈深的了解，因之各个学科之间的交叉渗透也愈来愈纷繁复杂。以数学为例，由于科学技术的数学化，生物学、地学这样一些过去同数学没有什么关系的学科，现在也开始迫切需要应用数学的方法来解决许多问题，数学地质学、生物统计学就是在这种情况下产生的新的分支学科。数学与其他学科的相互渗透，在使其他学科更加完善的同时，也促进了数学本身的发展，因而出现了许多新的数学分支，像数理逻辑、数学语言学、动态规律理论等。科学技术各个学科之间的交叉渗透关系，反映在科学技术文献分布方面，就是某一学科的文献往往被分散刊登在若干其他学科的期刊上。这种情况，对科学技术人员全面了解和掌握本学科的文献，图书馆与情报工作者结合本单位具体任务搜集科学技术文献，都带来了很大困难。为此，研究科学技术文献在期刊中的分布规律，有很大的理论和实践意义。

在这方面，国外做了大量工作。早在 1948 年，S·布莱德福特就提出了研究文献分布规律的数学模型（或称区域模型），即 $P:P_1:P_2=1:n:n^2$ 公式。在这里 P、P_1、P_2 分别代表第一、第二、第三区域的期刊数量。由于 S.布莱德福特模型与某些学科和专题的文献分布的具体统计结果不尽相符，又接连提出了一些经过改进了的模型。在某种程度上这些模型与实际情况更趋接近。目前，研究文献分布的常用方法有两种：一是用统计学方法根据期刊在一种或两种文摘出版物中的被摘率，研究某学科的文献在期刊中的等级分布，确定生产能力最高的期刊，即核心期刊或常用期刊，二是随着《科学引文索引》(《Science Citation Index》的出版，根据该索引之《期刊引文报告》(《Jourrnal Citation Reports》)的引文频率，对一些学科的文献分布进行研究。

近年来，国外一些作者用上述方法对天文学、电化学、半导体、热带医学、水文气象学、金属切削等学科的文献特点、结构和分布进行了研究。综观这些研究，可以看出科学技术文献在期刊中的分布是有一定规律的，其中，主要是文献浓缩规律和文献分散规律。下面分别谈一谈这两个规律。

一、关于文献浓缩规律

文献浓缩规律，即某一学科的大部分文献往往高度集中在少数期刊中的规律。比如，《物理文摘》(《PhysicsAbstracts》)收录期刊 420 种，而 90%以上的文献却摘自 120 种期刊，美国《化学文摘》(《Chemical Abstracts》)收录期刊 14,000 种，而基本期刊却只有 1,000 种。

我们知道，某一学科的文献往往被分散刊登在很多种期刊上，而每种期刊的文献密度，即所发表的文献数量则相差很大。这就使得某一学科的文献在期刊中的分布很不均匀。为了弄清科学技术文献在期刊中的具体分布情况，现将天文学、电化学、半导体和热带医学方面的文献数量与发表这些文献的期刊数量之间的相互依赖关系资料列入表 1。在表 1 中，区域 1 表明登载 50%左右文献的期刊数量；区域 2 表明登载 75%左右文献的期刊数量；区域 3 表明登载其余 25%左右文献的期刊数量。

表 1 科学技术文献在期刊中的分布状况[*]

学科	总数量		区域 1			区域 2			区域 3		
	期刊总数	文献总数	期刊数量	文献数量	每种期刊每年平均文献数量	期刊数量	文献数量	每种期刊每年平均文献数量	期刊数量	文献数量	每种期刊每年平均文献数量
天文学	650	8,36 1	24 (3.5%)	4,180 (50%)	174	50 (7.7%)	6,270 (66%)	125	600 (92%)	2,090 (33%)	3.4
电化学	149	15,713	10 (6.7%)	7,850 (50%)	174	31 (20%)	11,784 (75%)	84	118 (80%)	3,928	7.3
半导体	91	19,346	8 (8.7%)	9,846 (50%)	205	22 (24%)	14,934 (75%)	113	68 (76%)	4,412 (25%)	10.8
热带医学	641	11,174	41 (6.3%)	6,000 (53.7%)	36	121 (18%)	8,707 (77.9%)	18	520 (72%)	2,467 (22.1%)	1.1

[*] 天文学包括 1973 年的文献，电化学包括 1972—1976 年上半年的文献；半导体包括 1970—1975 年的文献；热带医学包括 1972—1975 年的文献。

从表 1 的资料可以看出如下特点:第一,由占总数 3.5%~8.7%的期刊形成了一个文献密度很大的核心区域，核心区域的文献占全部文献总数的 50%左右,呈现高度浓缩状态。第二,文献高度浓缩的原因是这些学科都存在着生产能力很高的期刊。如,《天体物理学杂志》(AstrophysicalJournal》)每年发表天文学文献 740 篇,《天文学与天体物理学》《Astronomyand Astrophysics》）发表 413 篇,《电化学》(《Электрохимия》) 每年平均发表电化学文献 449 篇,《电分析化学与界面化学杂志》(《JournalofElectroanalytical Chmistry and Interfacial》）发表 349 篇,《苏联物理学——半导体》(《Soviet Physics——Semiconductors》）每年平均发表半导体文献 436 篇,《固体物理学》(《Physicastatus Solidi》)每年发表 320 篇,《皇家热带医学与卫生学汇刊》(《Transactionsof theRoyal Society of TropicalMedicineand Hygiene》)平均每年发表热带医学文献 104 篇等。这种状况与生产力低的区域形成了鲜明的对比。据统计,有 25%~34%的天文学、电化学、半导体

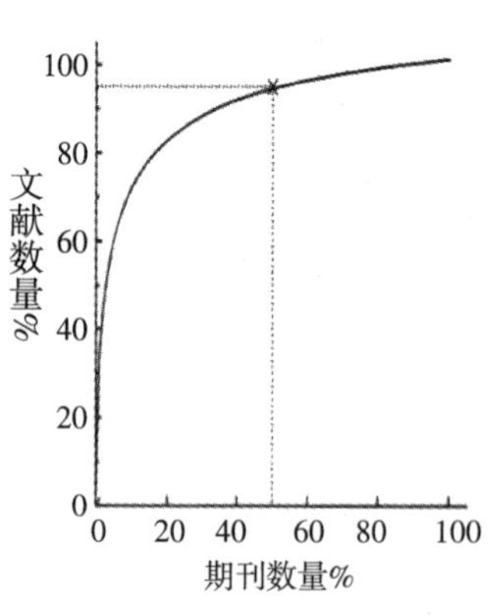

图 1　天文学文献数量(%)与期刊数量(%)之间的相互依赖关系

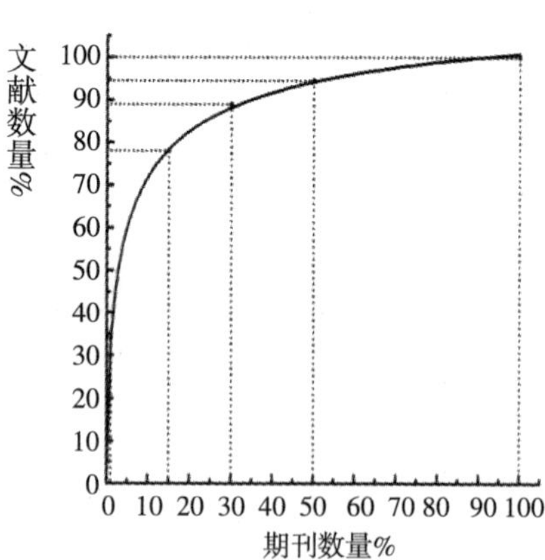

图 2　水文气象学文献数量(%)与期刊数量(%)

和热带医学文献分别分散发表在600种、118种、68种、520种期刊上，平均每种期刊的生产能力仅为3.4篇、7.3篇、10.8篇和1.1篇，而核心区域内期刊的平均生产能力则分别为174篇、174篇、205篇和36篇，二者相差几十倍。第三，文献浓缩程度视学科而异。比如，天文学、电化学和半导体，文献比较集中，浓缩程度很高，而热带医学，由于其研究对象包括热带地区所有疾病，因此，文献不太集中，浓缩程度较低。

图1和图2分别表明了天文学和水文气象学文献数量与期刊数量之间的相互依赖关系。图中的两条曲线非常近似，开始阶段急剧上升，以后斜度变大，最后趋于平缓。从图可以看出，一方面，50%左右的文献浓缩在仅占总数百分之几的期刊上；另一方面，只占总数5%左右的文献又分散于占总数50%的期刊中。这两条极其相似的曲线，既形象地说明了核心区域内文献的高度浓缩状态，也说明了这种现象绝不是某一个学科所特有的，而是为许多学科所共有的，也就是说是一个普遍性的规律。

二、关于文献分散规律

S·布莱德福特曾经正确地指出，分散不是文献混乱的结果，而是来源于科学的联系原则。

科学技术领域的相互联系和渗透，是科学技术向深度和广度发展的必然结果。在科学技术发展的早期，由于生产斗争和科学实验水平的限制，人类对自然界的认识，只能是从各种个别的和特殊的现象和过程开始。因为科学研究的对象不同，从而产生了不同的自然学科，如物理学、化学、生物学、天文学等，看起来似乎是一些互不关联的不同的知识领域。随着科学实验活动不断地向纵深发展，人类对自然界的认识不断深化，在一些本质问题上找到了共同的基础，从而促使这些不同的学科朝着一个统一的自然科学道路发展。这种发展的显著特征之一，就是学科愈分愈细，愈分愈多，与此同时，各学科之间的联系也愈来愈紧密，愈来愈复杂。科学知识的这种互相联系，互相渗透的情况，导致了科学技术文献分散在期刊中的特点。

Д·Н·费多托娃根据1971—1972年文摘杂志《金属切削、机床和工具》(《Резание Металлов，Станки и Инструменты》)所提供的材料，对金属切削文献的分散规律及其作用机制进行了研究。在研究过程中，作者不按形式特征，而按内容特征即主题，把期刊划分成五个区域。这五个区域是：

A区——金属切削机床和工具方面的专门期刊；

A_1区——机械制造、仪器制造、金属工艺方面的专业期刊；

B区——相关学科(电工、冶金、化学工业、建筑、运输等)的期刊；

C区——一般技术期刊；

Д区——自然科学特点的期刊。

现将Д·Н·费多托娃的研究结果列入表2。

我们根据Д·Н·费多托娃使用的方法，对电化学和半导体文献进行了分析。为了与所分析的学科相适应，在分析过程中，将A区的主题分别换成电化学和半导体，A_1区的主题分别换成化学和物理与电子技术，B区的主题分别换成与电化学和半导体有关的学科，而C区和Д区保持不变。期刊分类基本上依据中国图书进口公司编的《外国报刊目录》(第4版)。分析结果整理成表3和表4。

从表2、表3、表4可以看出，A区的期刊是金属切削、电化学和半导体方面的专门期刊。在A区内，期刊数量不多，文献浓缩程度很高。例如，金属切削方面，期刊36种(4%)，文献1,649篇(16%)；电化学方面，期刊24种(16%)，文献8,185篇(52%)；半导体方面，期刊4种(3.5%)，文献3,562篇(18.4%)。C区和Д区系一般技术和自然科

表 2　金属切削文献按学科分布情况

区域／数量／项目	总数量	A	A_1										B									C	Д
			总数量	一般机械制造	仪器制造	金属制品生产	机械制造工艺						总数量	电工学	冶金	矿业	化学工业	木材加工工业	建筑	运输	其它		
							一般机械制造工艺	压力加工	焊接	铸造	防腐	润滑											
期刊数量	823	36（4%）	200（24%）	116	27	1	24	6	2	6	7	11	285（35%）	140	46	15	18	4	11	35	16	264（32.4%）	38（4.6%）
文献数量	9,519	1,649（16%）	4,604（49%）	3,544	238	22	675	64	5	8	13	35	967（10%）	484	245	41	56	10	15	88	28	2,151（23%）	148（2%）

表 3 电化学文献按学科分布情况

区域 数量 项目	总数量	A	A₁								B														C	Д
			总数量	普通化学	物理化学	无机化学	有机化学	分析化学	应用化学	结晶学	总数量	普通物理	技术物理	光学	固体物理	应用物理	生理学	工程材料	电讯	电子技术	冶金金属工艺	仪表	化工	陶瓷		
期刊数量	149	24（16%）	58（39%）	30	11	3	4	5	3	2	63（42%）	20	2	4	8	3	1	4	2	4	8	2	3	2	4（3%）	0
文献数量	15,713	8,185（52%）	5618（37%）	2,158	750	259	195	1299	546	26	1,434（8%）	221	59	27	247	110	67	188	10	28	353	50	430	29	476（3%）	0

表 4　半导体文献按学科分布情况

区域 / 数量 / 项目	总数量	A	A_1									B										C	Д
			总数量	普通物理	理论物理	技术物理	电学、磁学	光学	固体物理	应用物理	电子技术	总数量	物理化学	无机化学	结晶学	工程材料	力能学	电技术	电讯工程	计算技术	仪器仪表		
期刊数量	91	4 (3.5%)	58 (65.5%)	29	2	3	1	4	7	5	7	25 (27%)	6	1	1	4	1	1	8	1	2	3 (3%)	1 (1%)
文献数量	19346	3,562 (18.4%)	12,076 (62.4%)	3,989	194	218	23	102	4,218	2,310	522	3,198 (16.6%)	885	2	224	689	6	57	1106	92	137	185 (0.92%)	325 (1.68%)

学期刊，如《法国科学院会议录:C》(《Comptes Rendus des Seances del´Academie des Sciences:C》)、《苏联科学院报告》(《Доклады Академии Наук СССР》)、《自然界》(《Nature》)、《科学》(《Science》)、《工程》(《Engineering》)等。上述三个学科的文献,之所以会发表在这些期刊上,主要原因是这些期刊本身是多学科性质的期刊。

从表2、表3和表4还可以看出,上述三个学科的大部分文献分散刊登在A_1区和B区的其他学科的期刊上,计金属切削17个学科、电化学20个学科和半导体17个学科，而这些学科均与上述三个学科之一存在着这样或那样的联系。比如,金属切削是机械制造的一部分;切削过程和切削机床的自动化需要电工学、电子技术和计算技术知识;钢和合金的工艺性能,既与冶金和金属学有关,又与金属切削有关;各种专业机械的制造,都存在着金属切削问题。为此,金属切削文献除了浓缩于少数专门期刊中外，还广泛分散刊登在机械制造和电工学、冶金、矿业、化学工业、木材加工工业、建筑与运输方面的期刊中(表2)。

电化学研究电能与化学能之间的交换规律，是介于电学与化学之间的边缘学科。大量电化学文献分散在化学和物理期刊中,特别是物理化学和分析化学期刊中(表3),因为电化学是物理化学的重要组成部分,电化学分析方法是分析化学中的重要方法之一。此外,因为电化学理论对腐蚀工程和硅酸盐工业具有指导意义，电解方法可用于制备许多金属、非金属、盐类、碱类等,所以从工程材料、冶金与金属工艺、仪器仪表、化工和陶瓷等学科的期刊中,也可以找到一定数量的电化学文献。

半导体是一门综合性的科学技术。半导体物理学是固体物理学的重要分支,半导体化学与物理化学、结晶学关系密切。关于半导体基础理论方面的文献广泛分布于固体物理、电学、物理化学和结晶学等物理和化学期刊中(表 4)。目前,半导体技术已成为电子技术的最重要组成部分，具有各种功能的晶体管、集成电路和大规模集成电路,对发展超小型、超高频无线电设备和高速电子计算机等具有重大意义。为此,半导体技术和应用方面的文献广泛分布于电子技术、工程材料、力能学、电技术、电讯工程、计算技术、仪器仪表等学科的期刊上。

从以上分析可以得出结论,对于某一学科的文献来说,不管它在专门期刊中怎样浓缩，仍有大量文献分散在数量很多的相关学科的期刊中，分散的范围与程度取决于该学科与其他学科相互联系和渗透的范围与程度。

上述规律,是统一的科学技术文献分布规律的两个组成部分。文献浓缩规律,通过数量分析的方法,从数量方面描述了科学技术文献在期刊中的分布特点;文献分散规律,以内容分析的方法,从内容方面揭示了科学技术文献在相关学科的期刊中的分散状况及原因。认识和运用这些规律，将有助于科学技术人员了解与掌握本学科的文献情况,也将有助于图书馆和情报机构的期刊订购工作,从而更好地为四个现代化服务。

(原载于《图书馆工作》1979 年第 6 期)

关于核心期刊的形成机制

本文试图结合有机金属化学、模糊数学的发展历史，考察核心期刊的形成机制问题。

有机金属化学，是在无机化学和有机化学基础上发展起来的研究有机金属化合物的学科。1963 年以前，有机金属化学方面的文献分散刊登在化学、有机化学、无机化学方面的期刊中。主要有:《美国化学会志》(Journal of the american Chemical Society);《化学会志》(Journal of the Chemical Society);《化学报告》(Chentische Berichte);《苏联科学院报告》(Доклады Академии Наук СССР)。

进入 20 世纪 60 年代以后，有机金属化学已经成为一门独立的学科，该学科的研究人员大量增加，文献数量也有较大增长。1961 年英国创办了文摘性刊物《有机金属化合物》(Organometallic Compounds)。美国《化学文摘》在 1962 年调整类目时，也设立了“金属有机和准金属有机化合物”。在这种情况下，有机金属化学方面的专门期刊应运而生了。1963 年创刊了《有机金属化学杂志》(Jounal of Organometallic Chemistry)，1964 年出版了《有机金属化学年度综述》，1966 年出版了《有机金属化学评论》等(这两种杂志后来并入《有机金属化学杂志》)。据笔者统计，《有机金属化合物》文摘 1980 年共收摘文献 8623 篇，这当中《有机金属化学杂志》1980 年就发表有关文章 900 篇，相当于上述文摘所收文献量的 10.4%。这说明，《有机金属化学杂志》是有机金属化学这门学科最重要的核心期刊。

L·A·扎德 1965 年在《信息与控制》(Information and Control)第 8 卷第 3 期上发表的论文“模糊集”(Fuzzy sets),被公认是模糊数学的开创性论文。进入 20 世纪 70 年代以后,这方面的理论性与应用性论文陆续涌现。遗憾的是,这些研究成果都很零散。笔者统计,C·V·尼古塔(C·V·Negoita)和 D·A·拉莱斯库(D·A·Ralescu)所著《模糊集在系统分析中的应用》(Applications of fuzzy sets to systems analysis, 1976,纽约)一书,共列出参考文献 165 篇,其中期刊论文 92 篇。这 92 篇文献分散在 28 种期刊上,文献如此分散,大大限制了模糊数学情报的传播,也阻碍了模糊数学的进一步发展。为了集中传播模糊数学的情报,加强研究与应用模糊数学的科技人员之间的交流,加速模糊数学的发展,1977 年创办了模糊数学领域的国际性期刊《模糊集与系》(Fuzzy sets and systems),尔后它刊登了不少模糊数学领域里的重要论文。

从以上的叙述可以看出,由于新的学科是在老学科的基础上形成的——产生在学科的内部(微分化)或出现在它们的接合处(积分化),所以有关某一学科的文献,最初总是发表在反映老学科或相关学科的期刊上。随着新学科研究领域的扩大,研究人员的增加,文献的数量急剧增长。为了集中传播这一学科的文献,也由于科学发展本身要求部分地改变现有的期刊体系,于是在微观的水平上开始了文献在期刊中的再分布过程。核心期刊的产生,就是这一过程发展的必然结果。

随着某一学科的第一批文献在老学科期刊上的发表,该期刊在对这个学科感兴趣的科学技术人员中就树立了较高的威望,因此,就会吸引愈来愈多关于这一学科的文献。如果这种期刊篇幅量允许,新学科文献的比重就会不断上升,逐渐成为这种期刊的重点报道内容,因而也就成了报道新学科文献最多或较多的期刊。

在老学科期刊篇幅有限的情况下，为了更好地适应新学科的发展需要,集中地传播新学科的文献,往往由这一学科的著名专家或者有关的研究机构等,创办新的属于新学科的专门期刊。如《模糊集与系》的总编辑,是由模糊数学的创始人L·A·扎德和罗马尼亚著名学者C·V·尼古塔等人担任的。《模糊集与系》不但发表模糊数学的文献最多,实际上成了模糊数学的倡导者和推广者,成为这一学科的研究和交流中心,对模糊数学的发展起了很大的推动作用。

随着新学科研究领域的不断扩大，它与其他学科的关系愈来愈密切,该学科在其他学科的应用愈来愈多。因此,这个学科的文献也往往在被应用学科的期刊上集中发表。

文献的分布不但具有浓缩和集中的特点,同时,还具有分散的特点。很多学科的文献分布状况都证明,在大部分文献集中刊登在少数期刊上的同时,还有少部分文献分散刊登在数量很大的期刊上。S·布拉德福曾经指出,分散不是文献混乱的结果,而是来源于科学的联系原则。一个学科的文献在各学科期刊上的分布状况,取决于它们与这个学科的关系如何。关系愈密切刊登的文献愈多;关系愈疏远,刊登的文献愈少。一个学科的文献在各学科期刊中的分布状况,可以大体上反映出这个学科与其他学科之间的联系。这种联系在该学科的具有等级结构的文献情报流的形成过程中,以“组织者”的资格出现,履行“组织关系”的职能。

综上所述,我们可以这样认为,核心期刊是这样产生的,一个新的学科的第一批文献,总是发表在老学科或相关学科的期刊上。随着这个学科文献数量的增加，导致了文献的再分布过程。在这个过程中,学科之间的联系起着“组织者”的作用,它把该学科的众多文献组织成为一个具有等级结构的文献情报流。很多学科文献分布的事实都说明,往往有三种期刊,即包含该学科的老学科的期刊、本学科的专业期刊、与这个学科关系很密切而本身容量又较大的相关学科的期刊,处于文献情报流等级结构的核心区域。这些期刊,对于该学科来说生产能力最高、作用最大,被研究该学科的科学技术人员使用得也最频繁,因此,是该学科的核心期刊。

(原载于《图书馆学研究》1982 年第 2 期)

论信息产业及我国信息产业的发展战略

信息是人类社会赖以生存和发展的基础。在现代社会,随着科技的进步,信息日益成为重要的资源。与能源、材料两种资源不同,信息资源是知识或智力,是“软资源”。它的作用在于增大能源、材料之类“硬资源”的效用,提高人类活动的效率,被誉为经济增长的“发动机”、经济效益的“倍增器”、社会发展的“均衡器”。在经济发达国家,信息与能源、材料一起被视为现代经济的三大支柱,在努力开发自然资源的同时,也非常重视开发信息资源,并且已经形成了一个新兴的产业部门——信息产业。正如汤姆·斯托尼尔在《信息财富——简论后工业经济》一书中所指出的那样,“信息已经取代了土地、劳动和资本,成为现代生产体系中最重要的投入,信息减少了对原料和能源的要求,它创造了崭新的产业部门。”

一、信息产业的形成

1940 年,英国经济学家科林·克拉克(C.G.clark)在《经济进步的条件》一书中,按照产业结构把国民经济分成三个部门,即第一、第二和第三产业部门。通常,第一产业包括农业、林业、畜牧业和水利业,它是与人类从自然界获得基本生活资料的生产活动相联系的。第二产业包括工业、建筑业、交通运输业等,它是加工取自于自然的生产物,是随着近代工业革命的发生、蒸汽机和电力的使用,在第一产业的基础上发展起来的。第三产业是在生产力发展到一定水平,由于人们进一步的消费需求而发展起来的，包括商业、金融保险、邮电通讯、教育、科研、文化、艺术、体育、卫生、政府机构、公众服务、社会福利等部门。第一、第二产业都是有形财富的生产部门，第三产业则是为繁衍于有形物质财富生产活动之上的无形财富生产部门。人们的消费需求有维持生存的需求、发展体力和智力的需求，以及享受和娱乐的需求三大类。在三大类需求中，维持生存的需求在先，发展体力和智力的需求在后，第一产业生产的产品基本上是用来维持人的生存的；第二产业、第三产业的产品除一部分用来维持人的生存外，绝大部分是用来满足人类发展体力和智力、享受和娱乐的需求的。三个产业部门的产生和发展存在着时间上的序列性。第一产业的发展在前，第二产业的发展是以第一产业的发展为基础的。从第三产业同第一、二产业的关系来看，也是第一、二产业的发展在前，第三产业的发展在后。三个产业部门的发展状况，可以反映一个国家国民经济的发展水平。（见表1、表2）

表1　三个产业部门产值占国民生产总值的比重

国家类别	1982年人均国民生产总值	第一产业（%）		第二产业（%）		第三产业（%）	
		1960	1982	1960	1982	1960	1982
低收入的发展中国家	280美元	49	37	26	32	25	31
中等收入的发展中国家	1,520美元	24	15	30	38	46	47
西方发达国家	11,070美元	6	3	40	36	54	61

表 2 三个产业部门就业人数占总就业人数的比重

国家类别	1982 年人均国民生产总值	第一产业(%)		第二产业(%)		第三产业(%)	
		1960	1982	1960	1982	1960	1982
低收入的发展中国家	280 美元	77	72	9	13	14	15
中等收入的发展中国家	1,520 美元	62	46	15	21	23	34
西方发达国家	11,070 美元	18	6	38	38	44	56

从表 1 和表 2 可以看出，一个国家社会生产力发展水平越高，第一、第二产业产值占国民生产总值的比重越小，就业人数占总就业人数的比重越低，而第三产业产值占国民生产总值的比重越大，就业人数占总就业人数的比重越高。

1962 年，美国普林斯顿大学教授弗·马克鲁普（F·Machlvp）在《美国的知识生产和传播》一书中，第一次提出了知识产业和信息产品的概念。他认为，知识产业是“或者为自己所用，或者为他人所用而生产知识，从事信息服务或生产信息产品的机构——厂商、单位、组织和部门或其中的班组，有时是个人和家庭。”“信息产品是主要为产生、传递或接受知识的有形产品，例如书写纸、报纸、期刊、图书、唱片、磁带、用具和信息机械。信息机械主要为产生、传递或接受知识服务的器具、设备、装置、机械。”他将知识产业划分为五大类：教育、研究开发、通讯媒介、信息处理机械、信息服务。教育包括家庭教育、在职培训、社会教育、中小学和高等院校、联邦计划和公共图书馆；研究开发包括基础研究、应用研究与开发；通讯媒介包括印刷出版、照相和录音、戏剧、音乐和电影、广播与电视、广告、远距离通信媒介、会议；信息处理机械包括印刷机械、电影机械及设备、打字机、电子计算机、其他办公机械与部件，信息服务包括职业信息与金融服务联合的信息服务。弗·马克鲁普虽然没有提出“信息产业”这一概念，但是，他是把信息和知识看作同一类事物的，认为信息是知识的一种，把从事与知识有关的职业称为知识职业，把从事与知识生产有关的企业事业称为知识产业。弗·马克鲁普对知识在社会经济发展中的作用的研究，以及对知识生产、知识职业、知识产业的研究，是具有开创性意义的，为信息产业理论的发展奠定了最初的基石。

20 世纪 70 年代，波拉特在美国商务部的赞助下，对美国的信息经济进行了专门研究，在有关信息经济的概念与测算方法方面，发展了弗·马克鲁普的思想。他同样把知识与信息视为同类事物，但他把知识看作是信息的一种。他认为信息产品生产、处理和流通是一种活动，这种活动不能简单归并成为几个部门，而是渗透于国民经济的各个领域。从事信息活动的部门既可以独立的产业存在，也可附属于其他产业。据此，他把从事信息活动的部门分做第一信息部门和第二信息部门。第一信息部门是指通过市场进行信息产品和信息劳务交换的行业，包括八大类，即知识生产和创造业、信息传播和通讯业、风险经营业、查询和调查业、信息处理与传递服务业、信息产品业、部分政府活动和基础设施。第一信息部门的情况与传统的生产、服务行业类似，可以用传统的方法计算产值。第二信息部门是指具有信息产品和信息劳务，但这些产品和劳务只在内部消耗而不进入市场的信息活动。举例来说，直接在市场上为社会服务的印刷所是第一信息部门的组成部分，而某工厂拥有的仅为该厂内部服务的印刷所则为第二信息部门的组成部分。这些部门内进行的信息活动包括：数据处理、广告、打字、研究开发、会计和图书馆服务等。它们在传统的统计中是不单独计算产值的，波拉特以从事这类工作人员的收入、加上用于信息活动的房屋设备折旧,作为第二信息部门的产值。为了把信息经济在国民经济中突出出来,波拉特把经济活动分为两大类:属于物质与能量转换的为一类,属于信息转换的为另一类。前一类包括农业、工业、服务业,后一类则指信息业。据此,它把国民经济按产业结构分作四个部门,即第一产业农业,第二产业工业,第三产业服务业,第四产业信息业,从而把信息业从第三产业中独立了出来。把信息业作为一个单独的产业加以研究,有助于通过数量测算分析信息经济在国民经济中所占的比重,判断整个社会信息化的发展进程。对此,奈斯比特在《大趋势》一书中称赞说,波拉特的研究"足以说服对信息社会抱怀疑态度的人"。波拉特使用农业、工业、服务业、信息业的"四分法"成功地分析了美国产业结构的变化。他的理论在工业发达国家也得到了积极响应。

美国是目前世界社会信息化速度最高、信息产业规模最大的国家。根据经济合作与发展组织(OECP)统计,美国信息产业产值占国民生产总值的比重如表3所列。信息部门劳动力占总就业人数的比重,20世纪五六十年代接近一半,70年代达到一半,80年代超过一半,预计到20世纪末达到66%。

日本从1968年起,就把信息产业列为经济发展的核心产业,其发展规模如表4所示,其中第一信息部门和第二信息部门的比重如表5所示。

表3 美国信息产业产值占国民生产总值比重(%)

年份	1958年	1967年	1972年
第一信息部门	19.6	23.8	24.3
第二信息部门	—	22.2	25.7
合计	—	46	50

表 4　日本信息产业发展规模统计

年份	信息产业产值占 国民生产总值比重(%)	信息产业劳动力占 总就业人数比重(%)
1960 年	29.5	21
1965 年	30.6	27
1970 年	29.5	29
1975 年	34.6	42
1979 年	35.4	38

表 5　日本第一、第二信息部门产值占国民生产总值比重(%)

年份	1960	1965	1970	1975	1979
第一信息部门	14.1	14.1	12.7	14.5	14.7
第二信息部门	15.4	16.5	16.8	20.1	20.7
合计	29.5	30.6	29.5	34.5	35.4

从以上论述可以看出，信息产业原来是第三产业的一个组成部分，随着科技的进步逐渐从第三产业中分离了出来。而人均国民生产总值和人均国民收入水平，以及人口的就业结构与信息产业的形成和发展有着非常密切的关系。

二、信息产业的范围和特征

西方发达国家经济发展的历史表明，单有经济规模量的扩展，不足以实现高速度和高效益，还必须同时实现产业结构的更新换代；单有“产业的合理化”，即企业合理化也是不够的，还必须实现“产业结构的合理化”，更准确地说，就是“产业结构的高度化”。所谓“产业结构的高度化”就是向更高一级的产业结构推进。因此,科学地划分产业,准确地界定各次产业界限,对国民经济的发展是至关重要的问题。

我国信息产业虽然实际上早已存在,但从整体来说,起步晚,规模小,与西方经济发达国家相比尚存在很大差距。20 世纪 70 年代末 80 年代初,学者们开始介绍国外的咨询业和情报产业。1985 年国家统计局首次明确了我国第三产业的划分。范围:(1)流通部门,包括交通运输业、邮电通讯业、国内商业、对外贸易业、公共饮食业、物资供销业、仓储业;(2)为生产和生活服务的部门,包括金融业、保险业、地质勘察业、房地产业、公用事业、社会服务业、旅游业、信息咨询服务业、综合技术服务业、农林牧渔水利服务业、水利业;(3)提高科学文化水平和居民素质服务的部门,包括教育事业、文化艺术事业、广播电影电视事业、科学研究事业、卫生事业、体育事业、社会福利事业;(4)为社会公共需要服务的部门,包括国家机关、政党机关、社会团体、基层群众、自治组织。属于信息产业的一些部门,被包括在第三产业之中,也就是说,信息产业没有从第三产业中单独划分出来。80 年代末 90 年代初,介绍国外信息产业和探讨信息产业范围的文章不少,这些文章加深了我们对信息产业的了解。不过有相当一部分文章把注意力放在如何从信息产业中再划分出情报产业来,给更好地明确信息产业的范围带来了一定程度的混乱。1992 年 9 月,国家科委鉴于“信息”一词被广泛认同和使用,为了顺应时代发展,在全国科技情报工作会议上提出,把“科技情报”改为“科技信息”。这种观念上的转变,对我们科学地界定信息产业的范围无疑是非常有利的。

当前,我国学术界对信息产业范围的理解,存在以下问题。

1. 对“产业”的理解不当,把信息产业的范围划分得过窄。李宁《信息产业的产生与发展》一文认为,“在信息产业的分类问题上,较普遍的看法是将信息产业分成两个产业群:一是开发、制造并出售机器和软件的产业及提供媒介的产业,这些都是提供信息技术的,称为信息技术产业;二是使用信息机器进行信息的收集、加工、分配等信息服务的产业,培养适应高度知识化人才的产业,以及提供高度专业信息,甚至代理主体行动的产业等,这些都是通过出售信息而成立的产业,称为信息商品化产业。"他还提出,信息技术产业包括机器产业、软件产业和提供信息媒介产业;信息商品化产业包括报道产业、出版产业、数据库产业、研究与开发业、咨询产业、代理人型产业(代理计划、运行和行动)、教育产业。"产业"一词在英文里称"industry",泛指国民经济的各个行业,大至部门小至行业,从生产到流通、服务以至于文化教育等等,都可以称之为"industry",即"产业"。它不仅指加工制造业(传统工业),其外延是很广的,是微观经济的细胞(企业和家庭)与宏观经济的单位(国民经济)之间的一个集合概念。对于某一个企业来说,产业是具有某种共同属性的企业的集合;而对于整个国民经济来说,产业则是以某一标准划分的各个部分。结合"产业"的概念,我们可以这样理解,从事信息的生产、收集、贮存、整理、加工、传输、提供服务的部门均属信息产业。李宁所划分的信息产业范围是比较窄的,仅包括信息技术设备和作为商品进入市场的信息产品。而不进入市场的那些部分,即波拉特所说的第二信息部门,大部分都给排除在信息产业之外了。实际情况是,产业划分是针对全部经济活动而言的,既包括传统的"产业"部门,也包括事业部门;既包括产品投入市场的生产部门,也包括产品不投入市场而仅为内部服务的部门。

2. 囿于对"信息"或"情报"的传统理解,把信息产业的范围划分得过窄。秦季章在《试论我国信息产业的发展战略》一文中认为,信息产业的结构包括:

(1)信息技术及服务业;

(2)数据库服务业;

(3)咨询业;

(4)技术市场;

(5)软件业;

(6)其他信息服务业,主要包括,信息处理服务业,既包括计算机信息处理服务业,如联机事物处理(OLTP)、办公自动化系统,又包括传统的图书、文献、档案和情报系统;信息通讯服务业,指邮政电信系统;信息传播服务业,指出版、发行、广播、电视和电影等部门;教育部门。他把研究与开发等生产一次信息产品的众多部门排除掉了。王东明等在《中国信息产业论纲》一文中提出的信息产业范围:

(1)党政领导系统;

(2)各类型公用文献信息服务系统;

(3)信息杂志社,信息报社(含报道科技信息、经济类信息的报社、杂志社)、新闻社、出版社(印刷业)、图片社、电台、电视台、电化教育馆(含声像资料制作、销售公司)、新华书店、个体书店等新闻出版发行教育舆论信息系统;

(4)非官方的民意测验、社会调查中心等;

(5)各科研单位、学术团体、咨询网络和企业公司等科研技术信息咨询服务系统;

(6)邮电通讯、广告公司、技术市场等流通信息咨询服务系统;

(7)从事计算机硬件和软件开发的信息产业支撑系统;

(8)信息咨询教育培训机构。如图书情报院校、档案系、图书发行学校及新闻系、计算机专业、信息工程学院等信息教育培训系统。在这里作者把杂志社、报社的范围仅仅限于与二次信息产品有关的杂志社和报社,把教育培训机构也仅限于与传统的"信息"或"情报"有关的教育培训机构,而把报道一次信息产品的杂志社和报社,以及与所谓传统的“信息”或“情报”无关的教育培训机构统统排除掉了。实际上无论是弗·马克鲁普还是波拉特,都把信息和知识看作是同一类事物。他们对信息的理解比我们的学者对信息的理解要广得多。我们的学者,总是有意无意地把信息产业的范围限定在传统的情报部门,这样是不利于信息产业的发展的。

研究某一事物的结构时，首先要将这一类事物按一定的原则给以分解和组合;然后,研究它们的比例关系和相互联系。对信息产业结构研究的角度和目的不同,可以形成信息产业结构的不同划分。有不少人试图从信息产品生产、处理、流通等活动涉及的经济领域和部门来界定信息产业的范围,但其结果都不够理想。正如波拉特所指出的那样,信息活动不能简单地归并成几个部门,而是渗透于国民经济各个领域。尽管不少研究者都尽量列举信息活动所涉及的经济部门,但总免不了有遗珠之憾。笔者认为,从信息产业的生产进程角度来界定其范围,可能是一个较为合适的方法。

1. 信息生产业

包括新信息的生产和不同形式的信息产品的生产，以及对现有信息资源的发掘、采集和制作业。前者主要指科学研究、发明创造、设计、标准的制定、决策等等;后者包括新闻、社会调查、情报工作、翻译、管理、会计、审计、金融、财税、计量、气象、地震预报、测绘、勘察、数据库建设等。

2. 信息传输业

包括电子信息传输业、非电子信息传输业和教育三大类。电子信息传输业包括广播、电视、音像视听、电话、电报、数据通讯、计算机网络等。非电子信息传输业包括邮政、图书馆、图书发行、情报资料、专利、广告、档案、保险、技术推广、咨询、文化馆、博物馆、展览馆等。教育是综合运用前两种传输方式集中进行信息传授的信息传输业。

3. 信息设备制造业

包括信息生产业和信息传输业所需要的各种硬件设备，即信息生产、采集、存贮、传输、显示的工具。还有计算机外部设备、功能材料、元器件、集成电路、光电子设备、电信广播设备、录音录像设备、办公室自动化设备、印刷、造纸、文具，以及卫星、光纤等新型通讯设备。

4. 信息技术服务业

包括为信息产业提供软件服务和设备服务的行业。如信息处理、计算机检索、联机检索、数据库服务、新技术开发、计算机应用、系统技术、程序编制、设备维修、保养和出租等。

信息生产业是信息产业的基础，是信息产业的第一个环节。它决定着社会可以利用的信息数量和质量，因而也决定了整个信息产业的发展规模和程度。信息传输业是信息产业的主体，信息的生产与传输是紧密联系在一起的，没有信息的生产，就没有信息的传输；相反，没有信息的传输，也就没有必要进行信息生产。通过传输，把各种各样的信息产品传送到用户手中，合理地配置信息资源，实现信息的社会效益和经济效益，体现信息产业在整个国民经济中的地位和作用。信息设备制造业是信息产业的基础设施，如同生产工具是生产力发展的标志一样，信息设备制造业是信息产业发展水平的标志。近年来信息产业的巨大发展，正是信息设备制造业技术进步的结果。信息技术服务业是适应信息产业技术性强而形成的产业部门，是信息产业发展的动力，它的任务主要是对初级信息产品进行加工，并向不同类型的用户提供多方式多层次的信息服务。

在现代社会中，信息产业具有如下特征：

1. 信息产业是新型带头产业。在能源、材料、信息三大战略资源中，信息资源的地位和作用日益突出。信息产业可望成为今天和未来社会发展中最大的战略产业。在经济发达的美国、日本等国家，信息产业正在逐步取代钢铁、造船、石油、汽车等战略产业的传统地位，成为社会经济发展的带头产业。

2. 信息产业是知识、技术、智力密集型的头脑产业。信息产业的主要资源是知识、技术和思维。它既是物质生产过程，又是知识生产过程，最终产品——各种各样的信息产品，是高知识、高技术和高智力的结晶，今后人类社会的知识大都要集中和出自信息产业。

3. 信息产业是独立型和高渗透型相结合的产业。信息产业，一方面以其独立产业形态、职业形态、产出形态和其他产业形态相区别，自成一个独立的经济部门；同时，又高度渗透到其他产业的结构和形态中，使其他产业的产品形态和社会价值，都包含有信息产业的价值。

4. 信息产业是高就业型产业。信息产业为人们提供就业机会，为提高社会就业率，开辟了一条重要途径。虽然微电子、办公室自动化等信息技术的应用，也会导致某种程度的结构性失业现象，但信息产业的发展，开辟了多种新的职业，在经济发达国家的社会就业结构中，信息产业部门的劳动力，已经占到60%~70%左右。

5. 信息产业是高投资、高产值、高效益型产业。由于知识、资本密集，信息产业中的硬件业属于高投资型产业。投资信息设备制造业和软件配套录音技术处理往往需要数十亿美元，有的综合项目长期累计投入高达千百亿美元。信息产业产品，能直接或间接节约物质资源和人力资源，产品向超小型化、无型化发展。产值增长速度大大超过其他产业，产值占国民经济比重越来越高，20 世纪 80—90 年代平均每年增长 2 倍以上，成为高产值产业。高投资、高产值带来了高效益，因此，信息产业又是高效益型产业。信息产业，除本身的巨大效益以外，其产品应用于社会各个领域，产生的效益更是难以估量。如日本投资 20 万亿至 30 万亿日元开发高级信息通讯网络系统，可以形成80万亿至100万亿日元的巨大市场。高投资、高产值、高效益的信息产业的发展,可在广阔范围内大幅度地带动社会、经济、科技、文化、工业的迅速发展。

6. 信息产业是国际型产业。由于信息具有共享性、可传输性和时效性,因此,信息产业必须在全球范围内收集信息,否则,就不会有很强的竞争能力。为要确保信息产品的商业效益并使之发展,也必须冲破国家和地区的限制,使产品走向世界大市场。

三、我国信息产业的发展战略

历史已进入信息时代,西方发达国家相继步入信息社会。从国际上看,随着信息技术的兴起,世界由"物质经济"转向"信息经济"。信息产业迅速崛起,在发达国家中正在取代工业成为国民经济的主导产业。在这种世界潮流面前,我国国民经济的发展,既面临着严峻的挑战,又存在着难得的发展机遇。因此,我们既不能无视世界信息革命的潮流,与世隔绝,坐失良机,使我国同发展中国家的差距拉得更大;也不能不顾我国生产力落后、人均国民生产总值不高的实际,盲目发展信息产业,急于求成,结果欲速不达。

党的十一届三中全会以来,随着改革开放的深化和发展,我国国民经济有了巨大进步,科学技术和文化水平也有了进一步提高,这些都为发展信息产业提供了社会物质基础。特别是我国经济特区和沿海经济开发区,发展信息产业的条件相对来说更要好些。国外研究表明,人均国民生产总值达到1000美元左右时是发展信息产业的关键时期。我国目前全国人均生产总值虽然还未达到这一水平,但经济特区、沿海开放地区以及上海、北京等大城市已具备了这一条件。在当前我国产业结构调整中,为提高劳动生产率、降低原材料和能源消耗,发展信息产业已经开始受到党和政府的重视。1984年9月,邓小平在《经济参考》报上"开发信息资源,服务四化建设"的题词,深刻地揭示了信息与能源、材料一样是重要的社会生产资料的战略思想。全国人大七届四次会议上通过的国民经济和社会发展十年规划和"八五"计划纲要中,特别强调要加快发展第三产业,而信息产业则被列为第三产业发展的重点之一。最近,第八届全国人民代表大会第一次会议上的政府工作报告中再一次强调,要重点发展信息产业。报告提出,积极发展第三产业,使第三产业增长高于国民生产总值增长速度。在重点加强交通运输、邮电通信和科技教育的同时,积极发展商业、服务业、金融业、信息业、旅游业。不过,我国发展信息产业,也存在着不少制约因素。主要有:

——经济发展落后,产业结构不合理,国民经济发展仍处于早期工业化社会,信息产业还不足以成为社会的主导产业;

——我国产业投资的重点仍然在工业内部,包括钢铁、化工、交通运输、能源等资本密集型产业,国家暂时不能把信息产业作为投资的重点,信息产业的发展面临着投资短缺的困难;

——与发达国家相比,信息技术落后,信息设备的社会普及程度低,而信息技术是信息产业的基础设施;

——信息商品观念淡薄,社会信息需求不能成为有效的市场需求,信息产品与服务难以实现其价值,供求关系扭曲,价格机制不完善,市场运行机制残缺;

——信息机构大都隶属于行政部门和事业单位,重复设置,条块分割,习惯于公益性服务,普遍缺乏营销观念和能力,规模小,承受风险能力差,服务水平低。

综上所述,我国发展信息产业既具备了一定条件,也存在着不少制约因素。如何用信息化加速工业化,在促进工业化中发展信息化,建立起有中国特色的信息产业体系,是摆在我们面前的重要任务。而要完成这个任务,则要制订合理的信息产业发展战略。

(一)提高对信息产业的战略地位的认识

信息对于人类社会的生存和发展有着重要的作用。从信息的功能来看,信息的获取技术扩展了人的感官,为人类揭开世界的奥秘创造了必要的信息条件,使信息真正成为人类社会取之不尽,用之不竭的资源;信息的传递和存贮技术扩大了人与人交往的范围和内容,为人类社会的形成、发展和完善奠定了技术基础,使信息真正成为人类社会交往的媒介和纽带:信息的分析处理技术延伸了人的脑力,为人类开拓新的征服领域提供了更强的认识能力,使"万物之灵"的"灵气"在脑外呈现成为可能;信息的标准化技术强化了人的信息能力和各种信息技术的综合应用能力,为人类充分发挥信息的作用开辟了有效的途径,使信息共享成为现实。

在人类迈向信息社会的进程中,信息技术对经济发展的推动和促进构成了它的主旋律。首先,信息技术作为人类开发和利用信息资源的手段,使信息成为经济活动中不可缺少的生产力要素;第二,信息技术促进了信息产业的形成和发展,改变了经济的结构和经济内容;第三,信息技术以其不可阻挡的渗透性,改变了传统产业的生产方式、经营方式和消费方式。其中,信息技术促进了信息产业的形成和发展,决定了主旋律的节奏和韵律。

信息产业的形成和发展,引起了产业结构、就业结构、资源结构,乃至社会结构的巨大变化,托夫勒和贝尔等人认为,信息社会正是以信息经济为社会的主体经济为标志的。信息产业的形成和发展,也极大地推动了人类社会生产力的发展,因此在相当程度上改变了生产方式、经营方式、竞争方式乃至国际关系。例如,美国的T.W.麦克法兰认为,信息产业可以通过建立商业壁垒、建立滑动成本、改变竞争基础、改变供方关系中力的平衡、生产新一代产品五种方式和途径改变人们的竞争方式。信息产业的形成和发展,改变了经济活动的目的内容,提高了人类社会经济生活的质量。由于信息产业的形成和发展可以创造大量的信息财富并提高开发利用信息资源的能力,因此,人类物质文明和精神文明有了新的涵义。恩格斯关于“人类社会的发展史,归根结底是物质资料的生产史”的这一断言,对于20世纪以前的人类历史来说,无疑是十分正确的。但是,今后信息财富的创造也将成为人类社会发展史的一项十分重要的内容。信息产业的形成和发展,还可以促进传统产业的改进、升级,同时引发和推动新兴产业的形成和发展。在当今世界社会经济发展进程中的每一个截面和时刻内,这样的变革都在进行着。总之,信息产业的形成和发展,犹如历史上历次重大的产业革命一样,将引起社会经济的巨大变革,从而推动人类社会的向前发展。对于这一点,我们切不可等闲视之,必须从战略的高度上来看待。

(二)制订我国信息产业发展战略的基本原则,即面向未来,适度超前,宏观规划,协调发展

面向未来——面向未来发展信息产业是从信息产业在国民经济中的战略地位出发得出的结论。众所周知,未来的国际竞争是信息的竞争。要想在这场斗争中处于有利进位,不致被时代所淘汰,必须从现在起就高度重视建立和发展我国的信息产业。许多国家的发展经验表明,产业的信息化是现代工业化的必由之路,在产业信息化基础上发展起来的信息产业,将反过来促进产业信息化向深度和广度发展。因此,我们现在建立和发展信息产业,绝不仅仅是为了当前,也不仅仅是为了信息产业本身,而是为了未来我国整个国民经济的发展。

适度超前——信息产业是具有战略意义的新兴带头产业。我们不能死守农业、工业、服务业、信息业的顺序按部就班地发展信息产业,而是要使信息产业适当快于其他产业的发展。20世纪60年代到

90 年代世界信息产业的发展证明,经济的发展越来越需要新的科学和新的技术进入生产领域，而信息产业是包容高技术非常广泛的行业，这些高新技术又广泛运用于社会各行业中，服务于社会各领域中,极大地推动经济和社会的发展,成为其他产业发展的巨大推动力。

宏观规划——即根据我国发展国民经济的战略部署，提出近期和远期信息产业的发展目标。党的十一届三中全会以后,根据我国国情和经济发展的客观规律，明确提出了我国国民经济发展分三步走的战略。第一步,到 20 世纪 80 年代末实现国民生产总值比 1980 年翻一番,解决人民的温饱问题,这个任务已基本实现。第二步,到 20 世纪末使国民生产总值再翻一番,人民生活达到小康水平。目前,全党全国人民正在为之而努力奋斗。第三步,到 21 世纪中叶,人均国民生产总值达到中等发达国家水平。人民生活比较富裕,基本实现现代化,然后在此基础上继续前进。据有关资料统计,当前发达国家信息产业产值占国民生产总值的比重达到 40%~65%，新兴工业国家为 25%~40%,发展中国家在 25%以下。又据报道,美国 1967 年信息产业产值占国民生产总值的比重为 46%,1972 年为 50%,1989 年为 67%,90 年代初预计达 75%。日本 1979 年为 35.4%,预计到 2000 年将上升到 48%。也有人对我国信息产业的发展进行过测算,结果为:1982 年我国信息产业产值占国民生产总值的比重为 15%。经济比较发达的上海、北京 1985 年分别为 21.94%、29.09%。结合我国国民经济发展的战略部署,笔者认为,第一步,到 20 世纪末我国信息产业产值占国民生产总值的比重上升到 30%左右。基本上建立起开放型、分布型、多功能的信息产业体系。在积极开发和应用电子信息产品和信息技术的同时,建立起信息流通系统,使传统信息处理、传输手段与电子计算机、通讯网络等现代信息处理、传输手段有机结合起来,初步实现信息现代化、社会化、产业化、商品化,达到和接近新兴国家的信息产业水平。第二步,到 21 世纪中叶,我国信息产业产值占国民生产总值的 50%~60%。在信息的技术和设施,信息的采集、贮存、处理、分析和传输方面,达到和接近发达国家水平。

协调发展——信息产业的协调发展包括外部协调和内部协调两个方面。外部协调是指信息产业的发展应该与整个国民经济的增长和其他产业部门的发展相协调;内部协调是指信息产业内部的各个组成部分之间应当保持合理的比例。信息产业各个组成部分之间的协调发展,主要包括:

(1)发展"硬件"和"软件"的关系

所谓"硬件"是指信息技术业。信息技术是信息产业的基础设施,它的核心是计算机技术和通讯技术。"软件"主要指信息产业中的信息服务业,如计算机检索、联机检索、数据库服务、咨询业等等。从 1962 年到 1972 年,日本信息产业的崛起大约花了 10 年时间,只相当美国的 1/5。其中一个重要原因是日本抓住 20 世纪 60 年代集成电路、计算机和通讯技术高速发展的时机,积极发展信息技术业,把新兴的信息技术引入经济活动的各个领域。目前,国际信息技术业方兴未艾,我们应当抓住这一有利时机,积极追踪世界先进国家信息技术的发展,力争在"硬件"的研制与生产两方面有突破性进展。通过"硬件"带动"软件",从而促进信息产业全面均衡发展。

(2)分散经营与集约经营的关系

合理的企业规模问题在产业组织理论中是一个十分重要的问题。信息产业是分散经营好,还是集约经营好?分散经营模式较难适应信息产业的进一步发展,承受风险能力差,不利于参与国内外市场竞争,但投资少,见效快;集约经营模式投资多,见效慢,对行政依附性强,独立自主性差,但承受风险能力强,具有较强的市场竞争能力,能适应信息产业的进一步发展。可供选择的较好的对策是,在经济发达的沿海城市，如北京、上海、广州、南京等中心城市，建立一批具有较高集约化程度的骨干信息企业，并以此为基础，将分散的信息企业联成纵横交错、通达灵便的信息网络，既发挥骨干信息企业的支撑作用，又发挥分散信息企业的整体功能。

(3)沿海与内地、城市与农村的关系

一般说来，沿海与城市是经济比较发达的区域，在交通、通讯、技术力量、人才、信息、市场等方面的发展明显优于内地和农村，这为沿海和城市信息产业的发展提供了客观条件。沿海和城市是商品交换、科学技术发展比较集中的区域，随着改革开放的深化和经济的发展，它们突出表现出这样一些特点：新兴产业兴起、市场竞争激烈、世界范围的经贸活动增多、新技术不断涌现，从而对邮政、通讯、广播电视、人才交流、广告、出版等信息产业的发展提出了要求。因此，目前应当首先重视发展沿海和城市的信息产业。通过迅速发展沿海和城市的信息产业，影响和带动内地和农村信息产业的发展，逐步改变沿海和内地、城市和农村信息产业发展的位差，促成信息产业的全方位发展。

(4)“官办”与“民办”、“国营”与“私营”的关系

我国信息产业是以“官办”“国营”为主体，还是以“民办”“私营”为主体，这是关于我国信息产业组织形式的一个重要方面。从现状来看，我国信息产业的主体属于“官办”和“国营”。对“官办”“国营”信息产业，国家采取机构导向战略，即社会上产生了新的信息需求，政府就为此建立相应的信息机构。如20世纪80年代以后，我国经济信息需求旺盛，计委和经委就在全国建立了经济信息网络。“官办”“国营”信息产业有其优势，能形成一定规模，协调控制较易，人员素质和技术设施较好，但机构导向战略的实施，导致交叉重复严重，加强了信息产业内部的条块分割及对行政的依附性，同时极少例外地为有偿

服务还是无偿服务所困惑,失去了应有的活力。“民办”“私营”信息机构,基本上是“四无”“四自”模式,即“无国家投资、无国家编制、无国家任务、无国家行政干预”,“自主经营、自负盈亏、自我积累、自我发展”。“民办”“私营”信息机构有较大的灵活性,市场应变能力强,经济效益和社会效益好,但一般规模小,人员素质差,技术手段落后。为了更快更好地发展我国的信息产业,目前应当采取更加多种多样的模式。如,国办国营,即国家所有、国家直接经营的信息机构;国办民营,即国家所有国家不直接经营的信息机构;民办私营,即个人所有、个人经营的信息机构;“三资”信息企业,即引进外资办的信息机构。它们之间互补短长,公平竞争,共同满足社会信息需求。

(三)发育与健全信息市场,推动信息产品与服务商品化

商品是一种社会现象,也是一个历史范畴。一类事物成为商品,必须同时具备三个条件:是劳动产品,能满足人们的某种需要,是用来交换的。信息成为商品并发挥商品的作用,在历史上后于物质产品。从人类进化和发展的历程来看,人类的生存是头等重要的事,悠悠万事,唯此唯大;再者,人类本身所具有的信息能力(感觉、神经系统、头脑的功能等)基本上能保持生存的需要。因而,物质资料的生产就成为人类社会发展前期的主要活动,这种活动的社会分工导致了物质产品的交换,随之而出现了物质形态的商品。这样,人类活动,特别是经济活动,也就围绕着物质商品的生产、分配、交换和消费运转。信息作为一种商品形态出现,是人类社会经济发展到一定历史阶段的产物和必然趋势。在商品经济的早期阶段,信息不可能作为一种独立形态的商品进入流通。随着科学技术的进步和生产力水平的提高,信息在人类社会的各项活动中,特别是在经济活动中所起的作用越来越大。一方面,物化于产品中的信息成分越来越多,使得物质商品的价格构成发生了变化,一部分商品在相当大的程度上显示出其信

息的价值;另一方面,一部分信息的生产、交换和消费也逐渐显露出商品生产、交换和消费的特性,并在经济体系中渐近地发挥了商品的作用。历史表明,信息作为独立的商品形态出现,并具有一定的规模,始于17世纪20年代初的英国,1624年英国颁布“垄断法”(即专利法)建立了专利制度。“垄断法”明文规定,有关创造发明一类的信息必须通过交换方式进行交流。这样以交换为目的的信息产品的生产开始萌芽,信息产品成为商品的社会条件业已具备,因而出现了具有一定规模的信息商品。19世纪初,在英国工业化初期出现的咨询业,表明人类利用信息资源的实践活动开始深化,推进了信息商品化的进程。19世纪末、20世纪初,这种社会化的咨询业在美国形成,也正是在这样的时期内,现代通讯技术问世,大大地扩大了信息交流的范围和规范。继之而来的电子计算机、卫星通讯等一系列先进的信息技术,为信息在经济活动中发挥商品的作用提供了更加雄厚的物质基础和技术支持。也可以说,正是现代通讯技术和电子计算机扩大了信息商品化的深度和广度,完全确立了信息商品的地位,扩展了信息商品市场的领域。

我国发展信息商品生产和建立信息市场都比较晚。改革开放以来,我国商品经济发展的实践及其对国民文化素质的改造与市场信息意识的引发,增强了信息市场发育的物质基础和文化基础。党的十四大关于建立社会主义市场经济体制新目标的确立,为信息市场的发育和成长提供了适宜的土壤。1980年我国开始试行科技成果有偿转让的体制改革尝试。以此为开端,科技或科技信息,作为一种特殊商品进入流通领域。科技市场的崛起标志着我国信息市场的正式起步,并且引发了包括商务信息、项目综合开发规划、企业发展可行性研究报告、文化产品等各类信息商品的交易,带动了相关系列的信息子市场的建立和发展。我国信息市场的发育状态,与改革开放的深度

和广度密切相关。目前,还存在以下问题:

(1)发育较晚,进展不大。

(2)市场发育的纵横相交点不明显,即社会分工、交换关系、国内市场、国外市场等要素的纵横联线交点不明显。表现在市场发育的供给推动和需求推动困难;深加工、高附加值的信息商品的创造力不强,横向低水平重复十分突出;地方信息商品明显缺乏地方特色与优势等。

(3)信息市场形式多样化,但各种形式的信息市场之间缺乏内在有机的联系。正在发展中的我国信息市场,已形成三种形式:一是常设性信息市场,如各级各地的科技信息中心等;二是无固定场点的临时性信息市场,如以新产品展销会、技术成果博览会、新技术交流会和咨询协商会等形式进行信息交易;三是借助于一定的信息技术设备和媒体从事活动的通讯型信息市场,通过现代通讯联系进行业务洽谈、商务信息串换、商业广告及发布会等。三种信息市场均不够规范,且相互之间缺乏内在的有机联系。

(4)市场容量小,占国民生产总值的比重很低。

(5)有偿服务与公益型服务界限不清,许多该进入信息市场的信息产品和服务尚未进入信息市场,仍处于信息无偿传递的阶段。

发育和健全信息市场,推动信息商品化是发展我国信息产业的关键,因为,只有信息像其他物质一样,能够在市场交换中实现全部劳动耗费并以市场价格的形式体现其应有的价值和使用价值,才能使信息生产者受到经济利益的刺激,推动他们去生产更多的信息产品,也只有依据经济的客观规律,经过市场的调节,才能引导信息产业结构和信息产品结构的调整,使信息产业协调发展。随着我国社会主义市场经济的发展,市场信息的用户必将迅速增加,多层次的信息用户将要求信息市场为之提供更为及时、充分、适用、保真的信息产

品和服务。因此,我们应当抓住这个有利时机,在培育和健全信息市场方面,尽快在下列几方面取得突破性进展:

(1)从需求管理的体系特点和改革配套要求出发,制定国家信息市场的整体规划、法律和政策措施。借助需求刺激手段,推动信息市场建设的步伐和商务信息的投资开发, 减少和弱化虚假信息蔓延的趋势。

(2)努力诱发社会各界、各行各业、各界人士对信息的需求,各级政府机关和大型国有企业不应再作为信息的无偿索取者, 而要作为信息市场的最大用户;同时,要改革信息商品价格体制,逐步实现信息商品价格从有偿转让到由市场定价的转变。

(3)调整和优化信息技术结构,提高传媒技术的市场开放度和市场利用率,突破信息交换的部门性和地域性限制,拓展信息横向交流渠道,形成现代化的开放型国际信息网络,同时,改进信息传递与处理的技术手段,促进信息质与量的提高,逐步解决目前的信息质量不能适应市场经济发展要求的问题。

(4)加快信息体制管理改革,使信息企业真正成为自主经营、自负盈亏、自我决策、自我积累、自我发展、自我约束的全新社会主义企业。

(四)加强信息立法,促进信息产业健康发展

信息既是管理的基础,又是管理的对象。信息与材料、能源一样,是一种资源。资源需要开发和利用,也需要管理。信息政策与法规,就是把信息作为管理对象,对信息与信息工作进行管理的一种形式,换言之, 就是一个国家和组织在一定的时期内为处理信息和信息产业中出现的各种矛盾而制定的具有一定强制性的一系列规定的总和。信息政策和法规,反映了一个国家对信息的重视程度。权限越混乱,越需要处理它的政策和法规。随着信息社会的到来,信息的作用将不断加强,信息政策和法规将成为各国政策和法规的中心。

国外最早的信息立法,产生于18世纪欧洲的瑞典。1776年瑞典公布了《出版自由法》,是迄今见到的世界上最早的一部信息立法。但《出版自由法》是对传统信息的立法,而现代信息立法是与电子技术联系在一起的。它的真正兴起在20世纪60年代,1967年美国公布《信息自由法》,强调信息要自由流通;1973年瑞典公布《数据资料管理法》;1973年美国公布《在阳光下的政府法》,内容是关于政府的公开政策,公众有权了解或获取;1978年法国公布《信息科学归档文件卡片与自由法》,规定归档文件公众有权自由查阅,1984年英国公布《数据保护法》,规定数据的保密问题。加拿大信息政策与法规比较完善,主要有8项:

1.《查阅信息法》,规定政府公开的信息公众有权查阅和共享;
2.《隐私法》,解决有关私人、法人和企业的有关信息保密问题;
3.《政府信息交流政策》,规定政府的信息要互相交流;
4.《政府安全保密政策》,解决政府信息公开后的国家安全问题;
5.《文牍削减法》,解决文件太多,造成信息污染问题;
6.《统计法》;
7.《档案法》;
8.《图书馆藏书管理法》。

20世纪70—80年代,信息在国际间的交流加强了。因此,相继出现了国际信息法规。1971年,联合国提出《世界知识产权组织关于保护计算机软件的示范条例》,以解决保护软件的产权问题。1985年,经济与合作发展组织通过《过境数据流的宣言》,以处理解决数据跨越国境的问题。

与信息产业的起步一样,我国信息立法的起步也较晚。到目前为止,已公布的信息政策与法规主要有《关于技术转让的暂行规定》《专利法》《著作权法》《档案法》《关于加强发展科技咨询、科技服务业的

意见》等。今后,我国信息立法应当注意以下几个问题:

(1)要积极推动信息资源的开发利用。制订信息政策与法规的目的,就在于通过信息和信息技术在社会经济中广泛扩散来促进社会与经济的发展,因此,信息政策与法规的制订要有利于信息资源的共享。

(2)要注意信息的保密问题。信息资源一方面要全社会共享,另一方面也要注意信息的保密问题。每一个法人、每一个企业、以至于每一个国家,都有自己独立的权益,这些权益应当受到国家的保护,制订信息法规和政策时,要特别注意保证国家安全和保护个人隐私权。

(3)要注意与国际信息政策与法规接轨。

(4)既要注意制订《政府信息资源管理条例》《信息市场管理条例》等一般信息政策与法律,也要注意制订专业信息政策与法律,形成一个相互协调的完整的信息政策与法规体系。

综上所述,要使我国的信息产业迅速发展,必须:(1)充分认识信息产业的战略地位;(2)明确近期和远期战略设想;(3)培育和健全信息市场;(4)加强信息立法。认识其战略地位是思想基础,近期和远期发展战略设想是奋斗目标和实现目标所遵循的模式,培育健全信息市场和加强信息立法,是推动我国信息产业向宏伟目标奋飞的两翼,我们热切期待着我国的信息产业早日开始奋飞!

(原载于《图书馆理论与实践》1994 年第 4 期、1995 年第 1 期)

二、图书情报事业研究

科学交流系统和图书馆

图书馆是科学交流系统的重要组成部分，是传递科学情报的重要渠道。目前,我国广大图书馆工作者正在进一步解放思想,积极开展为科学研究和生产服务的工作，努力把图书馆工作的着重点转移到为科学技术现代化服务方面来。在此情况下,我们考察一下科学交流系统与图书馆的关系，从理论上弄清图书馆在科学交流系统中的地位和作用,对做好图书馆为科学技术现代化服务的工作,可能是有益的。

(一)什么是科学交流系统

科学交流系统是科学社会结构的不可分割的组成部分，是科学技术发展的天然条件。科学交流系统的功能愈好,科学情报在科学交流系统中流通得愈快,科学的发展也就愈迅速,科学成就在生产中的应用也就愈迅速。反之,则会大大延缓和阻碍科学技术的发展。

所谓交流,是指人与人之间通过普遍的符号系统(会话、手势、文字等)进行的情报交换,而科学交流则是指科学情报的编辑、传递和获得过程。科学交流系统是复杂的,由各种渠道组成的。其主要过程是:

①学者和专家之间关于他们所进行的研究的直接对话；

②学者或专家参观自己同行的实验室,参观科学技术展览；

③学者或专家在听众面前发表演说；

④交换信件、文献预印本或抽印本等；

⑤准备发表研究和研制成果，包括选择发表方式（致杂志编辑部的信、报道、寄存手稿、期刊论文、总结、报告、专利说明书、合理化建议、述评、专著、教科书等），以及发表地点和时间；

⑥为了发表原稿而必需的编辑—出版和印刷过程，包括评论在内；

⑦科学技术文献传播过程，包括与这个过程有关的书店在内；

⑧图书馆—图书目录工作和档案事业（视其利用情报的程度而定）；

⑨科学情报工作，即搜集、分析—综合加工、保存、检索和传播，也包括科学技术宣传。目前，科学情报工作基本上均与科学技术文献有关。

从以上叙述可以看出，科学交流过程明显地分做两部分，即非正式过程和正式过程[①]，见下图。

非正式过程。上述交流过程前五点的共同之处是，明显地表现出个人的特点，不能与研究工作截然分开，也不能在某种程度上以正式方法来完成。这种由学者和专家自己完成的过程，叫做科学交流的非正式过程。

相当大一部分科学情报是由非正式渠道传递的。如，有人对美国某公司的1,523名工程师获得科学情报的方式进行了调查，结果有53%的科学情报是通过非正式渠道获得的。又如，美国国防部从事研究和研制的600名工程师，从非正式渠道获得的科学情报占全部科学情报的41%，正式渠道占59%。这些数字充分说明，非正式渠道在

①Михайлов А.И. и др., Научные коммуникациии информатика.М., 1976.

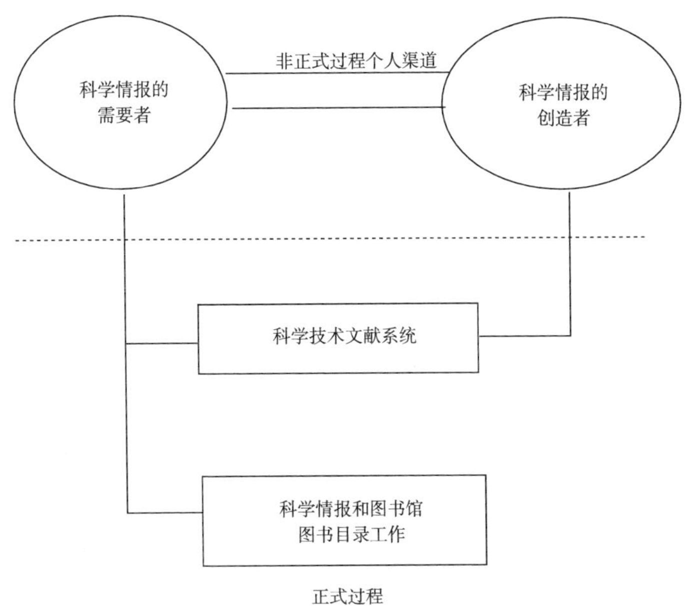

科学交流系统简图

科学交流系统中占有相当重要的地位。

在传递科学情报时,非正式过程具有很多明显的优点。第一,情报时间间隔最短。在专家之间私人交往和通信时,以科学技术文献远远不能达到的速度传递着他们所需要的情报。正因为如此,近来在出版科学杂志时也使用了这种方法。例如:《致物理评论的信》(《Physical Review Letters》)《实验和理论物理杂志·致编辑部的信》(《Журнал экспериментальной и теоритической физики. писма в редакцию》), 以通信的形式在文献未发表之前把研究成果预先公布出来。第二,高度的选择性。从与自己研究的课题相同的专家那里获取必需的情报,比在成百上千期刊中寻找容易得多。非正式渠道的这一优点,被有效地发展成了定题情报服务。第三,传递情报时逆向联系迅速。在专家之间对话时,可以一问一答,因此,对任何问题都可以说得更准确,更符合对方的情报需要。第四,非正式过程还有一个正式过程不可能有的优点,说话和讲演者的手势、面部表情、感情色彩等影响语言生动的因素,都可以增强说服力,使听的人比较好地认识和掌握某种思想。

尽管非正式渠道有很多优点,但绝不能片面夸大它的作用,非正式渠道也有着不可克服的缺点,主要是它的传播范围非常有限,它所传递的情报由于没有经过社会机构的检验,它的可靠性和真实性也就降低了,不便于尔后的积累和使用。

正式过程,通过科学技术文献交换科学情报的过程,叫做科学交流的正式过程。科学交流的正式过程已经成为人类活动的独立形式。在这个过程中,学者、研究人员和设计人员的作用被逐渐降低。正式过程主要包括上述后四点,除了科学技术情报工作之外,上述过程中的任何一点,对科学交流来说都不是特异的。

W·D·加韦和B·C·格里菲思对美国心理学情报传播结构的研究表明,完成实验的情报在发表前的一至一年半内传播得最活跃,它以这种或那种形式沿着各种非正式渠道流通,而从它们以期刊论文形式发表之日起,便进入了科学交流的正式渠道,以科学技术文献的形式沿着各种正式渠道不断流通。

科学技术文献是科学交流系统中最明显的部分,直到不久前它还是整个这个系统的化身。在以往的含意中,文献成为科学可以觉察到的存在形式。科学研究成果通过文献最后形成和固定,并完成科学知识的最后循环阶段。学者的劳动成果归根到底反映在科学文献中,一个国家出版科学图书和期刊的数量同科学工作者的数量的关系,在一定程度上说明了这个国家科学活动的强度和效率。科学技术文献是学者和专家最可靠的和公开的情报源。以文献资料反映学者和专家的水平和保证文献传播渠道的有效性，是一个国家科学能力的主要指标，它和宏大的科学家队伍、先进的实验技术装备、合理的科学劳动结构等一起，构成了推动科学技术发展的巨大动力[①]。没有科学文献和由所谓正式渠道组成的完整传播系统，科学的发展是不可想象的。

随着人们对客观世界的认识愈来愈深入，科学知识在不断地积累和增加，科学技术文献也愈来愈丰富。许多国家把它作为“国家资源”“无形的财富”。同时，记录文字的载体也在不断变革，因而科学技术文献的物质形态也有了很大发展。除一般印刷形式的图书、期刊、研究报告、政府出版物、会议资料、专利说明书、学位论文、标准资料、产品样本等外，还出现了许多非印刷形式的资料，如磁带、录音录像带、影片、幻灯片、唱片、缩微胶卷、胶片等。

科学交流系统的不同组成部分具有不同的功能。学者和情报，是科学的两个重要组成部分，它们不仅直向联系，也逆向联系。因为学者不仅是情报的创造者，也是情报的需要者。科学技术文献一旦经出版部门出版，便通过书店、图书馆和情报机构等不同渠道，传递到需要者——专家手中。它们好像一些彼此具有动力学联系的元件，共同组成了一个完整的科学交流系统，一个元件的功能发生故障，就会影响到另一个元件功能的发挥，只有每个元件都能正常发挥功能，整个交流系统才能具有很高的效率。因此，不论对出版发行工作，也不论对图书馆、档案和科学技术情报工作，都应该给予高度重视，只有这样，科学交流系统的各个渠道才能够畅通，科学技术才能更快地向前发展。

---

①赵红洲:《试论科学的社会能力》，载《红旗》，1979(4)，66 页。

(二)图书馆在科学交流系统中的地位和作用

1. 科学技术情报工作产生以后,图书馆仍然是科学交流系统中的一条重要渠道。

第二次世界大战以后,特别20世纪50年代以来,科学技术以指数函数规律一日千里地向前发展,科学技术人员队伍、科研成果数量和记载科研成果的文献量都在以几何级数增长。当前科学技术文献的特点是,文献数量庞大,出版物类型复杂,交叉分散严重。一个科学家面对着这文献的大海,即使花30%的工作时间查阅自己所需的文献,也很难查全。一方面,为了科学研究的需要,科学家必须迅速全面地占有情报;另一方面,由于文献数量特别大,科学家要想更迅速全面地占有情报却愈来愈困难了。很明显,科学交流系统与科学技术发展进程发生了尖锐的矛盾,传统的图书馆业务已经不能完全满足科学发展的需要了,在这种新的形势下,诞生了科学技术情报工作。1952年,苏联建立了全苏科学技术情报研究所,以后又在国家科委下成立了科学技术情报宣传局,统一组织管理全国的情报工作。目前,它已建立了12个全苏的、86个中央各部门的和15个加盟共和国的科学技术情报研究所,89个边疆区和州的区域性情报中心,1万个企业、研究单位和院校情报组织。1957年苏联人造卫星上天,美国政界和各个集团受到很大震动,认为集中组织协调情报工作是促使苏联科学技术发展的一个重要因素,为了确保科学技术的领先地位,决定建立"联邦科学情报局"统一管理美国的情报工作。此后,日本、法国等国家规模的情报职能机构也相继出现。到1976年底,全世界已有52个国家建立了国家级的情报职能机构。在短短的二三十年的时间里,科学技术情报工作不但在组织上已经定型,在情报传递方面也在传统图书馆工作的基础上有了新的发展,无论在深度和广度方面都大大前进了一步。科学技术情报工作对提高科学研究效率,促进科学技术发展起了很大作用。在科学交流系统中,它虽然是最年轻的元件,但其地位却愈来愈重要。

图书是保存和传递知识的古老手段，图书馆是科学交流系统中的一条非常重要的交流渠道。在整个科学技术发展进程中,图书馆在传递科学情报方面的功绩是不可磨灭的。但是,我们也不能不看到,第一,图书馆事业是由各类型图书馆组成的一个综合体,不同类型的图书馆具有不同的功能,因此,不是所有图书馆都具有传递情报的功能,仅专业图书馆和大型公共图书馆才具有这种功能;第二,传递情报也不是图书馆的唯一功能,除此之外,它还履行着社会教育和保存文化遗产的功能。图书馆是仅次于学校教育的重要社会教育机构,不论从教育对象的广泛性来说,还是从教育内容的广泛性来说,都是其它社会教育机构所无法比拟的。图书馆还必须负责搜集和积累、整理和保存本国以及其他国家的文化典籍、革命文献、地方文献、科学著作，以及其他有价值的图书资料，使人类文化遗产能够一代接续一代,不中断地永久流传下去。长期以来,图书馆就是在这种“身兼三职”的情况下传递科学情报的。这也是自从科学技术情报工作诞生以后,图书馆在科学交流系统中的地位和作用相对降低的原因所在。但是,科学技术情报工作在传递情报方面是否可以取代图书馆呢?在这方面,曾经引起了很多不必要的混乱。

苏联社会学家Ю·М·谢伊宁曾经指出:“新的机器和装置代替或全面置换旧的,对于技术史来说这是典型的。联系手段的进化则完全是另外一个样子,不能重新发明新的手段来代替旧的,只能以自己的存在来补充旧的。”[①]科学交流手段的发展正是这样。随着新手段的出

①赵红洲:《试论科学的社会能力》,载《红旗》,1979(4),66页。

现,旧的不会消亡,而被人类社会环境保存下来。同时,旧手段的一部分功能让位给新出现的手段,而旧手段则开始了新的生命力,有效地履行比较有限的功能。这是因为,交流手段和交流方法都是社会思想的物质表现,具有很大的稳定性和保守性,它在某一范围内被应用,就意味着在人类社会的某一部分成员之间建立了稳定的联系渠道。历史的经验也表明,在上千年的时间里,新的科学交流手段完全代替旧的这样的事情,一次也没有发生过,它们仅是补充已存在的科学交流手段、机构和渠道,使之更准确地发挥功能。

按照上述认识,作为科学交流渠道来说,科学技术情报工作不可能取代图书馆工作。在整个科学交流系统中,图书馆仍然占有重要地位。这是因为:

第一,图书馆收藏着大量的科学技术文献,而科学技术文献是情报的主要来源。历史上图书馆一直是传播科学技术文献的主要渠道,长期以来,专家们也有从图书馆获取情报的习惯,因此,至今大部分科学技术文献仍然是从图书馆这条渠道传播到情报需要者手中去的。可以说,只要科学技术文献仍然是情报的主要来源,图书馆就必定是传递科学情报的重要渠道。

第二,图书馆的文献搜集、整理加工、报道、咨询、借阅、复制等,仍然是情报传递的不可缺少的环节。这些不但图书馆在继续使用,很多也为科学技术情报工作所吸收和借鉴,成为情报工作的组成部分。

第三,为了适应科学技术发展的需要、科学技术情报工作也开创了一些新的领域,运用了一些新的情报传递手段。它冲破了以书本为工作对象的传统图书馆工作,不但广泛搜集科学技术文献,对文献进行传统意义上的加工整理,还编辑文摘、索引,进行情报研究(综述、述评、数据情报),即研究、提取和加工文献中所含的情报,并以各种知识载体和形式固定和储存起来, 以便进行传递。但不能据此就认为,图书馆传递情报的功能被科学技术情报工作代替了。因为情报工作的产品——文摘、索引、综述、述评、数据情报等,不但没有取代原始科学技术文献的作用,相反,还能有助于原始科学技术文献更快更广地传播,也就是说能够起到补充和加强图书馆的交流功能的作用。

正是由于以上这些原因,我们认为,图书馆工作和科学技术情报工作,在工作领域方面是互相衔接、互相交叉的;在传递情报手段方面是互相影响、互相渗透的;在传递情报的功能方面,是互相补充的。谁也不能取代谁,只能互相补充,互相学习,共同进步,共同发展。我们若不重视图书馆在科学交流系统中的作用,忽视图书馆工作,就会阻碍科学交流,影响科学研究的效率。当前科学技术发展的形势要求我们,在充分认识科学技术情报工作的科学交流功能的同时,还应当充分认识图书馆在科学交流系统中的作用, 切实加强并搞好图书馆工作,以便更好地为科学技术发展服务,为四个现代化服务。

2. 不同类型的图书馆具有不同的科学情报交流功能

目前, 国外不少人倾向于从科学交流的等级特点来看待图书馆的交流功能。他们认为,科学交流的总集合是一个等级系统,而等级系统的每一级都具有不同的功能。一般把这个系统分为五个等级[①②]。

第一,最低一层是小组或个别情报需要者一级,典型的是对话性质的交流;第二,在组织上已成型的集体一级,多半是组成它们的小

---

①Шапиро Э.Л., Научные и технические библиотеки в системе научныхкоммуникаций,《Советское библиотековедение》, № 6. 1978, 33–42

②Шапиро Э.Л., Функции информационной деятельности в системенаучных-коммуникаций,《Международный форум по информации и документации》, 1979, том4, №2, 3–6

组之间的交流;第三,科学学科(或生产部门)一级,以科学机关、无形集体(学会)和部门的企业之间的交流为主;第四,整个科学和生产一级,主要是一定的科学领域和相应的生产部门之间的交流,通过这种交流实现知识的转移;第五,全社会一级的,主要是科学和生产,以及其他生活领域之间的交流。

在上述等级系统中,科学研究机关和厂矿企业等基层图书馆,即所谓专业图书馆的科学交流功能比较简单,大体上相当于这个等级系统中的第三级,即科学学科一级。专业图书馆的功能是通过搜集、整理、加工和提供与本单位的研究或生产有关的文献来满足专家的情报需要。在这种交流过程中,图书馆员具有很大的作用,他们是交流过程的中间人,是情报需要者的有力助手。图书馆员要有准确解释读者不清的或模糊的咨询问题的能力,能够向读者讲解和传授使用检索工具的方法,引导读者进行情报检索。为此,图书馆员应当具有起码的图书馆学和情报学知识,本学科的专业知识和一定的外文程度,只有这样,才能很好地起到中间人的作用。

关于大型综合性图书馆的科学交流功能问题比较复杂。通常,它们总是希望在很多范围内补充基层图书馆的工作,实质上以综合性图书馆代替基层专业图书馆。随着专业图书馆网的日益发展,各个领域里专业图书馆的加强,这样的代替就逐渐失去了必要性。因此,在考虑到科学交流的等级特点时,大型综合性图书馆(主要包括省、市级以上的公共图书馆,以及科学院总院和分院的图书馆等)的科学交流功能,应当主要从事知识的转移,包括从科学到生产,从一个科学或生产部门到另一个科学或生产部门的知识转移①。

---

①Шапиро Э.Л., Научные и технические библиотеки в системе научных-коммуникаций,《Советское библиотековедение》, № 6. 1978, 33–42

什么叫做知识转移呢?

在当前的科学技术发展进程中,存在着这样一种趋势,学科既不断分化,又不断综合,科学技术本身日益成为一个相互联系的有机整体。各个学科之间,互相联系,互相依赖,互相推动,纵横发展。在自然科学发展的初期,各个学科之间,比如物理学与化学、化学与生物学之间,各有各的研究领域,各有各的研究方法,界线分明,壁垒森严。在科学技术高度发达的今天,界线和壁垒被彻底冲破了。在科学研究过程中,知识的转移成了普遍现象。现在,任何一个学科的研究对象,如果只靠本学科的知识,是无法很好地进行研究的。国外有人统计,一个传统学科,它的专业技术50%是外来的,一个新型学科70%~80%是外来的[①]。可见外来学科的技术引进或知识转移,对本学科的发展是非常重要的。例如:机床工业本身的技术发展,只能导致机械加工精度的提高和机床操纵手段的改进,而不能产生数控机床,数控技术是由电子工业和计算机技术方面引进来的。再如,齿轮属于机械工业,但假如没有化工知识,也就不会有塑料齿轮,塑料齿轮是化工知识向机械工业方面转移的合乎逻辑的结果。科学技术各个学科之间的知识转移可通过多种途径。主要有:

(1)一个(或几个)学科的知识,向另一个学科的转移。表现在用一个(或几个)学科的理论和方法,去研究另一个学科的对象。例如:运用物理学的理论和方法研究天体变化规律(天体物理学);运用射电方法观察天体现象(射电天文学);运用物理学的理论和方法研究生物体(生物物理学),运用近代物理、化学技术和分子生物学概念研

---

①杨沛霆:《谈谈科技情报的调研工作》(下),载《科技情报工作》,1979(10),1—6页。

究细胞生命活动(细胞生物学)等,许多边缘学科的产生,都是这种知识转移的结果。

(2)从某一个自然学科,向某一个相应的技术部门的知识转移。近来,科学与技术之间的关系愈来愈紧密。技术的发展日益依赖于科学作基础,科学上一有新的发现,也会立刻考虑在技术上如何应用的问题。现在从科学发现、发明到应用的周期愈来愈短,从某一个自然学科到相应的技术部门的知识转移愈来愈迅速。如,蒸汽机 80 年,电动机 60 年,电话 50 年,真空管 33 年,飞机 20 年,原子弹 6 年,晶体管 3 年,激光器 1 年[①]。

(3)在目前的科学研究中,常常会碰到一些综合性课题。要解决这种综合性课题,特别是重大尖端技术方面的综合性课题,不但需要集中大量的财力物力,还需要很多科学技术部门的专家参加,集中利用一切可以利用的科学技术成果。在这种情况下,知识转移的范围就更广,规模就更大了。

在科学研究过程中,知识的这种普遍转移,给大型综合性图书馆的科学情报交流开辟了广阔天地。

专业图书馆限于本馆文献组成的特点，只能满足读者需要的大部分,而不能满足全部。因为有些专家从事研究的是综合性课题,他们致力于知识的转移,其所需要的文献属于另外的、距离很远的知识领域。一个专业图书馆为了满足读者的全部需要,比只满足 75%的需要，藏书要多 5~15 倍。一般认为，只要能够满足读者需要的 75%~80%就算是合理的了,其余 20%~25%的需要,只能通过馆际借书来

---

①孙学琛，当代科学技术发展的特点,《科技情报工作》,1979,No4,21—28页。

满足[①]。鉴于大型综合性图书馆藏书的综合性特点,由它们来执行知识转移的功能是最合适不过的了。

过去,大型综合性图书馆由于自己的藏书不够专,或在某一知识领域里不如相应的专业图书馆丰富,在进行科学情报交流过程中往往觉得无所作为。这种观点是过时的,也是错误的。专,固然有专的好处,但综合性,也有综合性的优点。二者相辅相成,互相补充。目前,我们应当在积极发挥专业图书馆的作用的同时,很好地认识大型综合性图书馆的科学交流功能,做好藏书内容的揭示和宣传工作,充分发挥大型综合性图书馆藏书的作用,以便更好地为科学技术现代化服务。

结束语

从以上的论述,我们可以得出这样的结论,即科学交流系统是科学技术发展的天然条件,没有科学交流系统的存在,科学技术的发展是不可想象的,图书馆是科学交流系统中的一条重要交流渠道,科学技术情报工作没有取代图书馆传递情报的功能,而只是补充了它的功能。不同类型的图书馆具有不同的科学交流功能,专业图书馆侧重于学科内的交流,大型综合性图书馆侧重于学科间的交流。

既然图书馆是科学交流系统中一条重要的交流渠道,而科学交流系统又是科学技术发展的天然条件,那么,我们就应当充分认识图书馆的科学交流功能,重视并搞好图书馆工作,否则,要想取得科学技术发展的高速度,科学研究的高效率,是不可能的。为此,我们应当

---

① Столярова Ю.Н.,Арефьевой Е.П.《Библиотечные фонды》,М.,кни－га,1979,296。

像重视科研机构的建立，科学技术人员的培养，科学实验装备的购置那样，重视现代图书馆事业的发展和建设。

为了我国的科学技术现代化，是重视图书馆工作的时候了。

（原载于《图书情报工作》1980年第5期）

略论藏书建设的馆际协调

藏书建设的馆际协调，就是为了满足各馆读者的共同需要，协同补充书刊资料。参加藏书建设馆际协调的每一个图书馆，其藏书都不是孤立的，而都将纳入统一的藏书系统之中。各馆必须按照事先商定的内容范围、出版物类型和其他特征，负责补充共同藏书中属于自己的部分，并为建立统一的藏书系统做出贡献。

藏书建设的馆际协调是社会发展的需要

随着社会的发展，特别是科学技术的发展，人类所获得的知识量，按指数规律增长；同时，作为记录、储存和传播知识载体的出版物，也发生了深刻的变化。其表现之一是出版物类型复杂，新的载体形式不断出现；其二是出版物数量庞大，增长速度快。因此，任何图书馆都不可能将全部出版物搜罗无遗，不仅综合性图书馆做不到，即使是专业图书馆对本专业及相关专业的书刊也很难收集齐全。因为这在经济、人力和物力等方面，都是不可能的。

这是问题的一方面。另一方面，即读者在使用书刊资料的时候，范围不是愈来愈窄，而是愈来愈宽了。过去一个科技人员，只要有本学科的几本书、几种期刊就可以工作；现在，他必须阅读更多的本学科和相关学科的书刊资料。读者利用书刊资料行为的这一深刻变化，使得他们向图书馆提出了更加广泛的需要。然而，实际上这是做不到的，因为图书馆的购书经费、工作人员和馆舍面积都不可能像文献的增长那样,每年以12.5%的速度递增。尤·思·斯托利亚罗娃等认为,一个专业图书馆要想满足自己读者的全部需要,它的藏书必须比只满足75%~80%的需要多5倍~15倍。意思是说,如果满足75%~80%的需要,需1万册书的话,那么,要满足读者的全部需要,就得5万~15万册书。因此,他们提出,一个专业图书馆只要能满足读者需要的75%~80%就可以了;满足的百分比进一步提高,在经济上是不合理的。其余20%~25%的需要,则赖于联合协作,科学地、积极地开展藏书建设的馆际协调,这是解决问题的最好办法。其优点在于:

1. 把各馆的藏书看作是统一的书刊资源的组成部分,有助于克服各系统图书馆之间的隔离和平行,克服关门主义、各自为政和彼此重复入藏等现象,做到有计划按比例地收集书刊资料,提高共同藏书的完备程度和情报容量。

2. 有助于改善各馆藏书成分的结构,增加本专业和相关专业书刊的比重,降低与本专业关系较远的专业书刊的比重,构成各馆的藏书特色。这样,既可提高整个藏书质量,即一定数量藏书中的有用情报含量;也有利于控制藏书增长,使藏书根据读者的需要适度发展,防止因过分增长而影响服务工作效率。

3. 有助于合理地使用购买和收存书刊文献的国家资金。

4. 有助于广泛有效地保证书刊资源的综合利用。

苏联国立列宁图书馆馆长恩·斯·卡尔塔绍夫深刻地指出:“在现阶段,馆际协作是图书馆事业发展的普遍规律,不研究它就弄不明白整个图书馆的发展、结构和发挥功能的过程。”藏书建设的藏际协调,是馆际协作的重要内容,是文献情报流和情报需要发生深刻的质量与数量变化所引起的必然结果。因此,它同样是整个图书馆事业发展中带普遍性和根本性的问题,应当引起我们的足够重视。

藏书建设馆际协调的发展历史、当前特点和主要内容

一般来说,影响图书馆藏书建设馆际协调发展的因素有三个:读者对书刊资料需要的数量、出版物的数量和图书馆经费的数量。

世界上较早进行藏书建设馆际协调的是美国。第二次世界大战期间,美国图书馆的欧洲书籍来源被切断了,1942年,美国在康涅狄格州法明顿市举行会议,制定协调藏书补充的"法明顿计划"。主要内容是,通过60个大型图书馆收集美国科学界、政界和军界必需的外国出版物,收藏在某馆,编入全国联合目录,以便互借。对外国的出版物它们通过外国的书店和出版社直接购买。一般出版物按主题分别收藏,主题范围按国会分类法的804个类细分。稀有文种出版物,按国别收藏。这项计划,一直持续到20世纪70年代初期。

1965年美国图书馆代表大会开始制定全国藏书补充和目录编制协调规划,一般称为《全国目录编制合作计划》,其目的是在尽可能的范围内,购买引起读者兴趣的不管什么国家的所有出版物。

英国与美国不同,公共图书馆是协调的主要发起者。它以地区性协调为主,目的是在有限的图书馆经费许可的条件下,保证尽可能满足用户的阅读需要。

与"法明顿计划"相类似的是斯堪的那维亚四国的协调计划。德国从1949年开始对外国图书按27个专题、105个小专题分担收集,购书费由国家予以资助,所购书刊编入联合目录,以便广泛使用。"斯堪的那维亚计划"是北欧四国(瑞典、挪威、芬兰、丹麦)在20世纪50年代提出来的,由四国的主要图书馆参加,规定在采购北欧以外的书刊时,按地区、学科和语种分工收集。这些国家政治制度、文化的共同性,以及领土的接近,有助于该计划的实行。

在东欧,藏书建设的馆际协调也颇受重视。1950年保加利亚科

学院开始进行藏书建设馆际协调,1970年政府通过了《关于批准在保加利亚人民共和国组织统一图书馆系统的基本规则》的决议。1950—1960年匈牙利和捷克斯洛伐克开始研究科学和专业图书馆合作的可能性。

近年来,藏书建设的馆际协调在苏联得到了较快的发展,区域性协调和按系统的协调被广泛采用,并出现了一些值得注目的新动向。首先,全国范围的藏书补充协调正在着手解决;其次,陆续出现了一些专门搜集一定类型出版物的具有全苏意义的图书情报机构,例如:全苏专利技术图书馆、标准情报中心、译文中心、科学技术情报中心等;再次,在对藏书进行再选择的基础上,在全国范围内建立了图书馆藏书的储存系统。

我国藏书建设的协调始于20世纪50年代。1957年公布的《全国图书协调方案》规定全国性和地区性中心图书馆委员会的任务,包括"研究和解决有关中心图书馆之间的分工合作,包括图书采购、调配、交换、互借等方面的业务问题"。1958年以后,各中心图书馆委员会在原版外文期刊采购协调方面,力避重复,增加品种,节约外汇,进行了很多工作。上海地区除了按出版物类型分工外,各中心图书馆还按专业分工,如上海图书馆以收藏化学化工、采矿、冶金、电工技术、仪器仪表、农业等为主;复旦大学图书馆以数学为重点;其他医学、纺织等方面书刊则由相应的图书馆重点收藏。中国科学院图书馆于1961年曾制定了协调原则,对全院的外文期刊采购进行协调。"文化大革命"期间,协调活动全部停顿,近年来又陆续得到恢复。

综观国内外的情况,早期藏书建设的馆际协调,多半建立在自愿、原有传统和口头协议的基础上。由于这种协调是在具体条件下作为特殊现象出现的,因此各馆之间在藏书方面的联系,是一种简单的、不定期的和非正规的联系。科学和生产结构的变化,影响着科研机构的设置和生产部门的划分；而科研机构的设置和生产部门的划分，对图书馆的发展，特别是对专业图书馆的发展又有着决定性的影响。科学技术微分化，生产部门专业化，表面上导致了学科与学科、部门与部门之间的分裂，实则不然，沿着被破坏了的专业化道路，产生了一体的创造性的专业化。学科与学科、部门与部门之间在新的基础上发生了更为广泛、更为深入的联系。为此，在现代条件下，根据科学和生产的发展进一步区分图书馆，不是导致把它们分开，正像前面所说的，而是相反，导致各类型图书馆的一体化，导致把每个图书馆的藏书作为全社会的统一的书刊资源的一个组成部分。因此，与早期藏书建设馆际协调相比，当前的协调就不能不具有以下一些特点：

1. 建立全国统一的书刊资源，开展藏书建设的馆际协调，是国家科学文化政策的一个部分，国家图书馆政策的一个重要部分。早期藏书建设的馆际协调，不是作为一种国家科学文化政策提出和实施的，因此，只要情况发生了变化，或者少数馆不遵守协议，整个协调工作就会受到威胁。当前，这种馆际协调已被置于更为广泛和稳定的基础之上，使其愈来愈有组织，愈来愈多样化，愈来愈系统。

2. 资源结构的各个部分之间的联系，不再是表面的、偶然性的，而是内在的、结构性的联系。每个馆的藏书，都是整个资源结构的一个部分，只具有相对的对立性。为了彼此之间协作建设和使用藏书，必须互相适应，并按照一定的规定改造藏书，使藏书结构最佳化。在高水平的专门化和合作化基础上，彼此之间的依赖性大大增强，从而互相融合，互相补充，共同协作，完成图书馆传递情报的职能。

当前，藏书建设馆际协调的主要内容：

1. 协调藏书的补充，包括国内外各种类型出版物的补充；
2. 组织储存藏书，重新分配很少利用的和多余的文献；
3. 建立综合目录报道体系，包括卡片式的和书本式的。

早期藏书建设的馆际协调,仅指藏书补充协调,或叫采购协调,不包括上述内容。图书馆的藏书系统是一个开放性系统,不是封闭或半封闭的。在科学技术迅猛发展、出版物数量剧增的情况下,图书馆藏书必须除旧更新。只补充,不剔除,就会降低藏书系统适应读者需要的能力。因此,在当前的情况下,藏书建设的馆际协调理应包括组织储存藏书和重新分配很少利用的和多余的文献。

建立综合目录报道体系是有效协调藏书建设的必要条件。为了在一定范围内实现资源共享,必须全面、广泛提供和精确组织关于图书馆的藏书情报,建立综合目录报道体系,及时有效地向读者揭示藏书,以使各参加馆的读者可以自由地毫无阻碍地使用这些藏书,做不到这一点,协调很难持久。实际上,有效建立综合目录报道体系,是藏书建设馆际协调能否成功的关键。

协调藏书建设的方法

协调藏书建设的方法很多,主要有按地区、按系统和按出版物特征进行协调三种。

(一)按地区进行协调

按地区协调藏书建设的初级形式是地方性的协调, 即在有限范围内(一个省或市)的图书馆之间实行协调。例如:苏联沃龙涅什市1974年以后制订了《关于沃龙涅什统一的地区技术和农业参考情报藏书的章程》,由省图书馆、中心科学技术图书馆和沃龙涅什国立列宁共青团大学等十所高等学校图书馆共同协商, 详细规定和制定了藏书补充专业及综合专题计划, 各馆都按计划所定专题和注明的完备程度补充藏书。

地区协调的高级形式是全国范围的协调, 这是被扩大了的地区性协调。在幅员广大和存在各类型图书馆网的条件下,实现全国范围的协调特别困难。比这种协调范围更广的是国际性协调。它只有在国与国之间具有牢固的政治和文化联系条件下，在互相友好和信任的气氛中,才能得到正常发展。

(二)按系统进行协调

这是在一个系统或一个部门范围内的图书馆之间进行协调。它是从下到上,垂直地建立起来的。同一系统的图书馆根据协调一致的计划合作补充藏书。在苏联,合作化的高级形式意味着集中化,在集中化条件下,把参加协调各馆的财力以至劳动资源、咨询工具均联合为一个整体。集中化的有利因素是统一领导,因此,所制定出的协调计划比较易于实现。集中化补充藏书,各馆与书店不直接接触,而是从本集中化图书馆体系的中心图书馆获得文献。其方法是:

集中化图书供应源→集中化图书馆体系的中心图书馆→分馆

近年来,苏联在藏书补充方面的集中化倾向有所增长。在大众图书馆集中化体系中形成中心图书馆及分馆,设立总书库、目录,发展体系内部的交换。在专业图书馆藏书补充集中化方面,则采用各种并列从属形式,即以签订合同的方式,组成各馆的自愿联盟,直到能完成中心馆所定任务的分馆。在这方面,苏联科学院图书馆和苏联交通部图书馆都积累了有益的经验。

(三)按出版物特征进行协调

出版物的任何专门特征(专题或知识部门、典型、载体形式,语言和出版国家),或者是这些特征的结合,都可以作为藏书建设的协调对象,这取决于具体条件,也取决于图书馆藏书的专门化。可按出版物的内容协调,也可按出版物的类型,即图书、期刊、专刊文献、技术标准等协调。科学技术图书馆在补充国外文献时很乐于接受协调,对按内容和语言进行协调也感兴趣。比起图书来,在订购期刊时协调的方法被采用得更为广泛。我国对原版外文期刊的采购协调一向比较重视,国外也是这样,苏联在西伯利亚和远东,在藏书建设协调中,期刊占 50%,图书占 20%。

上述方法,各有利弊。按地区协调,在地理上相距较近,便于协调补充和互相利用藏书,但因参加协调系统的各馆性质任务不同,读者对象各异,所包含的专业多而且广,协调起来比较复杂。按系统协调正好相反,各馆的性质任务、读者对象和所包含的专业都比较接近。但参加协调系统的各馆可能不在一个地区,地理上相距太远,给协调补充和互相利用藏书带来了不便。因此,在实践中,往往按照具体情况将上述方法结合起来,实践证明,这样做效果较好。

当前我国藏书建设协调的任务

藏书建设的馆际协调工作,在我国刚刚开始被重视。目前,随着四化建设事业的发展,各类型图书馆的藏书都在急速增长,一般省图书馆年进书量可达 10 万册, 一所普通高等学校图书馆也达几万册,每年都在以 5%~10%的速度递增。在此情况下,开展藏书建设的馆际协调是十分必要的。通过馆际协调, 可以使书刊资源的分布更为合理,藏书的增长速度得到适当控制。

当前, 我国藏书建设馆际协调的任务应当包括全国性的和地区性的两个方面。

(一)积极研究、规划全国书刊资源的分布与协调

我国幅员辽阔,人口众多,图书馆类型复杂,领导多头,管理分散,纵横分割,实行全国性藏书建设的馆际协调绝非易事。但书刊资源是一种国家资源,加强馆际协调是图书馆事业发展的必然趋势,从长远来看必须着手解决。不过,目前只能做些研究、规划工作。实际去做时,也只能从容易处着手。为此,全国性藏书建设馆际协调的重点,应当是根据需要与可能,沿着专业化的方向,建立和形成面向社会、

面向全国的各种专业化藏书中心。

1. 建立和形成专门搜集一定类型出版物的具有全国意义的藏书中心,如专利中心、技术标准中心、产品样本中心、特种文献资料中心、期刊中心以及缩微资料中心、机读资料中心等。

2. 建立和形成专门搜集一定专业书刊的具有全国意义的藏书中心,如农业、医学、化学、物理等。

3. 建立和形成专门搜集一定文字的,特别是少数民族文字出版物的具有全国意义的藏书中心,如藏文、维文、蒙文、壮文等。

在建立和形成这些藏书中心时,视具体情况可以采取两种办法:一是按某馆藏书特点,由国家根据需要赋予该馆以收集、保管、为读者提供某些种类出版物的功能,其原来的隶属关系不变,在财力上由国家予以资助,使其沿着专业化的方向逐渐成为面向社会、面向全国的藏书中心;二是在现有的图书馆都无法行使这种功能时,由国家新建。总而言之,要使每一类型的出版物,每一个大专业的书刊,每一重要文种的书刊,都能够有专门的单位去收集、保管,并向读者提供。这些藏书中心,在收集自己范围的书刊时,应力求全面完整;在保管时,也要妥善无误;过时的书刊也不剔除。它们既是现在的藏书中心,也是将来特定的储存中心,行使专门出版物的储存图书馆的功能。这些专业化的藏书中心,不一定都设在中央所在地的北京,可适当分布在全国。建立这种中心的好处:第一,当前出版物类型、专业、文种愈来愈复杂,收集的途径、管理的方法也愈来愈多样化,仅凭全国性藏书中心收集、保管是有困难的。建立专业化的全国性藏书中心,与全国综合性藏书中心相互配合,相互补充,可能更有利于这些出版物的收集、保管和传播;第二,由于这些专业性藏书中心,不一定都设在北京,这样可以使全国书刊资源的分布更加合理,减轻对少数大馆的压力,加快书刊的传递速度,更好更快地满足读者的需要;第三,由于这些专业化的藏书中心同时又具有储存特定出版物的功能,因此,为建立全国范围的藏书储存系统奠定了基础。

(二)积极开展地区性藏书建设的馆际协调

地区性藏书建设的馆际协调,由于参加协调的各馆同处在一个地区,地理上相距较近,便于书刊的利用,因此易于开展。开展地区性协调,对于减少各系统之间的平行、重复和隔离,加强各系统之间的横向联系,有很大积极作用。根据我国的条件,地区性协调应以省(市、自治区)为主,其他范围的协调如有条件也可以开展。

在图书馆事业发展的现阶段,一个地区内的藏书补充,尽量减少不合理的重复是必要的,也是积极的。但应强调指出的是,参加协调的各馆都有这样的权利,即"适合于读者普遍兴趣的出版物,所有的图书馆都应同时收藏"。因此,在协调藏书补充时,不能把所有学科的所有类型的出版物都包罗无遗,而应当有所侧重,即使是在重点协调范围内,也不能排除每种书的复本,也就是说,必须在不影响满足读者需要的条件下降低重复率。

开展地区性藏书建设馆际协调的具体做法如下:

1. 制定藏书建设馆际协调的规则

在各省中心图书馆委员会或协作委员会主持下,召集本地区主要图书馆协商制定关于协调藏书建设的规则。这个文件的主要内容包括:参加协调的单位,协调出版物的范围,协调工作的方针、任务,以及各馆藏书补充的特点,书刊的报导和利用等等。这个文件,需要经参加协调的各馆一致通过,并对所有图书馆都具有同等的约束力。例如:各馆必须按照文件的规定负责补充共同藏书中属于自己的部分,必须承担一定的报导任务,并将自己的书刊提供给其他图书馆的读者使用。只有各馆严格遵守这些规定,履行自己应尽的义务,藏书建设的馆际协调才能够持久地坚持下去。

2. 制定藏书补充综合专题计划

馆际协调规则仅规定了馆际协调的一些重大问题和各馆藏书建设的发展方向，至于如何降低重复率的问题并没有解决。要解决这个问题，必须进一步制定藏书补充综合专题计划。

综合专题计划包括各馆藏书补充的专题和每个专题的收集水平。制订该计划的具体步骤：

第一，参加协调的各馆按照统一的分类法列出本馆藏书补充的专题，并注明每个专题的收集水平。在我国目前情况下，应以《中国图书馆图书分类法》为主，并适当参考《中国科学院图书馆图书分类法》。为了防止各馆所列专题大小、宽窄不一，一般应以分类法简表类目为主。在比简表类目更细时，也应同时列出简表类目，并把更细的类目用括号括起来，如，“分析化学(有机分析)”。每个专题的收集水平，可用三级表示。

A. 尽可能全面。即对某一专题领域的所有知识记录，不管其出版、著作形式、内容水平如何，应尽可能收集齐全。

B. 基本著作。即某一专题领域里的有代表性的有价值的全部著作。

C. 挑选。即从某一专题领域的著作中挑选适合于本单位需要的著作。如，同是一个专题领域，科学研究单位挑选学术性强的著作，生产单位挑选技术性强的著作，高等学校挑选教科书及教学参考资料一类著作。又如，同样是研究电化学的单位，有的侧重于此，有的侧重于彼，按自己的工作方向挑选。

第二，在中心图书馆委员会或协作委员会主持下，由参加协调的各馆抽调负责藏书补充的人员，组成专门的工作班子，对各馆藏书补充的专题和每个专题的收集水平，逐一进行研究。在研究过程中，特别要注意各馆重复列出的专题。如哪个馆“尽可能完全”收集，哪个馆收集“基本著作”，哪个馆实行“挑选”，要反复进行比较和协商，并根据各馆原来的藏书传统、读者需要，以及该馆在本地区图书馆网中的地位来确定。原则上一个地区对一个专题只能由少数单位采取“尽可能完全”的收集办法，其他单位只选择那些与本单位专业严格一致的。通过这种协调方法，在尽可能的范围内，降低各馆之间藏书的重复率。最后，根据协调后的意见，制定出藏书补充综合专题计划。

第三，将藏书建设协调规则和藏书补充综合专题计划，一起提交参加协调的各馆馆长会议和中心图书馆委员会全体会议讨论通过，最后报请政府部门批准下达，以便各馆遵照执行。

由于学科的关系是不断发展的，各馆的任务也会发生变化，无论是藏书建设的馆际协调规则，或是藏书补充综合专题计划，都只具有相对的稳定性。因此，在执行过程中，必须随时根据已经变化了的情况，通过一定的程序，不断进行修订与补充，以便日臻完善。

综上所述，虽然我国原版外文期刊订购协调工作始于20世纪50年代末期，但是，整个藏书建设的馆际协调还从来没有进行过。这对我们来说，仍然是一项新的工作，做好这项工作必须创造必要的条件，其中最重要的是加强全国和地区性中心图书馆委员会的职能和作用。中心图书馆委员会，不应当是各个图书馆之间的一个松散的联盟，而应当是一个有协调各系统图书馆网发展及其活动职能的强有力的协作机构。为此，首先应当通过稳定和严格的法律程序把中心图书馆委员会的协调职能和各系统图书馆网之间的协作关系固定下来；其次，还应当使中心图书馆委员会掌握一部分国家用于发展图书馆事业的资金，使其有权分配补充资源（人员编制、拨款、材料、设备），以作为影响协调工作进程的有力手段。只有这样，藏书建设的馆际协调工作才能顺利开展，否则只不过是一句空话。

（原载于《图书与情报》1983年第1期）

论图书馆在文化发展战略中的地位和作用

从社会文化系统的结构层次上分析，图书馆在文化传播与积累方面具有十分重要而独特的作用，并深刻影响着其他文化事业。因此,在文化发展战略中应属于超前发展的部门。而着眼于文化发展战略的高度规划图书馆事业的发展,应把重心放在强化国家管理职能,提高宏观控制能力，完善和健全图书馆网络，建立文献资源保障体系,发挥图书情报事业整体功能上。

一

为了适应改革开放形势的需要,贯彻中央关于“两个文明”一起抓的精神,研究和探讨文化发展战略是十分必要的。这不仅是文化本身发展的要求,也是整个现代化建设的需要。文化,是一个涵盖面非常广泛的概念,它是由不同层次、不同部分组成的一个社会系统。确定每个部分在这个系统中的地位和作用，弄清它们之间的联系和区别,是制定好文化发展战略的先决条件。

什么是文化？历来就有不同的说法。

广义的说法认为，文化是人类社会历史实践过程中创造的物质财富和精神财富的总和。物质文化包括全部物质活动及其结果(劳动工具、住宅、日常生活用品、衣服、交通工具和联络手段等)。精神文化包括意识和精神生产(从认识、伦理、培养和教育直到法学、哲学、伦理学、美学、科学、艺术、文学、神话、宗教等)。人类的一切物质产品都是自然界的一部分,但由于这些物质产品中包含着人类的心智活动,因而变成了文化。人能够认识自然,并给以理性的抽象和概括,从中获得知识,也能够以自己的劳动,把经过心智加工而成的图式、模样、道理等,物化为具体的存在物,即物质产品。

狭义的文化是指,在一定的物质资料生产方式的基础上发生和发展的社会精神生活形式的总和,即仅指意识和精神生产。

广义的“文化”的外延,大体上与“社会”这个概念的外延相符。我们这里所说的“文化发展战略”中的“文化”是指狭义的文化。

狭义的文化,也是一个外延十分广泛的概念。它包括哲学、宗教、科学、技术、文学、艺术、社会心理、风俗习惯等等。这些文化要素,都不是孤立存在的,而是彼此互相联系、互相制约的,由此形成一个具有内部结构的社会文化系统。

社会文化系统是一个具有等级结构的系统,系统中的每一个要素都在系统的整体结构中占有确定的位置,起着特定的作用。系统内部的各个要素是分层的、有序的,每个要素、每个层次,往往又形成一个子系统。

按文化的深浅程度,我们可以把文化分为三个层次。(一)文化的最高层次是哲学,它们是整个社会生活的总结和概括,是整个社会生活的最高指导思想。(二)文化的中间层次是科学技术和文学艺术等。(三)文化的最低层次是社会心理、风俗习惯等,它们是社会生活的基本形式,是构成其他文化形态的基础。其中,社会心理包括个体的思想意识、群体心理以及人际关系、人际沟通、人际影响等。风俗习惯包括语言、服饰、饮食、娱乐等。系统内部各个层次的关系是一种互相联系、互相制约的关系。高一级的结构层次对低一级的结构层次具有制约性和指导作用,低一级的结构层次是高一级结构层次的基础。文化系统的这三个层次中,最低层次(社会心理、风俗习惯等)是文化大众化的普及形式，具有广泛性和普遍性，属于文化的表层现象；中间层次（科学、技术、文学、艺术等）对于高层次来说，既受哲学和宗教的指导，又是哲学和宗教的基础和表现，对于最低层次来说，即是社会生活的反映，又对社会生活产生巨大的影响；最高层次（哲学和宗教）代表文化的本质，构成文化的灵魂，是文化的深层现象。

按文化的表现形式，也可以分为三个层次。第一个层次，是构成文化类型的观念、思想、价值、知识、心理等的内在因素；第二个层次是文化的组织和机构；第三个层次是各种文化设施。第一个层次是文化的内在形式，是文化的核心，是决定文化类型、性质的决定因素。第二、三个层次是文化的外在表现，是文化的内在因素（即观念、思想、价值、知识、心理等）赖以存在的物质形式。内在因素就像计算机的软件，外在因素就像计算机的硬件，二者互为表里，互相作用，互相影响，共同构成"文化"的整体。我们这里所说的"文化发展战略"中的文化，应当包括文化的内在因素和外在因素两个方面。

按照组织机构划分，文化可以分为教育、科学、文学艺术、新闻出版、广播电视、卫生体育、图书馆、博物馆等若干部门（或曰子系统）。在我国，过去一提文化部门，往往仅指文学艺术、电影电视、出版、图书馆、博物馆等，即中央文化部所辖的文化部门。其实，它们只是文化部门的一部分。我们应当树立"大文化"的观念，除此之外，还应当包括教育、科学、新闻、卫生体育等。过去我们还有一种误解，文化部所辖的各个文化部门，主要是文学艺术、出版、电影等，至于图书馆、博物馆则无足轻重，可有可无。实际上图书馆、博物馆都是独立的文化部门，它们的存在和发展有助于其他几个文化部门的发展，而它们的作用与功能其他文化部门则无法替代。

一般说来，上述文化子系统，都具有创造文化、传播文化、积累文化的功能与作用。但每个子系统，又各有侧重，共同构成一个有机整

体,共同履行这三种功能。这些子系统,分成三个类型:

科学与文学艺术的功能主要在于创造，至于科学知识的传播与积累,文学艺术的传播与积累,在很大程度上则依赖于其他子系统,如戏曲的演出本身,既是创造又是传播,但这种传播的范围毕竟是有限的。要想得到广泛的传播,还必须依赖于出版、广播电视、图书馆等传播渠道。科学与文学艺术,最富于创造性。人类新质文化的创造,主要归功于它们,科学与文学艺术两个子系统是创造文化的部门。

教育、新闻出版、广播电视、图书馆与博物馆的主要功能在于传播文化、积累文化,而不在于其本身理论、方法的创造与发展。如,教育的主要功能不在于教育学本身理论的创造与发展，而在于把人类上一代或几代创造的全部精神财富,有选择地、有系统地、有步骤地传授给下一代。出版的主要功能不在于出版的理论的创造与发展,而在于把人类创造的文化“物化”在书刊上,以便于广泛传播和更好积累。当然,教育理论和出版理论也是人类文化的一部分,但只是很小的一部分,教育、新闻出版、广播电视、图书馆与博物馆子系统,主要是传播文化、积累文化的工具。

卫生体育属于人类总文化的范畴,是精神文明的一部分,是人类社会文明发展程度的标志与体现，对形成一定的社会文化环境具有很大作用。从这个意义上说,也起着一定的传播文化的作用。

教育、新闻出版、广播电视、图书馆、博物馆,在整个社会文化系统中,都是传播文化的主要工具,但这些子系统的传播文化的功能也是千差万别,其差别如附表:

内容 项目	传播方式	传播媒介	传播内容	传播时间	传播受体
教育	纵向传播，将上一代或几代积累的文化传授给下一代。	教师，通过教师传授。	基础文化知识与各个领域的专业理论与知识。	学生在校期间。	学生。
新闻出版	新闻侧重于横向传播，出版既有横向传播，也有纵向传播。	新闻通过报纸和杂志，出版通过书籍等。	新闻侧重于当前政治及社会事件信息，出版传播全部人类文化。	不受限制。	一切有阅读能力的人。
广播电视	主要是横向传播，也进行纵向传播。	通过声音与图像。	当前政治与社会事件信息等，对于某一领域的专门的高深的理论知识则很难传播。	在固定时间传播固定内容，同一内容一般先传播一次，接受者不能选择，也不能反复接受。	广泛，包括有阅读能力和无阅读能力的人。
图书馆	既可纵向传播，也可横向传播。	书刊等。	人类过去和现在创造的全部文化。	终生，不受限制。同一内容反复传播，接受者可以反复接受。	广泛，一切有阅读能力的人。
博物馆	主要是纵向传播。	“物化”有人类文化的各种实物。	“物化”在实物中的人类发展进程中所创造的文化。	不受限制。	广泛。

从附表可以看出,图书馆在传播文化方面有其自己的特点。

1. 传播渠道的多样性。既有纵向传播(上一代人与下一代人之间的传播),又有横向传播(同时代人之间的传播),它可以跨越时代的鸿沟,冲破地域的阻隔,超出时空的限制传播文化。既有广泛的传播,又有定向的传播,广泛传播与有目的地、有重点地向特定传播受体(读者)传播特定内容的文化相结合。

2. 传播内容的综合性。通过图书馆这条渠道传播的文化,包括各个部门的文化,诸如科学、文学艺术等,包括各个层次的文化,诸如哲学与宗教、科学技术与文学艺术、社会心理与风俗习惯等。这一点与新闻、广播、电视、博物馆等很不相同。比如,广播电视可以传播关于当代政治事件和社会事件的信息和文学艺术,甚至也可以起到普及科学技术知识的作用,但对高深的理论与学术问题则很难传播。博物馆一般只能传播"物化"在实物中的历史文化,对当代文化的传播则较困难。

3. 传播受体具有自由的选择性。新闻、广播、电视等传播工具完全控制在传播者手中,由传播者决定向传播受体传播什么,什么时候传播,除了听与不听,看与不看之外,在内容与时间方面传播受体均无法选择。图书馆则不然,每个人都可以根据自己的需要,以及需要的时间,借阅有关的书刊,而且如果必要还可以反复借阅这些书刊。

除了以上三点差别之外,图书馆传播文化的方式方法,与其他传播工具相比也有自己的独特之处。教育,把上一代或几代的文化传授给下一代,必须将传授的内容系统化、条理化、编成教材,教师再依据教材的要求与规定向学生传授。新闻,则是把关于当代政治事件和社会事件的信息,写成消息、报导、通讯,编成报纸的版面或广播、电视中的节目传播给读者、观众和听众。而图书馆对传播内容的加工整理,则完全是另外的做法,它分为三个层次:

1. 有序化处理。通过对书刊的外部特征（书名、著者等）和内部特征（学科、主题等）进行分析、揭示、加工，使每种书刊都进入特定的知识序列，即形成按书名、著者、学科与主题排列的若干知识序列。这种处理不改变知识所属的原有文献单元，但改变了知识的散乱性、无序性，提高了传播效率，改善了传播效果。

2. 纯化处理。通过做文摘、提要，排除书中的无关紧要部分（噪声），使有用知识得到浓缩，甚至结晶，以便更好地传播。

3. 综合处理。有序化处理、纯化处理，都未改变知识单元在一定知识序列中的孤立状态，综合处理则根据特定的目的把知识进行不同的组合，它通过对知识进行分析和综合、归纳和演绎、推理和判断，使某一知识序列或某几个知识序列的信息汇集到一起，这样不仅能使同一序列中的知识在组合中增值，还会使不同序列中的知识在聚合中放射出更大的能量，产生新的知识。综合化处理的结果，标志着图书馆已不单纯是文化传播的“中介”，文化位移的“桥梁”和“舟楫”，而是参与了文化的创造。

在积累文化方面，图书馆更有其特殊作用。过去一向认为，图书馆是“知识的宝库”，现在则更进一步认为，图书馆是巨大的“社会记忆库”。当然，任何部门的知识积累，首先是靠本部门的人在继承前人成果的基础上，进行艰苦卓绝的探索，取得新的认识，增加到前人的认识中去。但也应该看到，任何部门知识的积累，也离不开出版事业和图书馆，因为任何人的记忆都是有限的，从记忆量方面来看是如此，从保持记忆的时间方面来看更是如此。要想把人类的文化积累起来，保存下去，必须把它们“物化”在一定的载体上。这种载体，主要是图书、期刊、报纸、录音带、录像带等。把各类文化“物化”在一定载体上，是出版、新闻的功能，而把这些“物化”了一定文化的载体，有计划、有目的地收集起来并保存下去，则是图书馆的功能。我们说在积累文化方面图书馆有其特殊作用，而这种积累文化的作用，又大大强化了其传播文化的功能。正因为如此，在众多的传播工具中，图书馆处于非常突出的位置。

通过以上的比较和分析，我们不难得出这样的结论，作为社会文化部门之一的图书馆，不仅以自己的理论和方法，丰富了人类文化的宝库，更重要的是在传播文化、积累文化方面具有特殊的作用，它的这种作用表现在社会文化各个部门的发展过程中。图书馆的这种作用就像人的神经，它既自成系统，又分布到机体的各个角落，每个社会文化部门的发展，都离不开图书馆的功能与作用。如果没有图书馆积累文化、传播文化的功能，任何一个社会文化部门都很难正常发展。可以毫不夸张地说，发达的现代化的图书馆事业，是建设现代的社会主义文化的前提条件之一。为了求得整个社会主义文化系统的协调前进，共同发展，就像教育与科学一样，图书馆应当属于超前发展的部门之一。

二

图书馆既然是社会文化的重要部门之一，文化发展战略当然应当把图书馆发展战略包括在内。以下谈一谈我对图书馆发展战略的一些思考。

目前，我国图书馆事业存在问题很多，主要是：

1. 管理体制落后，条块分割严重，宏观控制能力差，缺乏总体发展规划。

2. 整个图书馆事业，各个系统图书馆以及每个图书馆，都处于封闭式的单干作业方式和彼此孤立的活动状态，不适应精神文明建设与物质文明建设的需要。

3. 图书馆数量严重不足，现有图书馆按系统、按地区分布不平衡,经费少,人员素质差,干部队伍结构不合理。

4. 传统手工业方式占主导,服务方式单一,服务效率低、效益差。

为了从根本上改变图书馆事业的落后状况，以下几个方面应当是今后战略发展的重点。

(一)改革管理体制,强化国家管理职能,提高宏观控制能力,协调事业内部与外部运行机制

我国图书馆事业的管理体制极其落后。现行管理体制,从纵的方面看是多元的,每个图书馆都属于某个系统(条条),从横的方面看,又是分等级的,每个图书馆又都附属于某一级职能机构(块块)。条条块块,纵横割据,导致组织管理上的分散化和横向联系的薄弱。这种管理体制,既不反映社会主义制度的优越性,又不能体现事业发展本身的内在规律，既无法充分像苏联塔形集中管理体制那样可以增强宏观控制能力，又不像多元分散管理体制那样可以使每个图书馆有较大的活力。多元等级管理体制削弱了国家对图书馆的宏观控制,僵死单一的行政手段又窒息了每个图书馆的活力,弊端丛生。图书馆事业与外部的协调则更差,如与情报事业完全处于分割的状态。管理体制改革是改善和强化宏观控制能力的基本手段，是整个事业崛起的希望,是图书馆事业发展的战略重点。

建立统一的国家一级的职能管理机构——图书情报委员会,统一领导全国图书情报事业,是结束分裂状态、加强宏观控制的可行办法。该委员会的职责:

1. 制定统一的图书情报事业发展规划。为了实施这一规划,委员会应当集中掌握一部分国家用于图书情报事业的投资，作为调动各部门发展图书情报事业积极性，以及解决事业发展不平衡问题的手段。

2. 制定图书情报事业的方针、政策、法律、法令、条例,并负责监

督各部门贯彻实行。应当特别注意应用法律手段保障图书情报事业的发展。

3. 制定各类各级图书情报单位的事业发展规模标准、人员构成与素质标准、经费标准、服务工作与效益标准。

4. 组织和健全图书情报专业教育体系和图书馆学情报学科学研究体系。

图书情报委员会通过行使上述四方面职能，宏观控制图书情报事业的发展，协调事业内部的运行机制。

(二)加强横向联系，抓好网络建设，建立国家和地区的文献资源保障体系，发挥图书情报事业的整体功能

图书情报事业的整体性很强，以相互依存和合作为特征的群体化图书情报事业，正逐渐取代以分立单干为特征的分散化图书情报事业。网络化是其发展的必然趋势，是高一级的组织形式，通过建立各种形式的网络，形成文献、人才、设备、工作成果等的全面的资源共享，从而充分发挥图书情报事业的整体功能。

1. 建立国家与地区的文献资源保障体系，打破图书与情报的界限，冲破各系统图书馆间的部门阻隔，联合各方力量，全面规划，统一布局，建立由国家图书馆、科学院图书馆、情报所，基础较好的高校图书馆与专业图书馆共同组成的文献资源保障体系。它们按学科、文献类型、语种，分工负责收集、保存和提供国家经济建设、科学技术和教育发展所需的国内外文献，各省(区)也应建立本省(区)的文献资源保障体系。

2. 建立统一的全国文献资源报道体系，以充分发挥文献资源的作用。

3. 建立统一的适合"四化"建设需要的各类型文献数据库，积极筹划，进而建成全国统一的联机检索网络。

(三)加强基层图书馆(室)的建设,完善和健全图书馆网络,充分满足人民大众的不断增长的文化需要

图书馆事业是一个多功能多目标的社会化系统，也是一个多层次的等级系统。目前,它的各个子系统,各个层次的发展极不平衡。按系统来说,科学、高校、公共三大系统发展较快,而专业图书馆、工会图书馆、中小学图书馆等发展较慢;按层次来说,中央与省级图书馆发展较快,县与县以下图书馆、儿童图书馆等则是薄弱环节。至今全国还没有做到县县有图书馆,不少县图书馆徒具虚名,名实难副。儿童图书馆的发展也远远满足不了三亿多少年儿童的实际阅读需要,在精神食粮方面使他们经常处于饥渴的状态。长期以来,我们不注意各个系统、各个层次的图书馆的均衡发展,由于条块的分割,部门的阻隔,哪个系统财力物力雄厚,哪个系统就发展较快,哪个层次受到重视,哪个层次就能得到发展。这是一种极不正常的现象,我们应当努力形成多系统、多层次的全国图书馆网络,并注意发挥这个图书馆网络的整体效应。企图以一个系统、一个层次的图书馆,代行整个图书馆网络的作用是非常错误的。例如:有些省新建了规模宏伟的省图书馆,并企望它在两个文明建设中发挥较大的作用,但是由于市、区馆力量薄弱,为了满足人民大众不断增长的文化需要,省馆不得不用大部分力量去做低层次的服务工作(书刊借阅服务),而高层次的服务工作(咨询服务和情报服务)则无力去做了,这就是不注意图书馆网络的整体效应的恶果。

(四)坚持改革,坚持微观搞活,从改革中求发展,从搞活中求效益

长期以来,我们所企求的发展,实际上是外延的不断扩展,规模的不断扩大,而图书馆内部则缺乏应有的活力,社会效益和经济效益都不显著,应当将事业发展和效益增长协调起来,赋予发展以广泛的内涵。

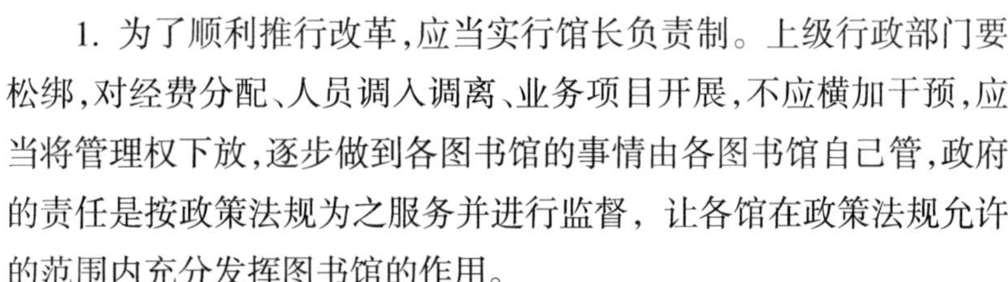

1. 为了顺利推行改革，应当实行馆长负责制。上级行政部门要松绑，对经费分配、人员调入调离、业务项目开展，不应横加干预，应当将管理权下放，逐步做到各图书馆的事情由各图书馆自己管，政府的责任是按政策法规为之服务并进行监督，让各馆在政策法规允许的范围内充分发挥图书馆的作用。

2. 建立开放的、合理的、有序的、动态的藏书体系。藏书的发展不应单纯表现为力量的增加和膨胀，更重要的是要追求藏书的内在质量和满足读者需要的程度，以及在国家和地区的整体藏书结构中的作用。

3. 逐步采用以计算技术、缩微技术为代表的先进技术手段和工作方法，减少传统的手工作业方式，提高工作效率，努力对文献进行深度加工，开发文献资源的潜能，服务于“四化”建设。

4. 以提高社会效益和经济效益为核心，打破被动单一的服务方式，开拓和发展新的服务领域。我们的许多图书馆都停留在“借借还还”的文献提供服务方式阶段，应当努力改变这种情况，逐步向更高层次的服务方式，即参考咨询服务和情报研究服务方式过渡。

5. 改变人员素质和人才知识结构，提高高职人员和高学位人员比重，后备人员主要靠高、中等专业教育培养，打破专业技术职务评聘中的论资排辈与大家齐步走现象，择优汰劣，给人才成长创造良好的环境。

6. 把竞争机制引进图书馆工作，建立严格的考核制度与办法，对每一个工作人员的工作，都进行定性和定量考核，既评定其质量与水平，又计量其数量。在全面考核的基础上，平等竞争，打破大锅饭，奖勤罚懒，充分调动每个工作人员的积极性，把工作搞活搞好。

（原载于《图书馆理论与实践》1989 年第 2 期）

情报意识与读者服务工作

情报意识在传递情报过程中具有重要作用，读者服务工作是一种传递情报的工作。增强情报意识,可以疏通情报传递渠道,消除传递障碍,做好读者服务工作。

一、关于情报意识

意识是人脑的功能和属性,是人脑对客观事物的反映。它包括感觉、知觉、表象等感性认识形式和概念、判断、推理等理性思维形式,是感觉和思维各种心理过程的总和。在哲学上,意识和思维是同一类的、同一意义的概念,都是人脑对客观现实的反映。但意识既包括认识的感性阶段,也包括理性阶段,而思维则仅指认识的理性阶段。在心理学上,意识一般指自觉的心理活动,即人对客观现实的有意识的反映。总之,意识是种观念,是客观世界在人们头脑中反映的总和;意识是个认识过程,由不同的意识活动构成;意识是人对客观世界的反映能力,包括敏感能力、洞察能力、鉴别能力和联想能力等。

情报意识属于社会意识范畴。社会意识包括很广，诸如阶级意识、经济意识、商品意识、竞争意识、机遇意识、时间意识、效率意识、足球意识等。情报意识有三层含义:

(1)情报意识是指情报观念,是情报与情报事业在人们头脑中反映的总和;

(2) 情报意识是指人们对具体情报的认识过程，即情报意识过程，该过程从对客观事物的感觉、知觉开始，经过注意、表象、记忆、想象、思维，到获取情报用于实践结束；

(3)情报意识是指人们对具体情报的反映能力，即对情报的敏感能力、洞察能力、鉴别能力和联想能力。

从产生情报意识活动的对象来看，情报意识可分个体情报意识和群体情报意识两种。个体情报意识指人脑(个体)与情报信息之间相互作用所产生的情报意识过程和情报意识活动能力，以及由此产生的情报观念。群体情报意识是指社会的情报观念和情报水准。个体情报意识与群体情报意识之间，是相互制约、相互促进的。

人的一切活动都离不开对情报的需求，个体情报意识的强弱，对个人事业的成败具有关键作用。1832 年，美国发明家莫尔斯观察到，从纽约到巴尔的摩的邮车，每到一个驿站换一次马，以使邮车快速前进。他由此受到启示，决定在电报线路沿途设置信号放大站，不断放大信号，最终解决了电报信号在传输过程中的衰减问题。1918 年，英国工程师布鲁内尔从蠕虫在木头里自己开辟道路向前运动受到启迪，提出建造水下隧道的设想并获得了成功。我国著名的血液微循环专家修瑞娟，在青岛海边看到海涛对海岸的最后一搏，不像河水灌田那样越到最后越无力，而是形成一种强有力的跳跃和冲击，受这种自然现象的启发，她得出了“血液循环的自律运动是波浪式进行的”结论，创立了以修氏命名的血液微循环理论。邮车每到驿站换马、蠕虫在木头里自己开辟道路向前运动、海浪搏击海岸，都是随处可见的社会现象和自然现象。古往今来，不知有多少人看到过这些现象，但是都未能从此受到启发而有所发现，有所发明，有所前进。这是为什么呢？关键在于他们的情报意识不如莫尔斯、布鲁内尔和修瑞娟。

人们的社会实践，是群体情报意识产生的基础，而群体情报意识的水准如何则会对社会发展给予巨大影响。社会经济发达的国家，无不具有强烈的情报意识。1979年11月,美国总统卡特在美国图书馆和情报工作白宫会议的书面发言中说:“情报像我们呼吸的空气一样,是国家资源。精确而有用的情报对国家和个人来说,如同氧气对于我们的健康和幸福那样必要。我国国民生产总值的一半以上都与情报活动有关……在我国商业、科学、法律、医学、政府和技术革新中,情报经常提供必要的活力,它点燃了创造发明的天才的火焰,它帮助人们决策世界上日益复杂的各种问题。”在日本广泛流传着两句话:“人才是企业的支柱,情报是企业的生命。”以贸易立国的日本,处在激烈的国际竞争环境中,企业都同时具有情报、交易、金融三大功能。日本经济协会井上猛先生说,争分夺秒地获取准确可靠的情报,是决定公司、企业,以致国家上下浮沉的关键所在。

情报意识具有以下三个特征:

1. 情报意识的社会制约性。情报意识是人脑的产物,但情报意识却不是人脑中所固有的,人脑只为人的情报意识的产生和发展提供了可能性和物质基础。社会存在决定社会意识,如果一个人脱离了社会情报实践,只具备能产生情报意识的大脑,是不可能产生情报意识的。“社会经济发展程度控制着情报的需要,左右着情报处理的条件,规定着情报的商品价值,影响着人们的情报意识”不同的社会发展阶段,有着不同的情报意识。

最初,人们的情报意识,集中表现在军事领域。孙子说:“兵者,国之大事,死生之地,存亡之道。”又说:“兵者,诡道也。”既然战争关系着国家的“死生”“存亡”,战争又是“诡道”,那么,要打胜战争,就必须“知彼知己”,“知彼知己” 的程度关系着战争的成败。凡在进行战争时,必须努力搜集敌方的一切情况,“战时关于敌情之报告,曰情报。”

第二次世界大战以后,随着科学技术的迅猛发展,专门的科技情报工作,在军事情报工作的基础上形成并发展起来了。在战争中,法国组织了秘密地下情报网，从事搜集、报道和传播外国科学杂志内容的工作；苏联组建了黑色金属、有色金属及电工等专业情报中心。战争快结束时，美苏等国科技人员以各种身份纷纷进入德国，收集纳粹德国的科技资料。美国出版的早期《PB 报告》中，有很多德国科技文献，并以此为基础建立了第一个政府情报机构——美国国防部技术情报局。进入 20 世纪五六十年代，工业发达和发展中国家，都相继建立了专业性的和综合性的情报中心。科技情报成了一个独立的社会部门，科技情报工作也被视为科技工作的"耳目"和"尖兵"，为人们所广泛重视。

现代社会，对某些西方发达国家来说，正从工业社会转入信息社会。信息社会，又叫情报社会，"在这个社会里，情报渗透支配着政府、商业和日常生活的各个领域。"在奴隶社会，占有奴隶的多少起主要作用；在封建社会，占有土地的多少起主要作用；在资本主义社会，占有资本的多少起主要作用；在信息社会，占有知识或情报的多少起主要作用。人们依赖知识或情报生存，成了大家所具有的共同意识。日本企业普遍采用小型电脑与计算机中心联网，或采用专线电传、图文传真机与计算机中心连接，形成完整的信息传送系统，使分支机构与总部的信息流通手段高度现代化，收集、处理、传送信息的速度达到了十分惊人的程度。如：

获得各地金融市场行情的变动情况——5 秒至 1 分钟；

查寻日本与世界各国进出口贸易品种规格的资料——1 至 3 分钟；

查寻国内 1 万个重点公司各年度生产经营情况——3 至 5 分钟；

查寻政府各种法律、法令和国会记录——5 至 10 分钟；

利用数量经济模型和计算机模拟绘出国内外经济形势变化可能

带来影响的变动曲线——5 分钟。

很多企业不惜投入巨额资金，建立现代化的具有反应功能的经济情报信息系统。日本九大商社之一的丸红商社，在国内外拥有 192 处分支机构，有职工 10740 人。为了收集情报，每年用于电报、电话和传真通讯的费用高达 63 亿日元，折合人民币 5200 万元，人均 5000 元，占该商社自有资金的 15%。每天收发电报 5.6 万~5.7 万份，传真电报 1700 份，总信息量相当于 1500 页报纸的文字量。

总之情报意识来源于社会的情报实践，受社会经济的发展程度、社会对情报的需求程度，以及社会提供情报的能力所制约。

2. 情报意识的趋向性。情报意识的趋向性，是指情报意识对情报的选择作用。在情报活动实践中，在同一时间和同一环境内，人们往往只能意识到某些事物，而不能意识到所有事物。在形成的注视点范围内的少数对象，能被清晰的意识出来，在意识点之外的对象则不能被意识出来，或者意识比较模糊。如，同样是有关“人”的信息，生物学家、人类学家、医学家、心理学家、哲学家所选择的信息就不一样。产生这种现象的原因：

(1)需要是人的意识活动的基本内在动力。人们在进行各种社会活动实践之前，活动目的与结果就以观念的形成存在于人的头脑中，并据此作出计划，指导行动，以达到预期目的。这些观念和计划，决定了情报意识活动的方向，使人们从众多的情报中首先意识到符合自己目的的情报。

(2)人们的兴趣不同。在现实生活中，有些人对甲问题感兴趣，有些人对乙问题感兴趣，兴趣的趋向，也对情报意识的趋向性有影响。

(3)所学专业和职业的不同。专业知识与职业训练对情报意识具有导向性。人们对现实的有意识的反映，是从现实事物获得的直接印象与他所掌握的由社会经验形成的知识、概念、思想相互联系的产物。

3. 情报意识的触发性。爱因斯坦提出,科学原理虽以直接经验为基础,但原理的发现“并没有逻辑的道路;只有通过那种以对经验共鸣的理解为依据的直觉”。当代许多著名科学哲学家也认为,科学的发现是非逻辑的,不存在合理性问题。直觉,有时又称顿悟,是“灵感的激起和释放过程”。直觉是突发性的,这种猛然的顿悟什么时候到来,由什么因素触发,往往带有很大的偶然性,既不能知道时日,也不能选择触发方式。其实,直觉的实质是瞬间的推断,是跳跃式的思维,是逻辑程序的高度压缩和简化。顿悟之时,逻辑思维的一系列细节过程被省略了,越过了许多中间环节,问题的答案立刻呈现在面前。这时,应当果断和机敏地抓住,否则,稍纵即逝。正因为如此,日本人把情报意识比做雄鹰的翅膀,宽大强劲,不畏山高路远,瞬时可以把我们带入一个全新的天地。

二、读者服务工作是一种传递情报的工作

图书馆工作的职能之一,就是传递情报。图书馆工作的流程,即是传递情报的全过程。(见下图)

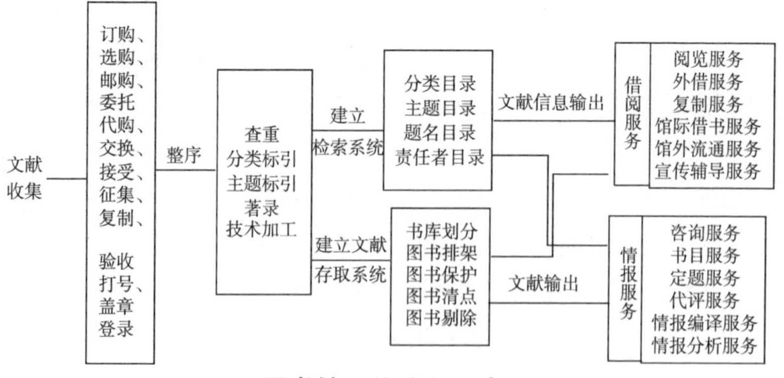

图书馆工作流程示意图

人们获取情报的主要来源有两种：

（1）非文献情报源。通常指非记录性情报，如口头情报、实物情报等，其特点是传播情报直接、简便、迅速、及时，这些新知识、新信息，往往通过非正式渠道传递。从各种学术会议、讨论会、个人之间的接触交谈，可以获得口头情报；从各种现场会、展销会、同行的实验室，可以获得实物情报。非文献情报源的缺点是积累、存贮、保管困难。

（2）文献情报源。主要包括图书、期刊、报纸、会议资料、专利资料、科技报告、政府出版物、学位论文、标准资料、产品样本等。它们的特点是传播情报完整系统，便于积累，便于整理加工，便于保管，便于利用。控制论的创始人维纳称，与科学家之搏斗的妖魔是混乱。自然科学家的任务是，认识看来是无序的自然界的规律，给人们以系统的知识；社会科学家的任务是，认识各种社会现象的运动规律，用以组织社会活动；情报学家的任务是，认识社会情报现象及其规律，组织社会情报的有序传递。零乱的、无序的、偶然得到的情报，不能有效地发挥情报的整体作用，只有有序化的情报才能在客观上充分有效地显示情报的社会功能。从这个意义上说，在各类情报源中，文献是最主要、最重要的情报源；而图书馆的借阅服务，则是对潜伏在文献情报源中的情报的有效传递。

随着图书馆传递情报职能的不断加强，读者服务工作中出现了强化情报服务的趋向，使得读者服务工作的内容和形式都有所发展。主要有：

（1）咨询服务。即根据读者的请求，通过使用参考工具书和检索工具，帮助读者解决查阅文献资料中的疑难问题。

（2）书目服务。即根据社会需要，主动收集有关文献，编制书目索引、文摘快报，向某些读者群体进行报道。

（3）定题服务。即根据科学研究需要，围绕特定课题连续提供各种文献资料,直至课题完成的一种综合服务。

(4)代译服务。即受读者委托,全文或部分翻译外文资料。

(5)情报编译。即主动将某一专业或专题的外文资料编译成综述或评价性情报。

(6)情报分析研究。即对某一方面的情报进行分析与研究,作出总结和预测,提供有关部门参考。

情报服务是文献借阅服务的深化和发展。如果说文献借阅服务意在通过向读者借阅各种文献情报源,来传递潜伏在这些情报源中的情报,那么,情报服务则更侧重于对文献资料进行浓缩和纯化、分析与综合,将潜伏在各种文献情报源中的情报发掘出来再传递给读者。在情报服务中传递情报的深度和广度,都超过了传统的文献借阅服务。

总之,文献借阅服务和情报服务,都是传递情报的工作。

三、增强情报意识,搞好读者服务工作

读者服务工作既然是传递情报的工作,那么,情报意识的强弱就必然会对其产生重大影响。情报意识强,传递障碍就少;情报意识弱,传递障碍则会增多。

在情报传递过程中,传递停留是一种普遍现象。停留是一个传递阶段的终点,也是另一个传递阶段的起点。没有停留就没有顺利、有效的传递,停留是传递过程中的基本环节。传递停留有两种,即合理的传递停留和不合理的传递停留。

在图书馆工作中,合理的传递停留主要集中在两个方面:

(1)文献加工过程中的停留。即在各个加工环节上的停留,如采购停留、标引停留、编目停留、书库停留等。这种停留是完全必要的,没有这种停留,文献就难于传递给读者。

(2)文献服务过程中的停留。主要指从书库到读者各个环节上的停留。如,在借书台、阅览室的停留,在读者中的停留,这种停留也是必要的。

不合理停留,是指停留点错误的停留,包括不必要的停留、时间过长的停留、时间过短的停留和缺少停留等。合理停留是情报传递的必要条件,不合理停留则会阻塞情报传递,造成传递障碍。

在情报传递过程中,传递障碍有多种。如社会性障碍、专业知识障碍、语言障碍、交流系统(出版社、书店、图书馆、情报所等)间的障碍和文献交流机构内部的障碍(文献加工与文献服务过程中出现的脱节、重复、积压、紊乱等)。在读者服务工作中,传递障碍主要有观念障碍、检索系统障碍和文献存取系统障碍,它们属于文献交流机构内部的障碍。

(一)观念障碍

观念障碍,主要有以藏为主的观念、封闭的观念和单一功能的观念。

1. 以藏为主的观念。中国古代,图书的物质生产条件差,著述不多,读书人少,古代的图书馆都注重图书的保存,这种藏书楼思想,是符合当时的历史条件的,对保存中国古代的文化遗产也是有贡献的,对其历史作用我们应当予以充分肯定。但是,以藏为主的思想,目前在图书馆工作中仍有很大影响。表现在:

(1)强调图书馆保存文化遗产的职能。认为图书馆应当尽可能收藏更多的书,而且越是稀少的书,越应当把它珍藏起来,造成书满为患,藏非所用。

(2)图书馆不仅要为现在的读者着想,还要为将来的读者着想,为他们收藏和保存现在不需要,但将来可能需要的图书。

(3)在读者利用图书时,清规戒律很多,珍本书不能看,单本书不外借,纷纷搞什么库藏本、单本书库等。总之,每个图书馆都有相当大比例的藏书禁止或限制读者使用。

保存文化遗产当然是图书馆的重要职能，但应对其进行具体分析,区别对待。

第一,不是任何类型与规模的图书馆,都同样具有保存文化遗产的职能,只是其中的一部分图书馆才具有这种职能。如,国家图书馆全面收藏国内的出版物,省(市)图书馆收藏本省(市)的出版物和地方文献，具有收藏特色的大学图书馆和专业图书馆收藏符合自己任务的出版物。

第二,不是任何时代的出版物都是珍藏的重点。古籍越来越少,虽然不少已经重印,但原本除可阅读外,还有重要文物价值,应尽量保存好。当代出版物,就没有必要每个图书馆都必须完整保存。只有少数有保存任务的图书馆完整保存即可以了。

第三,不是任何类型的出版物都是珍藏的重点。不同类型的出版物时效性不一样,除少数图书馆负责完整保存外,大多数图书馆都应以利用为主保存文化遗产和解决将来需要,可通过国家统筹安排、分工协作来解决。大多数图书馆藏书,必须以用为主,充分发挥藏书的作用。

2. 封闭的观念。纵观图书馆的发展史,大体上经历了三个阶段:

第一,个体阶段,封闭型的分散独立活动;

第二,集体阶段,半封闭半开放型的局部范围内单项业务协作活动;

第三,社会化阶段,全开放型整体规划全面协调活动。

我国的图书馆,基本上是半封闭半开放型的。表现在限制读者利用图书馆的框框多,个别图书馆甚至任意侵犯读者的借阅权利,图书馆藏书开放的比例小,开馆时间短,藏书利用率低,设备利用率低,馆与馆之间相互封锁,各自为政。要改变这种局面,就要树立开放型观念,把用户当上帝,千方百计吸引读者,给读者提供利用图书馆的方便,保护读者的借阅权利。

3. 单一功能的观念。图书馆是一个多功能整体。由于我们对此缺乏足够认识,致使目前服务内容和形式单一化。

随着信息社会的临近,信息资源大量涌现,导致信息泛滥。美国的约翰·奈斯比特在《大趋势》一书中说:“美国每天出版 6000 到7000篇论文。由于能量更大的信息系统的出现及科学家数量的增多,信息的增长率将跃至每年增加 40%,这意味着信息每 20 个月增加一倍。”面对如此数量巨大的信息, 没有组织的信息不再成为一种资源,相反,却成为科学家的累赘和负担。在这种新形势下,图书馆必须由单功能型向多功能型转变,丰富读者服务工作内容和形式,由知识宝库变为知识喷泉。

第一,提供的文献类型多样化。不仅提供图书、期刊,还要提供科技报告、专利文献、标准文献、会议资料,不仅提供印刷型文献,还要提供缩微资料、声象资料和机读文献。

第二,文献流通方式多样化。既充分利用外借、阅览等文献流通基本方式,也充分利用文献复制、馆际借书、邮寄借书等辅助方式,既利用闭架方式,更要充分利用开架、半开架方式向读者提供文献。

第三,从单纯的文献借阅服务向高层次的情报服务过渡。在“信息爆炸”的情况下,读者对传递的文献具有高度的选择性,在时间上要求及时性。因此,图书馆的读者服务工作,要从单纯的文献借阅服务向情报服务过渡。在搞好文献借阅服务的同时,加强参考咨询、文献检索和二次文献工作,尽可能地开展三次文献工作。

(二)检索系统障碍

文献是情报的主要载体。必须对文献进行加工处理,分析出其中所含情报,用符号或语词标引,然后加以整序,建立文献信息检索系统,才能提供使用。检索系统是文献与读者之间的桥梁,因检索系统的原因使情报传递受阻,可以统称为检索系统障碍。主要有:

(1)检索语言本身的功能及适应性差,不能满足标引与检索的要求;

(2)检索系统不完备,只设分类目录、主题目录、题名目录、责任者目录中的一两种,读者不能从多途径检索文献;

(3)工作人员不熟悉著录规则,著录事项缺漏、错误,或字迹模糊不清,不能向读者准确提供关于某一文献的完整信息;

(4)工作人员不熟悉所用检索语言,标引错误多;

(5)对文献主题分析不准确,或错标,或标引深度不够,或标引深度过深,降低检全率和检准率;

(6)检索点少,很少使用附加款目、分析款目;

(7)检字方法选用不当,缺乏通用性,工作人员和读者不熟悉,难于掌握;

(8)款目排列位置不准确,颠倒或错乱严重;

(9)屉标和导卡设置不当,不能反映目录内部的结构和逻辑顺序,难于指引读者检索文献;

(10)对各种目录管理维护不善,卡片缺损,有书无卡,有卡无书,书卡不对口;

(11)没有完善的目录组织规则和使用方法;

(12)对用户不培训、不辅导,他们不掌握各种目录的使用方法,不能熟练检索文献;

(13)目录体系庞大,难于迅速准确检索;

(14)只设手工检索系统,没有计算机检索系统,检索效率低。

（三）文献存取系统障碍

文献存取系统，主要指图书的典藏与流通。它是文献传递的中间环节，如果这个环节状态良好，情报传递就畅通无阻；反之，情报传递则会受到阻碍。文献存取系统障碍主要有：

（1）典藏制度不健全，图书排架混乱，排列顺序不规则，标架不明确；

（2）新书不及时上架，或图书归还后不及时上架；

（3）图书破损，索书号模糊不清，不及时修补；

（4）报刊合订本装订不及时，长期积压在装订部门，装订后又积压在分编部门；

（5）报刊合订时机选择不当，选在读者利用报刊的黄金时间，即出版后的第二年、第三年，影响读者利用；

（6）书库库容小，部分图书或打捆堆放，或置于架顶；

（7）阅览室面积小，开架书刊品种、册数不能满足读者需要，或害怕图书丢失不敢开架；

（8）阅读室、借书处设置不合理，不符合读者群的实际情况，起不到分科定向传递情报的作用；

（9）服务项目单一，不善于或未开展邮寄借书、馆际借书等方式；

（10）借书规则不合理，借期过长和借书册数过多，使大批图书长期滞留在读者手中，或借阅范围、品种、册数、期限过严，影响读者利用文献；

（11）借书记录不健全，不能反映图书借出情况，无法实行预约借书；

（12）工作人员对读者需要采取漠不关心的态度，缺藏图书或复本不能满足需要的图书，不及时要求采购部门补充；

（13）工作人员业务素质低，不能向读者宣传和推荐图书；

(14)工作人员缺乏敬业精神,服务态度不好,工作不认真,对读者敷衍塞责,人为制造传递障碍。

读者服务工作中的情报传递障碍，有的与全社会的情报意识有关,如三个观念障碍;有的与某一个集体的情报意识有关,如检索系统障碍和文献存取系统障碍中的大部分；有的与个人的情报意识有关,如检索系统障碍和文献存取系统障碍中的其余部分。要有效地消除读者服务工作中的情报传递障碍,就必须要努力增强情报意识。全社会的情报意识与某一个集体的情报意识,都属于群体情报意识。群体情报意识的增强,虽然取决于社会的情报需求与情报活动实践,以及全社会的生产力发展水平，但人们也可以通过情报理论的普及教育,改善情报环境,以达到增强群体情报意识的目的。个体情报意识的形成,除了受群体情报意识的影响与制约之外,个人的情报工作实践和丰富广博的情报知识和专业知识也起重要作用。积极投身情报工作实践,努力学习情报知识和专业知识,是增强个体情报意识的有效途径。

(原载于《图书馆理论与实践》1993 年第 1 期)

甘肃省文献资源现状的分析研究

文献是人体之外记录情报知识的载体，甘肃省各文献收藏单位文献资料的集合,即构成了甘肃省的全部文献资源。文献资源的积累程度,是对人类知识情报积累和存储水平的重要标志。为了推进全省文献资源建设,摸清家底,改善布局,提高积累与存储水平,把甘肃省的经济建设和社会发展建立在全人类文明的基础上,最近,我们在甘肃省科委、省文化厅、省教委、省社联等单位的领导与支持下,对全省文献资源状况进行了一次大规模调查。

这次文献调查，目的是弄清全省各主要学科领域文献收集的完备程度和支持研究决策的能力,掌握全省文献资源的优势、薄弱环节和空白状况,为建立全省文献资源保障和支持体系提供决策依据。为了实现这个目的,调查时没有采用对文献进行登记造册、编制目录的传统方法,而是采用了通过各种数据(文献品种、书目核查、引文分析、用户评价等)对文献整体特征进行间接描述的方法。尽管调查结果有一定的模糊性，但基本上能反映文献资源的内在质量和整体功能。调查对象包括：

(1)为科学研究和管理决策服务的省、市级公共图书馆；

(2)为培养研究生和科研任务服务的高等院校图书馆；

(3)为科研任务服务的院所图书馆、情报资料室；

(4)为新设计、新工艺、新产品研究和开发服务的研究所、设计院所及厂矿图书馆和情报资料室；

(5)综合和专业情报所。

这次文献调查从1989年元月开始，至8月基本结束。共调查了57个文献收藏单位，各系统、各地区的重要文献收藏单位大体都包括了。其中，公共图书馆7个，高等院校图书馆16个，科研系统图书情报机构23个，设计生产系统图书情报机构11个。本文就是在这次调查所获数据基础上，经过分析研究撰写的。

一、甘肃省文献资源概况

(一)1949年后甘肃省文献收藏获得了很大发展

1949年前全省文献资源十分贫乏，重要文献收藏单位不过几个，各类文献总数也只有几十万册。1949年后，在党和政府的关怀和重视下，发展较快，特别是十一届三中全会以后，政府投入了大量资金，各系统、各地区的文献收藏发展就更为迅速。(表1和表2)

从表1和表2可以看出，近40年间文献收藏从37.7087万册发展到1502.0782万册，增加近39倍；从各系统看，公共系统原来较有基础，从22.3万册发展到271.1867万册，增加11倍；高等院校系统从15.1587万册发展到695.4058万册，增加近45倍；设计生产系统原来基础非常薄弱，1949年仅有0.25万册，1987年发展到93.6416万册，增加373倍；科研系统从无到有，截至1987年底文献总数已达441.8441万册，超过了公共系统，仅次于高等院校系统而居全省各系统的第二位。从各地区看，兰州地区发展最快，从1949年的31.4087万册发展到1987年的1246.5062万册，增加38倍多；兰州以外地区也有很大发展，从1949年的6.3万册发展到1987年的147.0236万册，增加22倍，其中除天水市外，张掖、酒泉、嘉峪关、白银、庆阳等地(市)均从无到有。

表 1　全省各系统文献购置费和文献数量增长情况①

项目 数量 系统	文献购置费(万元)					文献数量(万册)			
	1983 年	1984 年	1985 年	1986 年	1987 年	1949 年	1965 年	1980 年	1987 年
公共系统	25.3837	37.9816	43.449	54.2574	68.2454	22.3	155.8179	239.3565	271.1867
高等院校系统	179.93	211.22	226.35	246.23	257.2594	15.1587	241.2368	432.6881	695.4058
科研系统	114.952	143.852	153.345	196.471	199.643	0	55.2316	117.699	441.8441
设计生产系统	20.9221	27.2732	33.1114	36.5946	32.1454	0.25	40.1395	67.3921	93.6416
总计	341.1878	420.3268	456.1513	533.553	557.2932	37.7087	492.4258	857.1357	1502.0782

①本文所用统计单位册，均包括件、盘、盒等含义，为了方便统一称作册，以下各表同。

表 2 全省各地区文献购置费和文献数量增长情况

地区 \ 项目 数量		文献购置费(万元)					文献数量(万册)			
		1983 年	1984 年	1985 年	1986 年	1987 年	1949 年	1965 年	1980 年	1987 年
兰州地区		318.7595	388.9696	426.8466	505.8121	520.5934	31.4087	453.9194	759.3961	1246.5062
兰州以外地区	张掖	3.5636	6.65	5.084	6.0307	5.4182	0	3.0369	14.5375	25.4546
	酒泉	2.263	2.9424	2.8888	2.5349	2.4006	0	10.26	16.75	26.28
	嘉峪关市	1.686	2.366	2.805	3.22	3.097	0	15	21	18.4
	白银市	1.8831	2.9648	2.9576	3.5397	4.4878	0	1.7095	6.6521	11.0254
	天水市	5.3726	8.064	6.9293	4.2193	9.0962	6.3	8.5	27	43.8039
	庆阳	7.66	8.37	8.64	7.92	12.2	0	0	11.8	22.0597
	合计	22.4283	31.3572	29.3047	27.7409	36.6998	6.3	38.5064	97.7396	147.0236
总计		341.1878	420.3268	456.1513	533.533	557.2932	37.7087	492.4258	857.1357	1502.0782

(二)全省文献资源的分布状况

文献资源的分布,是指文献资源在空间范围内的配置,主要包括系统间的分布与地区间的分布。

1. 各类型文献按系统的分布

各类型文献按系统分布状况和各文种普通图书按系统分布状况如表3和表4。

表3 各类型文献按系统分布状况(统计单位:万册)

文献类型 数量 系统	普通图书	线装书	报刊	其他类型文献①	积压文献②	总计
公共系统	158.07	47.0243	32.8502	14.266	18.9762	271.1867
高校系统	530.5822	23.5068	125.248	2.5489	13.5199	695.4058
科研系统	96.228	1.883	48.9011	294.832	0	441.8441
设计生产系统	54.061	0	16.5301	23.0505	0	93.6416
总计	838.9412	72.4141	223.5294	334.6974	32.4961	1502.0782

从表3可以看出,普通图书高等院校系统收藏数量最大,公共系统次之,科研系统、设计生产系统居第三、第四位。其中收藏量超过80万册以上的有甘肃省图书馆、西北师范大学图书馆和兰州大学图书馆。报刊收藏数量高等院校系统居第一位,科研系统超过公共系统而居第二位,设计生产系统排在最后居第四位。线装书收藏数量公共系统占很大优势,居各系统首位,其次是高等院校系统,科研系统收

①其他类型文献包括:专利、标准、产品样本、会议文献、科技报告、中文科技资料、科技档案、舆图与图谱、声像资料、机读资料和特藏等。

②指长期未整理上架供读者使用的文献。

表 4　各文种普通图书按系统分布状况(统计单位:万册)

系统 \ 数量 \ 文种	汉文	西文	俄文	日文	其它文	总计
公共系统	142.7631	7.0743	6.7617	0.8987	0.5722	158.07
高校系统	469.1777	31.6074	18.5718	2.9569	8.2684	530.5822
科研系统	63.3493	17.0443	13	2.1036	0.7308	96.228
设计生产系统	43.8469	5.6868	4.0289	0.4984	0	54.061
总计	719.137	61.4128	42.3624	6.4576	9.5714	838.9412

藏较少,设计生产系统则没有收藏。在公共系统中,主要集中在甘肃省图书馆和天水市图书馆。甘肃省图书馆 1916 年建馆,收藏线装书 38.5215 万册,其中善本图书 1213 种,5.9914 万册。文溯阁《四库全书》蜚声中外,明初刻本《永乐南藏》保存完整,《汉隽》《三国志·蜀志·诸葛亮传》《事类赋》等均为海内少见的宋元刻本。天水市图书馆是以邵力子先生捐赠的图书为基础于 1940 年成立的,收有线装书 6.0869 万册,其中善本图书 30 多部。在高等院校系统中,线装书与善本书主要集中在西北师范大学图书馆(线装书 7.8841 万册,善本书 322 种)、兰州大学图书馆(线装书 2.9685 万册,善本书 86 种)、西北民族学院图书馆(线装书 6.915 万册,善本书 108 种)、甘肃中医学院图书馆(线装书 1.9592 万册,善本书 200 种)。其中西北师范大学图书馆收藏的嘉靖三十九年重刻本《敕修百丈清规》,西北民族学院图书馆收藏的明万历至清康熙年间用朱、墨、金粉三色精写的梵夹装藏文《大藏经》都是传世不多的珍品。

专利、标准、科技报告、声像资料等其他类型文献,是科研和生产的重要参考资料,近年来发展很快,主要集中在科研和生产系统。甘肃省科技情报研究所是全省的专利文献中心,它收藏 1984 年以后的美、英、法、瑞士等国,以及世界和欧洲的专利说明书,1986 年以后的西德专利说明书,1984 年以后的日本公开特许说明书,1985 年以后的中国专利说明书等,共达 159 万件之多。甘肃省计量标准情报研究所是全省标准文献中心,共收藏国内外各种标准 11.0251 万件,包括全套中国标准(GB)、英国标准(BS)、法国标准(NF)、苏联标准(ГОСТ)、德国标准(DIN)、日本工业标准(JIS)、美国国家标准学会(ANSI)标准、美国材料与试验学会(ASTM)标准,以及国际标准化组织(ISO)标准和国际电工委员会(IEC)电工标准。

从表 4 可以看出,汉文图书收藏数量高等院校系统居第一位,公共系统居第二位,科研系统和设计生产系统分别居第三位和第四位。外文图书收藏数量高等院校系统仍居第一位,科研系统则跃居第二位,数量高达 32.1479 万册,远远超过了居第三位公共系统的 14.7347 万册,居第四位的设计生产系统也仅比公共系统少 4.5206 万册。在公共系统图书馆中,除甘肃省图书馆之外,其他各馆都不收藏外文图书。

上述文献分布状况与全省文化、教育、科研各系统机构的数量与规模,各文献收藏单位的历史以及用户使用文献的特点是相一致的。第一,甘肃省高等院校数量较多,达 17 个,其中不少图书馆规模较大,或者初具规模,以此普通图书和报刊收藏均居各系统之首;第二,公共系统中省图书馆历史悠久,藏书丰富,但地市图书馆规模均小,不甚发达,除线装书和普通书收藏优势较大外,报刊和其他类型文献收藏均退居第三位;第三,科研系统中中国科学院兰州文献情报中心规模较大,甘肃省科技情报研究所、甘肃省计量标准情报研究所专利与标准文献收藏比较丰富,以此其他类型文献收藏占绝对优势,报刊收藏也仅次于高等院校系统而居第二位;第四,设计生产系统的各种文献收藏均相对较弱,这一方面反映了设计生产系统用户对文献需求不那么强烈，另一方面也与甘肃省大型骨干企业数量较少，经济不甚发达有关；第五，外文图书收藏高等院校系统和科研系统收藏较丰富，说明了外文图书的用户主要集中在高等院校和科研部门。

2. 各类型文献按地区的分布

表5、6、7分别列出了各类型文献、各文种普通图书和1988年全省订购国外及港澳台报刊按地区的分布状况。全省文献资源主要集中在兰州，以及张掖、酒泉、嘉峪关、白银、天水、庆阳等地区，特别是兰州集中了全省文献资源的绝大部分。从表5至表7可以看出，各类型文献有90.3%集中在兰州地区，其中普通图书为87%、线装书为86.7%、报刊为92.4%，其他类型文献为97.4%；在普通图书中，汉文图书为85.4%、西文图书为94.6%、俄文图书为91.7%、日文图书为94.4%；1988年订购的国外及港澳台报刊92.3%集中在兰州地区。越是与科学研究、高等教育、新产品新技术开发关系密切的文献，集中在兰州地区的程度越高，如中外文报刊、外文图书等集中在兰州地区的均达90%以上。

这种文献高度集中的状况，与全省各地经济的发达程度、城市规模的大小、文化教育科研机构的布局基本上是一致的。兰州是全省最大的工业基地，是一个以炼油、化工、石油机械、电力、有色金属冶炼为主，并兼有纺织、仪表、食品工业等各种行业结构的新兴城市。全省17所大专院校，除天水、庆阳、张掖、定西师专外，均集中在兰州地区。兰州还是国家的重要科研基地，有中国科学院属、国家各部委属、省业务厅局属和兰州市属自然科学和应用技术研究机构79个，从事科技活动的人员9513人，承担科研课题1766个，分别占全省的66.4%、73%、79%；有社会科学研究机构5个，从事科研活动人员231人，承担科研课题139个，分别占全省的71.4%、56.5%和98.6%。（表8、表9）

表 5　各类型文献按地区分布状况

地区＼数量＼类型＼文献		普通图书		线装书		报刊		其他类型文献①		积压文献②		总计	
		万册	比例（%）	万册	比例（%）	万册	比例（%）	万册	比例（%）	万册	比例（%）	万册	比例（%）
兰州地区		727.0344	87	62.8482	86.7	206.6097	92.4	326.0662	97.4	32.4961	100	1355.0546	90.3
兰州以外地区	张掖	21.0366		2.387		2.031		0		0		25.4546	
	酒泉	14.6552		0.2504		3.7296		7.6448		0		26.28	
	嘉峪关	16.042		0		1.9348		0.4232		0		18.4	
	白银	6.0043		0		4.4782		0.5429		0		11.0254	
	天水	33.7048		6.2661		3.8281		0.0049		0		43.8039	
	庆阳	20.4639		0.6824		0.9180		0.0154		0		22.0597	
	合计	111.9068	13	9.5659	13.2	16.9197	7.6	8.6312	2.6	0	0	147.0236	9.7
总计		838.9412		72.4141		223.5294		334.6974		32.4961		1502.0782	

①其他类型文献包括：专利、标准、产品样本、会议文献、科技报告、中文科技资料、科技档案、舆图与图谱、声像资料、机读资料和特藏等。

②指长期未整理上架供读者使用的文献。

表 6　普通图书按地区分布状况

文种/数量/地区		汉文		西文		俄文		日文		其他文		总计	
		万册	比例（%）	万册	比例（%）	万册	比例（%）	万册	比例（%）	万册	比例（%）	万册	比例（%）
兰州地区		614.4564	85.4	58.0456	94.6	38.8668	91.7	6.0942	94.4	9.5714	100	727.0344	87
兰州以外地区	张掖	20.8957		0.1409		0		0		0		21.0366	
	酒泉	10.7805		1.8853		1.8602		0.1292		0		14.6552	
	嘉峪关	14.4392		0.2488		1.3018		0.0522		0		16.0420	
	白银	5.0135		0.5657		0.2959		0.1292		0		6.0043	
	天水	33.2531		0.3612		0.0377		0.0528		0		33.7048	
	庆阳	20.2988		0.1653		0		0		0		20.4639	
	合计	104.6806	14.6	3.3672	5.4	3.4956	8.3	0.3634	5.6	0	0	111.9068	13
总计		719.137		61.4128		42.3624		6.4576		9.5714		838.9412	

表 7　1988 年全省订购国外及港台报刊按地区分布状况[①]

地区（数量／项目）		原版期刊		影印期刊		原版影印合计	
		年份	比例（%）	年份	比例（%）	年份	比例（%）
兰州地区		2371	94.7	18948	92	21319	92.3
兰州以外地区	武威	4		12		16	
	金昌	20		207		227	
	张掖	1		182		183	
	酒泉	37		120		157	
	白银	31		533		564	
	定西	10		113		123	
	临夏	18		59		77	
	甘南	0		39		39	
	天水	2		46		48	
	陇南	0		26		26	
	平凉	10		0		10	
	庆阳	0		302		302	
	合计	133	5.3	1639	8	1772	7.7
总计		2504		20587		23091	100

①宗捷等：《1988 年甘肃省外及港澳台报刊收订状况的分析报告》，载《图书与情报》，1989(1)35—39，34 页。

表 8　甘肃省 1987 年自然科学与应用技术研究机构、科技人员人数及承担课题数①

地区		机构数	科技人员数	承担课题数			
				上级下达课题数	委托课题数	自选课题数	合计
兰州地区	中国科学院属	6	2091	238	28	124	390
	国家各部委属	16	4481	451	49	187	687
	省业务厅局属	44	2572	381	131	117	629
	兰州市属	13	369	45	5	10	60
	合计	79	9513	1115	213	438	1766
兰州以外地区	庆阳	3	117	24	0	2	26
	平凉	5	1175	70	9	2	81
	天水	7	731	24	32	16	72
	陇南	4	71	25	2	0	27
	定西	2	154	11	0	1	12
	武威	3	186	27	0	4	31
	张 掖	5	250	34	2	5	41
	酒泉	3	74	21	0	9	30
	临夏	3	125	28	0	11	39
	甘南	4	97	5	1	9	15
	白银	1	569	34	36	26	96
	合计	40	3549	303	82	85	470
总计		119	13062	1418	295	523	2236

①根据 1987 年甘肃省科技统计资料汇编

表 9　甘肃省 1987 年社会科学研究机构、研究人员人数与承担课题数①

项目 数量 地区	机构数	科技人员	承担课题数			
			上级下达课题数	委托课题数	自选课题数	合计
兰州地区	5	231	30	23	86	139
兰州以外地区	2	178	1	0	1	2
总计	7	409	31	23	87	141

（三）普通图书按学科门类的分布状况

为了掌握全省所收文献的内容，我们依据《中图法》的 22 个大类对普通图书按学科门类的分布状况进行了统计，结果如表 10—1 和表 10–2。从两表可以看出，社会科学图书占 55%，为 466.9456 万册，自然科学图书占 45%，为 338.7121 万册。汉文图书中社会科学多，占 60%，为 434.5696 万册，其中文学类图书 149.1829 万册、历史地理类图书 59.4552 万册，政治法律、经济、文化科学教育体育、语言文字各类也都在 30 万册以上；自然科学图书只占 40%，为 378.7121 万册。外文图书正好相反，社会科学图书很少，仅 24.5954 万册，占 22%，除语言文字（11.036 万册）与文学（2.9629 万册）两类图书较多外，一般只有几千册到 1 万多册；自然科学图书则较多占 78%，为 85.6374 万册，除数理科学和化学（22.9974 万册）与工业技术（30.2067 万册）两类都在 20 万册以上之外，其他如天文学地球科学、生物科学、医药卫

①根据 1987 年甘肃省科技统计资料汇编。

表 10–1　普通图书(社科)按学科门类的分布状况(单位:万册)

类别 数量 文种	马列主义毛泽东思想	哲学	社会科学总论	政治法律	军事	经济	文化科学教育体育	语言文字	文学	艺术	历史地理
汉文	25.3931	22.0985	7.5287	36.5068	3.3066	35.4536	36.6939	30.8198	149.1829	28.0904	59.4952
西文	0.8217	0.6701	0.2413	0.7399	0.0471	0.6103	1.0037	8.0590	1.6854	0.4298	0.8982
俄文	0.6953	0.3205	0.0753	0.6324	0.0395	0.6578	0.5368	2.0897	1.1078	0.4751	1.0349
日文	0.0508	0.0632	0.0348	0.0844	0.0025	0.0854	0.1080	0.8873	0.1697	0.0614	0.1817
少数民族文	0.9866	0.3041	0.0251	1.5239	0.1796	0.1326	0.0751	0.9843	1.7989	0.3038	1.4667
总计	27.9475	23.4564	7.9052	39.4874	3.5753	36.9397	33.4175	42.8401	153.9447	29.3605	63.0713

表 10–2　普通图书(自科)按学科门类的分布状况(单位:万册)①

类别 数量 文种	自然科学总论	数理科学化学	天文学地球科学	生物科学	医药卫生	农业科学	工业技术	交通运输	航空航天	环境科学	综合性图书	社科自科各类合计
汉文	8.3767	52.8324	15.135	13.4216	42.2039	26.1965	107.3146	6.1975	0.8537	1.6837	17.2102	725.995
西文	0.5153	14.9479	2.3576	3.8115	5.8533	1.6776	14.1763	0.3525	0.063	0.4171	2.0396	61.4128
俄文	0.2457	7.1258	3.7113	2.2463	2.7291	3.0284	14.1104	0.7051	0.0886	0.0686	0.638	42.3624
日文	0.1079	0.9237	0.1773	0.3857	0.5226	0.3189	1.92	0.0388	0.009	0.064	0.2605	6.4576
少数民族文	0.8841	0.0783	0.0474	0.0785	0.2976	0.107	0.0213	0.0034	0	0.0002	0.1311	9.4296
总计	10.1297	75.9081	21.4286	19.9436	51.6065	31.3284	137.5426	7.2973	1.0143	2.2336	20.2794	845.6577

---

①合计栏数字“845.6577 万册”,包括甘肃省图书馆和兰州师专图书馆已分类的线装书“14.1616 万册”和“0.22 万册”,但未包括甘肃省科技情报研究所和嘉峪关市图书馆未分编的图书“6.2186 万册”和“1.3047 万册”,以及甘肃省图书馆未分类的盲文书“0.1418 万册”。因此,与表 3、表 4、表 5、表 6 的总计栏“838.9412 万册”不符。

生、农业科学各类也均在5万册以上。汉文图书社会科学多自然科学少,是因为汉文社会科学图书中,有相当一部分为文学艺术作品和普及读物;外文图书社会科学贫乏自然科学丰富,则与各文献收藏部门长期执行重自然科学轻社会科学的文献收集方针有密切关系。

报刊和其他类型文献没有按学科门类进行统计。一般来说,期刊按学科门类的分布状况大体上与中外文图书相似, 其他类型文献除少数为语言文字类读物外,则绝大部分属于自然科学各门类。

(四)全省文献资源整体能力和综合能力较强的文献收藏单位

全省各个文献收藏单位,在文献收藏方面,各有特点,互有短长。在文献类型方面,有的全面入藏,有的只入藏某一类型的文献;在学科内容方面,有的是综合的、多学科的,有的是单学科的;在文献时代方面,有的侧重于古代,有的侧重于现代;在文种方面,有的汉文图书丰富,有的以外文图书见长。为此,我们采用加权统计的方法,评价了各单位文献资源的整体能力和综合能力。具体办法是,分别列出普通图书、报刊、其他类型文献收藏量处于前10名的单位,按排名次序计分,即第1名计10分,第2名计9分,以下类推,并分别乘以0.5、0.3、0.2的权值,然后将三项得分相加,作为评价各单位文献资源整体能力和综合能力的依据,以综合得分重新排定名次,结果如表11。

从综合名次看, 整体能力和综合能力较强的首推几个综合性文献收藏单位,如甘肃省图书馆、西北师范大学图书馆和兰州大学图书馆,其次是几个多科性和单科性文献收藏单位,如中国科学院兰州文献情报中心、兰州铁道学院图书馆、甘肃农业大学图书馆、西北民族学院图书馆、兰州医学院图书馆、甘肃省科学技术情报研究所和国家地震局兰州地震研究所情报资料室, 因收藏较多的专利文献和地震图、地形图而分别排名第9和10。可以说,以上10个单位就是甘肃省整体能力和综合能力较强的十大文献资源中心。

表 11　甘肃省各文献收藏单位文献资源综合能力表

项目 / 数量 / 单位	普通图书			报刊			其他类型文献			综合得分	综合得分
	数量（万册）	名次	得分	种 数	名次	得分	数量（万册）	名次	得分		
甘肃省图书馆	145.9536	1	5	14485	1	3	14.2506	4	1.4	9.4	1
西北师范大学图书馆	126.5973	2	4.5	6216	4	2.1				6.6	2
兰州大学图书馆	85.5143①	3	4.0	10148	3	2.4				6.4	3
西北民族学院图书馆	48.1057	4	3.5							3.5	7
甘肃农业大学图书馆	42.5234	5	3.0	2635	8	0.9				3.9	6
兰州铁道学院图书馆	38.3265	6	2.5	2937	5	1.8				4.3	5
兰州医学院图书馆	34.266	7	2.0	2372	10	0.3				2.3	8
中国科学院兰州文献情报中心	34.2131	8	1.5	12702	2	2.7	21.8901	3	1.6	5.8	4

①兰州大学图书馆普通图书数量比实际藏书量偏低。

续表

项目 数量 单位	普通图书			报刊			其他类型文献			综合得分	综合得分
	数量（万册）	名次	得分	种 数	名次	得分	数量（万册）	名次	得分		
甘肃省委党校图书资料室	31.9917	9	1.0							1.0	
天水师范专科学校图书馆	26.7782	10	0.5							0.5	
甘肃教育学院图书馆				2818	6	1.5				1.5	
甘肃中医学院图书馆				2786	7	1.2				1.2	
甘肃工业大学图书馆				2505	9	0.6				0.6	
甘肃省科学技术情报研究所							162.7444	1	2	2 2	9
国家地震局兰州地震研究所情报资料室							70.7095	2	1.8	1.8	10
甘肃省计量标准情报研究所							12.2706	5	1.2	1.2	
中国科学院兰州冰川冻土研究所图书情报室							11.4363	6	1.0	1.0	

续表

项目/数量/单位	普通图书			报刊			其他类型文献			综合得分	综合得分
	数量（万册）	名次	得分	种数	名次	得分	数量（万册）	名次	得分		
核工业总公司404厂212科技图书馆							7.6448	7	0.8	0.8	
兰州石油化工机器厂技术图书馆							5.8318	8	0.6	0.6	
中国科学院兰州沙漠研究所图书情报室							5.1578	9	0.4	0.4	
中国科学院兰州化学物理研究所图书情报室							3.5852	10	0.2	0.2	

通过以上的分析，可以对甘肃省文献资源的状况得出如下认识：

(1)1949 年以后，特别是十一届三中全会以来，甘肃省的文献收藏数量增长很快，目前已经具备了一定的规模。

(2)这些文献资源，从系统来看，主要集中在高等院校系统、公共系统和科研系统，相对来说设计生产系统则较少；从地区来说，绝大部分集中在兰州地区，兰州以外的地区，或很薄弱，或为空白。

(3)这些文献资源，从学科内容来看，汉文图书社会科学多于自然科学，外文图书自然科学则有优势，社会科学相当贫乏。

(4) 在全省已经自然形成了 10 个整体能力与综合能力较强的文献资源中心。这 10 个文献资源中心，对甘肃省今后的文献资源建设具有举足轻重的作用。

二、甘肃省研究级学科文献资源状况

研究级学科文献资源状况是文献资源调查的重点。这次调查的 57 个文献收藏单位，具有研究级学科文献收藏的 34 个，连重复在内共计 168 个学科，包括哲学、政治、经济、文学、艺术、历史、自然科学、医学、农业、应用技术等各个重要领域。现以学科为序将每个研究级学科文献资源的基本状况(图书品种、期刊品种、相关学科期刊品种、其他类型文献品种、本馆自评、书目核查收藏率、引文收藏率)和支持研究决策能力的各种数据汇总成表 12。其中支持研究决策能力是根据全国文献调查课题组制定的《研究级学科文献完备程度及支持研究决策能力的评定办法》由省文献资源调查工作组自行评定的。

(一)学科结构　基本合理

中华人民共和国成立以来，全省经济、科学、教育的发展，形成了如下特点：

1. 工业上形成了以有色金属、石油化工、机械制造、电力工业为主,包括钢铁冶炼、建筑材料、煤炭、轻纺、医药、食品、电子工业在内的比较完整的工业体系,其中有些部门在国内具有一定地位。

2. 科学技术上形成了由中国科学院兰州分院各所、中央各部在甘的企事业部门、省属各部门,以及地县所属各部门的科研单位组成的多层次科研网络,地学、物理化学、原子核物理、草原、畜牧、兽医研究,以及石油化工、有色冶金、石油机械、真空技术、自动控制等学科和专业,在国内具有一定优势。

3. 高等教育上形成了包括哲经文史理工农医等 11 个学科门类,近百个系和 145 个专业的高等人才培养基地。在 17 个高等院校中,有 7 所院校 57 个学科、专业具有硕士学位授予权,其中兰州大学、甘肃农业大学、西北师范大学的 15 个学科(固体力学、有机化学、磁学、理论物理、原子核物理和核技术、天气动力学、自然地理学、生态学、细胞生物学、植物生理学、基础数学、家畜产科学、家畜解剖学、草原学和教学论)具有博士学位授予权。

全省研究级学科文献资源的学科结构,基本上反映了上述经济科学教育的发展特点。本省经济科学教育发展所需要的文献,都有一定程度的收藏。从表 12 可以看出,经过几十年的收集与积累,全省初步形成了如下研究级学科文献资源中心:(1)以甘肃省图书馆、兰州大学图书馆、西北师范大学图书馆、西北民族学院图书馆、兰州商学院图书馆、甘肃省委党校图书资料室和省社会科学院图书馆等为主的社会科学方面的研究级学科文献资源中心;(2)以兰州大学图书馆、西北师范大学图书馆,以及中国科学院兰州文献情报中心、中国科学院兰州化学物理研究所图书情报室和中国科学院兰州近代物理研究所图书情报室等为主的数理化学文献资源中心;(3)以中国科学院兰州文献情报中心、中国科学院兰州冰川冻土所、高原大气所、地质所等图书情报室,以及兰州大学图书馆、西北师范大学图书馆等为

表 12　全省研究级学科文献基本状况表

学科＼基本状况＼项目	单位名称	本学科图书品种	本学科期刊品种	相关学科期刊品种	其他类型文献品种	本馆自评	书目核查收藏率%	引用文献收藏率%	支持研究决策能力
马克思主义哲学（A1/8；B0–0）	甘肃省委党校图书资料室	3267	25	797	—	基本完备	78.1	89.5	6.6
中国哲学（B2）	甘肃省图书馆	1423	7	117	—	基本完备	126	90	7.6
	甘肃省社会科学院图书馆	1756	56	—	170	勉强够用	41.9	75.9	6.15
心理学（B84；G44）	西北师范大学图书馆	1408	32	104	—	基本完备	81.5	49.1	6.85
宗教（B9）	甘肃省图书馆	8791	5	16	7703	基本完备	181	19.5	6.7
	西北民族学院图书馆	345	60	25	—	勉强够用	72.5	73.7	6.05

续表

项目 基本状况 学科	单位名称	本学科图书品种	本学科期刊品种	相关学科期刊品种	其他类型文献品种	本馆自评	书目核查收藏率%	引用文献收藏率%	支持研究决策能力
民族学（C912.5）	西北民族学院图书馆	310	202	50	—	基本完备	60.6	74.9	6.5
人口学（C92）	甘肃省图书馆	246	7	24	—	勉强够用	181	68.3	5.35
共产主义运动（D1/4）	西北师范大学图书馆	1903	47	156	—	勉强够用	40	49.5	5.5
	甘肃省委党校图书资料室	2396	84	687	—	勉强够用	56.4	79.5	6
中国政治（D6）	甘肃省图书馆	2401	30	158	—	基本完备	123	97.8	7.45
	甘肃省社会科学院图书馆	442	375	—	—	残缺不全	46.9	89.7	5.05

续表

项目 基本状况 学科	单位名称	本学科图书品种	本学科期刊品种	相关学科期刊品种	其他类型文献品种	本馆自评	书目核查收藏率%	引用文献收藏率%	支持研究决策能力
中国军事（E2）	甘肃省图书馆	688	16	9	—	勉强够用	133	92.5	6.85
政治经济学（F0）	兰州大学图书馆	1461	95	132	—	勉强够用	55	79.2	6.7
	西北师范大学图书馆	1441	54	111	—	勉强够用	67.6	41.2	5.95
	兰州商学院图书馆	2090	36	250	20	基本完备	67.57	60.83	6.4
中国经济（F092;F12）	甘肃省图书馆	1330	30	214	—	基本完备	141	66.8	7.15
	甘肃省社会科学院图书馆	385	439	—	—	勉强够用	57.5	92.8	5.85

续表

项目 基本状况 学科	单位名称	本学科图书品种	本学科期刊品种	相关学科期刊品种	其他类型文献品种	本馆自评	书目核查收藏率%	引用文献收藏率%	支持研究决策能力
经济计划与管理（F2）	兰州商学院图书馆	4305	156	197	5	基本完备	77.24	53.25	6.5
	兰州大学图书馆	457	25	25	—	基本完备	104	71	6.85
贸易经济（F7）	兰州商学院图书馆	2303	41	248	25	勉强够用	67.38	44.63	6.05
财政金融（F8）	兰州商学院图书馆	1332	65	230	—	勉强够用	189.74	53.4	6.2
教育学（G4/7）	西北师范大学图书馆	9523	386	463	—	基本完备	51.3	22.6	6.25
体育（G8）	西北师范大学图书馆	1835	75	174	—	基本完备	50.2	54.2	5.75

续表

学科 \ 基本状况 \ 项目	单位名称	本学科图书品种	本学科期刊品种	相关学科期刊品种	其他类型文献品种	本馆自评	书目核查收藏率%	引用文献收藏率%	支持研究决策能力
汉语（H1）	兰州大学图书馆	1889	22	29	—	勉强够用	61.5	76.7	6.7
	西北师范大学图书馆	1833	46	57	—	基本完备	49.4	63.1	6.55
英语语言文学（H31;I561;I712）	兰州大学图书馆	6150	25	31	—	勉强够用	78	50.4	6.2
	西北师范大学图书馆	5345	39	72	—	基本完备	52.4	47.5	5.9
中国文学（I2）	甘肃省图书馆	38847	399	253	—	基本完备	73	79.3	7.3
	西北师范大学图书馆	15328	292	78	—	基本完备	143.2	91.2	7.3
	甘肃省社会科学院图书馆	1220	184	—	110	勉强够用	44.6	83.8	5.7
	兰州大学图书馆	13327	410	44	—	勉强够用	38.8	61.4	6.7

续表

项目 基本状况 学科	单位名称	本学科图书品种	本学科期刊品种	相关学科期刊品种	其他类型文献品种	本馆自评	书目核查收藏率%	引用文献收藏率%	支持研究决策能力
中国少数民族文学(I29)	西北民族学院图书馆	284	246	—	—	基本完备	90.3	77.2	6.6
美术（J0/5）	西北师范大学图书馆	4202	57	165	—	勉强够用	53.9	16.3	5.6
音乐（J6）	西北师范大学图书馆	4867	36	151	—	基本完备	54.5	6.55	5.75
中国古代史（K21/24）	甘肃省图书馆	1884	8	86	—	基本完备	226	78	7.9
	兰州大学图书馆	895	19	25	—	基本完备	75	85.3	7.15
	西北师范大学图书馆	1481	59	128	—	勉强够用	43.6	87.7	6.55

续表

基本状况 项目 / 学科	单位名称	本学科图书品种	本学科期刊品种	相关学科期刊品种	其他类型文献品种	本馆自评	书目核查收藏率%	引用文献收藏率%	支持研究决策能力
中国近现代史（K25/27）	西北师范大学图书馆	2482	67	168	—	基本完备	57.8	74	8.85
考古学（K85）	甘肃省图书馆	1119	15	26	—	勉强够用	65	65.8	6.7
敦煌学（K870.6）	甘肃省图书馆	150	3	92	—	基本完备	71.4	84	7.45
民族史志（K28）	西北民族学院图书馆	617	130	40	—	勉强够用	78	74	6.8
人文地理（K9）	西北师范大学图书馆	2530	32	43	—	基本完备	34	52.7	6.25
西北地区研究	甘肃省图书馆	9289	1005	650	106	基本完备	105	88	8.25
新疆研究	甘肃省图书馆	816	64	105	—	基本完备	97.6	63.1	7.45

续表

项目 基本状况 学科	单位名称	本学科图书品种	本学科期刊品种	相关学科期刊品种	其他类型文献品种	本馆自评	书目核查收藏率%	引用文献收藏率%	支持研究决策能力
基础数学（O1/O23）	西北师范大学图书馆	5630	40	90	—	基本完备	76.3	39.8	6.35
代数（O151/155）	兰州大学图书馆	756	160	244	—	基本完备	43	85.8	6.65
数学分析（O17）	兰州大学图书馆	628	23	42	—	勉强够用	74	85.4	6.65
计算数学（O24;TP31）	西北师范大学图书馆	926	21	90	—	勉强够用	85.7	44.8	6.35
计算数学（O24）	兰州大学图书馆	733	213	358	—	勉强够用	67	89.6	6.8
力学（O3）	兰州铁道学院图书馆	1961	62	—	16	基本完备	76	63.5	6.5
	甘肃工业大学图书馆	841	26	10	587	基本完备	45	47.5	5.75
固体力学（O34）	兰州大学图书馆	680	74	112	—	勉强够用	87.5	50.8	6.2

续表

学科 \ 基本状况 \ 项目	单位名称	本学科图书品种	本学科期刊品种	相关学科期刊品种	其他类型文献品种	本馆自评	书目核查收藏率%	引用文献收藏率%	支持研究决策能力
物理学（O4）	中国科学院兰州文献情报中心	9684	604	466	—	基本完备	40.8	78.53	7
理论物理学（O41）	兰州大学图书馆	1789	246	378	—	勉强够用	92	69.3	6.9
磁学（O441；O482.5）	西北师范大学图书馆	897	23	94	—	基本完备	116	7.9	6.65
	兰州大学图书馆	423	52	80	—	残缺不全	91	64.7	6.35
固体物理学（O48）	兰州大学图书馆	462	170	306	—	勉强够用	153	81.7	6.65

续表

学科＼基本状况＼项目	单位名称	本学科图书品种	本学科期刊品种	相关学科期刊品种	其他类型文献品种	本馆自评	书目核查收藏率%	引用文献收藏率%	支持研究决策能力
原子核物理与核技术（O57;TL）原子核物理（O571）	兰州大学图书馆	2432	232	314	—	勉强够用	62	52.9	6.2
	中国科学院近代物理研究所图书情报室	2306	218	377	26499	基本完备	178	95	7.75
化学（O6）	甘肃省图书馆	10056	230	218	—	基本完备	124	22.9	6.4
	中国科学院兰州文献情报中心	9112	641	299	—	基本完备	36.6	70.28	6.7
	中国科学院兰州化学物理研究所图书情报室	7612	309	324	—	基本完备	67.5	—	7.1
	化工部涂料工业研究所图书馆	3365	303	45	—	基本完备	22	73	5.9

续表

学科 \ 基本状况 \ 项目	单位名称	本学科图书品种	本学科期刊品种	相关学科期刊品种	其他类型文献品种	本馆自评	书目核查收藏率%	引用文献收藏率%	支持研究决策能力
无机化学（061）	兰州大学图书馆	1249	278	421	—	基本完备	98	85.1	7.1
放射化学（0615）	核工业总公司404厂212科技图书馆	1805	36	80	4771	基本完备	98	62	7.3
有机化学（062）	兰州大学图书馆	2387	285	447	—	基本完备	109	72.6	7.1
	西北师范大学图书馆	816	12	72	—	勉强够用	111	45.6	6.05
物理化学（064）	兰州大学图书馆	969	334	391	—	勉强够用	67	51.9	6.35
	西北师范大学图书馆	1181	6	78	—	基本完备	104	26.7	6.2

续表

项目 基本状况 学科	单位名称	本学科图书品种	本学科期刊品种	相关学科期刊品种	其他类型文献品种	本馆自评	书目核查收藏率%	引用文献收藏率%	支持研究决策能力
分析化学(O65)	兰州大学图书馆	2148	306	486	—	基本完备	110	71.4	6.95
	西北师范大学图书馆	1036	13	62	—	完备	93	51.01	6.8
	核工业总公司 404 厂 212 科技图书馆	1277	155	137	37059	基本完备	141.3	66	7.35
地球科学（P2/5）	中国科学院兰州文献情报中心	16997	1070	462	151	基本完备	42.95	59.99	5.8
地球物理学（P3）	国家地震局兰州地震研究所情报资料室	1935	189	349	—	基本完备	65.4	76.6	6.6

续表

学科 \ 基本状况 \ 项目	单位名称	本学科图书品种	本学科期刊品种	相关学科期刊品种	其他类型文献品种	本馆自评	书目核查收藏率%	引用文献收藏率%	支持研究决策能力
冰川学（P343.6）	中国科学院兰州冰川冻土研究所图书情报室	880	13	314	3078	完备	67	48	6.95
气象学（P4）	兰州大学图书馆	2400	173	221	—	勉强够用	118	62.5	6.2
	中国科学院高原大气物理研究所图书情报室	2475	236	356	—	基本完备	—	61.4	6.45
地质学（P5）	甘肃省图书馆	7074	115	223	—	勉强够用	106	38.3	6.1
	中国科学院兰州地质研究所信息室	2510	153	—	—	基本完备	42.9	19.28	5.75

续表

项目/基本状况/学科	单位名称	本学科图书品种	本学科期刊品种	相关学科期刊品种	其他类型文献品种	本馆自评	书目核查收藏率%	引用文献收藏率%	支持研究决策能力
水文地质与工程地质（P64）	兰州大学图书馆	1099	195	264	—	基本完备	57	36.5	6.2
自然地理学（P9，X15）	西北师范大学图书馆	850	34	79	—	基本完备	98.6	37.1	6.55
地貌与第四世纪地质（P931；P534.63）	兰州大学图书馆	1526	31	66	—	勉强够用	31	67.4	6.05
细胞学（Q2）	兰州大学图书馆	1256	63	84	—	勉强够用	66.7	—	7.15
生物化学（Q5）	兰川大学图书馆	1624	200	191	—	勉强够用	91	69.2	6.7
	兰州医学院图书馆	1652	41	1556	—	基本完备	88.2	48	6.5

续表

项目 基本状况 学科	单位名称	本学科图书品种	本学科期刊品种	相关学科期刊品种	其他类型文献品种	本馆自评	书目核查收藏率%	引用文献收藏率%	支持研究决策能力
古生物学（Q91）	兰州大学图书馆	516	47	55	—	勉强够用	86	61.8	6.25
植物学（Q94）	兰州大学图书馆	2665	183	237	—	勉强够用	65	47.1	6.7
	西北师范大学图书馆	1874	56	95	—	基本完备	89.7	34.8	6.4
	甘肃省草原生态研究所情报室	535	100	40	—	基本完备	25	39.87	5.4
动物学（095）	西北师范大学图书馆	1628	39	112	—	勉强够用	90.4	30.2	6.1

续表

项目 基本状况 学科	单位名称	本学科图书品种	本学科期刊品种	相关学科期刊品种	其他类型文献品种	本馆自评	书目核查收藏率%	引用文献收藏率%	支持研究决策能力
中国医学（R2）	甘肃省图书馆	4030	92	114	—	勉强够用	126	51.3	6.85
	甘肃中医学院图书馆	3163	179	1159	6709	基本完备	60	92	7.1
基础医学（R3）	兰州医学院图书馆	5066	100	1593	—	基本完备	153.2	67.2	6.8
临床医学（R4）	兰州医学院图书馆	2304	57	1585	—	基本完备	119.5	55.5	6.8
内科学（R5）	甘肃省图书馆	4851	222	195	—	基本完备	117	43.9	6.7
	兰州医学院图书馆	5367	136	1472	—	基本完备	116.1	67.3	7.25

续表

项目 基本状况 学科	单位名称	本学科图书品种	本学科期刊品种	相关学科期刊品种	其他类型文献品种	本馆自评	书目核查收藏率%	引用文献收藏率%	支持研究决策能力
地方病（R599）	甘肃省地方病研究所图书馆	484	203	93	19	勉强够用	35.5	22.75	5.1
外科学（R6）	甘肃省图书馆	1946	70	164	—	勉强够用	78	40	5.95
	兰州医学院图书馆	3064	94	1521	—	基本完备	132.4	68.1	7.1
骨科学（R68）	兰州陆军总医院图书馆	1666	23	63	10500	基本完备	44	53.3	6.15
泌尿科学（R69）	兰用陆军总医院图书馆	1355	15	61	—	基本完备	43	57.8	6.15
妇产科学（R71）	兰州医学院图书馆	971	31	1576	—	基本完备	85	52.4	6.5

续表

学科 \ 基本状况 \ 项目	单位名称	本学科图书品种	本学科期刊品种	相关学科期刊品种	其他类型文献品种	本馆自评	书目核查收藏率%	引用文献收藏率%	支持研究决策能力
儿科学（R72）	兰的医学院图书馆	981	28	1572	—	基本完备	85.6	38.9	6.35
肿瘤学（R73）	兰的医学院图书馆	1316	46	1583	—	基本完备	130	76.1	7.05
	甘肃省新医药学研究所图书馆	853	275	118	—	基本完备	50	69	6.7
眼科学（R77）	兰州医学院图书馆	707	19	1580	—	勉强够用	90	62.6	6.65
放射医学（R81）	兰州医学院图书馆	1029	44	1552	—	基本完备	152.9	64.6	6.8

续表

项目 基本状况 学科	单位名称	本学科图书品种	本学科期刊品种	相关学科期刊品种	其他类型文献品种	本馆自评	书目核查收藏率%	引用文献收藏率%	支持研究决策能力
药物学(R9)	兰州医学院图书馆	3528	101	1537	—	勉强够用	101.3	60	6.95
	甘肃中医学院图书馆	778	90	1282	735	基本完备	80	81	6.75
	甘肃省新医药学研究所图书馆	779	101	53	—	基本完备	22.7	61	5.7
农业土壤化学（S13/15）	甘肃农业大学图书馆	2023	46	685	693	勉强够用	51.92	42.8	6.05
农业机械（S21/24）	甘肃农业大学图书馆	1561	51	421	395	残缺不全	28.83	32.2	5.25
农田水利工程（S27/29;TV）	甘肃农业大学图书馆	1125	30	307	276	残缺不全	24.63	29.07	5

续表

项目 基本状况 学科	单位名称	本学科图书品种	本学科期刊品种	相关学科期刊品种	其他类型文献品种	本馆自评	书目核查收藏率%	引用文献收藏率%	支持研究决策能力
农学（S3;S5）	甘肃农业大学图书馆	3089	90	740	1163	勉强够用	48.33	44.91	6.35
植物保护（S4）	甘肃农业大学图书馆	1974	47	718	999	勉强够用	35.81	45.7	6.25
园艺（S6）	甘肃农业大学图书馆	1627	29	683	722	勉强够用	30.83	65.41	6.25
林业（S7）	甘肃农业大学图书馆	2080	49	563	681	勉强够用	43.54	24.87	5.45
草原学（S81）	甘肃省草原生态研究所情报室	313	224	90	—	基本完备	20.3	43.4	5.25
	甘肃农业大学图书馆	567	24	691	648	基本完备	69.57	66.45	6.8

续表

项目 基本状况 学科	单位名称	本学科图书品种	本学科期刊品种	相关学科期刊品种	其他类型文献品种	本馆自评	书目核查收藏率%	引用文献收藏率%	支持研究决策能力
畜牧（S81/83）	甘肃省图书馆	1464	59	58	—	勉强够用	52	18.6	5.35
	甘肃农业大学图书馆	8724	325	673	550	基本完备	37.99	64.7	6.65
兽医（S85）	甘肃省图书馆	3143	41	63	—	勉强够用	85.4	26.2	5.5
	甘肃农业大学图书馆	3795	66	904	527	勉强够用	51.79	47.21	6.35
	中国农业科学院兰州兽医研究所图书馆	2290	61	601	—	勉强够用	69.4	65	6.2

续表

项目 基本状况 学科	单位名称	本学科图书品种	本学科期刊品种	相关学科期刊品种	其他类型文献品种	本馆自评	书目核查收藏率%	引用文献收藏率%	支持研究决策能力
矿业工程（TD）	西北矿冶研究院情报室	1488	92	—	177	勉强够用	14	50.7	5.4
	兰州有色冶金设计院情报室	1782	141	161	—	基本完备	29.79	32	5.6
石油天然气工业（TE）	甘肃省图书馆	4202	170	143	—	基本完备	174	32	6.4
	兰州炼油化工总厂研究所图书馆	466	212	430	15101	基本完备	381.3	19.6	6.15
冶金工业（TF）	甘肃省图书馆	5693	204	160	—	基本完备	123	31.8	6.25
	酒钢图书馆	969	105	516	166	勉强够用	25.93	38.64	5.9
	西北矿冶研究院情报室	2139	162	—	51	勉强够用	6.7	24.8	5.35

续表

项目 基本状况 学科	单位名称	本学科图书品种	本学科期刊品种	相关学科期刊品种	其他类型文献品种	本馆自评	书目核查收藏率%	引用文献收藏率%	支持研究决策能力
金属学、金属工艺学（TG）	甘肃省图书馆	9286	271	188	—	勉强够用	96	30.3	6.1
	兰州石油化工机器厂技术图书馆	5645	162	72	19196	基本完备	135.19	64.53	6.6
	酒钢图书馆	3607	113	398	762	勉强够用	22.09	40.31	5.25
金属学、热处理（TG1）	甘肃工业大学图书馆	871	—	—	601	基本完备	62	39.8	6.2
焊接（TG4）	甘肃工业大学图书馆	549	33	15	159	基本完备	54	43.2	6.35

续表

项目 基本状况 学科	单位名称	本学科图书品种	本学科期刊品种	相关学科期刊品种	其他类型文献品种	本馆自评	书目核查收藏率%	引用文献收藏率%	支持研究决策能力
机械仪表工业（TH）	甘肃省图书馆	11408	342	281	—	勉强够用	200	45.6	6.55
	甘肃工业大学图书馆	1128	195	12	1061	基本完备	82	61.7	6.85
	兰州石油化工机器厂技术图书馆	8087	254	184	32548	基本完备	140.63	66.54	6.6
	兰州铁道学院图书馆	1909	180	—	374	基本完备	59	51	6.35
机械摩擦、磨损与润滑（TH117）	中国科学院兰州化学物理研究所图书情报室	417	21	76	—	基本完备	84.6	64.7	7
动力工程（TK）	兰州西固热电厂科技档案室	644	28	24	4151	勉强够用	103.5	55.6	6.15

续表

学科 \ 基本状况 \ 项目	单位名称	本学科图书品种	本学科期刊品种	相关学科期刊品种	其他类型文献品种	本馆自评	书目核查收藏率%	引用文献收藏率%	支持研究决策能力
热力工程、热机（TK1/6）	兰州铁道学院图书馆	1387	241	—	176	基本完备	57	37.8	6.35
原子能技术（TL）	核工业总公司404厂212科技图书馆	1835	253	208	33468	基本完备	162.9	71	7.3
电工技术（TM）	甘肃省图书馆	8890	272	167	—	勉强够用	155	88.6	6.4
	兰州西固热电厂科技档案室	556	42	29	3417	基本完备	58.3	47	6.05
无线电电子学（TN）	甘肃省图书馆	12430	478	155	—	勉强够用	144	25.1	6.25
	西北师范大学图书馆	4588	35	83	—	勉强够用	56.4	33.6	5.65
	中国科学院兰州文献情报中心	4326	246	108	—	基本完备	47.79	38.7	6.25

续表

项目 基本状况 学科	单位名称	本学科图书品种	本学科期刊品种	相关学科期刊品种	其他类型文献品种	本馆自评	书目核查收藏率%	引用文献收藏率%	支持研究决策能力
通讯（TN91/92）	兰州铁道学院图书馆	1450	132	—	321	基本完备	94	38.2	6.65
自动化技术、计算技术（TP）	甘肃省图书馆	4115	92	111	—	勉强够用	124	38.6	5.95
	中国科学院兰州文献情报中心	4565	271	126	—	基本完备	45.5	41.6	6.4
自动化技术（TP1/2）	甘肃工业大学图书馆	652	51	16	86	基本完备	83	41.5	6.2
	兰州铁道学院图书馆	2573	433	—	1337	基本完备	79	51.3	6.55

续表

项目 / 基本状况 / 学科	单位名称	本学科图书品种	本学科期刊品种	相关学科期刊品种	其他类型文献品种	本馆自评	书目核查收藏率%	引用文献收藏率%	支持研究决策能力
化学工业（TQ）	甘肃省图书馆	11885	541	224	—	勉强够用	139	31.1	6.4
	中国科学院兰州文献情报中心	3671	998	421	—	基本完备	22.64	52.44	6.4
	中国科学院兰州化学物理研究所图书情报室	2485	201	168	—	基本完备	38.2	64.6	6.35
	化工部涂料工业研究院图书馆	2800	454	66	—	基本完备	31	29	5.75
高分子化合物工业（TQ31）	兰州化学工业公司化工研究院图书馆	2379	248	619	24573	基本完备	30.1	79	6.5

续表

项目 基本状况 学科	单位名称	本学科图书品种	本学科期刊品种	相关学科期刊品种	其他类型文献品种	本馆自评	书目核查收藏率%	引用文献收藏率%	支持研究决策能力
轻工业、手工业（TS）	甘肃省图书馆	5953	211	144	—	勉强够用	114	23.4	5.6
建筑科学（TU）	甘肃工业大学图书馆	2501	165	16	564	基本完备	57	48.5	6.35
	兰州铁道学院图书馆	2600	247	—	321	基本完备	73	45.5	6.8
	铁道部第一勘测设计院科技情报室	1922	524	—	9622	基本完备	51	20	5.55
铁道运输（U2）	兰州铁道学院图书馆	2763	216	—	1947	基本完备	64	55.7	6.5

续表

项目 基本状况 学科	单位名称	本学科图书品种	本学科期刊品种	相关学科期刊品种	其他类型文献品种	本馆自评	书目核查收藏率%	引用文献收藏率%	支持研究决策能力
环境科学(X)	甘肃省图书馆	1504	60	46	—	勉强够用	109	35.2	6.1
	中国科学院兰州文献情报中心	873	112	59	—	基本完备	18.57	57.22	6.25
	兰州铁道学院图书馆	1158	138	—	442	基本完备	56	45.8	5.9

①本表所列不包括中国科学院兰州沙漠研究所图书情报室，兰州 510 研究所图书馆和兰州生物制品研究所图书馆的研究级学科文献，以上三单位未报调查材料。

②支持研究决策能力数值比实际能力偏低。

主的地学和生物学文献资源中心;(4)以兰州医学院图书馆、甘肃中医学院图书馆、甘肃省图书馆等为主的医学文献资源中心;(5)以甘肃农业大学图书馆、甘肃省草原生态研究所情报室、中国农业科学院兰州兽医研究所图书馆为主的农业科学文献资源中心;(6)以甘肃省图书馆、甘肃工业大学图书馆、兰州铁道学院图书馆,以及一批厂矿图书情报室为主的工业技术文献资源中心。

(二)分布状况　高度集中

研究级学科文献资源分布状况如表 13。按地区分,兰州 161 个,兰州以外地区 7 个;按系统分,文化系统 29 个、高等院校系统 95 个、科研系统 30 个、设计生产系统 14 个;按单位分,甘肃省图书馆 29 个、兰州大学图书馆 25 个、西北师范大学图书馆 23 个、兰州医学院图书馆 11 个、甘肃农业大学图书馆 10 个、兰州铁道学院图书馆 8 个、甘肃工业大学图书馆 6 个、中国科学院兰州文献情报中心 7 个,其他 26 个单位大多数只有一两个研究级学科。全省研究级学科文献资源的分布特点是,高度集中在兰州,高度集中在高等院校、科研和文化系统,高度集中在少数几个文献收藏单位。

(三)各自为政　重复布点

从表 14 可以看出,历史类重复率最低,为 125%,工业技术类重复率最高,为 268%,平均重复率高达 173.2%。其中,同时被四个单位定为研究级学科的有中国文学(I2)、化学(O6)、机械仪表工业(TH)、化学工业(TQ)4 个学科;同时被三个单位定为研究级学科的有政治经济学(F0)、中国古代史(K21/24)、植物学(Q94)、药物学(R9)、兽医(S85)、冶金工业(TF)、金属和金属工艺学(TG)、无线电电子学(TN)、建筑科学(TU)和环境科学(X)等 10 个学科。应当指出,由于各单位所确定的研究级学科范围大小不一致,部分重叠交叉,大学科套小学科,因此实际的重复率比 173.2%还要高。如,中国科学院兰州文献情

表 13 全省研究级学科按系统和单位统计表

系统和单位	数量 / 类别	马列哲学政治军事	经济	教育语言文学艺术	历史	数理化	天地生	医学	农业	应用技术	合计
文化系统	甘肃省图书馆	5	1	1	5	1	1	3	2	10	29
	合计	5	1	1	5	1	1	3	2	10	29
高校系统	兰州大学图书馆	0	2	3	1	12	7	0	0	0	25
	西北师范大学图书馆	2	1	7	3	6	3	0	0	1	23
	甘肃工业大学图书馆	0	0	0	0	1	0	0	0	5	6
	甘肃农业大学图书馆	0	0	0	0	0	0	0	10	0	10
	兰州医学院图书馆	0	0	0	0	0	1	10	0	0	11
	甘肃中医学院图书馆	0	0	0	0	0	0	2	0	0	2
	兰州铁道学院图书馆	0	0	0	0	1	0	0	0	7	8
	兰州商学院图书馆	0	4	0	0	0	0	0	0	0	4
	西北民族学院图书馆	2	0	1	1	0	0	0	0	0	4
	甘肃省委党校图书资料室	2	0	0	0	0	0	0	0	0	2
	合计	6	7	11	5	20	12	12	13	13	95

续表

系统和单位（数量/类别）		马列哲学政治军事	经济	教育语言文学艺术	历史	数理化	天地生	医学	农业	应用技术	合计
设计生产系统	兰州有色冶金设计院情报室	0	0	0	0	0	0	0	0	1	1
	酒钢图书馆	0	0	0	0	0	0	0	0	2	2
	兰州石油化工机器厂技术图书馆	0	0	0	0	0	0	0	0	2	2
	西固热电厂科技档案室	0	0	0	0	0	0	0	0	2	2
	核工业总公司 404 厂 212 科技图书馆	0	0	0	0	2	0	0	0	1	3
	兰州炼油化工总厂研究所图书馆	0	0	0	0	0	0	0	0	1	1
	铁道部第一勘测设计院科技情报室	0	0	0	0	0	0	0	0	1	1
	兰州军区兰州陆军总医院图书馆	0	0	0	0	0	0	2	0	0	2
	合计	0	0	0	0	2	0	2	0	10	14

续表

系统和单位 \ 数量 \ 类别		马列哲学政治军事	经济	教育语言文学艺术	历史	数理化	天地生	医学	农业	应用技术	合计
科研系统	中国科学院兰州文献情报中心	0	0	0	0	2	1	0	0	4	7
	中国科学院兰州近代物理研究所图书情报室	0	0	0	0	1	0	0	0	0	1
	中国科学院兰州化学物理研究所图书情报室	0	0	0	0	1	0	0	0	2	3
	中国科学院兰州冰川冻土研究所图书情报室	0	0	0	0	0	1	0	0	0	1
	中国科学院高原大气研究所图书情报室	0	0	0	0	0	1	0	0	1	1
	中国科学院兰州地质研究所信息室	0	0	0	0	0	1	0	0	0	1
	国家地震局兰州地震研究所情报资科室	0	0	0	0	0	1	0	0	0	1
	甘肃省草原生态研究所情报室	0	0	0	0	0	1	0	1	0	2

续表

系统和单位	数量 类别	马列哲学政治军事	经济	教育语言文学艺术	历史	数理化	天地生	医学	农业	应用技术	合计
科研系统	中国农业科学院兰州兽医研究所图书馆	0	0	0	0	0	0	0	1	0	1
	甘肃省地方病研究所图书馆	0	0	0	0	0	0	1	0	0	1
	甘肃省新医药学研究所图书馆	0	0	0	0	0	0	2	0	0	2
	化工部涂料工业研究所图书馆	0	0	0	0	1	0	0	0	1	2
	兰州化学工业公司化工研究院图书馆	0	0	0	0	0	0	0	0	1	1
	甘肃省社会科学院图书馆	2	1	1	0	0	0	0	0	0	4
	西北矿业研究院情报室	0	0	0	0	0	0	0	0	2	2
	合计	2	1	1	0	5	6	3	2	10	30
总计		13	9	13	10	28	18	20	14	43	166

报中心定物理学(O4)为研究级学科,兰州大学图书馆、西北师范大学图书馆、中国科学院兰州近代物理所图书情报室把理论物理学(O41)、磁学(O441;O482.5)、固体物理学(O48)、原子核物理(O57)等也定为研究级学科。再如甘肃省图书馆等4个单位把化学(O6)定为研究级学科,兰州大学图书馆、西北师范大学图书馆、核工业总公司404厂212科技图书馆等单位把无机化学(O61)、放射化学(O615)、有机化学(O62)、物理化学(O64)、分析化学(O65)也定为研究级学科,实际上前者与后者也是重复的。通过以上分析看出,全省研究级学科文献资源建设完全处于自然发展状态,缺乏整体规划和横向协调,各自为政,自发设点,自然分布,是在低水平上进行重复建设。

(四)支持研究决策能力偏低

支持研究决策能力,是根据总藏书情况、本学科收藏的发展趋势及经费保证情况、本学科文献概貌、本学科书目核查收藏率、本学科引文收藏率、本学科用户评价和本馆自评等6个方面所得分数,并分别乘以0.20、0.15、0.15、0.15、0.15、0.20的权值,然后将所得数值相加得出来的。表15分7个档次对各研究级学科文献资源支持研究决策的能力进行了统计。根据表12和表15的资料,并结合全省经济、科学、教育发展对文献资源的需求,我们可以按支持研究决策能力较强、较弱和无能力等三种情况对全省的研究级学科文献资源进行分类。现将分类情况按哲学、社会科学,自然科学、医学、农业科学,工业技术分列于后。

1. 哲学、社会科学

(1)支持研究决策能力较强的有:

甘肃省图书馆:中国哲学(7.6)、宗教(6.7)、中国政治(7.45)、中国军事(6.85)、中国经济(7.15)、中国文学(7.3)、中国古代史(7.9)、考古学(6.7)、敦煌学(7.45)、西北地区研究(8.25)、新疆研究(7.45)。

表 14 全省研究级学科自然布点重复率统计

类别 数量 项目	哲学政治军事	经济	教育语言文学艺术	历史	数理化	天地生	医学	农业	工业技术	合计
研究级学科数目	9	5	8	8	14	13	14	10	16	97
自然布点的研究级学科数目	13	9	13	10	28	18	20	14	43	168
重复率(%)	144.4	180	162.5	125	200	138.5	142.9	140	268.8	173.2

西北师范大学图书馆：心理学(6.85)、汉语(6.55)、中国文学(7.3)、中国古代史(6.55)、中国近现代史(6.85)。

兰州大学图书馆：政治经济学(6.7)、经济计划与管理(6.85)、汉语(6.7)、中国文学(6.7)、中国古代史(7.15)。

西北民族学院图书馆：中国少数民族文学(6.6)、民族史志(6.8)。

甘肃省委党校图书资料室：马克思主义哲学(6.6)。

(2)支持研究决策能力较弱的

甘肃省图书馆：人口学(5.35)。

西北师范大学图书馆：共产主义运动(5.5)、政治经济学(5.95)、教育学(6.25)、体育(5.75)、英语语言文学(5.9)、美术(5.6)、音乐(5.75)、人文地理(6.25)。

兰州大学图书馆：英语语言文学(6.2)。

表 15 各研究级学科文献支持研究与决策能力统计表

类别 \ 项目 数量	8.0 以上	7.5 以上~8.0	7.0 以上~7.5	6.5 以上~7.0	6.0 以上~6.5	5.5 以上~6.0	5.0 以上~5.5	合计
马列、哲学 政治、军事	0	1	1	4	3	1	3	13
经济	0	0	1	2	4	2	0	9
教育、体育、语言、文学、艺术	0	0	2	4	2	5	0	13
历史	1	1	3	4	1	0	0	10
数理化	0	1	5	11	9	2	0	28
天地生	0	0	1	5	9	2	1	18
医学	0	0	4	9	4	2	1	20
农业	0	0	0	2	6	0	6	14
应用技术	0	0	1	8	28	3	3	43
总计	1	3	18	49	61	22	14	168

西北民族学院图书馆:宗教(6.05)、民族学(6.5)。

兰州商学院图书馆:政治经济学(6.4)、经济计划与管理(6.5)、贸易经济(6.05)、财政金融(6.2)。

甘肃省委党校图书资料室:共产主义运动(6)。

甘肃省社会科学院图书馆:中国哲学(6.15)、中国政治(5.05)、中国经济(5.85)、中国文学(5.7)。

(3)基本上不具备支持研究决策能力或空白的有:管理学、法律、农业经济等。

2. 自然科学

(1)支持研究决策能力较强的

兰州大学图书馆:代数(6.65)、数学分析(6.65)、计算数学(6.8)、理论物理(6.9)、固体物理(6.65)、无机化学(7.1)、有机化学(7.1)、分析化学(6.95)、细胞学(7.15)、生物化学(6.7)、植物学(6.7)。

西北师范大学图书馆:理论物理(6.65)、分析化学(6.8)、自然地理学(6.55)。

中国科学院兰州文献情报中心:物理学(7)、化学(6.7)。

中国科学院近代物理研究所图书情报室:原子核物理(7.75)。

中国科学院化学物理研究所图书情报室:化学(7.1)。

中国科学院冰川冻土研究所图书情报室:冰川(6.95)。

国家地震局兰州地震研究所图书情报室:地球物理学(6.6)。

核工业总公司404厂212科技图书馆:放射化学(7.3)、分析化学(7.35)。

(2)支持研究决策能力较弱的

甘肃省图书馆:化学(6.4)、地质(6.1)。

兰州大学图书馆:固体力学(6.2)、磁学(6.35)、原子核物理与技术(6.2)、物理化学(6.35)、气象学(6.2)、水文地质与工程地质(6.2)、地貌与第四世纪地质(6.05)、古生物学(6.25)。

西北师范大学图书馆:基础数学(6.35)、计算数学(6.35)、物理化学(6.2)、有机化学(6.05)、植物学(6.4)、动物学(6.1)。

兰州铁道学院图书馆:力学(6.5)。

甘肃工业大学图书馆:力学(5.75)。

兰州医学院图书馆:生物化学(6.5)。

化工部涂料工业研究所图书馆:化学(5.9)。

中国科学院兰州文献情报中心:地球科学(5.8)。

中国科学院兰州高原大气物理研究所图书情报室:气象学(6.45)。

中国科学院兰州地质研究所信息室:地质(5.75)。

甘肃省草原生态研究所图书情报室:植物学(5.4)。

3. 医学、农业科学

(1)支持研究决策能力较强的

甘肃省图书馆:中国医学(6.85)、内科学(6.7)。

兰州医学院图书馆:基础医学(6.8)、临床医学(6.8)、内科学(7.25)、外科学(7.1)、肿瘤学(7.05)、眼科学(6.65)、放射医学(6.8)、药物学(6.95)。

甘肃中医学院图书馆:中国医学(7.1)、药物学(6.75)。

甘肃省新医药学研究所图书馆:肿瘤学(6.7)。

甘肃农业大学图书馆:畜牧(6.65)、草原学(6.8)。

(2)支持研究决策能力较弱的

甘肃省图书馆:外科学(5.95)、畜牧(5.35)、兽医(5.5)。

兰州医学院图书馆:妇产科学(6.5)、儿科学(6.35)。

甘肃省地方病研究所图书室:地方病(5.1)。

甘肃省新医药学研究所图书馆:药物学(5.7)。

兰州军区兰州陆军总医院图书馆：骨科学（6.15）、泌尿科学（6.15）。

甘肃农业大学图书馆：农业土壤化学（6.05）、农业机械（5.25）、农田水利工程（5）、农学（6.35）、植物保护（6.25）、园艺（6.25）、林业（5.45）、兽医（6.35）。

甘肃省草原生态研究所图书情报室：草原学（5.25）。

中国农业科学院兰州兽医研究所图书馆：兽医（6.2）。

4. 工业技术

（1）支持研究决策能力较强的

甘肃省图书馆：机械仪表工业（6.55）。

甘肃工业大学图书馆：机械仪表工业（6.85）。

兰州石油化工机器厂技术图书馆：金属学、金属工艺等（6.6）、机械仪表工业（6.6）。

中国科学院兰州化学物理研究所图书情报室：机械摩擦、磨损与润滑（7）。

核工业总公司404厂212科技图书馆：原子能技术（7.3）。

兰州铁道学院图书馆：通讯（6.65）、自动化技术（6.55）、建筑科学（6.8）。

（2）支持研究决策能力较弱的

甘肃省图书馆：石油天然气工业（6.4）、冶金工业（6.25）、金属学、金属工艺学（6.1）、电工技术（6.4）、无线电电子学（6.25）、自动化技术、计算技术（5.95）、化学工业（6.4）、轻工业手工业（5.6）、环境科学（6.1）。

甘肃工业大学图书馆：金属学、热处理（6.2）、焊接（6.2）、自动化技术（6.2）、建筑科学（6.35）。

兰州铁道学院图书馆：机械仪表工业（6.35）、热力工程、热机

(6.35)、铁道运输(6.5)、环境科学(5.9)。

中国科学院兰州文献情报中心:无线电电子学(6.25)、自动化技术、计算技术(6.4)、化学工业(6.4)、环境科学(6.25)。

西北师范大学图书馆:无线电电子学(5.65)。

西北矿冶研究院情报室:矿业工程(5.4)、冶金工业(5.35)。

兰州有色冶金设计院情报室:矿业工程(5.6)。

兰州炼油化工总厂科研所图书馆:石油天然气工业(6.15)。

酒钢图书馆:冶金工业(5.9)、金属学、金属工艺学(5.25)。

西固热电厂科技档案室:动力工程(6.15)、电工技术(6.05)。

中国科学院兰州化学物理研究所图书情报室:化学工业(6.35)。

兰化研究院图书馆:高分子化合物工业(6.5)。

化工部涂料工业研究所图书馆:化学工业(5.75)。

铁道部第一勘测设计院图书情报室:建筑科学(5.55)。

(3)基本上不具备支持研究决策能力或属于空白的有:光学仪器、纺织工业等。

从以上分析可以看出:

第一,哲学社会科学各学科支持研究决策能力较强,在6.5以上的有24个学科,占53.3%,6.5以下的有21个学科,占46.7%;自然科学与应用技术部分支持研究决策能力较弱,在6.5以上的有46个学科,占37%,6.5以下的有77个学科,占63%。

第二,在哲学社会科学各学科中,有关中国的学科,如中国西北地区研究、中国古代史、中国哲学、中国军事、中国文学、敦煌学、新疆地区研究等,支持研究决策的能力较强,而一般哲学社会科学学科,如人口学、贸易经济、财政金融、教育学等学科,支持研究决策的能力较弱,管理学、法律学等则基本上不具备支持研究决策的能力。

第三,自然科学和应用技术各学科中,自然科学各个学科支持研究决策的能力较强，如原子核物理学、原子能技术、地球物理学等，而应用技术，特别是工业技术各个学科支持研究决策的能力相对来说要弱得多。自然科学各学科支持研究决策能力在6.5以上的有22个学科，占48%，在6.5以下的有24个学科，占52%，医学、农业科学各学科支持研究决策能力在6.5以上的有15个学科，占44%，6.5以下的有19个学科，占56%；工业技术各学科支持研究决策能力在6.5以上的有9个学科，占21%，6.5以下的有34个学科，占79%。

第四，汉文文献资源比较丰富，外文文献资源则较贫乏。哲学社会科学各学科中，关于中国的各个学科没有或基本上没有什么外文文献。一般哲学社会科学学科（马克思主义哲学、心理学、人口学、政治经济学等）外文文献数量也不多，只有英语语言文学外文文献超过了汉文文献。在自然科学、应用技术各个学科中，自然科学各个学科一般较应用技术各个学科的外文文献丰富，其品种数量远超过了汉文文献的品种数量。

第五，中央在兰单位（中国科学院兰州文献情报中心、兰州大学图书馆等）和历史悠久的省级单位（甘肃省图书馆、西北师范大学图书馆等）研究级学科文献资源比较丰富，支持研究决策能力较强，一般省属单位研究级学科文献资源则较贫乏，支持研究决策能力较弱，有的甚至不具备支持研究决策能力。

三、关于加强和改进全省文献资源建设的几点意见

如前所述，甘肃省文献系统已拥有一定数量的文献，它们在四化建设中正在发挥着重要作用。然而，原有的文献资源远远不能满足两个文明建设的需要，更无法适应未来社会主义现代化建设的要求。当前，存在的主要问题：

1. 文献资源相当贫乏，文献保障率很低，制约着全省经济建设

和科学教育文化的发展

据统计，目前国内年出版图书4万种，期刊0.5~0.6万种，甘肃省各文献收藏单位每年约入藏中文图书2~2.5万种，中文期刊0.3万种，占60%左右。国外年出版图书60万种，我国年引进10万种，甘肃省年引进不足0.5万种，约占世界出版图书品种数的0.83%，占我国年引进品种数的5%；国外年出版期刊15万种，我国年引进2.5万种，甘肃省年引进0.5万种，约占世界期刊品种数的3.3%，我国年引进品种数的20%。

入藏和引进图书期刊的品种少，导致文献保障率很低。据这次调查材料统计，在168个研究级学科中①，引文收藏率在60%以上的为74个学科，占44%；在60% 以下的为92个学科，占54.8%，也就是说，大部分研究级学科引文率还不足60%。其中，有的学科竟低到6.55%（西北师范大学图书馆音乐）和7.9%（西北师范大学图书馆理论物理学）。又据中国科学院兰州化学物理研究所图书情报室、中国农业科学院兰州兽医研究所图书馆和兰州铁道学院图书馆的统计，通过国外联机检索到的文献，化学有38%，机械摩擦、磨损与润滑有46%、兽医有64.3%、建筑科学有30%在甘肃省范围内找不到原始文献。这种状况，无疑大大制约了全省经济建设和科学教育文化的发展。

2. 全省文献资源建设完全处于自然发展状态，无人统管，平行建设，低水平重复，资源贫乏与资金浪费并存

甘肃省文献工作管理体制落后，从纵的方面看是多元的，每个文献工作部门都属于某个系统；从横的方面看又是分等级的，每个文献

①有2个单位的2个研究级学科未进行引文收藏率分析。

工作部门又都附属于某一级职能机构。这种多元等级管理体制弊端很多,使政府无法进行宏观控制。全省文献资源建设事实上处于无政府状态:自然发展、平行建设、低水平重复。一方面妨碍文献资源的有计划有目的地积累;另一方面又浪费了大量政府投入文献资源建设的有限资金。如,1984 年全省各文献收藏单位竞相购买台湾影印《四库全书》,据不完全统计多达 6 部,花了几十万元,实际上全省有一至二部即可满足社会需要。又如,1988 年甘肃省国外原版报刊订购重复率 123%,多花人民币 62 万元,影印报刊重复率 458.3%,多花人民币 66.7 万元,仅此两项就达 128.7 万元[①]。如果重复率降低一半,就可节省 64 万元,相当于每年国家增加投入 12%[②]。

3. 在书刊大幅度涨价冲击下,全省文献资源建设面临着大滑坡危险

20 世纪 80 年代以来,全省文献购置费逐年有所增长。据这次调查的 57 个单位统计,1983 年为 314.1878 万元,1987 年为 557.2932 万元,增幅 63%。文献购置费的增幅,远远赶不上书刊涨价的幅度。据统计,在同一时期中文图书涨价 123%,外文图书涨价 152%,原版外文报刊涨价 181.48%[③],书刊价格上涨幅度相当于文献购置费增幅的 2~3 倍。在这种强力冲击下,许多文献工作部门不得不忍痛大幅度削减书刊品种和复本以渡难关。甘肃省图书馆 1988 年一次削减影印外文期刊 300 种,削减幅度为 30%,中文图书品种也由 2 万种削减到

①中宗捷等:《1988 年甘肃省国外报刊收订状况的分析报告》,载《图书与情报》,1989(1),35—39 页,34 页。

②1987 年全省文献购置费为 557.2 万元。

③肖自力、李晓明:《再论我国文献资源建设和高校图书馆的使命——兼论高校学科文献情报中心的建设》,《大学图书馆通讯》,1988,NO.6,1—8 页。

1.5 万种，削减幅度 25%，原版外文图书已基本上停止购买，为甘肃省财政部门重点支持的省图书馆尚且如此窘困，其他单位也就可想而知了。全省文献资源建设大滑坡的潜在影响，是非常值得各级领导以致全社会高度警觉的。

当前，随着社会的进步，科技的发展和文化的繁荣，文献数量与日俱增，甘肃省“四化”建设对文献需求量也将明显增长，因而加强和改进我省文献资源建设已成为当务之急。为此，我们提出如下建议：

1. 提高全社会对文献资源建设的认识

长期以来，我们仅仅把文献看做是历史资料和科研条件，把文献工作部门看做是文化设施和公益事业。这种看法是不够的，在认识上没有摆正它的位置，事实上文献与矿产、土地、森林、水等一样，都是人类不可缺少的资源。不同之处是，矿产、土地、森林、水等属于物质资源，是自然形成的；文献属于智力资源，是人类自身创造的，靠文献工作部门人工积累的。物质资源和智力资源都是社会发展的基础，随着社会的进步，智力资源的作用会日益明显和突出。从这种观点出发可以认为，文献资源建设属于社会主义现代化建设的一项基础性建设，它与能源、交通等物质生产部门一样，也与科学、教育等精神生产部门一样，都具有超前性的特点，超前建设能使全社会持续稳定发展，滞后建设则会制约社会前进。全社会必须从这一高度认识文献资源建设的重要性，下决心投入更大的人力、物力、财力把这项建设搞好，以便为全省经济和科学教育文化持续稳定发展打下坚实的基础。

2. 解放思想，勇于开拓，建立具有中国特色并符合甘肃省实际情况的全省文献资源保障和支持体系

文献资源保障和支持体系，是国家为保障和支持社会发展、经济建设、研究决策和全体人民对知识情报需求而建立的文献搜集和供给系统。采取什么模式建立文献资源保障和支持体系，是全省文献资

源建设的重大战略问题。目前,世界上存在着两种模式。一种是由国家投入大量资金，建立几个新的和指定几个原有的文献收藏单位负责搜集和供给全社会需求的文献,叫做集中模式;一种是国家不投入大量资金,而是统筹协调,整体规划,在原有众多文献收藏单位基础上,分工合作负责搜集和供给全社会需求的文献,叫做分散模式,这两种模式各有利弊,互有短长。我们认为,根据甘肃省的经济实力和文献资源布局状况,以采用分散模式为宜。具体做法是,在政府领导和干预下,做好统筹协调与整体规划工作,在原有文献资源布局基础上，积极开展合作收集文献——合作贮存文献——合作报道文献——合作开发利用文献,最终目标是实现全社会的文献资源共享。为实现这个目标,应当在省科委、省文化厅、省教委等文献工作主管部门的共同领导下,集中全省图书情报界力量,制订《甘肃省文献资源布局、开发和利用协调方案》,经省政府批准公布后,全省各系统、各文献工作部门共同执行。

3. 加强宏观管理,结束自然发展状态

现行文献工作的多元等级管理体制，实际上是无人统一管理文献工作。文献资源建设中发生的平行建设、低水平重复等一切问题,都是政府对文献工作宏观失控的表现。只有政府真正把文献工作统一管起来了,自然发展状态才能结束,有目的有计划地收集积累文献才能真正开始。在当前没有全省统一的文献工作管理机构的情况下,怎样强化政府对文献工作的宏观控制呢?

(1)建立甘肃省图书情报工作协调委员会。

甘肃省图书情报工作协调委员会是协调政府部门统一管理的全省图书情报工作的协调协作组织。为了提高它的权威性,委员会应由省科委、省文化厅、省教委、省计量标准局、省档案局等文献工作主管部门的领导以及少数大图书情报单位的代表组成，由主管科教文的副省长兼任主任委员。它的主要职责是当好省政府的参谋和助手，协助省政府实现对全省文献工作的宏观管理，它要经常研究发展甘肃省文献工作的方针、政策、法律、规划，并向省政府和各文献工作主管部门提出建议。它的重要建议，经省政府批准下发之后，各系统都必须切实执行。

(2)利用经济手段作为宏观调控的杠杆，是搞好文献合作收集、贮存、报道和开发利用的保证。

能否建立起一个有效的全省文献资源保障和支持体系，关键在于各文献工作部门的真诚合作。为了把全省图书情报事业联结成一个整体，充分发挥其整体效益，建议省政府在科技基础投资费中增列文献购置协调费，用来补助承担学科文献收集任务的文献工作部门，以调动其参加合作的积极性，促使其确保按照规定的收集范围和水平完成本身承担的任务。文献购置协调费的金额大体相当于全省文献购置费的 1/10，约五六十万元，由省中心图书馆委员会在省科委等文献工作主管部门的领导下统一使用。

4. 增加文献工作投入，防止文献资源建设大滑坡，确保文献工作健康发展。

中华人民共和国成立 40 年来，全省文献工作有较大发展。20 世纪 80 年代初，更是文献资源建设的最好时期。近几年来，在书刊大幅度涨价冲击下，文献资源建设出现了滑坡，文献资源是一种智力资源，它的建设属于全社会的基础建设，具有超前的特点。为此，各文献工作主管部门必须做到，文献工作投入的增长，要略高于国民经济、文献价格、社会对文献情报需求的增长，至少也要保持同步增长。否则，文献工作将面临萎缩危险，成为社会发展的制约因素。

文献资源建设是一项非常重要的工作，它涉及各个部门和系统，情况复杂，任务艰巨，必须作为一项系统工程来对待。各个文献工作主管部门和文献工作部门,都要采取积极态度,上下一致,增强信心,从全省整体利益出发,发扬团结协作精神,为改变旧文献工作格局,尽快建成一个适合甘肃省四个现代化建设需要的合理的文献资源保障和支持体系而努力奋斗。

(本报告是由邵国秀、高焕宝、刘振邦、郭乃中、张洁、袁桂芬、左漫莹集体完成的,执笔邵国秀。)

三、地方文献研究整理

世事沧桑话《南藏》

甘肃省图书馆藏有一部明代刊刻的《永乐南藏》。提起这部《南藏》,还有一段鲜为人知的沧桑史。

佛教自汉代传入中国以来,经统治者的提倡,至南北朝时已经极为盛行。随之而来的是大量佛教典籍被翻译过来,在雕版印刷发明之前,以抄本形式流传。甘肃敦煌莫高窟藏经洞出土的大量北朝和隋、唐写经即是明证。北齐及其以后,佛教徒惧怕法难降临,佛教典籍被毁,便在石上刻经。隋代始刻的房山云居寺石经,有刻石 15000 块,共刻佛经 1000 多部。雕版印刷术的发明,为佛教典籍的广泛传播和保存创造了条件,现存最早的木刻佛经是唐懿宗咸通九年(868 年)的《金刚经》。鉴于佛教典籍的忽聚忽散,为了更好地传播与保存这些典籍,从北宋初年便开始把众多的佛经汇集成巨大的丛书,这些丛书,统称之为《大藏经》。从北宋至清代,共刊刻汉文大藏经达 17 部之多。后人为了区分它们,往往在大藏经的前面冠以刊刻时间、地点或寺院名称。如北宋开宝年间刊刻的大藏经称《开宝藏》,元代在杭州南山大普宁寺刊刻的大藏经称《普宁藏》,明代洪武年间在南京刊刻的大藏经称《洪武南藏》等。

有明一代,共刊刻了五部大藏经。《洪武南藏》,洪武五年(1372 年)在南京开雕,洪武三十一年(1398 年)或永乐元年(1403 年)刻竣,是明代第一部官刻大藏经。《永乐南藏》,永乐十年至十五年(1412 年—1417 年)在南京开雕,永乐十七年(1419 年)刻竣,是《洪武南藏》

的再刻本。《永乐北藏》，永乐十八年(1420年)在北京开雕，正统五年(1440年)刻竣。《武林藏》是明代的一部私版《大藏经》，今无实物发现，据传是嘉靖年间(1522年—1566年)刻于杭州昭庆寺。《嘉兴藏》，又名《径山藏》，也是一部私版大藏经，万历十七年(1589年)在五台山开雕，后移至杭州续雕，至康熙十六年(1677年)方始刻竣。甘肃省图书馆收藏的是《永乐南藏》，它是北宋初年以来我国刊刻的第十二部《大藏经》，也是明代刊刻的第二部《大藏经》。

肃王施财印《南藏》

甘肃省图书馆收藏的《永乐南藏》，虽然刻成于永乐十九年(1421年)，但印刷的时间却在万历二十八年(1600年)。关于它的印刷情况，文献上没有什么记载。但是，该书每册卷尾的牌记中，都用墨笔书写了一些文字，书写的本意是记载捐款者花钱买功德的情况，不过现在却成了我们研究这部书有价值的文字材料。现抄录几条于后：

1. “重十”卷尾，“母妃陈氏男肃王施财命僧镜授怀戒万历庚子(1600年)金陵印造”。①

2. “玄十”卷尾，“肃太国母苏氏造”。②

3. “绮十”卷尾，“侍佛遗教曹洞宗二十六世沙门镜授命往金陵印造，二十九年(1601年)阅经一周”。③

4. “名十”卷尾，“国母妃陈氏己未宫六月二十五日生肃王壬午宫十月二十二日生妃张氏乙酉宫六月初三日生世子甲辰癸卯宫四月

①《永乐南藏》“重十”卷尾牌记。

②《永乐南藏》“玄十”卷尾牌记。

③《永乐南藏》“绮十”卷尾牌记。

二十三日生万历辛丑(1601 年)施财印造”。[①]

5. “罗八”卷尾,“懿王妃陈氏同男肃王印造”。[②]

从上述五条文字材料可以得知,这部《南藏》是肃宪王绅尧,以他本人及其太国母妃苏氏、母懿王妃陈氏、妃张氏及世子甲辰等的名义捐钱印造的,印造的时间约在万历二十八年(1600 年),地点是金陵(今江苏南京市),承办人是僧人镜授和怀戒。

肃宪王绅尧,万历十年(1582 年)生,肃懿王缙㷆庶子,十九年(1591 年)袭封,四十六年(1618 年)薨,是第十一代肃王。张国常《重修皋兰县志》卷八称其“孝母尊师,礼士爱民”[③]。他不但出资印了这部《南藏》,还刻过《大方广佛华严经三昧忏法》八卷,印刷 5048 部,广为散发。绅尧的母亲陈氏,是肃懿王缙㷆的妃子,她笃信佛教,广积功德。万历二十八年(1600 年),绅尧刚 19 岁,出资印刷《南藏》这件事,大概是其母陈妃的主意,即使是绅尧的主意,恐怕也是为了讨“笃信佛教,广积功德”的母亲陈妃的欢心吧!

印造部头如此之大的《南藏》,肃王绅尧共花费了多少银两呢?《南藏》每函最后一册卷尾的牌记中没有这方面的记载,但我们在天启七年(1627 年)南京礼部郎中葛寅亮编纂的《金陵梵刹志》中找到了谜底。该书卷四十九所附《请经条例》载:

> 用纸二万八千张,银九十八两;
>
> 用缎四百一十七丈,银一百四十六两;
>
> 用绢九十五丈,银一百零五两七钱二分四厘;

---

①《永乐南藏》“名十”卷尾牌记。

②《永乐南藏》“罗八”卷尾牌记。

③[清]张国常:[光绪]《重修皋兰县志》卷八,光绪十八年,陇右乐善书局石印。

用月白公单纸四百五十张,银九两一钱;

用柏鉴六百四十根,银三钱四分;

用烟煤五篓,面五百斤,矾三十斤,银四两一钱二分;

工食银二十两九钱八分二厘;

请经僧饭食九钱;

杂费十六两八钱;

补经板费八两。①

以上合计三百一十五两有余。如果再加上镜授与怀戒的盘缠和《南藏》从金陵到兰州的运费,其数目或许在四百两左右吧!

《永乐南藏》是一部规模巨大的佛教典籍丛书,共638函,1612种,6364册。每函均以千字文编号,从"天"字开始,至"野"字为止。一般每函10册,多者十三四册,少者六七册不等。经折装。每半页纸高34厘米,宽11厘米。有板框,天头6.4厘米,地脚2.8厘米。每版5个半页,每册12–17版不等。第一版5个半页印佛像、韦驮,并"皇帝万岁万万岁"等文字。从第二版开始刻佛经,起首为经题,千字文编号、译者、品题。每半页6行,行17字。版与版接头处用糨糊粘连,并刻有千字文编号、版数、刻工姓名等。卷尾仍刻经名、千字文编号。最后是牌记,占半页,牌记中文字是用墨笔书写的。每一册的每一版均钤有"金城普照寺印",有的地方还钤有"大藏镇山尊经印记""东香积造""弥陀藏经""大竹法藏""兰州府僧纲司杨招象之钤记"等印记。

这部《南藏》在万历二十八年(1600年)自金陵运抵兰州之后,存放在普照寺的藏经殿内。普照寺,俗名大佛寺。唐代贞观年间(627年—649年)奉敕建造,明永乐年间(1403年—1424年)肃藩重修,是

①[明]葛寅亮编纂:《金陵梵刹志》卷四十九,民国二十五年十月,金山江天寺影印。

一座著名的古寺,[1]寺址在今兰州市兰园。寺院规模宏大,有大雄宝殿、法轮殿、藏经楼、槐柏禅院、四大金刚殿、观音堂等十座殿堂。藏经楼在寺的正北,大雄宝殿和法轮殿之后,共七楹,宏伟壮观。楼内正中塑观音、文殊、普贤三大菩萨像,木雕释迦、弥陀、药师三佛,以及韦驮尊神像,并有铜铸接引佛像。上壁彩绘千佛像,外壁彩绘八大菩萨立像,金璧辉映。殿内两旁壁间,环嵌八个大木橱。[2]肃宪王绅尧出资,命僧人镜授、怀戒千里迢迢从金陵请回来的《永乐南藏》,就被安置在这八个大木橱内,供普照寺与兰州附近各大寺院的僧人诵读。

远近僧尼来诵经

《永乐南藏》的到来,是兰州佛教界的一件大事,为佛门弟子诵经礼佛创造了条件。

首先有幸一睹《南藏》真容的当然是普照寺的众僧,在觉恕的率领下,普照寺众僧整整花了两年时间才读完。清质在“下十”卷尾题过一段话记述了这次众僧诵读的情况, 开头一段是,“万历辛丑(1601年)本寺僧觉恕等一十二众奉旨第一阅至壬寅岁(1602年)完。”每函最后一册卷尾牌记内的文字,便是觉恕等人第一阅时用墨笔写下的。[3]

普照寺的《南藏》,也欢迎兰州附近各大寺庵僧尼前来诵读。大概各大寺庵前来诵读的都是有头有脸、有身份、有地位,并具有较高文化程度的僧尼。当他们诵读完一卷函之后,往往在卷尾题下自己的名字、寺庵、诵读时间,有的还写上一段偈语。从我们整理鉴定这部《南藏》时所得材料得知,从头至尾诵读完这部《南藏》的僧尼大约有二三

①[民国]《甘肃通志稿》卷十八,中华全国图书馆文献缩微复制中心影印。

②《董葆吾修补普照寺藏经序》,甘肃民国日报,1947.7.25.2版。

③《永乐南藏》“下十”卷尾牌记。

十人之多,这其中还不包括普照寺阅第一遍的十二位僧人。从时间上看,崇祯年间有普照寺的清质;康熙年间有东山土主庙的守禧、河北关圣庙的明慧;雍正年间有五泉白衣庵的守位;乾隆年间有妙莲,通杰,槐庵弟子静浩、静润;嘉庆年间有庄严寺的归寂、归源,会福寺的海延;道光年间有潼关的可印,不知属于何寺的源泽;同治年间有可煜等;另外,还有年代、寺院均不详的众明、杨生处等。从地域来看,不仅有兰州庄严寺、关圣庙、白衣庵、槐庵的僧尼,还有来自临洮、河州(今临夏)、秦州(今天水)的僧众,甚至还有来自外省的行僧,如潼关的可印等。

普照寺的《南藏》,还允许寺外僧众借回去诵读。康熙十二年(1673年),守禧在东山创立的土主庙告成,当年四月便从普照寺请经半藏回寺,直至康熙十四年(1675年)八月二十日阅毕后,方归还普照寺。①

以上各位僧尼,在每册卷尾题写了不少偈语。这些偈语,可说是他们阅经的心得和修行的感悟,读来颇为有趣,现抄录几首如下。

康熙年间东山土主庙的守禧,在"天十"卷尾写道:

识与尘根爱染深,能仁指点变黄金。
剥翻清净光明体,剔起如来自在心。
六度寂然惟正悟,三身圆处见祇林。
巍巍妙宝真难测,六百经文性地吟。②

康熙年间关圣庙的明慧在"天一""天七""天九"各函卷尾分别写道:

①《永乐南藏》"罔"字函夹页。

②《永乐南藏》"天十"卷尾牌记。

一佛是亿佛，现显尘数佛。
东西南北中，尽是般若佛。[①]
菩萨来献花，万花一色花。
诸方一鼻空，尽是般若花。[②]
首言神通力，次示无碍因。
知彼将作佛，微笑般若功。[③]

乾隆年间槐庵的静浩，在第二次阅经之后在“天一”卷尾一口气写下了两首偈语：

诸方献释家，金色千层花。
上下及四维，总成般若家。

初明般若利人天，老摄四方佛万千。
普献莲花老一色，同祈贝叶永长年。
三乘四果尽皈仰，堪忍释迦牟尼前。
惟愿慈悲常说法，圣凡均足福无边。[④]

乾隆年间的妙莲，在“天一”“天七”“天八”的卷尾也分别写道：

十方菩萨献香花，供养堪忍大释家。
三乘围绕菩提坐，请演般若会无涯。[⑤]
天上天下佛，十方世界佛。
我今见般若，远离尘垢佛。[⑥]

---

①《永乐南藏》“天一”卷尾牌记。
②《永乐南藏》“天七”卷尾牌记。
③《永乐南藏》“天九”卷尾牌记。
④《永乐南藏》“天一”卷尾牌记。
⑤《永乐南藏》“天一”卷尾牌记。
⑥《永乐南藏》“天七”卷尾牌记。

重变重微悟三空，大乘菩萨行愿深。

见闻知觉从此定，十方世界尽圆通。①

看了《南藏》每册卷尾众僧或劲健或圆润的字迹和感悟后所写的偈语，不禁使人思绪万千。自古以来，兰州就是佛教东传的通道，在明清两代，不仅有众多宏伟壮观、远近闻名的寺院，还有一些有学问有影响的僧人，这些人不同于只会吟阿弥陀佛的一般小和尚，他们多是各大寺院德高望重的住持，具有很高的文化水平和佛学造诣。他们潜心礼佛，虔诚诵经，深研佛理，静心修行，在佛理和修行两个方面都达到了相当高的层次和境界。如果不是这样，多达6364册的《南藏》怎么能从第一册诵读到最后一册呢？他们发自内心的虔诚和坚韧不拔的毅力，使人感动，令人敬佩。

四百年间坎坷路

《永乐南藏》从刻成至今，已经584年了。甘肃省图书馆收藏的《永乐南藏》，从印好至今，也已经403年了。400年间，社会动荡，战乱频仍，这部《南藏》走过了一条坎坷的道路。

顺治年间(1644年—1661年)，普照寺《南藏》就曾发生过丢失情况。"丽一"卷尾写道："顺治十年(1653年)正月初三日为始，普照寺千佛殿释子清铨开阅大藏，得收此一卷入函，前补一卷未人为记。"②

康熙十二年(1673年)东山土主庙住持守禧从普照寺请回《南藏》半部，以便在寺内诵读。次年春天，王辅臣叛兵攻打兰州，占领了土主庙，土主庙"弟子逃窜，檀越鱼奔"，守禧"茕茕孤身"，"欲他往而

①《永乐南藏》"天八"卷尾牌记。

②《永乐南藏》"丽一"卷尾牌记。

斯藏在兹,欲全藏而命在须臾”。正在左右为难、恐怖无措之时,20多名身穿盔甲,手持兵器的叛兵闯入寺中,惊得守禧如土塑木雕,士兵大声问:有积蓄没有?快说!否则,就打死你。守禧说:贫僧有拜佛衲衣数件,愿意敬奉。守禧把叛兵带到贮藏衣物的窖边,叛兵一哄而上,抢掠一光。城中逃难来的一僧人,悄悄对守禧说:如不躲避,性命恐难保全。二人乘叛兵抢掠衣物之时,溜出寺外藏入林中。叛兵退走之后,守禧返回寺院,见僧物丢失殆尽。急忙组织众僧清点《南藏》,所幸未缺一册,不过包经布却失落大半。为了补配包经布,守禧到处化缘,至八月二十日补齐,始将半部《南藏》送还普照寺。叛兵们愚昧无知,只会抢掠财物,使得此半部《南藏》躲过一大劫难。[①]然而,却害得请来半部《南藏》的守禧着实虚惊了一场。

康熙三十二年(1693年)兰州大旱,普照寺祈雨,将本郡道人安排在藏经殿暂住,其中夹杂的坏人,乘机偷去藏经三十余卷。普照寺住持真涌,秘密派人查访,将罪犯送官究办,无奈三十余卷藏经已经无法追回。康熙三十六年(1697年),真涌只得请人补抄了二十六册。[②]

乾隆年间,虽为太平盛世,没有什么战乱,但零星丢失仍在所难免。据“君十四”卷尾记载,嘉福寺东塔院检藏弟子普绂,曾补抄“君十一”“君十二”两册。[③]

同治六年(1867年)八月,河湟变乱,兵袭兰州,五泉山崇庆寺所藏《南藏》毁于战火。同治十三年(1874年),西关嘉福寺所藏大藏经也被焚毁。此时普照寺之《南藏》,幸未损丝毫,又躲过了一劫。[④]

---

①《永乐南藏》“罔”字函夹页。

②《永乐南藏》“空四”“空六”卷尾牌记。

③《永乐南藏》“君十四”卷尾牌记。

④[民国]《甘肃通志稿》卷十八,中华全国图书馆文献缩微复制中心影印。

光绪二十三年(1897年),普照寺《南藏》已存世近三百年,所有包经布皆已破烂不堪。僧人纳禅、招禅目睹心伤,发愿换成新包经布,无奈需费甚巨,捐助不易,幸得施主陈炯慨然捐资,二人心愿方得以实现。今天我们所见《南藏》的包经布,绝大部分都是光绪年间的遗物。①

民国初年,《南藏》又有丢失。民国九年(1920年),僧人本义、涤虑曾补抄了十册。②

1939年正月初五,日本飞机轰炸兰州,普照寺的大雄宝殿东北隅被炸塌,藏经殿全部被毁。殿内彩绘佛像、雕刻木像荡然无存,《南藏》也被埋在瓦砾之中。轰炸后急命人挖寻,经清点残者不少。当日机轰炸时,人多畏避,惟有普照寺住持方丈象诚(俗名蓝大师)为了寺院与《南藏》坚不退缩,最终葬身瓦砾,以身殉佛。同年十二月七、八、九三日,日机复又狂轰滥炸,大雄宝殿、法轮殿、天王殿、哼哈二将殿、药师殿、星宿殿皆被炸毁,全寺付之一炬,尽成焦土,其状之惨,令人唏嘘!一座具有1300年悠久历史的陇上名刹,从此便消失了。不幸之中的万幸是,劫余之后的《南藏》早已被送往兰州西郊费家营赵祝三居士家中,赵居士腾出净室三间存放。如若当时《南藏》仍在普照寺,岂不全毁?今天我们也就不可能目睹其真容了。1942年,战局较为平稳,远在大后方的兰州再也没有被炸之虞了,月庵长老便邀同人共议修补被毁部分《南藏》之事。二月,将《南藏》从费家营请回,并大力向各方檀越募捐,在水梓、董葆吾、裴孟威等热心居士主持与赞助下,请人在煦园修补残损经册,缺者依频伽精舍本大藏经补全,历时十九

---

①《永乐南藏》"天字"函函套背面。

②《永乐南藏》"养十"卷尾牌记。

个月。[1]据我们清理鉴定时统计，全本补抄者17函88册，局部残损挖补者357册。可以说，这次是《南藏》损失最惨重的一次，也是补抄和修补最多的一次。

这部《南藏》是什么时候什么情况下入藏甘肃省图书馆的，没有确切的文字资料。1987年冬，笔者鉴定这部书时曾多方求证，一直未能解开这个谜团。当时我推测，入藏的时间可能是中华人民共和国成立初，或1958年左右。最近，偶阅张思温先生《兰州、临夏所藏佛藏、道藏》一文，终于获得了一些可贵的线索。张先生在该文中写道："兰州普照寺旧藏明大藏经一部。1939年，寺为日机轰炸，住持僧悟明众诚[2]（俗姓蓝）守经勿去，遂亦毗荼，经尚幸存，惟有为弹片羽穿者。后寺改修兰园，僧众恒俗姓王字月岩移藏于庆安门内之关岳庙，曾由居士水楚琴、董葆吾、裴孟威等同集煦园修补完好。1963年尚存庙中，而月岩已死。韩定山在省文史研究馆时，欲移存馆中，议未果，今不知在否。"[3]据此推断，这部《南藏》应是"文化大革命"初期由关岳庙移置省图书馆的无疑。只可惜，具体接收该书的田少成先生已于20世纪80年代初作古。因此，这部《南藏》移交省图书馆的具体时间和情况，恐怕永远是个无法解开的谜了。这部《南藏》到了省图书馆后，被存放在白银路旧书库楼蛛网尘封的过道上。1971年，深挖洞广积粮、备战备荒准备打仗，又被送往榆中县甘草店的备战书库，在山沟里一躺就是16年。

1986年，省图书馆新馆落成启用，全部图书都被运往南河滩新

---

①《董葆吾修补普照寺藏经序》，甘肃民国日报，1947.7.25.2版。

②此处应为象诚——笔者注。

③张思温：《张思温文集·西庐杂记》，甘肃民族出版社，1999.1。

馆。次年工作稍有头绪之后，始将24大木箱《南藏》从山沟里运回。从1949年至1986年，这部《南藏》被人们冷落了37年。

1987年，当这部大藏经运抵南河滩新馆时，竟没有人知道这24个大木箱里装的是什么，但见每口大木箱的一侧均用圆润的楷书写着几行大字，仔细阅读，才知道是千字文。我们当时已经预感到木箱里所装图书的价值，因此决定打开几箱看个究竟。打开一看，木箱内装的全是一函一函的佛经，每函最后一册卷尾的牌记中都题写着"肃王施财金陵印造"等字样，我们吃惊，我们兴奋，我与负责管理古籍善本的周永胜先生当即决定，尽快对这24箱佛经进行清理鉴定。

1987年11月，我与周永胜先生开始了清理工作。我们将其与《大明重刊三藏圣教目录》("塞"字函)进行核对，并逐函逐册逐页检查。当时天气已经很冷，室温只有十二三度，但我们的工作热情却很高，每天我们都被书中几十年前的尘土弄得灰头土脸，然而却一丝一毫都不在意。何以如此？因为希望在激励着我们，观其纸色，闻其墨香，考其历史，叹其命运，我们真是感慨良多！当我们从中发现有价值的文字材料，谈到其珍贵价值时，内心又涌起无比的兴奋。经过时而疲劳，时而兴奋的两个月，我们终于弄清了这部书的基本情况。这部藏经是明永乐十七年(1419年)在金陵刻成的《永乐南藏》，实有638函，1612种，6358册，较目录所载缺6册。所缺6册为"践一"至"践二"《修止观坐禅法要》卷上、卷下，"践四"《止观义例》卷下，"践五"与"践七"《大乘止观法门》卷一、卷三，"践十"《大般涅槃经弦义》卷下。现存的6358册中，补抄本126册，占总数的1.9%；残损后经挖补者375册，占总数的5.9%。[①]为了保持全书的完整，所缺6册我们请甘肃著

①邵国秀：《甘肃省图书馆藏本〈永乐南藏〉考略》，载《图书与情报》，1988(2)：49—54。

名书法家沈年润老先生依据《频伽经舍本大藏经》进行了补抄。这部《永乐南藏》经过整理后，已正式入藏善本书库，保存在装有樟木隔板的玻璃书柜中，成了善本书库中靓丽的一景。

深藏陋室人不识

多年来，省图书馆藏的这部大藏经是何版大藏经呢？人们一直不甚了解。

据《甘肃通志稿》卷十八记载，普照寺“存贮大藏经五千四十八卷”[①]。此前兰州各方志的记载大都与此类似，或曰存贮大藏经一部，或曰存贮明版大藏经一部，总之，都笼而统之地称其为大藏经。

1947年，甘肃省佛教协会理事董葆吾先生在《甘肃民国日报》七月二十五日第二版上发表了一篇《修补普照寺藏经序》。该文中说：“逮乎明季，紫柏老人创刻方册佛经万历圣母颁赐边陲各省。”又说：“我甘僻处西北，文化逊于东南。然在有明一代，省会庋藏大藏经，已有三部。一在五泉山藏经殿，一储嘉福寺……又其一在大佛寺（即普照寺——作者注），为明万历圣母陈太后所颁赐者。”董先生认为，普照寺所藏的大藏经是紫柏刊刻的《嘉兴藏》，线装方册，是万历圣母陈太后颁赐的。[②]然而，董先生的这些谈法是完全没有根据的。

《嘉兴藏》又称《径山藏》，万历七年（1579年）僧人紫柏（真可）、德清（憨山）等发愿，在五台山妙德庵筹划刊刻。万历十七年（1589年）开雕，刻成500卷后移至杭州径山寂照庵和兴圣万寿寺继续进行。万历三十一年（1603年）后紫柏下狱，憨山流放，板片被分散在嘉

①[民国]《甘肃通志稿》卷十八，中华全国图书馆文献缩微复制中心影印。

②《董葆吾修补普照寺藏经序》，甘肃民国日报，1947.7.25.2版。

兴、金坛、吴兴。崇祯十五年(1642年),僧人利根将经板汇集径山,继续募刻。康熙五年(1666年)又刻《续藏》《又续藏》,康熙十六年(1677年)刻竣。这是明代后期开刻至康熙年间才全部刻竣的一部私版大藏经。一般依其藏版处称《径山藏》;又因各地联系印刷事宜需到浙江嘉兴楞严寺,故又称《嘉兴藏》。为了便于在民间流通,改经折本为廉价适用的线装方册本。

董文所说的万历圣母陈太后,即孝宗皇后陈氏,通州人,嘉靖三十七年(1558年)九月选为裕王继妃。隆庆元年(1567年)册封为皇后,神宗继位后上尊号仁圣皇太后,二十四年(1596年)七月崩,谥曰孝安贞懿恭纯温惠佐天弘圣皇后,祀奉先殿别室。[①]

对比上面两段文字记载,我们发现董葆吾先生的判断有四处错误。首先,《嘉兴藏》全部刻竣在康熙十六年(1677年),其时圣母陈太后已经亡故82年了。圣母陈太后如何能将她逝世82年以后刻竣的《嘉兴藏》颁赐给边陲各省呢?显然,这是不可能的;其次,《嘉兴藏》是明末清初刊刻的一部私版大藏经,圣母陈太后虽贵为国母也是无权将其颁赐边陲各省的;第三,普照寺所藏大藏经是在金陵印刷的,而不是在径山印刷的;第四,普照寺所藏的大藏经是经折装,而非线装方册。从上述几个方面分析,董葆吾先生称这部大藏经为《嘉兴藏》是完全错误的。

那么,普照寺的大藏经到底为何版大藏经呢?董氏文章之后,这部大藏经被淹没了近40年,一直无人重提这个问题,直到1987年底,我与周永胜先生清理鉴定这部大藏经时才算彻底揭开了它的谜底。

---

①张廷玉等撰:《明史》,卷一百一十四。

前面我们引用过几条各函每册卷尾牌记中题记，这些都是确定这部大藏经属于何版的珍贵材料。如“重十”卷尾写道：“国母陈氏男肃王施财命镜授、怀戒万历庚子（1600年）金陵印造。”从这段文字我们可以确知，这部大藏经是万历二十八年（1600年）在金陵印刷的。不过，明代在金陵曾刊刻过两部大藏经，一是洪武五年开雕，洪武三十一年（1398年）或永乐元年（1403年）刻毕的《洪武南藏》；一是永乐十年至十五年（1412年—1417年）开雕，永乐十七年（1419年）刻成的《永乐南藏》。[①]究竟属于哪一版呢？从这部大藏经的本身全然找不到任何文字线索。为此，我们翻阅了大量历史文献，分别考查了《洪武南藏》和《永乐南藏》的历史。

《洪武南藏》刻成之后，经板存贮在天禧寺。据明末葛寅亮编纂的《金陵梵刹志》卷三十一《重修报恩寺勒》记载：天禧寺在金陵（今南京市）聚宝门外，始建于东吴赤乌年间（238年—249年），初名长干寺。宋真宗天禧年间（1017年—1021年）重修，改名天禧寺。明洪武十八年（1385年）寺宇毁坏，工部侍郎黄立恭奏请募捐修复，二十一年（1388年）竣工。洪武三十一年（1398年）或永乐元年（1403年）刻毕的《洪武南藏》经板便贮存在这里。永乐六年（1408年）有一位无籍僧人本性，因个人私愤，遂怀杀人之心，潜入僧房，放火将寺烧毁。这一场大火，只烧得崇殿修廊寸木不存，黄金之地悉为瓦砾，浮图煨烬，颓裂倾敝，周览顾望，丘墟草野。其状之惨，目不忍睹！令人惋惜不已的是，《洪武南藏》的数万块经板也一同葬身火海。[②]依此看来，原藏普照寺现藏甘肃省图书馆的这部大藏经，绝对不可能是《洪武南藏》。

永乐二十二年（1424年），明成祖重建被焚的天禧寺。拓宽寺址，

①张新鹰：《关于佛教大藏经的一些资料》，世界宗教资料，1981（4）：30—40。

②［明］葛寅亮：《金陵梵刹志》卷三十一，民国二十五年十月金山江天寺印。

重塑佛像，殿堂廊庑，焕然一新，再造浮图，巍峨壮丽，大大超越被焚以前之规模，改名“大报恩寺”。寺中有经殿8间，左右贮经廊42间。吴愈彦《大报恩寺重修藏经殿记》说：“南藏之有镂版，自高帝始也。其庋而置之经堂，则文皇命也。”高皇帝是指明太祖朱元璋，文皇帝则是指明成祖朱棣。[①]新寺竣工之后，五年前雕刻的《永乐南藏》经板便移贮其中。《永乐南藏》共有经板57,160块，分贮在左右贮经廊中。所有经板各登其座，座各有号，签分架列，整齐有序，取归非常方便。万历年间（1573年—1620年），为了方便各大寺院请经，南京礼部祠祭清吏司还议定了《请经条例》，并刻石立碑，以供请经僧、管经僧、经铺共同遵守。依此看来，万历二十八年（1600年）肃王施财印造的大藏经，当是《永乐南藏》无疑。

镇馆之宝传久远

1987年底，我们对《南藏》的清理鉴定工作结束，这项工作受到了媒体广泛而热情的关注。1988年初，《甘肃日报》《光明日报》《中国文化报》相继进行了报道，甘肃电视台、中央电视台在《新闻联播》节目中也播发了有关消息，媒体称《永乐南藏》为甘肃省图书馆的“镇馆之宝”。

媒体对《永乐南藏》何以如此重视呢？

《永乐南藏》虽然是明代雕刻的第二部大藏经，但是比它刊刻略早的第一部大藏经《洪武南藏》的经板早在刻竣后的第十年（一说第五年），即永乐六年（1408年）便全部毁于天禧寺的一场大火中了，因而传世极少。据《中国古籍善本书目》著录，在全国仅存太原市崇善

---

①［明］葛寅亮：《金陵梵刹志》卷三十一，民国二十五年十月金山江天寺印。

寺、湖南省图书馆、四川省图书馆、重庆市北碚区图书馆四部。[1]《永乐南藏》是《洪武南藏》的再刻本，通过《永乐南藏》可以窥见《洪武南藏》的风貌，这就是当今世人如此重视《永乐南藏》的真正原因。

《永乐南藏》的刻本目前存世者也很稀少。《永乐南藏》刻成之后，明成祖又于永乐十八年（1420 年）在北京雕刻《永乐北藏》，至正统五年（1440 年）刻竣。《永乐北藏》请旨后即可由朝廷颁赐，而《永乐南藏》必须请经者自己出资才能印造，故而目前《永乐北藏》存世者较多，《永乐南藏》却很稀见。据《金陵梵刹志》记载，湖广四川等地虽然也时有寺院赴金陵刷印《永乐南藏》，但南方气候炎热潮湿，古籍保存不易，故流传至今实属不易。据《中国古籍善本书目》著录，华北地区一部存天津图书馆，华东地区四部存苏州市西园寺，吴县光福司徒庙，福建泉州开元寺，福州市鼓山涌泉寺，中南地区一部存新乡市图书馆，[2]加上甘肃省图书馆的这一部，全国也不过七部。

光绪二十三年（1897 年）纳禅、招禅为《永乐南藏》换包经布时，曾在“天”字函函套里面写了一篇文字，其中一段是，“我兰旧有藏经三乘者，创自南明，历有年矣……原初五泉藏经殿所积一储，嘉福寺所积一储，不亿同治年间贼匪猖乱，火焚雨黦失去二藏，故留普照寺一藏传至於今。”[3]嘉福寺，俗名木塔寺，旧名宝塔寺，在今兰州市木塔巷一带。其所藏大藏经是《南藏》还是《北藏》不得而知，同治十三年（1874 年）毁于火，片纸不存。崇庆寺，旧名五泉寺，其所藏大藏经确系《永乐南藏》。同治六年（1867 年）八月，河湟变乱，毁于战火。1994

---

①《中国古籍善本书目·子部》（下）。

②《中国古籍善本书目·子部》（下）。

③《永乐南藏》“天字”函函套背面。

年，我从省图书馆未整理的古籍中发现了六函六十册，它们是《大般若波罗蜜多经》第一百六十至二百卷、第二百十一至二百二十卷、第二百三十一至二百四十卷，千字文编号分别为"寒""来""暑""往""收""藏"六字，是同治六年八月浩劫后的幸存者。[①]原存普照寺现存省图书馆的《永乐南藏》，400年间虽然历尽劫难，但毕竟被保存下来了，单凭这一点，不是也值得我们倍加珍惜吗？

自从改革开放以后，这部《永乐南藏》远离了灾难，告别了坎坷曲折的道路。希望今后人们更加精心地保护它，使之在陇原大地上传之久远。

（原载于《图书与情报》2003年第6期）

①邵国秀：《关于五泉山崇庆寺的〈永乐南藏〉》，载《图书与情报》，1994(4)：49—50。

关于五泉山崇庆寺的《永乐南藏》
——兼谈甘肃省善本书保护问题

始建于明代的崇庆寺，位于五泉山麓，古木参天，殿堂林立，鳞次栉比，蔚为壮观。寺内有一殿，曰藏经殿，殿内收藏一部大型木刻佛教典籍丛书——《永乐南藏》。最近，我们在整理甘肃省图书馆未编目的旧籍时，发现了其中的60册，观其纸色，闻其墨香，考其历史，叹其命运，真是感慨良多！

《永乐南藏》，始雕于永乐十至十五年（1412—1417年），永乐十七年（1419年）刻成。每函均以千字文编号，始“天”终“野”。638函，6364册，收录佛经1612种，是继《洪武南藏》之后明代雕刻的第二部大藏经。

万历二十六年（1598年），临洮府兰州佛教信徒张学诗，捐出一笔银子，并请崇庆寺主持比丘蕡量，赴南京印造这部巨大的藏经。其时，这部大藏经的经板，便存放在南京报恩寺。

明代的报恩寺，在南京聚宝门外。始建于东吴赤乌年间（238—249年），初名长干寺。宋真宗天禧年间（1017—1021年）重修，遂改名天禧寺。明洪武十八年（1358年）寺宇毁坏，工部侍郎黄立恭奏请募捐修复，二十一年（1388年）竣工。永乐初年，明代雕刻的第一部大藏经《洪武南藏》刻成，其经板便贮存在天禧寺。永乐六年（1408），有一无籍僧人名叫本性，因个人私愤，遂怀杀人之心，偷偷潜入僧房放火将寺烧毁。这一场大火，只烧得崇殿修廊，寸木不存，黄金之地，悉为瓦砾,浮图煨烬,颓裂倾敝,周览顾望,丘墟草野。其状之惨,令人欷歔!更使人惋惜的是,明代雕刻的第一部大藏经经板,也葬身火海。其时,距其刻成才不过三年,因此留传后世的《洪武南藏》印本极为少见。永乐二十二年(1424 年)明成祖命重建寺院,拓宽故址,重塑佛像,殿堂廊庑,焕然一新,再造浮图,巍峨壮丽,大大超越前代,改名为"大报恩寺"。寺中有经殿 8 间,左右贮经廊各 19 间。吴俞彦《大报恩寺重修藏经殿记》说:"南藏之有镂板,自高帝始也。其庋而置之经堂,则文皇命也。"新寺竣工之后,将五年前雕刻的《永乐南藏》经板移贮其中。这部大藏经共有经板 57,160 块,分存在左右贮经廊中,各登其座,座各有号,签分架列,整齐有序,取还非常便当。

明成祖迁都北京后,永乐十八年至正统五年(1420—1440)又雕刻了明代的第三部大藏经——《永乐北藏》。但是,由于北藏非请旨不得刷印,所以全国各寺庙仍然去南京刷印南藏。南京礼部祠祭清吏司为此曾议订了请经规则,并于万历三十四年(1606)刻石立碑,以供请经僧、管经僧、经铺共同遵守。按照规则,请经一藏需银 315.582 两。其中,纸张 98 两,缎 146.916 两,绢 5.72 两,托签与贝壳用纸 9.82 两,绢带 4 两,柏签 0.32 两,烟煤与面粉 4.12 两,工食 20.982 两,请经僧饭食 0.9 两,杂费 16.8 两,补经板费 8 两。从申请准印到竣工,历时三个月。超过时限,经铺、经匠按日受罚。

崇庆寺主持簣量,收到张学诗捐银后,径赴南京大报恩寺请经。经过三个多月的等待,印好后运回兰州,安置在崇庆寺藏经殿,从此前来瞻养的人便络绎不绝,各寺僧徒也不时前来诵读。至乾隆五十六年(1791),经过近 200 年的时间,其经套虫蛀鼠咬,损坏者颇多。千佛堂和尚得闵,见此忧心如焚,发誓募捐补修。一天,他不意翻至"无"字号第十一卷《金刚顶胜初瑜伽普贤菩萨念诵法经》而止,第二天夜里,忽然说了四句偈语,曰:

昨日精明今朝朽，自己路要自己走，

而今撒手西归去，那管千愁与万有。

说完，嘱咐他的徒弟元瑜，完成其未竟之功，遂圆寂西归。元瑜尊照师傅所嘱，继续募捐修复经套，至乾隆六十年（1795 年），才全部完成。又过了 70 多年，到了同治六年（1867 年），时逢兰州战乱，藏经殿与存放其中的《永乐南藏》，一道被火焚毁。

我们这次发现的 60 册《永乐南藏》，数量尚不及原书的百分之一，是浩劫后的幸存者。它们是《大般若婆罗密多经》的第一百六十一至二百卷、第二百十一至二百二十卷、第二百三十一至二百四十卷，千字文编号分别为“寒”“来”“暑”“往”“收”“藏”六字，经折装，版框高 31 厘米，宽 11.5 厘米。每函最后一册，附万历二十六年（1598 年）和乾隆六十年（1795 年）加刻文字 4 面。前者叙述印经情况，后者记载修复经套过程。每 5 面为一版，每版钤 3 厘米×2 厘米“金城崇庆寺记”红印一方。

古往今来，有多少珍贵典籍，或毁于战乱，或毁于水火，或亡于虫蛀，或亡于鼠咬，以致它们从人间消失。对尚留在人世的珍贵典籍，我们应当怎样加倍珍惜，妥善保存，使之传之久远呢？每念及此，我便会想到有些国家实行的古籍善本登记制度，这种做法，颇值得我们借鉴，我的具体意见是：

第一，在省文化主管部门的领导下，组织专家对收藏在全省各图书馆的古籍中的善本，进行一次普查鉴定。

第二，在普查鉴定的基础上，由省文化主管部门对符合善本条件的古籍进行统一登记。

第三，制定全省统一的古籍善本保管办法，由政府拨专款，逐步改善保管条件，以延缓其自然老化和防止意外损失。

第四，制定全省统一的阅览办法，既要发挥其作用，又要确保其安全。

第五,凡经过统一登记的古籍善本,需要陈列展览或改变保存单位时,必须经过省文化主管部门的批准,并办理相应的手续。

善本图书,具有较高的文献价值、艺术价值和文物价值,是祖国丰富文化遗产中的重要组成部分。对它们妥善保管,是历史赋予我们这一代人的重大责任,我们应当通过自己的精心工作,把它们保管好,并留传给后人,否则,我们将无以对后人,也将有愧于先人。

(原载于《图书与情报》1994 年第 4 期)

陇右著名藏书家——邢澍

邢澍，字雨民，一字自轩，号佺山，阶州（今甘肃省武都县）人，生于1759年7月22日（乾隆二十四年六月二十八日）。父亲早逝，从小聪明，勤奋好学，博极群书。1779年（乾隆四十四年），赴西安参加乡试，中举人，回到阶州，在龙山寺继续读书，大约一二年后，随人入京。1786年（乾隆五十一年），在满族诗人和亮家做塾师。和亮的祖先多为大官僚，藏书很丰富，他借机博览了大批典籍，在学问上充实了自己。1790年（乾隆五十五年）32岁，考取了进士。1793年（乾隆五十八年），任浙江永康县知县，从此，开始了仕途生涯，1796年（嘉庆元年），调任浙江长兴县知县，1806年（嘉庆十一年），升为江西饶州府（治所在今江西波阳县）知府，不久又调任江西南安府（治所在今江西大余县）知府。1808年（嘉庆十三年），因病辞官休养，在浙江秀水定居，结束了仕途生涯。这年，邢澍回了一趟阶州老家，1809年（嘉庆十四年）从阶州回到秀水，从事著书研究工作。1819年（嘉庆二十四年）61岁，由秀水回到阶州，沉静寡营，著书自娱，1823年9月12日（道光三年八月初八日）卒，享年65岁。

邢澍为官清正廉洁，颇有政绩。他在长兴县的时间很长，有十多年之久，在这期间，他捐出自己的俸银办了一些好事，如修补城垣，浚石塘港，重建平乐桥、丰乐桥，兴建同善堂、留婴堂等。他“精于决狱”“案无留牍”，群众称他为“邢青天”。

邢澍一生孜孜不倦，勤奋好学。从政期间，注意人才培养，提倡学术研究,身体力行,成绩颇丰。1798 年(嘉庆三年)任浙江乡试同考官,考取第一名举人的张廷济就是他推荐的,张廷济后来成了著名的金石学家。一 1800 年(嘉庆五年)他和孙星衍合编了《寰宇访碑录》。1802 年(嘉庆七年)他延请清代著名学者钱大昭、钱大昕兄弟住在府内,一同商定、编纂《长兴县志》。他与阮元、洪亮吉、章学诚、张澍等海内学者也有很深的交往。邢澍在史学方面造诣颇深,尤其精通史表、史志之学,在金石方面的成就也很突出。邢澍的著作不少,冯国瑞撰《邢佺山先生著作考》列举了 15 种,即《十三经释天》《关右经籍考》《全秦艺文录》《两汉希姓录》《宋会要》 辑本、《金石文字辨异》《金石记》《寰宇访碑录》《尸子》辑本、《孙子》辑本、《司马法》辑本、《旧雨诗谭》《南旋诗草》《守雅堂文集》《长兴县志》等。

邢澍以官吏兼学者,喜欢读书、藏书。《清史·文苑传》《金石著述家考传略》等书,都称他"藏书万卷"。关于他读书治学、喜欢藏书的情况,在当时与他交往颇深的著名学者的诗文中有不少记述,著名学者钱大昕《题佺山松林读书图》诗:

松林深藏砚池开,滚滚源流万斛才。
莫讶讼庭公事少,邮筒时有异书来。
高文真与震川伦,抚字依然旧日民。
竹马儿童走相识,不知官是读书人。

著名经学家、史学家、文学家洪亮吉《邢大令澍松林读书图》诗:

作宦已十年,读书近万卷。
仍然勤吏事,讯谳无剩案。
时移六经笔,频为五花判。
精严吏胥慑,事事取心断。
轻嚣吴下俗,近已朴而愿。
公余仍泛览,官廨若经馆。

……

曾闻哲人训，仕学本同贯。

作吏即废书，彼此何足算！

邢澍为官清正，刑轻政简，公务之余，把官邸作经馆，咸集时贤，论文著史，官吏兼学者的形象跃然纸上。

1797年（嘉庆二年），邢澍重修长兴县署，并在东北隅建亭名“鉴止”，取孔子“人莫鉴于流水而鉴于止水”之间，“鉴于水之流，屈折荡激，汩汩旷旷，若人之纷纭扰乱而无休也；水之止，停蓄渊深，默默沉沉，若人之清静而有定也。无休则思急，急则多遗；有定则意闲，闲则多获。”钱大昭在《鉴止亭即事呈佺山大令》诗中曾提到邢澍的藏书之富：“主人雅好事，贮书数万轴。自言得真味，不厌百回读。”

邢澍的入室弟子张廷济在《宿鉴止亭呈佺山师》一诗中则写得更具体：“潭影平揩一镜如，新亭结构势凌虚。吏情雅寄三间屋（师亭名鉴止兴甚远），官橐惟饶廿架书（官阁藏书两万）。”

1808年（嘉庆十三年）邢澍在《武阶备志序》中称自己有藏书三万。序中说：“余戚选贡吴君云逵，客浙东西十余年，常与余相依，暇日无事，纵论古今，叹乡州志乘之不足据，发奋草创。就余家藏书三万多卷，朝夕披阅，手抄目营，至夜分不少休，体例门目则就余商酌之。”

从以上的诗文中可以看出，邢澍藏书当有两三万卷之多，藏书内容，从一些诗文中也可窥见一斑。张廷济《庚申上元后一日止亭后轩对雪题邢师松林读书图》诗：“官阁不妨天象问（师与杭州厉翁为天文之学），草堂还把水经笺。”他的《宿鉴止亭呈佺山师》诗：“志补全秦编汉魏（师补全秦艺文志得周秦西汉五同册），经传尔雅注鱼（师以小学见勖）。”清代甘肃著名学者张澍《留长兴县官署三日将返吴门录别邢佺山澍明府》诗：“观象近甘德（山著有十三经释天），寻源说库钧（又著有两汉希姓录）。”钱大昭《壬戌夏再至长兴宿鉴止亭赠佺山明府之二》诗:“关右遗文篇讨论,雉山新志又联翻。才兼八斗方成富,业可千秋不自尊。牒诉几曾访著述,笔精谁与共尽骞。近游踪迹年来贯,第一难忘鉴止亭。”洪亮吉《自吴江归道宜兴舟次值同年邢大令澍话旧即度赋赠》诗:“吟诗不已复著述(君前著全秦艺文志又欲辑宋会要官斋聚书三万卷多藏书家所无者),万卷总为秦风储。精心复辑宋会要,俗吏百辈谁得如。迩来述作殊难说,往往著书成傾刻。惟君毕力究经史,余事犹能及金石。”著名的金石学家孙星衍在《寰宇访碑录序》中也写道:“顷归吴下,获交邢明府澍出以相质,明府博学洽闻,藏书万卷,复据箧簏所有,补其不备,删其复重,乃始成书,刊以问世,题为寰宇访碑录。”邢澍的藏书,经史子集无所不包,其中关陇文献、地方史志、乡贤要籍、金石、天文、舆地著作更为丰富,珍本善本不少,多为藏书家所无。

1808年(嘉庆十三年),邢澍50岁,寓居秀水碧漪坊,“余去长兴后,寓家此坊,戊辰九月(嘉庆十三年九月),归自江右,养疴无事,惟以书籍及文房之具为娱。”(邢澍:《观耕堂记》)这一年,他回了一趟阶州老家,他在同年写的《武阶备志序》中说:“数年稿成若干卷,一州二县之掌故,秩然具备,名曰武阶备志。今年余省墓归籍,持以就质,兼求弁首之文。”洪亮吉在这一年写的《自吴江归取道宜兴舟次值同年邢大令澍话旧即席赋赠》诗也提到邢澍省墓归籍事,诗曰:“家山忆在古陇西(君家在阶州),近闻尚未歇鼓鼙。秦州之中血没腕,白日已有妖禽啼。……昨来历遍甘凉肃,荒翳从谁借书读。河西子弟多才俊,健笔尚须资卷轴,君驼万卷归秦阶,可作陇右藏书家。开门看山闭门读,课子暇日还咿哑……”1809年(嘉庆十四年)邢澍从阶州回到秀水,养病读书,等待复出。他在《望益轩记》中写道:“因病赐告寓家于此,若病良已,将仍以一职自效,非真退也。”1819年(嘉庆二十四年)61岁时,邢澍告老还乡回到阶州,“归里后,沉静寡营,著书自娱。”(《甘肃通志》)据邢澍七世孙邢之仪先生说,邢澍卒于 1823 年 9 月 12 日(道光三年八月初八日),享年 65 岁。

1819 年(嘉庆二十四年)邢澍告老还乡,将三万卷图书运回阶州,是理所当然的事。但当时行旅维艰,有部分图书流落江南,也不是不可能的。黄丕烈《士礼居裁书题跋记》卷六《吴文粹十卷》(抄校本)云:"此跋系倩余同年沈书山手书,《吴郡志》中跋亦如之,其外又有顾亭林先生《天下郡国利病书》手稿后跋,亦余撰而沈书者。近年力拙,渐次赠人,惟此存耳,是书所见不下数本,此最精而未见有旧钞,顷估人收邢佺山太守丛残古籍,有是书在其中,分甲至癸十集,却是明朝钞本,有'竺坞藏书'及'衡山草堂'等印,知出吾郡文氏旧藏,当不巫也。惜缺甲、乙二集,后时人补抄,为美玉瑕耳。估人索重值,方欲携往琴川,余素不强人以所难,姑舍是以待时节因缘,或仍为余有,手校此本当心有异焉者。道光癸未九月二十有四日。"此时系 1823 年(道光三年)距邢澍返乡仅四年,与其去逝同年。

(原载于《图书与情报》1991 年第 2 期)

辛亥革命以前甘肃的藏书事业

甘肃是中华民族发祥地之一，文化教育源远流长，藏书事业是文化教育发展的标志，又受文化教育发展的制约。两汉时期官学私学的兴起；“五凉”时期河西儒学的兴盛；隋唐两宋中外文化的交流以及佛教典籍的大量传入；元明清三代各府州县儒学与书院的建立等等，都对辛亥革命以前甘肃藏书事业的发展有重大影响。

辛亥革命以前甘肃的藏书事业，包括私人藏书、寺院藏书、儒学与书院藏书三部分。

私人藏书

据现有文献记载，甘肃最早的私人藏书家，当属北凉的宋繇，隋唐两宋时期，无文献可考。元明清三代，私人藏书较前兴盛，著名的有陇西的汪世显，兰州的段坚、秦基贵，武威的张玿美、王文学、尹世阿，临洮的雍焯，武都的邢澍等。

宋繇，字休业，敦煌人。自幼好学，刻苦攻读。长大后，初从段业，为中散常侍，段业平庸，无远略，改而辅佐李暠成就霸业，建立西凉政权，李暠拜为重臣。宋繇历位通显，雅好儒学，虽在战乱之际仍讲诵不废。北魏泰常六年(421 年)，北凉沮渠蒙逊攻酒泉灭西凉，在宋繇家“得书数千卷”，而盐米仅“数十斛”。蒙逊叹曰：“孤不喜克李歆，喜得宋繇也。”[①]

汪世显、汪德臣、王维正、汪世显，字仲明，初仕金，以战功擢升千夫长，不久升巩昌府（今陇西）便宜都总帅，归属元朝后仍袭旧职。喜儒书，征伐四川归来，“辇书数千百卷，而图画半之”。汪德臣，字舜辅，世显子。年十四岁侍元太子阔端狩猎，矢无虚发，袭父爵，世祖中统三年（1262 年）追封陇西公。他继承父亲藏书，并加以补充，欲创立书院，集儒生讲习，因军务繁忙未能如愿。汪惟正，字公理，德臣子，袭父爵，幼年颖悟，喜从文士议论古今得失，尤爱读书，凡遇善本，皆极力保藏。元世祖至元四年（1267 年）建万卷楼，贮书两万卷，楼内类列书架，排比标签，分经、史、子、集四目，并藏有图画琴剑，鼎砚珍玩。[②③]

段坚，字可久，兰州人。正统九年（1444 年）中举，景泰五年（1454 年）进士，历任福山知县，莱州、南阳知府。在福山知县任内，提倡教育，兴建社学，用俸金为社学购书，并作《藏书箴》勉力后学。成化元年（1465 年）从福山离任时，“民众争负先生书簏送之。”成化十七年（1481 年），引疾归故里，结庐五泉山麓，以“奉先、事兄、教子、睦族、善俗”为宗旨，课徒授业，有《柏轩语录》《容思集》行世。成化二十年（1484 年）卒，死后“田亩不及顷”，唯“典册六经子史充栋”。[④]

雍焯，字闇中，狄道（今临洮）人。明嘉靖十六年（1537 年）举人。初仕武乡县教谕，升交城令、河津令，再升贵州道监察御史，人称名御

---

①张维主编，赵荧牛得权校点：《甘肃人物志》，载《西北师范大学学报增刊》，1988 年 7 月。

②张维纂：《陇右金石录》，甘肃文献征集委员会印，1943 年，线装。

③陇西县志编纂委员会：《陇西县志·金石》（初稿），1964 年 4 月，油印本。

④彭泽编辑：《段容思年谱纪略》，清刻本，线装。

史。病归故里，居家二十多年，建小楼藏古今书籍。并刊印《周礼》《尔雅》《孝经》等书。①

张玿美，字昆岩，武威人。雍正元年(1723)应孝廉方正科学荐，授广东惠来知县，升廉州知府，再升雷州道。告老辞旧时，"行李萧条，惟载书数千卷至家"。热心地方教育，曾向书院赠送《十七史》等书籍955册。主编《五凉考志六德集全志》，有《濯砚堂诗钞》行世。②

王文学，名禄，字心简，武威人。王荫堂翰林之从子。翰林宰直隶、广昌、怀来、静海，知山东平度州，再官于莒，文学皆随其左右。佐翰林多年，"无私财，赢则购良书藏之"。武威人称"王氏藏书独富"。翰林休官返里，文学家居，于附近僧寺赁小楼读书。他于书无所不读，尤熟读《文选》，旁及《北堂书钞》《白氏六贴》《艺文类聚》等。岁月屡更，见闻益广，辞赋亦益工。乾隆三十二年(1767年)吴学使赏其宏富，除武生籍改隶文学。从此，王文学之名噪呼雍凉。③

秦基贵，皋兰人，太学生，慷慨好义，有秦善人之称。"性好藏书，入京师数千金买书归。"其子秦维岳，乾隆五十五年(1790年)年进士，由御史给事中官湖北武昌道。④

邢澍，字雨民，一字自轩，号佺山，阶州(今武都)人。乾隆二十四年(1759年)生，道光三年(1823年)卒。乾隆五十五年(1790年)进士，历任长兴知县，饶州、南安知府。史学造诣很深，精通史表、史志、金石之学。主要著作有《关右经籍考》《全秦艺文录》《两汉希姓录》《金石文

---

①升允长庚修，安维峻纂：《甘肃新通志》，宣统元年(1909年)刻本。

②潘挹奎纂：《武威耆旧传》，清道光年间，刻本，线装。

③潘挹奎纂：《武威耆旧传》，清道光年间，刻本，线装。

④秦维岳原纂，陆芝田、张廷选续纂：《皋兰县续志》。道光二十七年(1847年)刻本。

字辨异》《寰宇访碑录》《长兴县志》等。

邢澍一生喜欢读书和藏书。钱大昕在《题佺山松林图》诗中写道："莫讶讼庭公事少，邮筒时有异书来。"钱大昭在《鉴止亭即事呈佺山大令》诗中说："主人雅好事，贮书数万轴。自言得真味，不厌百回读。"邢澍弟子张廷济在《宿鉴止亭呈佺山师》中也写道："吏情雅寄三间屋，官囊惟饶廿架书。（官阁藏书两万）"嘉庆十三年（1808年）邢澍在给吴云逵编《武阶备志》所作序中也说："就余家藏书三万多卷，朝夕披阅，手抄目营，至夜分不少休。"洪亮吉对其藏书之富写诗赞道："君驼万卷归秦阶，可作陇右藏书家。"嘉庆二十四年（1819年）邢澍告老还乡，归里后沉静寡营，著书自娱。[①②]

尹世阿，号保臣，武威人，藏书甚富。据李叔坚《先大夫云章府君行述》记载，当时武威硕学辈出，以张澍、尹世阿最为著名。尹从江西辞官归里，藏书十余万卷。喜欢奖掖后学，曾以阮刻《十三经注疏》赠李叔坚父李铭汉。[③]

寺院藏书

自汉魏以来，佛教经中亚传入中国。甘肃境内，沿丝路古道从西向东古刹林立，著名的有敦煌莫高窟，张掖宏仁寺，武威罗什寺和海藏寺，兰州嘉福寺、崇庆寺和普照寺，陇西天竺寺等。清朝初年以后，藏传佛寺剧增，夏河拉卜楞寺被称为六大寺院之一。寺院的建造，促进了寺院藏书的发展。隋唐时期，写经之风盛行，寺院藏书以收藏写

①邢澍著，玛国瑞辑：《守雅堂稿辑存》（璧景炉丛刊之二），1938年。

②冯国瑞著：《邢佺山先生事迹考》，《和平日报》，1947年7月21日3版、28日3版。

③李叔坚著：《味檗斋遗稿》，1926年，线装。

本为主;宋元以后,雕版印刷兴起,转而以收藏刻本为主;从清朝始,不仅收藏外省刻本,也大量收藏本地寺院刊刻的佛教典籍。

敦煌藏经洞,原为"释门河西都僧统摄沙州僧政法律三学教主"洪巩的影窟。唐宣宗大中五年(851年)至唐懿宗咸通三年(862年)开凿。[①]北宋初年封闭[注释1]。光绪二十六年(1900年)始被发现[注释2]。光绪三十三年(1907年)英国斯坦因,光绪三十四年(1908年)法国伯希和、日本大谷光瑞等多次盗购大批经卷运回本国。宣统二年(1910年)十月,清政府始下令把残存经卷运回北京,交京师图书馆保存。

藏经洞在敦煌莫高窟第16窟附近,编号为第17窟。窟门长方形,顶部宽80厘米,底部宽92厘米。窟内地面近方形,靠北壁有长方形禅床式低坛。地面四边长度:东壁2.75米,北壁2.84米,西壁2.65米,南壁2.83米。四壁向窟内略倾,顶部长度短于地面:东壁2.49米,北壁2.55米,西壁2.57米,南壁2.46米。各壁高度略有差异:东北角高2.38米,西北角高2.46米,西南角高2.32米,东南角高2.37米。窟顶为覆斗形,顶部正中为方形平顶,每边长1米,窟顶高约0.5米,距地面高3米。除低坛所占空间不计外,洞内空间约19立方米。

藏经洞内文献,据各家记述,共约4万多件。其中汉文文献3.6万件,分藏于中国(1万件)、英国(1万件)、法国(0.66万件)、苏联(0.3万件)、日本(0.1万件)等。最早抄本为魏高贵乡公甘露元年(256年),最晚抄本为宋咸平五年(1002年)。从3世纪至10世纪,历时800多年。9至10世纪抄本最多,极少数为9、10世纪印本。文献内容包括佛教、道教、摩尼教、景教、儒家、史地、语文、社会、经济、法律、政

①马世长著:《关于敦煌藏经洞的几个问题》,载《文物》,1978(12)。

治、公私文书、中外关系、天文历算、兵法、医药、术数、文学、绘画、乐舞等,佛教史料最丰富,约占总数的95%,多为稀见珍本。除汉文文献外,还有大批吐蕃文写本,以及少量回鹘、于阗、粟特文文献。

敦煌藏经洞的发现,对国内外学术界产生了深远影响。姜亮夫在《莫高窟年表·凡例》中写道:“其繁富固足以当一大图书馆,而其内容在学术上之重要,将十倍于孔壁、汲冢,皆吾先人劳苦积聚。虽片言只字,皆有其极大之价值,世之所谓‘敦煌学’者,实以此为基础。”

天竺寺,在陇西,唐时建造,永乐八年(1410年)重修。据汪宗周《天竺寺创修水陆圣殿碑》记载:“巩郡郭西,有天竺寺古刹,朱宫绀殿,金壁庄严,自古称极盛,明永乐皇帝赐之藏经牙宝轴,为世所守,虽南安梵宇最多而兹为钜。”①

宏仁寺,在甘州城(今张掖市)西北角,旧名卧佛寺,夏国建。明永乐九年(1411年)重建,敕赐寺额“宝觉寺”。明正统六年(1441年),钦差镇守陕西甘肃等处御马太监兼尚宝监太监鲁安、王贵奉敕命,汇集众士用泥金书写《大般若波罗蜜多经》《报恩经》《涅槃经》《华严经》《胜王经》《大唐西域记》共20万言,600卷。字体工整,装潢精美,是稀世之宝。正统十年(1445年)明英宗颁赐《北藏》一部,共636函,6361卷,诏书曰:“刊印大藏经,颁赐天下,用于流传。兹以一藏,安置陕西甘州卧佛寺,永充供养。听所在僧官僧徒看诵赞扬,上为国家祝愿,下为生民祈福”(诏书现存张掖市博物馆)。对于宏仁寺的宏伟壮观,收藏佛教典籍之丰富,僧卜舟赋诗赞道:

寥落宏仁寺,尘侵佛自闲,
雄碑摩圣迹,古木壮禅关。
玉轴函三藏,金躯卧九间,

①升允长庚修,安维峻纂:《甘肃新通志》,宣统元年(1909年)刻本。

那堪牲牧厂,驼马践苔斑。[①]

罗什寺,在凉州府(武威)城北,又叫塔寺,明代为陕西凉州大寺院。明英宗正统十年(1445年)二月十五日,颁赐《北藏》一部,共636函,6361卷。诏书曰:"刊印大藏经,颁赐天下,用广流传。兹以一藏,安置陕西凉州大寺院,永充供养(诏书现存武威市博物馆)。"隆庆年间(1567—1572年)河湟上人马法琳,重修经阁。[②]

普照寺,唐贞观年间(627—649年)敕建,宋、元、明、清屡修,又叫大佛寺,遗址在今兰州市兰园。寺内建大雄宝殿、法轮殿、藏经楼、槐柏禅院、四大金刚殿、观音堂等殿堂10座。藏经楼在寺之正北,大雄宝殿和法轮殿之后,共七楹,状甚宏伟。中塑观音、文殊、普贤三大菩萨像,木雕释迦、弥陀、药师三大佛,以及韦驮尊神像,并有铜铸接引佛像。上壁绘千佛像,外壁绘八大菩萨立像。两旁壁间,环嵌八个大木柜。明万历二十八年(1600年),肃宪王申尧与其母懿王妃陈氏捐钱,派崇庆寺僧镜授及徒怀戒赴金陵(南京),请回永乐十年至十七年(1412—1419年)刊刻的《南藏》,共638函,6364册,分贮藏经楼的八个大木柜内。每函都裹以黄布经包,以千字文部居,供广大僧众诵读。[③]

嘉福寺,在兰州城西北隅,今木塔巷一带,俗名木塔寺,旧名宝塔寺,明天顺年间(1457—1464年)改嘉福寺。唐贞观九年(635年)建,宋元重修,明正统(1436—1449年)、成化(1465—1487年)屡修。据记载,贮明代藏经一部。[④]清康熙二十三至二十五年(1684—1686年)僧

---

①升允长庚修,安维峻纂:《甘肃新通志》,宣统元年(1909年)刻本。

②张澍辑:《凉州府志备考》,武威市志编纂委员会印,1986年9月。

③邵国秀周永胜:《甘肃省图书馆藏本〈永乐南藏〉考略》,《载图书与情报》,1988(2)。

④董葆吾:《修补普照寺藏经序》,《甘肃民国日报》,1947年7月25日2版。

守禧在塔后空地建昆虚阁五间,后巡抚严公又在阁左右各修楼五间,该阁即为供奉藏经之处。阁内雕梁画栋,金壁光辉,“如贝叶翩翻,天花缭绕”[①]。

崇庆寺,旧名五泉寺,在兰州五泉山。明洪武五年(1372 年)建,永乐年间(1403—1424 年)重修。存贮明版藏经一部,乾隆四十六年(1781 年)毁于火。[②]

海藏寺,在凉州(武威)西北五华里处,南宋淳佑九年(1249 年)建,后屡毁屡修,至清初,凉州地区社会稳定,百业俱兴,僧众修葺寺院,“远寻经典”的热诚很高。康熙年间(1662—1722 年)重修海藏寺,寺僧明彻、实印赴京请经,中途遭遇凶变未果。雍正年间(1723—1735 年)海藏寺再度重修,住持际善百感交集,“寺名海藏,向无藏经”,慨叹妙法无闻,对佛天净土发誓,第二次赴京请经。踏春露,顶烈日,承秋霜,披冬寒,沿途乞斋充饥,结草成眠,经过八年跋涉,终于抵达京城。他的行动,感动了朝野上下,雍正下令颁赐《北藏》一部,共 677 函,6771 卷,还令礼部尚书兼都察院左副都御史蒋廷锡、驻凉州按察副使蒋洞、总理川陕军务兼理粮饷岳钟琪施银 920 两, 帮助携经归寺。际善用白马驮回藏经,供奉在灵钧台新建的藏经阁中,不久,甘肃凉庄道郭朝奉为藏经阁书写了匾额,并撰《海藏寺藏经阁碑记》以表彰际善的功绩(此碑现存海藏寺)。

拉卜楞寺, 位于夏河县拉卜楞镇西, 大夏河北。康熙四十八年(1709 年)嘉木样一世始建,历世嘉木样续建。包括 6 大学院,48 所佛殿和昂欠,500 多所僧院,藏经楼在萨木察仓西侧。乾隆五十年(1785

①刘斗修,陈如稷纂:《兰州志》,清康熙二十五年(1686 年)刻本。

②董葆吾:《修补普照寺藏经序》,《甘肃民国日报》,1947 年 7 月 25 日 2 版。

年）嘉木样二世第二次赴藏，布施各寺白银7万两，收集贵重佛经1万余部，次年运回拉卜楞寺。寺内还设印经院，大多刊刻印度佛经、西藏古德著述和本院高僧著作，至清末，共藏经卷60000多册，分全集、哲学、密宗、医药、声明、缀韵、历史、宗教、传记、工巧、数学、诗词12类。其中，全集177种，包括甘珠经、丹珠经及宗喀巴、西藏各大活佛、历世嘉木样大师的著作21,320部，哲学类15,411部，传记类1,931部，声明类249部，文法修词类561部，天文工艺类280部，医药类197部，密宗类667部。最珍贵的有：贝叶经两部（一为印度阿底夏大师亲诵，一为印度圣者华尔旦大华智哇亲写）；用金汁、银汁、珊瑚、松耳石、珍珠、砗磲6种粉汁写的《金刚经》；用金汁、银汁写的《甘珠尔》；嘉木样一世亲笔用金汁写的《贤劫经》，用金汁写的《菩提道次第广论经》和《八千经》；用银汁写的《松赞干布传记》和《甘珠经目录》；相传松赞干布亲笔写的《尕尔尕科尔码》。另外，还保存木刻经板70000余块。[①②]

儒学和书院藏书

甘肃辖区境内，学校出现很早。两汉时期的郡国学校，五凉时期的国学与私学，隋唐时代敦煌的官学等都很有名。至元明清三代，逐步健全了府、州、县儒学和书院制度。藏书是儒学和书院的重要组成部分，据现有文献记载，对藏书比较丰富的儒学和书院做以介绍。

陕西行都司儒学，在甘州府（今张掖市），明洪武二十八年（1395年）建，正统十二年（1447年）重建，嘉靖三十年（1551年）改建尊经

①范文成主编：《甘青藏传佛教寺院》，青海人民出版社，1990年。

②梁发西：《拉卜楞寺概况》，甘肃人民出版社，1987年8月。

阁。阁中收藏图书 31 种,多为“残篇断简”,“子史集文”之书很少。嘉靖三十七年(1558 年)都御史陈棐派人赴陕西购买“诗文撰集天文医占法律书籍”,造四大柜橱盛之,书之首尾钤盖印记,还勒石记书名立于阁,藏书达 151 种。清初兵变,片简无存。雍正三年(1725 年)改行都司儒学为府学,收藏经史图书 41 种,藏书之富已大不如前。①

兰州府儒学,在城东南,元顺帝至正五年(1345 年)知州姚谅建,初为州学,明洪武二年(1369 年)改县学,正统十三年(1448 年)复为州学,乾隆四年(1739 年)改建府学。据载,清朝末年有藏书 25 种,主要是《钦定诗经传说》《钦定书经传说》《钦定学政全书》《钦定科场条例》《续增科场条例》等科举用书。②

皋兰县儒学,在城中延寿巷内,乾隆五年(1740 年)巡抚元展成创建。中为大成殿,殿东崇圣祠,殿西尊经阁。据载,乾隆四十三年(1778 年)以前有藏书 43 种,每种一至二十四套,后颇多散佚。至清朝末年实有《谕旨录》《纶音必读》《朱子全书》《宋史》《学政全书》《续增学政全书》《续增科场条例》等 34 种图书。③

庆阳府儒学,在府治东南,明洪武年间(1368—1398 年)同知王敬建,明嘉靖(1522—1566 年)至清康熙(1662—1722 年)屡修,乾隆二十五年(1760 年)知府赵本植重修大成殿、明伦堂、棂星门、魁星阁共十数处。尊经阁为藏书处所,大明伦堂北。乾隆年间(1736—1795 年)藏有《周易折衷》《礼记义疏》《性理精义》《朱子全书》《日讲四书讲义》《大清律》《学政全书》《钦定四书文》《康熙字典》等各一部,以及《十三

①张维纂:《陇右金石录》,甘肃文献征集委员会印.1943 年,线装。

②张国常纂修:《重修皋兰县志》,1917 年,陇右乐善书局石印本。

③张国常纂修:《重修皋兰县志》,1917 年,陇右乐善书局石印本。

经注疏》1部120册,《二十一史》1部50函500册,《明史》1部120册等。①

酒泉书院,成化三年(1467年)创建,原为肃州儒学。嘉靖二十六年(1547年)兵备副使唐宽"毁号房,置蔬圃,建酒泉书院"。嘉靖之后屡建屡废。乾隆元年(1736年)甘肃分巡道黄文炜署肃州知州,捐资修缮学舍,创建"尊经阁",阁成"适学宪新承天子命来校是帮,鬻书者随至,因购得经、史、诸子、以迄制义、论策共若干种"。从此,阁中藏书84部,899册。②

甘泉书院,创始年不详。嘉靖三十一年(1552年)都御史王诰"病其地隘,撤而大之"。乾隆二十五年(1760年)知县王廷赞改建。乾隆三十五年(1770年)增建"玩书楼",上下六间,台高八尺,东西五丈三尺,南北八丈三尺。据载有藏书54种,主要是经书和史书。淆川令陈史,字金鉴,志学工文,"方宰淆川时,念张掖少藏书,无以迪后学,购书七十四种置公所。"乾隆二十六年(1761年)其子维衡将这批书籍尽归书院。郭楷(1760—1840年)在其《过甘泉书院题四绝句》中,对"玩书楼"赞道:"万轴牙签百尺楼,明窗四敞对凝眸。元龙豪气消磨尽,老向书仓学鼠偷。"清岁贡高缙在《甘泉书院八咏》中,也有一首是咏"玩书楼"的,诗中云:"结伴登楼共玩书,五车二酉尽搜储。简中咀嚼多滋味,采藻纷披触绪余。"③④⑤

柳湖书院,乾隆二十九年(1764年)知县王云建,乾隆三十四年知

---

①赵本植纂修:《新修庆阳府志》,乾隆二十六年(1761年)刻本。

②黄文炜纂:《重修肃州新志》,据乾隆二年(1737年)刻本传抄。

③钟赓起纂修:《甘州府志》,乾隆四十四年(1779年)刻本。

④李鼎文:《甘肃文史丛稿》,1986年,甘肃人民出版社。

⑤白册侯原著,余炳元续纂:《张掖县志》,1959年,北京中国书店,油印本。

府顾晴沙扩建,并定名柳湖书院。乾隆五十二年(1787年)知府秦蓉庄再次增修,建石桥、牌坊、藏书搂五楹,讲堂五楹。嘉庆二年(1797年),知府阎柱峰“殷勤教育,克继前规”,又葺修之,并题藏书楼曰:“避暑阁”。①

兰山书院,雍正十三年(1735年)巡抚许容奉旨创建。从乾隆三十年(1765年)开始,历任总督屡加扩建,至光绪元年(1875年)形成一组宏大的建筑群。据载,中为文仁堂,后为敬逊堂,又后为射园。敬逊堂前两厢为斋房,书库在东南隅小院。

该院向以藏书丰富著称。乾隆年间(1736—1795年)有藏书204种,钦定四书和十三经书板2067块。咸丰四年(1854年)书库起火,藏书付之一炬。光绪元年(1875年)以后,在陕甘总督左宗棠、杨昌浚等人的重视下,逐渐得到恢复,左、杨曾分别捐购图书10种和45种,至清朝末年,共有藏书98种,另有《慎思录》《诹吉便览》《陇右校士录》书板338块。

该院制定了严格的借书章程,据载,诸生欲看某书,须具领呈监院,俟批发给,看毕缴还抽领销案;请领书籍只许专领某书,不许一时辄领数种;书籍如系函数多者,先领首函,看毕再领次函,随领随还,不准尽数领去,致有失遗;领看书籍,每函以一月为限,逾期者追还;领去书籍,如不爱惜,致有油污损伤等弊,不准再领;各种书籍,只许住院肆者领看,此外不准滥领。②

五泉书院,在兰州府北后街(今贤后街),清嘉庆二十四年(1819年)布政使屠之申建。据载,道光年间(1821—1850年)有藏书52种、

①朱愉梅编:《柳湖书院志》,嘉庆十八年(1813年)刻本。

②张国常纂修:《重修皋兰县志》,1917年,陇右乐善书局石印本。

156套。经部有《十三经》《重刊宋本论语》《重刊宋本孟子》《重刊宋本左传》等;史部有《二十一史》《读史方舆纪要》等;子部有《集验良方》《兵镜备考》等;集部有《文选集评》《杜诗详注》等,另有《学庸渐通》书板46块。①

求古书院,在兰州贡元巷。陆廷黻接任甘肃学政后,发现平庆泾固宁夏五属考生的试卷"文俱浅薄,诗赋多不叶声韵",遂与总督谭仲麟商酌,于光绪九年(1883年)将省城旧有考棚改成求古书院。该院藏书,一部分是由兰山书院划拨过来的,如《御纂周易折衷》《钦定书经汇纂》《饮定诗纂》《御选古文渊鉴》等;其余则是官吏们捐购的,如总督谭钟麟捐购了《钦定佩文韵府》等,布政使魏光焘捐购了《通志堂经解》《资治通鉴纲目》等,学政胡景桂捐购了《山海经笺疏》《续汉志》等,提督周达武捐购了《皇清经解》《王船山遗书》等。②

凤城书院,在庆阳府署东,乾隆二十六年知府赵本植创建。同治年间(1862—1874年)兵变倾圮。光绪六年(1880年)知府李守愚重修。光绪十五年(1889年)知府胡励锋扩修讲堂,添修号舍,购书1300余卷。③④

注释:

[1]藏经洞封闭年代无确切文字记载,代表性的说法有宋初避西夏之乱说和

---

①秦维岳原纂,陆芝田张廷选续纂:《皋兰县续志》,道光二十七年(1847),刻本。

②秦维岳原纂,陆芝田张廷选续纂:《皋兰县续志》,道光二十七年(1847),刻本。

③赵本植纂修:《新修庆阳府志》,乾隆二十六年(1761年)刻本。

④杨景修纂:《庆阳府志续稿》,民国年间修,1961年油印本。

宋皇佑之后说两种。法人伯希和在1908年写的《敦煌石室访书记》中说:“首当研究之问题,厥为卷本入洞之年代,此实有准确之凭证在焉。卷本年题年号,其最后者为宋初太平兴国(976年—983年)及至道(995年—997年),且全洞卷本,本无一作西夏字者,是洞之封闭,必在11世纪之前半期,盖无可疑。以意度之,殆即1035年西夏侵占西垂是也。”陈垣在《敦煌劫余录序》中认为,“通考载大中祥符末(1016年),沙州归义军节度使曹贤顺,犹表乞金字藏经。景佑(1034—1038年)至皇佑(1049—1054年)中,朝贡不绝,知此等洞之封闭,大约在皇佑以后。”

[2]藏经洞发现年代,有光绪二十六年(1900年)和光绪二十五年(1899年)两种说法。《王道士荐疏》说:“至二十六年五月贰拾陆日清晨,忽有天炮响震,忽然山裂一缝,贫道同工人用锄挖之,欣出闪佛洞一所……内藏经卷数万卷。”《王道士园禄墓志》(《重修敦煌县志》)载:“以流水疏通三层沙洞,沙出壁裂一孔,仿佛有光,壁破则有小洞,内藏经万卷……,光绪二十五年事也。”

(原载于《图书与情报》1992年第1期)

民国时期甘肃的图书馆事业

甘肃近代图书馆,发端于清朝末年。光绪二十八年(1902 年)清政府颁布学堂章程,三十一年(1905 年)通令停止岁科考,开始将书院改为学堂。随着学堂的设立,近代图书馆开始萌发。

宣统二年(1910 年),学部拟定《京师图书馆及各省图书馆通告章程折》提出,"京师及各直省省治,应先设图书馆一所,各府、厅、州、县治各依筹备年限依次设立。"民国四年(1915 年)十月二十三日教育部公布《图书馆规程》和《通俗图书馆规程》,要求"自省各特别区应设图书馆储集各种图书,供公众阅览","公共私立学校、公共团体和私人,依本规程所规定,得设立图书馆"。各省治、县治、私人或公共团体、公私学校和工厂设立通俗图书馆"。

宣统二年(1910 年),甘肃提学使陈曾佑拟在兰州创设图书馆。次年,提学使俞明震,拨专款派人赴上海购置图书,运抵陕西,适值民军起义,所购图书全部散失。民国三年(1914 年),甘肃巡按使张广建,又拟在前学务公所藏书和陆军小学、兰州府中学藏书基础上建立图书馆。至民国六年元月,甘肃省公立图书馆始正式建立。民国三十三年(1944 年)七月,国立西北图书馆对外开放。在此之前,一些县立图书馆也先后开办。

民国元年(1912 年),学堂改为学校,小学、普通中学、中等师范学校、中等技术学校、高等学校相续成立。至民国二十五年(1936 年),各级各类学校均发展较快。随着学校的诞生与发展,各级各类学校图书馆也获得了一定程度的发展。

除公共图书馆和学校图书馆外，还出现了少量的科研机构图书馆。

一、公共图书馆

公共图书馆有省立兰州图书馆、国立兰州图书馆、私立五泉图书馆、各县的县立图书馆和儿童图书馆。

1. 省立兰州图书馆

民国五年(1916年),在五泉书院旧址筹备,六年(1917年)元月,省署批准以提学使署东图书楼(学院街5号)为馆址,正式成立。初名甘肃省公立图书馆,隶属省长公署,嗣后改隶教育厅,首任馆长阎士璘。二十一年(1932年)五月改称甘肃省立图书馆,三十一年(1942年)复改称甘肃省立兰州图书馆,三十七年(1948年)三月交兰州市政府接办,七月一日收省办。

民国初年至三十六年(1947年),省政府先后颁布《甘肃省公立图书馆规程》《甘肃省立图书馆规程》(民国二十年七月)《修正甘肃省立图书馆规程》(民国二十五年二月)《甘肃省政府图书馆规程》(民国三十六年三月十五日),就省立图书馆的隶属关系、组织机构、人员、经费、主要业务工作要求等做了具体规定。

设馆长一人,综理馆务,馆长之下,设总务、阅览二部。总务部办理文书、会计、庶务、调查、统计、研究、辅导、视察等事项;阅览部办理阅览、编目、征集、庋藏、参考、出纳、交换、选购、登记等事项。每部设主任一人,总务部主任馆长自兼。民国二十四年(1935年)职员8人,三十年(1941年)4人。

馆址为两进院落,楼房27间,平房4间。经费省政府拨付,民国十八年至二十九年(1929年—1940年),每年3000~4000元。此后,物价飞涨，货币贬值，经费拮据。民国三十年至三十六年（1941年—1947年），分别为6,374.6元、10,260元、37,280元、130,000元、280,988元、624,624元、1,332,624元。

藏书初以前学务公所和陆军小学书籍、各学校所存兰山、求古、五泉三书院书籍为基础，后又陆续补充，至民国二十五年（1936年）已达54,000册，又通俗小说1,000余册，杂刊5,000余册，杂志600余册，大小报章10余种，另藏左刻《四书》《五经》，以及《甘肃新通志》书板4,000多块。二十八年（1939年）日机轰炸兰州，损失图8,000多册，焚毁书板55块，毁坏书板150块。三十三年（1944年）底，藏书7万余册，杂志1万余册，《古今图书集成》《四部丛刊》《四部备要》《四库全书珍本初集》《万有文库》等书，以及各省郡县志乘皆较齐备。

抗日战争爆发之前，设图书部，掌管古今中外新旧书籍，备社会各界人士借用；通俗图书部，陈列各种小说杂刊，供各校学生及民众来馆阅览用；新闻阅览室，陈列省内外报章杂志，供民众阅览用。抗战期间设参考、图书、新闻三室，另在东郊水车园小学、西郊西园小学、民众市场、中山林设图书站4处。民国三十七年（1948年）七月，除图书、期刊、报纸、儿童阅览室外，另增设研究室和特藏室。

民国三十五年（1946年）及其以后，举办的展览有《西北文献展览》（民国三十五年十一月）、《馆藏珍本图书展览》（民国三十六年八月）、《馆藏方志展览》（民国三十七年十一月）。历年编印的主要出版物有《甘肃省公立图书馆书目初编》（民国十三年）、《甘肃省公立图书馆保存类书目》(民国十四年),以及馆刊等。[①②③④]

民国三十四年(1945年)四月八日,兰州市图书馆协会成立,理事刘国钧、袁翰青、刘子亚、陈大白、何日璋、李端揆、孙钰,监事黎锦熙、郭维屏、李蒸,常务理事刘国钧、袁翰青、刘子亚,理事长刘国钧。协会以研究图书馆学术,发展图书馆事业,并谋兰州市各图书馆之协助为宗旨,会址设在省立兰州图书馆。[⑤]

2. 国立兰州图书馆

民国三十二年(1943年)二月,教育部聘请刘季洪、袁同礼、陈东原、刘国钧、岳良木、郑通和、陈训慈、蒋复璁、蔡孟坚、冯国瑞为国立西北图书馆筹备委员会委员,刘国钧为主任。三月二十六日筹委会第一次会议决定,馆址设在兰州,七月借省立民众教育馆作筹备处,并加聘何日璋为委员。次年三月,租前皋兰书院(曹家厅14号)为馆址,七月七日对外开放。奉教育部命从三十四年(1945年)八月起,以经费困难暂行停办,图书文卷、器具,分存省立兰州图书馆和国立西北师范学院。三十五年(1946年)九月恢复,次年二月十一日与省立兰州图书馆联合开放,同时改名国立兰州图书馆。三十七年(1948年)四月,迁入中正公园(今通渭路)新址。

馆长刘国钧,馆长之下设四组二室,有职工28人。总务组:文书、

①皇甫均编:《甘肃近代三十年教育史要》,1961年甘肃省图书馆传抄本线装。

②刘子亚:《甘肃省立兰州图书馆概况》,载《西北文化》,民国二十四年一月三十日与二月六日,11—12期。

③《甘肃省公立图书馆概兄及其沿革(民国十八年份)》,载《教育周刊》,民国十八年八月十二日至二十二日。

④甘肃省教育厅编审委员会编印:《甘肃教育概览》,民国二十五年二月。

⑤兰州市图书馆协会成立西北文化,民国三十四年四月十一日21期。

出纳、庶务；采访组：图书选购、征集、交换与登记；编目组：图书分类、编目、索引；阅览组：图书阅览、典藏、参考、咨询、互借、辅导；编纂室：编辑、考订、校勘、特藏、专题研究；会计室：会计、岁计。民国三十六年（1947 年）二月，增设辅导特藏组，职工 40 人。

民国三十三年（1944 年），租用大小房间 40 余间，其中图书阅览室 4 间，期刊阅览室 4 间，书库 4 间，办公室 10 间。民国三十七年（1948 年）四月迁入新址，有报刊、图书阅览室、书库及职员宿舍 42 间。经费由教育部拨付，民国三十二年（1943 年）90 万元，三十三年（1944 年）126 万元，三十五年（1946 年）879 万元，三十六年（1947 年）除正常费外另增拨 3 亿元。

藏书以普通参考书、与开发西北有关的科学著作、西北文献与地方志乘、国学基本名著、境内各民族历史记载、不易购得之名篇钜制为重点。民国三十三年（1944 年）七月，藏书 1 万数千册，包括《丛书集成》《四部丛刊》《国立北平图书馆珍本丛书》《关中丛书》等，以及西北文献 200 种，碑贴 200 种，英文科学图书 200 种，三十六年（1947 年）接收教育部调拨南京、上海日伪图书 8 万册，内含大批明版图书、日本与朝鲜刻本，至中华人民共和国成立前夕，有藏书 98,975 册。

中文图书依刘国钧《中国图书分类法》分类，西文图书依《杜威十进分类法》分类，设分类、书名、著者三套目录。分类目录以分类号为序排列，书名、著者目录以笔划多寡为序排列，笔画相同则按陈立夫五笔排列法为序排列。

民国三十三年（1944 年），设图书、报刊阅览室，日平均读者 300 人。另设：西北文物研究室，搜集研究展览西北文物；图书影片室，备阅读放大机两架，美国新近出版学术杂志胶片 90 种，向读者提供阅读服务；馆外阅览室和书报服务社（中正公园内），便利游人阅读书报。三十六年（1947 年）与中国合作事业协会甘肃分会合办合作参考室，三十七年（1948 年）在民国路青年馆设立第一图书阅览站，同年四月迁入新馆后，读者较前略增，日均读者 400 人左右。①②③

民国三十三年（1944 年）十一月举办图书展览，展出善本图书、杂志、碑帖、地图、西北方志、乡贤著述 1000 余种。三十六年（1947 年）八月举办馆藏善本图书展览，展出刻本、抄本、批校本、稿本、精写本、日本及朝鲜刻本 700 余种。

民国三十三年（1944 年）十月十七日至三十四年（1945 年）七月三十一日，编辑《西北文化》（《西北日报》副刊），每周一期，共出 36 期，发表学术论文 76 篇。主要有：《书目新答问叙例》（黎锦熙）、《馆藏汉简初释》（刘国钧）、《战时图书馆事业之推广》《甘肃省立兰州图书馆概况》（刘子亚）、《图书馆的新任务——电影教育》（计德蓉）、《谈谈国立西北师范学院图书馆》（何日璋）等。

3. 私立五泉图书馆

民国十一年（1922 年），绅士刘尔炘设立五泉书院（性质与通俗图书馆相同），后改五泉图书馆，地址在五泉山文昌宫。文昌宫始建于明代，光绪十二年（1886 年）重修，宫院上层三面悬楼，中间魁星阁，下层五泉书院。内藏新旧图书，设特别阅览室、普通阅览室、妇女儿童阅览室。宫殿巍峨，环境幽雅，读书揽胜俱佳，有题联曰：

云阶月露引人来，乐水志在水，乐山志在山，随处禁怀随处畅；

学海书城延客人，见仁谓之仁，见智谓之智，自家门径

①《国立西北图书馆筹备概况中华图书馆协会会报》，民国三十二年十月十五日，18 卷 1 期，3—4 页。

②《国立西北图书馆概况》，民国三十三年九月油印本。

③《国立西北图书馆概况》，西北文化，民国三十四年一月二日，7 期。

自家求。

藏书来源有三，一是购置；二是接受私人捐赠；三是接收省立图书馆、第一中学、高等师范、女子师范拨交原各书院复本图书。民国十七年（1928年），迁至贤后街五泉书院旧址。藏书1,406种,43,624卷,16,270册,另图530幅,旧时书院储积,陇垣古籍遗书,大抵齐备。[①]

4. 县图书馆

民国二年(1913年)至十六年(1927年),永昌、清水、平凉、静宁、秦安、西固、张掖、武山、崇信、灵台、天水、通渭、庆阳、民勤、玉门、固原、高台、景泰18县设县图书馆,[②]大多承袭书院遗产,或设在县教育局内。年经费100元至600元,藏书几十册至几千册不等,形同虚设者多,名实相符者少。民国十八年(1929年)以后发展较快,至二十五年(1936年)有县图书馆40所,职员总数89人,年经费8,642元。抗战以后,陆续与民众教育馆合并。民国二十八年(1939年)正宁、清水、礼县、武威、西和、武山、崇信、泾川、临洮、永登8县图书馆并入民众教育馆。民国二十九年(1940年)渭源、静宁、高台、定西、榆中、会宁、临潭、平凉、海源9县图书馆并入民众教育馆。民国三十年(1941年)省政府颁布《甘肃省各县图书驿站暂行规则》,教育厅在33个县设置图书驿站,每站配书100余种,开展巡回阅览,至民国三十一年(1942年)仅存天水县图书馆一所。天水县图书馆民国三十八年(1939年)建立,藏书3500余种、12,750册,系前陕西省政府主席邵力子捐赠。其中十之七八为西北文献,内容主要包括,关于陕西的丛书;陕甘宁青方志游记;陕甘宁青人士著作;国人关于西北各省的著作;陕西及西

①皇甫均编:《甘肃近代三十年教育史要》,1961年甘肃省图书馆传抄本线装。

②皇甫均编:《甘肃近代三十年教育史要》,1961年甘肃省图书馆传抄本线装。

北各省的地理照片等。民国三十二年(1943 年)藏书发展到 5,242 种、16,616 册,约 5 万卷以上。民国三十六年(1947 年)三月十五日,省政府颁布《甘肃省县(市)立图书馆规程》,要求“四等以上县份均得设置图书馆”,但在行将复灭之际政府已无力顾及于此。至 1949 年前夕,全省有县图书馆 2 所,藏书共计 21,537 册。现将部分年度县图书馆情况列表如下(表 1):

表 1 甘肃省部分年度县图书馆情况统计表

时间	馆数	职员人数	经费数	材料来源
1933	25	55	4,500	《甘肃统计季报》2 卷 1–4 期
1934	28	64	5,640	《甘肃统计季报》2 卷 1–4 期
1935	37	81	7,992	《甘肃统计季报》2 卷 1–4 期
1936	40	89	8,642	《甘肃统计季报》2 卷 1–4 期
1938	23	37	7,977	《甘肃省二十七、八、九年图书馆统计表》
1939	12	29	5,626	《甘肃省二十七、八、九年图书馆统计表》
1940	3	11	2,873	《甘肃省二十七、八、九年图书馆统计表》
1942	1	—	—	《甘肃省统计要览》(民国三十一年三十二年)
1946	2	—	—	《甘肃统计年鉴》第二回,民国三十七年
1949	2	—	—	《新甘肃》2 卷 5 期 67 页

5. 儿童图书馆

民国二十年(1931 年),天水县改中山图书馆为儿童图书馆。二十四年(1935 年)与县立图书馆、通俗阅报社合并称县立民众教育馆。①

①贾缵绪总纂:《天水县志》,民国二十八年,兰州国民印刷局排印。

民国三十七年(1948年)二月十六日,兰州市儿童图书馆成立,地址在兰园社会服务处,四月迁入省立兰州图书馆内,次年一月十四日,复迁回社会服务处。藏书700余册,主要是《中华少年》《小朋友》《少年文库》《开明少年》《儿童故事》等书刊,日均读者400人以上。

二、学校图书馆

1. 高等学校图书馆

光绪三十四年(1908年)设政法馆,十月奏请改设法政学堂,宣统元年(1909年)正月法政学堂成立,设"阅报室一间""图书室三间"。

民国期间,高等学校图书馆有一定发展。从民国十七年(1928年)始,先后设立的有兰州中山大学图书馆、甘肃学院图书馆、国立西北技艺专科学校图书馆、国立西北农业专科学校图书馆、国立西北师范学院图书馆、西北医学院兰州分院图书馆、兰州大学图书馆和国立兽医学院图书馆。

兰州中山大学图书馆,民国十六年(1927年)省政府议设大学,次年四月改法政专门学校为兰州中山大学,地址在萃英门旧贡院内,以观成堂作图书馆,设主任1人,书记2人,在原有藏书基础上添购图书数百种,备藏书总目录和分类目录各一套。①

甘肃学院图书馆,民国二十年(1931年)二月,兰州中山大学改为甘肃大学,次年十二月改为省立甘肃学院,三十三年(1944年)七月再改为国立甘肃学院。为了适应教学与研究需要,修葺馆舍,添购图书,分类编目,增开阅览室,设置图书目录,业务工作逐步正规化。民国二十五年(1936年),有馆舍5间,设主任1人,助理员1人,年

①《兰州中山大学工作报告》(民国十八年),元月一日出版。

图书费 3,600 元,收藏中国旧籍 2,001 册,科学书籍 4,946 册,其他 12,938 册,外文书籍 527 册。抗战期间,交通不便,物力维艰,较少购置图书。至民国三十五年(1946 年),共有藏书 27,571 册,其中中文图书 23,621 册, 西文图书 721 册, 中文杂志 3,210 册, 西文杂志 120 册。[①②]

国立西北技艺专科学校图书室,民国二十八年(1939 年)四月,教育部呈准行政院设立的国立西北技艺专科学校的图书馆。地址在兰州西果园。图书室隶属教务处,设主任 1 人。民国二十九年(1940 年)藏有图书 3,471 册,图表 37 幅,杂志 70 余种,另向美国订购西文书籍 593 册,向北京订购图书 66 册,向重庆、成都各书局订购图书 510 册。[③]

国立西北农业专科学校图书室,民国三十四年(1945 年)八月,国立西北技艺专科学校改为国立西北农业专科学校, 教务处下设图书组管理图书。民国三十四年(1945 年)农业科有图书杂志图表百余种,森林科有专业图书 34 种、杂志及图书百余种,畜牧兽医科有图书杂志百余种,农业经济科有图书杂志 500 余种、图表 100 余种。[④]

国立西北师范学院图书馆,民国二十八年(1939 年)八月,始建于陕西城固,三十年(1941 年)秋,学院奉教育部令迁兰州,在十里店设分馆,三十一年(1942 年)四月,两地共有藏书中文 10,948 册,西文 2,125 册,中文杂志 396 种,西文杂志 68 种,地图 40 幅。民国三十三年(1944 年)十二月,陕西城固藏书全部迁兰,以 6 间教室作临时馆

---

①甘肃省教育厅编审委员会编印:《甘肃教育概览》,民国二十五年二月。

②何日璋:《国立兰州大学图书馆概况》,民国三十七年元月。

③《国立西北技艺专科学校概览》,民国二十九年七月印。

④《国立西北农业专科学校概况》,甘肃青年月刊,1945 年 8 卷 1 期。

舍，计有中文书籍 17,029 册，西文书籍 2,444 册，中文杂志 3,699 册，西文杂志 1,526 册，图表 55 幅，实习教科书 388 册。重要典籍和图书有《万有文库》《二十四史》《四部丛刊》《四部备要》，以及《英国大百科全书》等。1949 年前夕，拥有各类书刊 3.8 万册。中文书籍依《中国图书十进分类法》(何日璋)分类，外文书籍依《杜威十进分类法》分类。图书设著者、书名、分类三套目录，报刊设期刊目录和日报论文目录。①②

西北医学院兰州分院图书馆，民国三十三年(1944 年)夏，由国立西北医学院图书馆(陕西西安)分出，同年复并入国立西北专科学校图书馆。有藏书中文 1,051 册，西文 205 册，中文杂志 275 册，西文杂志 53 册，共计 1,584 册。③

兰州大学图书馆，民国二十五年(1946 年)秋，由甘肃学院图书馆和西北医学院兰州分院图书馆合并而成。初以甘肃学院图书馆旧址观成堂为中文书库，改学院大礼堂(至公堂)为阅览室，编目室、期刊室、特藏室、丛书室、装订室等分设后院，馆舍总计 40 余间。民国三十七年(1948 年)夏，建藏书楼两座，前楼纵 41 米，深 8 米，高 12 米，后楼纵 40 米，深 12 米，高 10.5 米，总面积 1,610 平方米。以其地处黄河之滨，取大禹治水“导河积石”之意，名曰“积石堂”。④

建馆初，从甘肃学院图书馆和西北医学院兰州分院图书馆接收图书 29,101 册，两年间新购图书 58,232 册。民国三十七年(1948 年)

---

①何日璋:《谈谈国立西北师范学院图书馆》，载《西北文化》，民国三十四年三月二十七日，四月三日，19—20 期。

②何日璋:《国立西北师范学院图书馆近况》，载《中华图书馆协会会报》，1943 年 2 月 6 卷 3—4 期。

③何日璋:《国立兰州大学图书馆概况》，民国三十七年元月。

④顾颉刚:《积石堂记》，民国三十七年十一月。

藏书超过 10 万册。著名丛书有《丛书集成》《四库全书珍本初集》《四部丛刊》《四部备要》《古今图书集成》《万有文库》《别下斋丛书》《学津讨源》等,明版书籍有《皇明经世文编》《文苑英华》《全唐诗》等。

图书馆隶属教务长领导,主任何日璋,综理全馆事务。登购部,掌理图书、杂志、报章订购登记;编目部,掌理中外文书籍分类编目;阅览部,掌理图书典藏与流通;杂志部,掌理中外文杂志典藏、流通与装订。中文图书依《中国图书十进分类法》(何日璋)分类,著者号码采用何日璋编《著者号码表》。外文图书依《杜威十进分类法》分类,著者号码采用《卡脱氏著者号码表》。设书名、著者、分类三套目录,图书典藏设排架目录。普通阅览室陈列各种基本参考书,开架阅览,借书处除接待本校师生外,也接待兰州市区凭机关公函借书的读者。①

国立兽医学院图书馆,民国三十五年(1946 年)教育部决定在兰州筹建国立兽医学院,同年十月正式成立,地址在小西湖。图书馆设在伏羲堂大楼内,有图书千余册及少量杂志。②

2. 中等技术学校图书馆(室)

清末,中等技术教育纳入官方学制。光绪三十三年(1907 年)兰州道彭英甲创设官立中等农学堂和矿务学堂,据《甘肃教育官报》记载,两学堂各设"阅报室三间"。

民国六年(1917 年)四月,甘肃省立甲种农业学校成立。此后,一些中等技术学校陆续创办,至二十五年(1936 年)有省立兰州工业职业学校、省立兰州农业职业学校、省立兰州女子职业学校、省立兰州高级助产职业学校四所,这些学校图书馆室情况如下表(表 2)。

---

①何日璋:《国立兰州大学图书馆概况》,民国三十七年元月。

②王锡桢:《1949 前的国立兽医学院》,甘肃教育史志资料,19885 年 5 期,20—21 页。

表2 民国二十五年省立中等技术学校图书馆(室)情况统计表[①]

名称	地址	隶属关系与工作人员	馆舍	藏书
省立兰州工业职业学校图书馆	兰州中山路	—	4间	中文115册,外文12册,挂图38幅
省立兰州农业职业学校图书馆	兰州西关	隶属教务处管理员1人	—	中文4,033册,外文63册,挂图62幅
省立兰州女子工业职业学校图书馆	兰州南府街	—	1间	中文580册,挂图185张
省立兰州高级助产职业学校图书馆	兰州西关	—	2间	—

3. 中等师范学校图书馆(室)

甘肃近代师范教育始于清末,光绪三十年(1904年)甘肃省高等学堂附设一年制师范馆,次年停办。光绪三十二年(1906年)将兰山书院改为优级师范学堂,求古书院改为速成师范学堂,次年,速成师范学堂又改为初级师范学堂。据《甘肃教育官报》记载,初级师范学堂设"阅报室一间"。

民国二年(1913年)师范学堂改称师范学校,六年(1917年)省议会议决,全省设师范学校8所。此后,师范教育发展较快,至二十五年(1936年)有省立师范学校10所,兹将这些学校图书馆(室)情况列表如下。(表3):

①甘肃省教育厅编审委员会编印:《甘肃教育概览》,民国二十五年二月。

表 3　民国二十五年省立师范学校图书馆(室)情况统计表①

名称	地址	隶属关系与工作人员	馆舍	藏书
省立兰州师范学校图书馆	兰州小稍门外	隶属校长	10 间	中文 15,979 册,外文 803 册
省立武威师范学校图书馆	武威县草厂街	隶属教务处	3 间	中文 2,387 册,挂图 572 幅
省立临洮师范学校图书馆	临洮县城内	书记兼图书管理员 1 人	3 间	中文 929 册,外文 17 册,挂图 50 幅
省立酒泉师范学校图书馆	酒泉县城内	—	2 间	中文 1,185 册,外文 109 册
省立陇西师范学校图书馆	陇西县西大街	—	3 间	中文 3,800 册,外文 15 册,挂图 50 幅
省立天水师范学校图书馆	天水县城内	图书管理员 1 人	3 间	中文 1,743 册,外文 5 册,挂图 22 幅
省立平凉师范学校图书馆	平凉县城内	—	3 间	中文 2,700 册,挂图 40 幅
省立兰州乡村师范学校图书馆	兰州畅家巷	—	—	中文 224 册
省立兰州女子师范学校图书馆	兰州新关	图书管理员 1 人	3 间	中文 3,580 册,外文 35 册,挂图 6 张
省立平凉女子师范学校图书馆	平凉县城内	—	3 间	中文 91 册,挂图 8 张

①甘肃省教育厅编审委员会编印:《甘肃教育概览》,民国二十五年二月。

4. 普通中学图书馆(室)

普通中学教育始于清末废科举兴学堂之际,从光绪三十年(1904年)至宣统二年(1910年)各地书院纷纷改成学堂,全省中学堂达10所之多,据《甘肃教育官报》记载,甘肃中学堂(五泉书院旧址)设"阅报室三间"。

民国元年(1912年)中学堂改为中学校。二十五年(1936年)有省立中学4所,县立中学5所,私立中学1所,三十七年(1948年)发展到69所。现将民国二十五年(1936年)省立中学图书馆(室)情况列表如下(表4):

表4 民国二十五年省立中学图书馆(室)情况统计表①

名称	地址	隶属关系与工作人员	馆舍	藏书
省立兰州中学图书馆	兰州小稍门外	隶属教务处	11间	中文29,825册,外文2,986册
省立平凉中学图书馆	平凉县城内	隶属校长	5间	中文11,260册,挂图72幅
省立天水中学图书馆	天水县城内	图书仪器管理员1人	—	中文1,743册,外文5册,挂图22幅
省立武威中学图书馆	武威县北街	—	2间	中文670册,外文26册,挂图3套

5. 小学图书馆(室)

光绪二十七年(1901年),临夏县凤林书院改为小学堂。此后,各

①甘肃省教育厅编审委员会编印:《甘肃教育概览》,民国二十五年二月。

县纷纷将书院改为高等小学堂，私塾改为初等小学堂。辛亥革命前夕，全省共有高等小学堂64所，初等小学堂915所。民国元年（1912年），南京临时政府颁布“小学校令”，改小学堂为小学校。至1949年前夕，全省共有小学校7,299所。据档案记载，在少数小学中设有图书室，省立中山小学，民国十九年（1930年）有图书147种、365册；省教育厅附设第一实验小学，民国二十一年（1932年）六月有图书272种、728册，二十三年（1934年）增加到497种、1504册；兰州市第二实验小学，民国二十年（1931年）八月有图书132种、475册，二十六年（1937年）五月增加到1,274种、1,558册。[①②③]

三、科研机构图书馆

民国二十八年（1939年）元月科学教育馆成立，为管理中英庚款董事会所设，地址在兰州南稍门外中山林，三十三年（1944年）十一月迁励志路省教育会新址，改为国立，隶属教育部。二十八年（1939年）图书室有藏书2,300种、3,500册，中外杂志70余种、报纸8种。三十年（1941年）中外文图书增加到8,000余册，三十五年（1946年）已达万余册。年购书费占总经费5.5%，二十八年（1939年）约为5,000元。采用王云五《中外图书统一分类法》对图书进行分类。全部藏书均向社会开放，读者凭服务机关公函领取借书证。二十八年

①省立中山小学校造具接收前校长交待图书、器具等项清册，民国十九年存省档案馆。

②省教育厅第一实验小学校器物图书清册，民国二十二年六月，省教育厅附设第一实验小学校新旧书籍民国二十三年度清册，存省档案馆。

③兰州市立第二实验小学图书清册，民国二十年八月二十二日，兰州第二实验小学移交图书清册，民国二十六年九月。

(1939 年)外借书籍 1,100 余册,中文占 90%,外文占 10%。三十年(1941 年)来室阅书者 3,000 余人次,外借图书 200 余种。[①②]

四、陇东解放区的图书活动

1937 年 1 月,庆阳县民众教育馆成立。图书阅览室藏有马列著作、政治科学文化读物、进步文学作品等各类书籍数千册,以及根据地出版发行的各种报刊。图书阅览室有专人负责,全天开放。

1937 年 9 月,曲子县成立鲁迅图书馆,次年秋天,改为曲子县民众教育馆。1941 年,每月办公费 40~80 元,书报费 80~150 元。1942 年整风以后,为了方便群众,改变作息制度,阅览室全天开放,并开展图书外借工作。1943 年上半年,借出图书 26 次、94 册。

1940 年 3 月,陕甘宁边区政府决定在庆阳创办陇东中学,图书管理隶属于教务处。1944 年春天,在大生产运动中修建图书室 1 间,1945 年,由教务处教育干事兼管图书。[③]

(原载于《图书与情报》1992 年第 3 期)

---

①甘肃科学教育馆:《管理中英庚款董事会甘肃科学教育馆二十八年度工作概况暨二十九年度工作计划大纲》,民国二十九年印。

②甘肃科学教育馆:《一年来之甘肃科学教育馆》,民国三十年印。

③甘肃教育资料编辑委员会编:《陇东老区教育史》,兰州:甘肃教育出版社,1988 年。

甘肃省地方志考略

甘肃,古秦凉之地,以境内有甘州、肃州而得名。又以省境大部在陇山以西,故又简称陇。地处祖国西北,黄河上游,东连陕西,西邻青海,南接四川,西北与新疆接壤,北和宁夏、内蒙古相邻。

春秋战国时期,秦人先祖定居今天水、清水一带,占据陇东各地。秦始皇统一后甘肃黄河以东地区为陇西、北地二郡。汉武帝时,置张掖、武威、酒泉、敦煌四郡。魏晋南北朝时期,河西一带出现了前凉、后凉、南凉、北凉、西凉所谓“五凉”政权。唐代是甘肃历史上政治、军事、文化的鼎盛时期,设陇右道、关内道、山南西道,共领三十二州、九十三县。安史之乱起,至两宋时期,先有吐蕃兴起于河西,复有党项族西夏政权建立于后,至神宗元丰年间(1078—1085 年),宋代仅保有一府、二十州、四十一县。元代创立行省制度,至元十八年(1281 年)设甘肃行中书省,治所在张掖,辖今日甘肃之大部地区,兼领青海、宁夏、新疆、内蒙古部分地区。明代,东部隶属陕西布政使司,置四府、九州、二十八县;河西隶属陕西行都指挥使司,辖十二卫及诸千户所。清初沿明旧制,康熙三年(1664 年)以陕西右布政使司驻巩昌(今陇西),六年(1667 年)改为巩昌布政使司,七年(1668 年)复改为甘肃布政使司,迁驻兰州。八年(1669 年)正式建省,地跨今甘、宁、青三省。民国十七年(1928 年),将西宁等七县划出建青海省,将平罗、中卫等八县划出建宁夏省,至此,大体形成了今日甘肃之疆域。

甘肃是我国古代文明的发祥地之一。远古以来,就有许多民族在这里劳动和生息。在海上交通未发达之前,曾是中西交通要道——古丝绸之路的咽喉,因此,甘肃在我国的历史发展中,曾经产生过较大的影响,占有相当重要的地位。

甘肃的地方志,源远流长。从魏晋南北朝的地记,隋唐的图经,发展到宋元时期的定型方志,至明清两代进入鼎盛时期,历史长,数量多,品类齐全,内容宏富,在中国方志史上占有重要地位。

两汉至南北朝的地记

地记是早期的地方志,记载疆域、山川、古迹、人物、风土,内容简略,神话与传说成分较多,体例也未臻完备。最早出现于两汉,《隋书·经籍志》谓:"后汉光武,始诏南阳撰风俗,故沛、三辅有耆旧节士之序,鲁、庐江有名德先贤之赞。郡国之书,由是而作。"此后,各地豪族地主势力群相仿效,形成风气,至魏晋南北朝时期最为盛行,包括耆旧传、异物志、风俗志、水道志、山川记等,统称为地记。

这一时期,甘肃可考的地记有17种。

凉州异物志 佚。王谟《汉唐地理书钞》有目无文。张澍《二酉堂丛书》中有辑佚本。《隋书·经籍志》二著录:《凉州异物志》一卷,《唐书·艺文志》二著录:《凉州异物志》二卷。据张澍考证,似为宋膺所纂,他在《凉州异物志序》中说:"《凉州异物志》著于隋、唐志,隋一卷、唐二卷。《博物志》《水经注》均引作《凉土异物志》,惜不传作者姓氏。观其写致敷词,颇谐声律,采藻精华,方诸万氏,又未尝不叹其散佚也。宋膺《异物》隐匿鲜章,史注所引,多说西方,且月氏羊尾,文与《凉州异物志》全同。《太平广记》引《凉州异物志》,羊子生土中,文亦与宋膺《异物志》同,疑《凉州异物志》即宋膺所纂。汉晋之时,敦煌宋氏,俊才如林,文彩多丽,亶其然乎。"

秦记 (魏)阮籍纂,佚。籍,字嗣宗,河南人,三国时魏文学家、思想家。丁国钧《补晋书艺文志》二著录:《秦记》阮籍。《太平御览·经史图书纲目》也著录:阮籍《秦记》。魏时秦州,即今甘肃省东南部。

张掖郡玄石图 (魏)孟众纂,佚。《隋书经籍志·杂家》著录:《张掖郡玄石图》,孟众撰。《旧唐书·经籍志》《新唐书·艺文志》著录亦同。

张掖郡玄石图 (魏)高堂隆纂,佚。《隋书经籍志·杂家》著录:《张掖郡玄石图》,高堂隆纂。《旧唐书·经籍志》《新唐书·艺文志》著录亦同。

晋太康秦地记 (晋)佚名纂,佚。《舆地纪胜》二十一载:信州,景物下,鬼谷山,引《晋太康秦地记》一条。

陇西人物志 (晋)索纬纂,佚。纬,敦煌人。[光绪]《甘肃新通志·著书目录》著录:《陇西人物志》,敦煌索纬著。

敦煌耆旧传 佚名纂,佚。《后汉书·地理志》载:敦煌郡,注引有耆旧传。

秦州地记 佚名纂,佚。《汉书·地理志》八下载:天水郡,师古注引《秦州地记》一条。

西河记 (晋)喻归纂,佚。张澍《二酉堂丛书》中有辑佚本。归,东晋人,侍御史。《隋书·经籍志》《新唐书·艺文志》均著录:《西河记》二卷。《元和姓纂》载:东晋有喻归《西河记》三卷。《大宋重修广韵》作二卷。张澍《西河记序》谓:据《十六国春秋》记载,晋遗侍御史喻归,拜张重华护羌校尉、凉州刺史,重华欲自做凉王,不肯受诏,使亲信人沈猛说服归。归折之,《西河记》即作于此时。按张重华为第五代前凉王,在位时间约在公元346—353年。

凉州记 (北凉)段龟龙纂,佚。张澍《二酉堂丛书》中有辑佚本。龟龙,北凉人,著作佐郎。张澍《凉州记序》中说"若段龟龙《凉州记》乃记吕光事也。《艺文类聚》《初学记》《太平御览》诸书引。或作《西凉记》,或作《凉州记》。《隋志》八卷,《唐志》云十卷,余辑得二十余事"。

书中多记后凉吕光(386—398 年)事,也兼及吕纂(399—401 年)、吕隆(401—403 年)事。

敦煌实录 (后魏)刘昞纂,佚。王谟《汉唐地理书钞》有目无文。张澍《二酉堂丛书》目录中列有辑佚本,未刻。昞,字延明,敦煌人。李暠时为儒林祭酒、从事中郎,迁抚夷护军。沮渠蒙逊平酒泉,拜秘书郎,著《略记》八十四卷、《凉书》十卷、《方言》三卷。《隋书·经籍志》霸史类著录:《敦煌实录》十卷。《旧唐书·经籍志》杂传类著录:《敦煌实录》二十卷。《后魏书·刘昞传》载:"昞著《敦煌实录》二十卷。"张维在《陇右方志录》中认为:"此书隋志通志皆入霸史,旧唐书入杂传。今考《太平御览》所引,皆人物故事,亦州郡传记书也。"

西河旧事 佚名纂,佚。王谟《汉唐地理书钞》有目无文。张澍《二酉堂丛书》中有辑佚本。《隋书·经籍志》著录:《西河旧事》一卷,《新唐书·艺文志》与《通志·艺文略》著录亦同。张澍《西河旧事序》中说:"隋唐书地理类,有《西河旧事》一卷,不著作者姓名。今其书已亡,予搜集若干条,弥惜其阙略矣。"辑本内容,名言武威、酒泉、天山、祁连山、焉支山、葱岭气候、物产与传说。

沙州记 (刘宋)段国纂,佚。王谟《汉唐地理书钞》有目无文。张澍《二酉堂丛书》中有辑佚本。秦荣光《补晋书艺文志》二著录:《沙州记》,段国撰,据《类聚》引。《太平御览·经史图书纲目》著录:段国《沙州记》,张澍《沙州记序》谓:"按《魏书》阿豺立,自号沙州刺史,部内有黄沙,周回数百里,不生草木,因号沙州。宋新亭侯所纂《沙州记》,即《隋志》之《吐谷浑记》也。原二卷,今亡佚甚多,又录《太平寰宇记》吐谷浑始末,以补其阙。"

秦州记 (刘宋)郭仲产纂,佚。王谟《汉唐地理书钞》有目无文。有冯国瑞辑佚本,民国三十二年(1943 年)陇南丛书编印社印。仲产,宋尚书库部郎。唐代余知古《渚宫记事》说:"郭仲产为南郡王从事,宅在江陵枇杷寺南,元嘉末起斋屋,以竹为桷,竹逐渐生枝叶,仲产以为吉祥,俄而同义宣之谋,被诛焉。"南郡王反于孝武帝孝建元年(454年),据此推断,仲产当为元嘉(424—453年)、孝建(454—456年)间人。是记为众多地理书所引,《太平御览·州郡部》引,"仇池山,一名仇维山,上有池,似覆湖。前志云,是县以山得名。"《太平寰宇记》山西南道引,"山有池,似覆湖,有瀑布望之如舒布。"[嘉靖]《陕西通志》三十五、[乾隆]《甘肃通志》五,也分别引一条和两条。从冯国瑞辑佚本来看,内容多记陇西、南安、武都各郡山川、风俗和传说。

仇池记 (刘宋)郭仲产纂,佚。王谟《汉唐地理书钞》有目无文。章宗源《隋书经籍志考证》六:《仇池记》卷亡,不著录。《后汉书·南蛮西南夷传》注载:"仇池百顷,天形四方,壁立千仞,自然楼橹、御敌、分置调均,有踰人功。仇池凡二十一道,可攀援而上。此引《仇池记》,无撰名。"《太平御览·居处部》,引城东有苜蓿园一条,称郭仲产《仇池记》。仇池郡,晋太元年间(376—396年)杨氏置,本汉代武都郡,北魏时为南秦州仇池郡,今成县。

陇西记 佚名纂,佚。王谟《汉唐地理书钞》有目无文。章宗源《隋书经藉志考证》六著录:《陇西记》卷亡,不著录。《太平御览·经史图书纲目》著录:《陇西记》。《太平御览·地部》引有:"襄武有锦镜峡,即黑水所经,其峡西望,花木明媚,照影其中,因以称之。"《太平寰宇记》陇右道所引同。

陇右记 佚名纂,佚。王谟《汉唐地理书钞》有目无文。《太平御览》五十九,引有《陇右记》。

张掖记 佚名纂,佚。王谟《汉唐地理书钞》有目无文。《太平御览》五十九、六十五各引《张掖记》一条。

甘州记 佚名纂,佚。章宗源《隋书经籍志考证》六:《甘州记》卷亡,不著录。

唐代的地记和图经

图经有图有文，图即地图，经乃图之文字说明，亦属早期地方志一类。它最早出现在东汉，桓帝永兴三年（155年）巴郡太守但望在其奏疏中，曾引《巴郡图经》之名。魏晋南北朝时期，地记盛行，图经未能发达。进入隋唐，地记转衰，图经开始盛行。据王谟考证："自隋文帝受周禅，至开皇三年（583年），罢天下郡，其县乃隶州而已。九年（589年），平陈以后，四海一家。大业三年（607年），罢州为郡，四年（608年）大簿，凡郡国一百八十三，而图经于是乎作"（见王谟《汉唐地理书钞》郎尉之《隋诸州郡国经集》条）。唐德宗建中元年（780年）朝庭对图经的编修更加重视，规定每三年上报一次，尔后改为五年上报一次。

甘肃隋代的地方志，今已无可考。唐代的地方志，可考者有地记2种，图经7种。

敦煌新录　（唐）李延范纂，佚。《崇文书目》二著录：《敦煌新录》一卷。《通志·艺文略》四著录：《敦煌新录》一卷，李延范纂。《文献通考·经籍考》三十二载：《敦煌新录》一卷，陈氏曰有序，称天成四年（760年）传舍集，而不著名氏，盖当时奉使者，叙张义潮本末，及彼土风物甚详。凉武昭王时有刘昞者，著《敦煌实录》二卷，故此号新录。

河西人物志　（唐）赵武孟纂，佚。《新唐书·赵彦昭传》谓："赵彦昭，甘州张掖人。父武孟，少力学，淹该书记，自长安尉为右台御史，著《河西人物志》十篇。"《玉海》十五载：唐赵武孟著《河西人物志》十篇。

沙州都督府图经　佚名纂，存残卷。唐开元年间（713—741年）修，光绪三十四年（1908年），法国伯希和氏劫自敦煌藏经洞，初以为是《沙州记》，宣统元年（1909年），罗振玉易名为《沙州志》，收入《敦煌石室遗书》。民国二年（1913年）又易名为《沙州图经》，收入《鸣沙石室佚书》。民国五年（1916年），伯希和据卷尾有"沙州都督府图经卷三”字样定名为《沙州都督府图经》。首尾残缺,长不逾三丈,叙述详瞻,文字尔雅。记事止于开元二年(714 年),所载始于水渠,竟于歌谣。内容包括,河渠、古城、堤堰、盐池、亭驿、学校、庙堂、祥瑞、神祇、歌谣。该图经是甘肃现存最早的地方志,其所保存的资料,对研究中古时代敦煌的历史、地理、水利、物产、文学、宗教等具有重要参考价值。

河西陇右地形图 (唐)元载纂,佚。载,字公辅,陕西岐山人。肃宗时累官至度支使并诸道转运使,代宗时曾任宰相。据《玉海》十四载:《河湟十一州地图》条,元载尝在西州,具知河西、陇右要领。请徙京西军原州,乘间筑作,徙子仪大军在泾,以为根本。分兵守石门、木峡、陇山之关,稍置鸣沙县丰安军为羽翼,北带灵武五城为形势。因图上地形,帝疑不决。

关中陇右南九州别录六卷吐蕃黄河录四卷 (唐)贾耽纂,佚。耽,字敦诗,沧州南皮人,曾任汾州刺史、山南西道节度使。《新唐书·艺文志》二著录:贾耽《关中陇右山南九州别录六卷吐蕃黄河录四卷》。据《唐书·贾耽传》载:“耽嗜观书,老益勤,尤悉地理。四方之人,与使夷狄者,见之必从询索风俗。故天下土地区产山川夷阻,必究知之。方吐蕃强盛,盗有陇西,州县远近,有司不复传。耽乃绘布陇右山南九州,具载河所经受为图。又以洮湟甘凉屯镇额籍,道里广狭,山险水源,为别录六篇、河西戎录四篇。贞元十四年(798 年)上之,德宗赐币马珍器。”

河湟十一州地图 (唐)佚名纂,佚。《玉海》十四载:“《河湟十一州地图》条《吐蕃传》,初太宗平薛仁杲,得陇上地,虏李轨,得凉州,破吐谷浑、高昌,开四郡。玄宗继收黄河碛石宛秀等军,中国无斥候警者,凡四十年。轮台、伊吾屯田,禾菽弥望,开远门揭候书曰,西极道九千九百里,示戍人无万里行。乾元后,陇右、剑南、西山三州七关军镇盗牧三百所皆失之。宪宗尝览天下图,见河湟旧封,赫然思经略之未暇也。宣宗大中三年(849)二月,复三州七关,明年张义潮奉瓜沙伊肃甘等十一州地图以献。"

成州图 (唐)佚名纂,佚。《太平寰宇记》一百五十载:秦州,长道县,引《成州图》一条。

庆州旧图经 佚名纂,佚。《太平寰宇记》三十三载:庆州,安化县刘灵墓,引《旧图经》一条。《庆阳府志续稿》卷十三《文艺·著书目录》中著录:《庆州图经》,唐。按庆州,隋开皇十六年(596年)置,治所在合水,唐改安化,即今庆阳。

安定图经 佚名纂,佚。《太平御览》五十六,引有《安定图经》。

宋元时期的地方志

宋元是地方志发展的重要时期。北宋图经盛极一时,定型方志开始出现;南宋图经减少,地方志突增,取图经地位而代之,成为地方志的主流;元代,定型方志续有发展,图经接近消失,全面完成了从图经向定型方志的过渡。

根据现有材料统计,宋元时期甘肃有地方志22种。其中,图经或图志7种,北宋6种,南宋无,元代1种;地方志15种,北宋3种,南宋7种,元代5种。

7种图经:

至道西鄙地图 (北宋)杨允恭等纂,佚。允恭、四川绵竹人,荆湖江浙都转运使。《玉海》十四载:"《山川郡县形胜图》条,至道三年(997年)七月四日,真宗语宰臣曰,朕欲观边防郡县山川形胜,可择使以往。乃选右藏副使杨允恭、崇仪副使窦神宝、阁门祇侯李允则乘传视山川形胜。九月,允恭以山川郡县形胜绘图以献。丙寅四日御滋福殿,召辅臣观《西鄙地图》,指山川堡壁曰,朕已令屯兵于地内州郡,简冗省费,以息关辅之民。"

咸平河西陇右图　(北宋)郑文宝纂,佚。文宝,字仲贤,宁化人,兵部员外郎。《玉海》十四载:"淳化初掌漕陕右,周览河陇,徧寻方志,广问众胥,探月支日逐之穹庐,讨金城玉关之瓯脱;列于藻绘,焕然在目。又载:"《咸平河西陇右图》条,郑文宝因献河西陇右图,且言灵州可弃云。"

祥符西域图　(北宋)宋盛度纂,佚。盛度,字公量,浙江余杭人,礼部侍郎,参知政事,应天府知府。《玉海》十四载:"《祥符西域图》条,天禧二年(1018年)十一月己未朔,以知制诰盛度为学士。先是,度奉使陕西,因览疆域,参质汉唐故地,绘为西域图以献。"

泾原环庆两路州军山川城寨图　(北宋)曹韦等纂,佚。韦,字宝臣,灵寿人。同知渭州,迁知镇戍军,后拜签书枢密院事。《玉海》十四载:"《祥符山川城寨图》条,三年(1010年)四月,先是曹韦、张宗贵上《泾原环庆两路州军山川城寨图》,己未上出以示王钦若等曰,处置得宜,储备详悉,华夷山川,城郭险固,出入战守之要,尽在是矣。宜令别绘二图,用枢密印,一付本路,一留密院,令诸将按图以计事。"

熙河六州图记　(北宋)陈冠纂,佚。《宋史·艺文志》二著录:陈冠《熙河图记》一卷。《宋绍兴秘书省续到四库阙书目》一著录:《熙河六州记》一卷。《玉海》十四载:"《熙河六州图记》一卷,熙宁间(1068—1077年)陈冠撰。载王韶收复六州之地,图阙。"北宋熙河六州为熙州、河州、洮州、岷州、通远军、兰州。

秦州图经　佚名纂,佚。《遂初堂书目·地理类》著录:《秦州图经》。

甘肃图志　(元)佚名纂,佚。据元《秘书监志》载:"《大一统志》盖经始于至元二十二年(1285年)乙酉六月,至三十一年(1294年)十月书成。元贞二年(1296年)三月,得《云南图志》;大德二年(1298年)二月,又得《甘肃图志》;三年(1299年)七月,又得《辽阳图志》。因而续修,至大德七年(1303年)书成。"据此可知,《甘肃图志》是为编修元代《大一统志》而纂。

15 种地方志：

庆州志 （北宋）佚名纂，佚。《大明一统志》三十六、[乾隆]《甘肃通志·疆域》[乾隆]《庆阳府志·形胜》，均曾引《庆州志》。庆州，隋开皇十六年（596 年）置，治所在合水，唐改安化（今庆阳），宋仁宗庆历元年（1041 年）改为环庆路治所，宋徽宗宣和七年（1125 年）改为庆阳府，据此推断，《庆州志》应纂于北宋。

镇洮补遗 （北宋）李洪纂，佚。《宋史·艺文志》二著录：李洪《镇洮补遗》一卷。《宋绍兴秘书省续到四库阙书目》一著录：《镇洮补遗》一卷。镇洮，即今临洮，唐为临州，陷吐蕃后改为武胜军。宋神宗元丰（1078—1085 年）中收复，改为镇洮军，其后始置熙州。据此可知，《镇洮补遗》为北宋时纂。

秦州志 佚名，佚。《遂初堂书目·地理类》著录：《秦州志》。

同谷志十七卷 （南宋）李修己纂，佚。修己，字思永，永丰人。乾道年间（1165—1173 年）进士，知成州。《宋史·艺文卷》二著录：李修己《同谷志》十七卷。《舆地纪胜》一百八十三、一百九十、一百九十一引《同谷志》三条。《大明一统志》引《同谷志》四条。《雍大记》、[乾隆]《甘肃通志》也均曾引《同谷志》。宋代同谷，即今甘肃成县。

续同谷志 （南宋）李绮纂，佚。《宋史·艺文志》二著录：李绮《续同谷志》十卷。

文州古今记 （南宋）章颖纂，佚。颖，字茂献。临江军人，宁宗朝（1195—1224 年）礼部尚书。《宋史·艺文志》著录：章颖《文州古今记》十二卷。

文州古今志 （南宋）杨櫄纂，佚。《舆地碑记目》四载：文州，碑记，《文州古今志》，郡守杨櫄纂。

文州续记 （南宋）杜孝严纂，佚。孝严，普州人，宁宗庆元年间

(1195—1200年)进士,知文州。《宋史·艺文志》二著录:杜孝严《文州续记》四卷。《舆地碑记目》四载:《文州续记》,郡守杜孝严编。

西和州志 (南宋)张士佺纂,佚。《宋史·艺文志》二著录:张士佺,《西和州志》十九卷。

环州志 佚名纂,佚。《大明一统志》三十六,引《环州志》一条。张维《陇右方志录》谓:"环州于洪武初降县,此当为宋元时旧志也。"

元甘州志 (元)佚名纂,佚。《大明一统志》三十七:甘肃卫陕西行都指挥使司,形胜,环以祁连合黎之山,引《元甘州志》一条。

元山丹州志 (元)佚名纂,佚。《大明一统志》三十七:甘肃卫,风俗,崇尚释教,引《元山丹州志》一条。[嘉靖]《陕西通志·风俗》、[乾隆]《甘肃通志·疆域》,均曾引《元山丹州志》。

元肃州志 (元)佚名纂,佚。《大明一统志》三十七:陕西行都指挥使司,形胜、风俗,各引《元肃州志〉两条。[嘉靖]《陕西通志·风俗》,亦曾引《元肃州志》。

德顺州志 (元)佚名纂,佚。《大明一统志》三十五:平凉府,形胜,陇水环流,引《德顺州志》一条。[乾隆]《甘肃通志·疆域》,静宁州,引《德顺州志》一条,按元德顺州,后改静宁州,即今静宁县。

元文州志 (元)佚名纂,佚。[乾隆]《甘肃通志·疆域》,引《元文州志》一条。

明代甘肃的地方志

有明一代,历朝皇帝都非常重视地方志的编纂。洪武二年(1370年),明太祖下令将天下地理州郡形势、降附始末,类编为《大明志书》。洪武十七年(1384年),又编成《大明清类分野之书》。洪武二十七年(1394年),再修《寰宇通衢》。25年中三修全国总志,足见其对志书编纂的重视。永乐十六年(1418年),成祖诏修天下郡、县、卫、所志书，并颁发全国统一的《纂修志书条例》。景泰六年(1455年)，代宗诏修全国地理总志，次年《寰宇通志》书成。再二年，英宗又命重修，天顺五年(1416年)书成，赐名《大明一统志》。由于中央王朝的重视，修纂地方志在全国蔚然成风。至万历年间(1573—1619年)，便出现了“凡郡国县道，靡不有志”的局面。明代，是地方志开始走向兴盛的时代。

据《陇右方志录》《陇右方志录补》《甘宁青方志考》《中国地方志联合目录》和《(甘肃省图书馆)馆藏方志目录》统计，明代近三百年间，甘肃共修纂地方志85种，现按修纂年代列表如下：

修纂年代	存(种)	佚(种)	合计(种)
洪武、建文	—	1	1
永乐	—	1	1
正统	—	1	1
天顺	—	1	1
成化	—	2	2
弘治	—	4	4
正德	—	6	6
嘉靖	7	7	14
万历	9	17	26
天启	—	3	3
崇祯	—	2	2
年代不确者	3	21	24
总计	19	66	85

在年代不确切的24种方志中，载于《正统文渊阁书目》的有6种，曾被[嘉靖]《陕西通志》引用过的有11种。考虑到这种情况，可以

作这样的推论:从洪武至成化年间(1368—1487 年)修纂的地方志大约在 15~20 种左右,从弘治至万历年间(1488—1619 年)修纂的地方志约在 60~65 种之间,为高潮期,至天启、崇祯年间(1620—1644 年)又趋衰落。这些地方志,品类齐全,既有府、州、县志,边关、卫、所志,又有山川与古迹志。

明代,改元代行中书省为布政使司。甘肃东部隶属于陕西布政使司,置临洮、巩昌、平凉、庆阳四府,兰州、河州、秦州、徽州、阶州、固原、静宁、泾州等 9 州,28 县。明代甘肃东部的地方志,主要是府、州、县志。

临洮府:府治临洮,辖兰州、河州二州,狄道、渭源、金县三县。曾五修府志,按修纂时间先后相继为,王中纂[明]《临洮府旧志》(见《正统文渊阁书目》),伍天锡纂[成化]《临洮府志稿》,雍谓撰[正德]《重修临洮府志》,熊爵修[嘉靖]《临洮府志》,唐懋德修[万历]《临洮府志》。其中,雍志系私人修纂,唐志尚存,其余皆佚。主要州、县志有:[正统]《兰县志》、[天顺]《兰县志》、[弘治]《兰州志》(李泰纂)、[弘治]《兰州志》(彭泽纂)、[嘉靖]《渭源县志》、[嘉靖]《河州志》等 11 种。仅[嘉靖]《河州志》尚存,其余全佚。

巩昌府:府治陇西,领秦州、徽州、阶州三州,安定、宁远、伏羌、通渭、会宁、秦安、文县、成县、礼县、西和、漳县、清水等 14 县。府志有:[明]《巩昌府旧志》(见《正统文渊阁书目》)、[明]《巩昌府并属县志》(见《正统文渊阁书目》)、胡缵宗纂[天启]《巩昌府新志》。其中,仅[嘉靖]《巩郡记》尚存残本,其余皆佚。州、县志有:[嘉靖]《秦州记》[嘉靖]《徽州志》[万历]《阶州志》[成化]《宁远县志》等 24 种。

平凉府:府治平凉,领泾州、静宁州、固原州(今属宁夏)三州。平凉县、灵台县、庄浪县、镇原县、华亭县、崇信县、隆德县(今属宁夏)等 7 县。府志有:[明]《平凉府并属县志》(见《正统文渊阁书目》)、[嘉靖]

《平凉府志》,后者刻本仍存。州、县志有[明]《崇信县志》、[嘉靖]《华亭县志》、[万历]《静宁州志》、[万历]《镇原县志》等 10 种。

庆阳府:府治安化(今庆阳),领宁州及环县、华池、合水、真宁等县。曾三修府志,依时间次序为:[明]《庆阳府并属县志》(见《正统文渊阁书目》)、[正德]《庆阳府志》、[嘉靖]《重修庆阳府志》,后者尚存,其余皆佚。州、县志有:[万历]《宁州志》、[崇祯]《真宁县志》、[明]《正宁县志》等。

明代攻取河西后,为了巩固边防,驻重兵防守。洪武十二年(1379年)设陕西行都指挥使司,治所庄浪(今永登),洪武二十六年(1393年)迁至张掖,领庄浪卫、凉州卫、永昌卫、山丹卫、甘州左卫、甘州右卫、甘州中卫、甘州前卫、甘州后卫、肃州卫、镇番卫、西宁卫等十二卫,以及碾伯、镇夷、古浪、高台等四个守御千户所。明代河西的地方志,主要是行都司志、边关志、卫、所志等。

记载河西地区史实的地方志有三部:[明]《甘肃志》,见《正统文渊阁书目》。[嘉靖]《甘肃志》,明分巡道泽州钟鉴修。胡缵宗《鸟鼠后集·甘肃志序》中说:"迩者洪泽赵公采辑于始,应台傅公裁成于终,乃于今岁之春,讬分巡按察钟君,置馆购书,择儒延士,搜集甘肃各卫所之故实,……因旧志重编之,凡三易其稿,……而其志乃成。"考傅凤翔系湖广应山人。嘉靖二十四年(1545 年)任分巡道,以此可知是志成于二十四年,而其内容是记载甘肃诸卫史实的。[嘉靖]《陕西行都司志》,包节纂。节,字远达,华亭人,嘉靖十一年(1532 年)进士,官至监察御史。是志纪事止于嘉靖,分地理、建置、官师、兵防、岁计、人物六门,以所属各卫史实分载其中。能阙所不知,故间陋而不荒谬,以后甘肃各通志及河西各志多引此书,可惜原书已佚。

明代河西的地方志中,有三种边关志。[万历]《甘镇志》,官师记载止于万历三十六年(1608 年),存清顺治十四年(1657 年)刻本。[万历]《肃镇志》,明万历四十四年(1616年)兵备副使李应魁修,存清顺治十四年(1657年)高弥高重刻本。[天启]《凉镇志》,天启二年(1622年)分巡道杨俊臣草创,六年(1626年)分巡道王顺行修成,已佚。

明代河西的卫、所志有:[弘治]《甘州卫志》、[万历]《永昌卫志》、[万历]《高台所志》等。

明代甘肃记载名山大川和古迹的专志有三部,[万历]《崆峒山志》,万历十七年(1589年)郡人李应奇纂。奇,字鹤崖,平凉人。志分七门,即分野、建革、疆域、形胜、田赋、仙迹、题咏。《四部提要存目》谓:"一山之志,即不应及分野、建革,而中间兼及瓦亭关会盟坛之类,又殊似府志之体例,殊从杂无限断也。"[明]《崆峒山志》,许登纂,《千顷堂书目》曾著录。[嘉靖]《羲台志》,又称[嘉靖]《伏羲台志》,胡瓒宗纂,已佚。

明代对甘肃地方志编纂做出过突出贡献的有康海、胡缵宗和赵时春。

康海,字德涵,号对山,陕西武功人,弘治十五年(1502年)状元,授翰林院修撰。著作有杂剧《中山狼》、散曲集《片东乐府》、诗文集《对山集》等。其所纂[正德]《武功志》,正德十四年(1519年)刊行,是明代著名的志书,共三卷,七篇(地理、建置、祠祀、田赋、官师、人物、选举),仅两万多字。简而有体,质而弥文,辞直事核,记述人物善恶并著,有褒有贬,是有明一代简体志的代表。早在[正德]《武功志》修纂之前,康海就曾为甘肃的通渭编纂过一部县志,即[弘治]《通渭县志》,这一事实,鲜为人知。据[康熙]《通渭志·后跋》谓:"吾渭邑志,自弘治中太史康对山先生编著,而后至万历年间邑候刘公重辑之。"惜其原书不存,后人难窥全貌。

胡缵宗,字孝思,一字世甫,号可泉,鸟鼠山人,巩昌府秦安县人,正德三年(1508年)进士,官至安庆知府,山东、河南右副都御史等。为官清正廉明,罢官回家,开阁著书。著作有《鸟鼠山人小集》《鸟鼠山人后集》等。一生之中编纂了五部地方志，即正德十六年(1521 年)修纂的[正德]《安庆府志》，嘉靖十四年(1535 年)纂的[嘉靖]《秦安县志》，二十五年(1546 年)纂的[嘉靖]《巩郡记》，三十七年(1558 年)纂的[嘉靖]《秦州志》，还有一部编纂年代不明的《羲台志》。除第一部之外，后四部均为甘肃地方志，瓒宗把后半生的大部分精力都用在编纂方志上了。张维在《陇右方志录》中评曰："瓒宗自负当时文名，所为志纲目毕举，能成一家言，惟其自信太坚，时或涉于坚涩古僻。"这段话，是对其所纂志书的公允评价。

赵时春，字景仁，号浚谷，平凉人，嘉靖五年(1526 年)进士，官至山西巡抚，以文学鸣世。与何景明、唐顺之、王慎中，并称明代大家。唐顺之说："宋有欧苏，明有何赵。"有《浚谷集》三十卷行世。嘉靖三十九年(1560 年)纂[嘉靖]《平凉府志》。卷一至三府志，卷四平凉县志，卷五泾州，卷六灵台县，卷七静宁州，卷八庄浪，卷九固原州，卷十镇原县，卷十一华亭县，卷十二崇信县，卷十三隆德县。府县具分建革、山川、户口、田赋、物产、坛祠、藩封、官师、兵制、学校、人物、孝节、风俗、河渠、寇戎、寺观、祥异十七目。浚谷此志，博录广采，名重一时。《四部提要存目》谓："平凉为西北要地，旧未有志，时春因创修之。其考证叙述，具有史法，在关中诸志内最为有名。"

清代甘肃的地方志

清代是甘肃地方志发展的全盛时期，其主要表现是，修志规模大，地域范围广，成书数量多，既高潮迭起，又绵延不绝，在辑佚旧志方面也做出了突出成绩。有清一代，甘肃共修地方志 156 种，超过以往历代志书的总和。清代之所以成为甘肃地方志发展的全盛时期，是同清政府的积极提倡和陕甘分治后甘肃省志的编纂分不开的。现将甘肃清代历朝所修方志分门别类统计如下：

清代甘肃方志统计表

	省志	府志	州志	县志	卫志	厅志	镇志	乡土志	采访录	人物志	山志	其他	合计
顺治		1	3	5	1		1					1	12
康熙		2	11	18	3					1			35
雍正				2									2
乾隆	2	2	7	27	1							1	40
嘉庆		1	1	6							1	1	10
道光		1		13						1			15
咸丰				1									1
同治				1									1
光绪		1	6	14		1		7	2	2			33
宣统	1		1	1				1	3				7
总计	3	8	29	88	5	1	1	8	5	4	1	3	156

顺治十八年(1661 年),清廷命令河南巡抚贾汉复督修方志,贾饬令辖境各府州县编修志书。不久,[顺治]《河南通志》及“八郡十二州九十五县之志,渐次报竣。”康熙十一年(1672 年)朝廷复命各省总督、巡抚,依照[顺治]《河南通志》、[康熙]《陕西通志》格式,纂辑志书,以备汇纂《大清一统志》之用。顺治二十四年(1685 年),诏令天下各地修纂府州县志。在此情况下,甘肃省吏也制发类目,檄催编纂,形成了甘肃清代第一次修志高潮。仅康熙二十五年至二十七年(1686—1688 年),短短三年就成书 21 种,它们是:陈如稷纂[康熙]《兰州志》,高锡爵修、郭巍纂[康熙]《临洮府志》,耿喻修、郭殿邦纂[康熙]《金县志》,李观我修纂[康熙]《狄道县志》,晋显卿修、王星麟纂[康熙]《宁州志》,赵世德修纂[康熙]《秦州志》,刘俊声修、张桂芳纂[康熙]《清水县志》,王揄善修纂[康熙]《礼县新志》,武国楝修纂[康熙]《两当县志》,张瓒修纂[康熙]《河州志》,吴垚修纂[康熙]《洮州卫志》,纪元续修[康熙]《巩昌府志》等。这些志书,有新修、续修,也有所谓“官辑应徵之本”。这次编志高潮绵延不断,直至康熙四十一年至五十五年(1702—1716 年),仍有江景瑞修纂的[康熙]《文县志》,王全臣修纂的[康熙]《河州志》,钱志彤修、张述辕纂的[康熙]《镇原县志》,黄廷钰修、吴之珽纂的[康熙]《静宁州志》等 9 种志书问世。

雍正六年(1728 年)清政府发出谕令,明确要求“各省督府,将本省通志重加修辑,务期考据详明,采摭精当,既无缺略,亦无冒滥,以成完善之书。”甘肃巡抚许容,以陕甘昔合今分,甘肃向无通志,设通志局修纂全省通志。以全陕通志为蓝本,复详细搜采,考核增订,至乾隆元年(1736 年)书成,共 50 卷,这是甘肃历史上第一部通志。乾隆年间,清政府又两修《大清一统志》。第一次乾隆八年(1743 年)成书,三 342 卷。第二次四十九年(1784 年)成书,共 500 卷。[乾隆]《甘肃通志》的修纂,带动了各地府州县志的修纂,清政府两修《大清一统志》又起了推波助澜的作用,以此形成了清代甘肃历史上第二次修志高潮。从乾隆元年始至六十年(1736—1795 年)止,不断有新的府、州、县志编成。计,乾隆元年至十年 7 种,十一年至二十年 11 种,二十一年至三十年 9 种, 三十一年至四十年 5 种, 四十一年至五十年 5 种,五十一年至六十年 3 种,共计 40 种。其中比较著名的有:吴鼎新修、黄建中纂[乾隆]《皋兰县志》,沈青崖纂[乾隆]《狄道州志稿》,呼延华国修、吴镇纂[乾隆]《狄道州志》,赵本植修纂[乾隆]《庆阳府志》,费廷珍修、胡釴等纂[乾隆]《直隶秦州新志》,钟赓起修纂[乾隆]《甘州府志》,黄文炜修、沈青崖纂[乾隆]《重修肃州新志》,张玿美总纂的[乾隆]《武威县志》、[乾隆]《镇番县志》、[乾隆]《永昌县志》、[乾隆]《古浪县志》、[乾隆]《平番县志》,后五志合称[乾隆]《五凉考治六德集全志》。

嘉道年间,清政府第三次修纂一统志,道光二十二年(1842 年)书成, 以其开始于嘉庆年间, 材料下限又止于嘉庆二十五年(1820 年),故名[嘉庆]《重修大清一统志》。是时,甘肃修志之风虽不及清代前期之盛,但修志的历史传统仍相继不绝。嘉庆 10 种,道光 15 种,咸丰与同治各 1 种。光绪十五年(1889 年)朝廷编修《会典》,末年学部下令编修乡土志,甘肃也开始了第二次修纂通志。在此情况下,形成了全省第三次修志高潮。光、宣两朝,共修纂方志 40 种,而光绪十五年至宣统三年(1889—1911 年)就占了 32 种。其中较好的有:升允等修、安维峻纂[宣统]《甘肃新通志》,余泽春修、王权、任其昌纂[光绪]《重纂秦州直隶州新志》,张国常纂[光绪]《重修皋兰县志》,杨学震纂[光绪]《陇西分县武阳志》,吴人寿、何衍庆修纂[光绪]《肃州新志》,王辅堂纂[光绪]《安定县乡土志》,张元溎纂[光绪]《泾州乡土志》,宋运贡修、王枢等纂[光绪]《镇原县乡土志》,刘春堂等纂[光绪]《镇番县乡土志》,杨鼎新纂[宣统]《永昌县乡土志》,佚名纂[光绪]《敦煌县乡土志》等。

清代,为甘肃方志发展做出过突出贡献的有吴之珽、沈青崖、张澍、张国常。

吴之珽,字乾玉,陇西人,曾任安宜知县。殚心著述,尤好读史。陇西旧志零落,文献散佚。之珽搜集史传,作《襄武人物志》,将陇西人物分为三十传,古逸过化传第一,外史自叙居末,共32篇。奉天黄廷钰称其具有史学,可位于龙门、庐陵之间。其所纂[康熙]《静宁州志》14卷,义例简要,深得志法,于静宁故实,考证精详;对于民生、经济各事,尤能详述悉列,具有较高参考价值;文词涓洁,剪裁有度,对后世修志影响很大。

沈青崖,字寓舟,浙江嘉兴人,乾隆初期名士,曾任西安粮道。所纂[雍正]《陕西通志》,颇具史法,叙述考证,也皆有据。乾隆二年(1737)纂[乾隆]《重修肃州新志》三十卷,十年(1745)复纂[乾隆]《狄道州志稿》十二卷。青崖在自序中说:"狮之搏狸,亦必用全力。仆纂狄志,不以狄视狄也,犹用纂全陕通志之法式。经纬组织具在凡例,不支蔓,不挂漏,是为志体。"两种志都深得陇右方志名家张维赞许,对前者赞曰:"青崖曾修陕西通志,以史地学名,故此志沿革总叙,视旧志为整厘。"对后志赞曰:"剪裁断制,均具史法。""起例发凡,非寻常所及。"

张澍,字介侯,武威人。嘉庆四年(1799)进士,历任贵州玉屏、四川永新、泸溪等县知县。曾主持修纂[嘉庆]《屏山县志》、[嘉庆]《大足县志》、[道光]《泸溪县志》,又纂《续黔书》《蜀典》等。嘉庆十三年至十五年(1808—1810年)主讲兰州兰山书院,"谭艺之余,锐心文献,纂《五凉旧闻》四十卷。"晚年寓居西安,复在《五凉旧闻》基础上撰成《凉州府志备考》。这两部著作,对研究凉州历史具有很高参考价值。张澍在志书编纂方面,有很好的见解,如,他在《代赵及庵重修大足县志序》中说:“世之为志者,率详今而略古,广分门类,妄摭杂事,于本邑掌故,反多遗漏。如天文分野,本主省郡,乃至小邑,指一星为属,此陈卓、张遂未有之说也。且地理不纪四至八到,山川不言险要攻守之备,纪人物不详行谊,专取他邑尊显者入之以为荣,滥收风云月露之诗文以侈卷帙,此通弊也。”他一向关心关陇文献,以极大精力从事甘肃古方志辑佚工作。辑佚所得收入道光元年(1821 年)刊刻的《二酉堂丛书》中,有《凉州异物志》、北凉段龟龙《凉州记》、晋代俞归《西河记》、佚名纂《西河旧事》、刘宋段国《沙州记》,以及后魏刘昺《敦煌实录》等。鲁迅先生在《会稽郡故书杂集序》中说:“幼时,尝见武威张澍所辑书,于凉土文献,搜集甚众。笃恭乡里,尚此之谓。”

张国常,字敦伍,皋兰人。光绪三年(1877 年)进士,官刑部主事,以父老,求终养,不复仕。主讲兰山书院二十多年。生平殚心著述,成就甚多,有《土司考》《甘肃忠义录》行世。皋兰旧志,体例杂糅,引据多舛讹,遂与学使胡景桂精研体例,补阙正误,理纷删僭,纂成[光绪]《重修皋兰县志》,学者称之。《陇右方志录》谓:“志分图表志传四纲,依类相从,有条不紊。旧志讹误,订改无遗。又始立方言、金石两目,义例严谨,文词渊雅,吾省名志也。”

民国时期甘肃的方志

民国初年,时局动荡,各地对于方志编纂无暇顾及,所编方志很少。现存志书中,仅民国四年[民国]《续修靖远县志》一种。民国六年(1917 年),北洋政府内政部会同教育部通令全国编修地方志,才逐渐引起各地重视。至十七年(1928 年)共修纂方志 17 种,主要有:徐家瑞修纂[民国]《高台县志》,赵钟灵纂[民国]《徽县新志》,杨国桢等纂[民国]《漳县志》,贾瓒绪纂[民国]《天水县志》,任瀛翰纂[民国]《重修崇信县志》等。

国民政府时期，曾数次下令编修地方志书。民国十八年(1929年),内政部颁发了《修志事例概要》,通令各省县修志,并且限期成书。民国三十三年(1944年),又公布了《地方志书纂修办法》,三十五年(1946年)又将该办法重新公布。在此情况下,民国十八年(1929年)甘肃省设通志局,第三次修纂省志。二十年(1931年)中辍,二十一年(1932年)改局为馆,杨思任馆长,张维任副馆长。二十五年(1936年)书成,名曰[民国]《甘肃通志稿》,共17纲、93目、130卷,约450余万言。是志结构严谨,资料翔实,文字简赅,是甘肃三部通志中最好的一部。在国民政府的三令五申下,在省通志局(馆)的有力推动下,全省各县也纷纷修志。从民国十八年至三十八年(1930—1949年),二十一年间共修志41种。县志主要有:焦国理、慕寿琪纂[民国]《重修镇原县志》,张其昀纂[民国]《夏河县志稿》,范振绪纂[民国]《靖远县新志》,吕钟纂[民国]《敦煌县志》,郭汉儒纂[民国]《重修定西县志》;采访录有:[民国]《临泽县采访录》、[民国]《泾川采访录》、[民国]《定西县采访录》、[民国]《金塔县采访录》等;乡镇志有:杨巨川纂[民国]《青城记》。这一时期,还有私人所撰志书,如:朱允明撰[民国]《甘肃省乡土志》,冯国瑞撰[民国]《麦积山石窟志》等。

从民国元年至三十八年(1912—1949年),全省共修纂各种志书57种。综观这些志书其体例和章法虽多承袭辛亥以前志书的传统旧规,但在某些方面也有所突破和创新。主要表现在,记述了辛亥革命在甘肃所引起的社会变革,保存了民国时期一些重要的地方史料;注重国计民生史实的记述,增添或加强了教育、实业、民政、交通、军制、交涉等目,提高了方志的实用价值;采用摄影、现代绘图等新技术修志,提高了方志的科学性等。

民国期间，甘肃出了一个在方志编纂和方志学理论方面卓有建树的学者——张维。维,字维之,号鸿汀,甘肃临洮人,清末拔员,学部书记官。辛亥革命后，联合地方同盟会成立狄道州议会，历任国会众议院议员、图书馆馆长、省政府秘书长、参议长、省文献征集委员会主任委员等。对地方文献研究颇多，造诣很深，主张“明事理而归于实用”。编撰出版有关方志的著作有：《陇右方志录》《陇右方志录补》《甘宁青方志考》、[民国]《甘肃通志稿》（合纂）、《陇右金石录》《甘肃人物志》等。其中影响最大的除[民国]《甘肃通志稿》之外，当属《甘肃人物志》和《陇右方志录》。《甘肃人物志》民国十五年（1926年）成书，详搜博采，史料丰富，考证精审，上起远古，下迄清末，有帝纪二卷，列传十六卷，载记二卷，表三卷，序录一卷，共24卷，收录432人，几乎囊括了甘肃历史上所有的重要人物。《陇右方志录》详细记述了从魏晋以至民国甘肃293种方志的著者、年代、卷数、存佚情况，史料丰富，考证精详，对甘肃历史上的重要方志作者，如赵浚谷、胡瓒宗、吴之珽、张国常等，都做了恰如其分的评价。张维是民国时期享誉西北以致全国的方志学家，其著作在理论上多有创见，如，他对方志的“存史”“资治”作用写道：“自人之有群也，其经营事状，常有以继往而开来。记载此事状，以诏于后人，惟史之赖。分析愈微，则记载愈详，事状而愈真。自国而省，而县，是分析之微也。详而能真，惟方志兼之。故观一国文化，求之史，毋宁求之方志。”对旧志的弊病和陋习，他也有深刻的见解，写道：“何谓四蔽，蔽乎古者，疏乎今也；蔽乎文者，略乎质也；蔽乎人者，轻乎事也；蔽乎钞撮者，丧乎系统也。何谓六习，习乎天官之说者，侈著星野事应矣；习夫神仙之说者，侈著神话传闻矣；习夫辞章之说者，侈著诗赋文辞；习夫方舆胜览之说者，侈著八景十景矣；习夫通鉴纲目之说者，侈著褒贬删削矣。此四蔽六习，弥漫于方志之域，是故所谓详而能真者，十不得其一二。”张维对旧志弊病与陋习的分析，可谓全面深刻，鞭辟入里，永远值得修志者引以为戒。

（原载于《图书与情报》1994年第1—2期）

甘肃省图书馆藏敦煌写经题录

甘肃省图书馆藏有敦煌汉文写经31件。这些写经,有的是20世纪20年代甘肃省公立图书馆时期入藏的,有的是40年代国立兰州图书馆时期入藏的,有的是中华人民共和国成立后接受私人捐赠或收购的,它们极具研究和收藏价值。如,"甘图〇三〇金光明经卷第二四天王品第六"写于北凉时期,卷中很多字的写法均残留有汉代篆隶文字的结构,是研究汉代篆隶楷化过程的重要材料;""甘图〇一六佛说无量大慈教经一卷""甘图〇二五究竟大悲经卷第二"均无传世本,敦煌藏经洞发现以后,方佚而复得,此两经虽非孤本,但经文较为完整,其补佚和校勘价值自不待言;"甘图〇二一大般涅槃经卷第三十狮子吼菩萨品第十一之四""甘图〇二二摩诃般若波罗蜜经卷第七无生品第二十六",字好、纸好,是唐代写经中之上品,具有很高的欣赏和收藏价值;""甘图〇二四妙法莲华经卷第七陀罗尼品第二十六""甘图〇三一妙法莲华经卷第二信解品第四""甘图〇二三妙法莲华经药王菩萨本事品第二十三"三件中,慕寿祺、程宗伊的跋文记载了写经的来源,对研究藏经洞发现以后,敦煌写经如何散佚,如何在甘肃河西一带流传,有很高的参考价值。

甘肃省图书馆收藏的敦煌写经,过去从未对外公布过。1994年,我们对其进行了初步整理,并编写了草目。1998年5月,以著名敦煌学家施萍亭先生为首的专家组对这些写经进行了鉴定,尔后又在施先生的指导下考定了经名,重新撰写了叙录。目前,这一工作已告完成,我们现在将它公之于众,以供敦煌学研究者参考。

在我们工作过程中,给我们提供过指导与帮助的除著名敦煌学家施萍亭先生外,还有著名书法家徐祖蕃先生、甘肃人民出版社副编审韩惠言先生、敦煌研究院的邰蕙莉女士。在此,一并表示深切的谢意。

甘图 001　妙法莲华经卷第三(尾题)

品题:妙法莲华经授记品第六妙法莲华经化城喻品第七

说明:首残尾全,首起“尔时世尊”。黄麻纸。卷长 830 厘米,卷高 25.2 厘米。天头 2.3 厘米,地脚 2.4 厘米,乌丝栏,栏宽 1.67 厘米。单纸长 51 厘米,书 28 行,行 17 字。共一 6 纸又 7 行,总 441 行。“世”字缺笔。收藏者已托裱。

文见《大正藏》第九卷第一九页(上)至第二七页(中)。

有收藏印 4 枚。卷首 2 枚:“甘肃省图书馆珍藏金石图书章”,阳文,纵 6.2 厘米,横 6.2 厘米;“兰州人民图书馆珍藏”印,阳文,纵 2.1 厘米,横 2.1 厘米。卷尾 2 枚:“甘肃省公立图书馆收藏”印,阳文,纵 9 厘米,横 1.2 厘米:“兰州人民图书馆珍藏”印,阳文,纵 2.1 厘米,横 2.1 厘米。

甘图 002　大般涅槃经卷第三十七(首题)

尾题:同首题。

说明:首尾俱全。首题后下题:诏译。卷中 112 行与 113 行地脚处,写有“欠八行”三字。黄麻纸。卷长 687 厘米,卷高 25.2 厘米。天头 2.8 厘米,地脚 2.8 厘米,乌丝栏,栏宽 1.7 厘米。单纸长 48 厘米,书 28 行,行 17 字。共 14 纸,总 522 行。有水痕。收藏者已托裱。

文见《大正藏》第一二卷第五八〇页(上)至第五八六页(上)。

有收藏印4枚。卷首2枚:"甘肃省图书馆珍藏金石图书章",阳文,纵6.2厘米,横6.2厘米;"兰州人民图书馆珍藏"印,阳文,纵二2.1厘米,横2.1厘米。卷尾2枚:"甘肃省公立图书馆收藏"印,阳文,纵9厘米,横1.2厘米;"兰州人民图书馆珍藏"印,阳文,纵2.1厘米,横2.1厘米。

甘图003　妙法莲华经卷第三(尾题)

品题:妙法莲华经药草喻品第五(首行)妙法莲华经授记品第六妙法莲华经化城喻品第七

说明:首尾俱全。黄麻纸。卷长900厘米,卷高26厘米。天头2.9厘米,地脚2.3厘米,乌丝栏,栏宽1.56厘米。单纸长62厘米,书38行,行17字。共15纸,总555行。"世"字缺笔。收藏者已托裱。

文见《大正藏》第九卷第一九页(上)至第二七页(中)。

甘图004　金刚般若波罗蜜经

说明:首残尾缺,首行缺十字,起自"虚空可思量",尾止"信受奉持"。黄麻纸。卷长460厘米,卷高25厘米,天头2.2厘米,地脚1.9厘米,乌丝栏,栏宽1.6厘米。单纸长46厘米,书28行,行17字。共10纸,总278行。"世"字缺笔。有轴,收藏者已托裱。

文见《大正藏》第八卷第七四九页(上)至第七五二页(下),鸠摩罗什译本。

甘图005　大般若波罗蜜多经卷第二百七十八(尾题)

说明:首残尾全。卷首前四行缺字,起自"清净"。黄麻纸。卷长746厘米,卷高26厘米。天头2.9厘米,地脚3厘米,乌丝栏,栏宽1.7厘米。单纸长49.6厘米,书28行,行17字。共15纸,总420行。卷中行与行之间有加字二处。有武周新字“缶”(即正)。收藏者已托裱。

文见《大正藏》第六卷第四〇九页(下)至第四一四页(上)。

甘图 006 瑜伽师地论卷第二十三(尾题)

首题:瑜伽师地论卷第二十三卷弥勒菩萨说

品题:本地分中声闻地第十三初瑜伽处出离地第三之二

题记:法镜(卷尾)

说明:首尾俱全。首题之后下题:沙门玄奘奉诏译。黄麻纸。卷长 678 厘米,卷高 25 厘米。天头 2.2 厘米,地脚 2.7 厘米,乌丝栏,栏宽 1.62 厘米。单纸长 46.2 厘米,书 28 行,行 17 字。共 15 纸,总 413 行。经文中有“·”“:”“‥”“…”“。”“。。”“·。·”“♬”“。。。”“ °° ”“∴”“√”等多种符号。经朱笔与墨笔校勘,有雌黄改字痕迹。有水痕。收藏者已托裱。

文见《大正藏》第三〇卷第四〇六页(中)至第四一一页(中)。

卷尾有收藏印一枚:“枹罕张建鑑藏书画章”,阳文,纵 3 厘米,横 1 厘米。

据荣新江《归义军史研究》考证,大中九年(855 年)三月,法镜在沙州开元寺听三藏法师法成讲《瑜伽师地论》;咸通八年(867 年)三月,僧政曹法镜在沙州开元寺,继法成讲筵,为徒众讲《净名经关中疏》;咸通十三年(872 年)正月,法镜在开元寺讲《维摩诘经》,为城隍禳灾;中和三年(883 年)三、四月间,法镜续讲《净名经关中疏》卷下,五月卒,年八十。由此可知,法镜约为 803 年至 883 年人,沙州开元寺僧人,通晓《净名经关中疏》《瑜伽师地论》《维摩诘经》等,是法成的学术继承人。此卷字体虽不甚规整,但却值得珍重。它是法镜听法成讲《瑜伽师地论》时所记,时间约在 855 年前后。事后法镜又对其进行了详细校勘,并加上多种章节符号。于此可见,法镜对《瑜伽师地论》用力之勤和钻研之深,尔后他成为法成的学术继承人,并精通《瑜伽师地论》也就无足为怪了。

原收藏者张建(1878—1958 年),字质生,甘肃临夏人,少为诸生,后弃科举,游幕四川。辛亥革命之后,投奔宁夏护军使马福祥,佐宁夏、绥远军幕,任绥远烟酒事务局局长、临时参政院参政。他所藏书画,1966 年由其后人捐献给甘肃省图书馆。

甘图 007　四分律删补羯磨卷上(尾题)

首题:四分律(原作"律分",误)删补随机(前二字原脱)羯磨卷上

品题:集法缘成篇第一　诸界结解篇第二　诸界受舍篇第三

说明:首残尾全。首题后次行书:集法缘成篇第一　诸界结解篇第二　诸界受舍篇第三　衣药受净篇第四　诸说戒法篇第五　诸众安居法篇第六　诸目姿法篇第七　诸衣分法篇第八　诸罪忏法篇第九　杂法住持篇第十　白麻纸。卷长 991 厘米,卷高 29 厘米。天头 2.1 厘米,地脚 1.7 厘米,乌丝栏,栏宽 1.95 厘米。单纸长 48 厘米,书 24 行,行 22 至 24 字,双行夹注行 31 至 36 字。共 23 纸,总 532 行。经朱笔与墨笔校勘。经文中有双行小字注解。有章节符号"·""　。""フ"、与乙倒符号"√","世"字缺笔。有刮削改字痕迹。局部有水痕、油污和虫蛀小洞。收藏者已托裱。

文见《大正藏》第四〇卷第四九二页(中)至第五〇一页(中)。

本卷正文前虽罗列篇名十则,而经文仅前三品而已。在敦煌遗书中,凡属律部的写本,抄写都比较马虎,而此卷则书写规整,又经过详细校勘,因此值得珍重。

甘图 008　妙法莲华经卷第五(尾题)

品题:妙法莲华经从地踊出品第十五　妙法莲华经如来寿量品

第十六　妙法莲华经分别功德品第十七

说明:首残尾全。首四行缺字,起自“畜猪羊鸡狗畋猎鱼捕”。黄麻纸。卷长 1183 厘米,卷高 25 厘米。天头 1.8 厘米,地脚 2.4 厘米,乌丝栏,栏宽 1.74 厘米。单纸长 47.8 厘米,书 28 行,行 17 字。共 23 纸,总 606 行。有油渍。收藏者已托裱。

文见《大正藏》第九卷第三七页(上)至第四六页(中)。

甘图 009　大般若波罗蜜多经卷第四百四十六(首题)

品题:第二分初业品第五十之二　第二分调伏贪等品第五十一　第二分真如品第五十二

尾题:同首题。

说明:首尾俱全。白麻纸。卷长 813 厘米,卷高 27 厘米,天头 2.3 厘米,地脚 2.3 厘米,乌丝栏,栏宽 1.6 厘米。单纸长 45.5 厘米,书 28 行,行 17 至 18 字。共 18 纸,总 486 行。收藏者已托裱。

文见《大正藏》第七卷第二四七页(下)至第二五三页(上)。

甘图 010　梵网经卢舍那佛说菩萨心地戒品第十卷下并序

品题:梵网经卢舍那佛说菩萨心地戒(原脱)品第十下

说明:首尾俱缺。首起“五日作有”,尾止“又出於世”。黄麻纸。卷长 170 厘米,卷高 26 厘米。天头 3.1 厘米,地脚 1.9 厘米,乌丝栏,栏宽 1.72 厘米。单纸长 48.6 厘米,书 28 行,行 16 至 18 字。共 3 纸又 20 行,总 104 行。经朱笔校勘。“世”字缺笔。收藏者已托裱。

文见《大正藏》第二四卷第一〇〇三页(上)至第一〇〇三页(下)。

甘图 011　妙法莲华经化城喻品第七（首题）

说明：首全尾缺，尾止“尔时世尊欲重宣此义而说偈言”。黄麻纸，卷长 509 厘米，卷高 25 厘米。天头 1.7 厘米，地脚 2.1 厘米，乌丝栏，栏宽 1.7 厘米。单纸长 49.6 厘米，书 28 行，行 17 字。共 10 纸又 10 行，总 288 行。收藏者已托裱。

文见《大正藏》第九卷第二二页（上）至第二六页（上）。

甘图 012　思益经卷第二（尾题）

说明：首缺尾全。首起“诵思问是”。白麻纸。卷长 129 厘米，卷高 29 厘米。天头 2.8 厘米，地脚 4.5 厘米，乌丝栏，栏宽 1.65 厘米。单纸长 48.5 厘米，书 28 行，行 16 至 18 字。共 2 纸又 12 行，总 68 行。收藏者已托裱。

文见《大正藏》第一五卷第四六页（上）至第四七页（上）。

有收藏印四枚。卷首卷尾均钤有“国立兰州图书馆珍藏”印，阳文，纵 2.2 厘米，横 2.2 厘米；“孔宪廷”印，阳文，纵 1.2 厘米，横 0.6 厘米。

甘图 013　大乘无量寿经（首题）

尾题：佛说无量寿宗要经

题记：张曜曜写（卷尾）

说明：首尾俱全。白麻纸。卷长 209 厘米，卷高 31.5 厘米。天头 1.7 厘米，地脚 1.6 厘米，乌丝栏，栏宽 1.5 厘米。单纸长 42 厘米，书 27 行，行 34 字。共 5 纸，总 135 行。收藏者已托裱。

文见《大正藏》第一九卷第八二页（上）至第八四页（下）。

卷首钤“甘肃省文史研究馆图书”印，阳文，纵 3.2 厘米，横 3.2 厘米。

甘图 014　优婆塞戒经

品题:优婆塞戒经悲品第三

说明:首尾俱缺。首起“者谁见他”,尾止“无量恶是”。黄麻纸。卷长 86 厘米,卷高 25.5 厘米。天头 1 厘米,地脚 1 厘米,乌丝栏,栏宽 1.65 厘米。单纸长 53 厘米,书 31 行,行 18 字。共 1 纸又 19 行,总 50 行。有水痕。收藏者已托裱。

文见《大正藏》第二四卷第一〇三五页(下)至一〇三六页(中)。

甘图 015　妙法莲华经卷第一序品第一

说明:首尾俱缺。起“佛未出家时”,止“令尽无有余”。黄麻纸。卷长 68.6 厘米,卷高 25.5 厘米。天头 2.2 厘米,地脚 1.8 厘米,乌丝栏,栏宽 1.56 厘米。两半张纸,前纸书 20 行,后纸书 24 行,行 20 字,总 44 行。地脚处破损。收藏者已托裱。

文见《大正藏》第九卷第四页(中)至第五页(中)。

甘图 016　佛说无量大慈教经一卷(尾题)

说明:首缺尾全,首起“知识免斯”。白麻纸。卷长 227 厘米,卷高 25.5 厘米。天头 2.3 厘米,地脚 2.1 厘米,乌丝栏,栏宽 1.76 厘米,地脚 2.1 厘米,乌丝栏,栏宽 1.76 厘米。单纸长 49.6 厘米,书 28 行,行 18 字。共四纸又 13 行,总 125 行。“世”字缺笔。水痕重,卷品较差。收藏者已托裱。

文见《大正藏》第八五卷第一四四五页(上)至第一四四五页(中)。

《佛说无量大慈教经》,没有传世本。敦煌藏经洞发现之后,也仅出土数件而已。本卷与 S.1627 号大英博物馆藏本相比,多前 49 行经文,与保存完整的北图昃字四三号相比,则仅缺前面6行经文。其可资校勘之价值,不言而喻。

甘图017　金光明最胜王经卷第九(尾题)

品题：金光明最胜王经授记品第二十三　金光明最胜王经除病品第二十四　金光明最胜王经长者子流水品第二十五

题记:同光三年乙酉岁(925年)八月十四日,金光明寺学仕/郎王子通奉写金光明经一部。一与先/太保帝主作福,愿我军王永作/西垂之主;二为先亡父母不溺三堕,往/生安乐之国;次为见存慈母究穷患疾,/速得迁除,愿罪消灭,愿罪消灭;/又愿合家大小,无除("除"疑为诸,音近而误)灾障,病患不寝("寝"疑为侵之讹),功德圆满。维后大唐同光三年乙酉(925年)南吕之月写毕。

说明:首尾俱全。黄麻纸。卷长486厘米,卷高29.5厘米。天头2.7厘米,地脚1.8厘米,乌丝栏,栏宽1.8厘米。单纸长44厘米,书25行,行20字。共11纸又半纸,总262行。"世"字缺笔。字迹潦草,有水痕。收藏者已托裱。

文见《大正藏》第一六卷第四四七页(上)至第四五〇页(下)。

本卷尾部题记,字迹清晰,但行文却有不可解之处。同光三年(925年)正是曹议金执掌归义军鼎盛之时,也正是曹议金始称太保之时,题记不为"现太保"作福而为"先太保"作福,此前的"先太保"只能是张议潮(872年以后称太保)。此不可解之一。又,题记称"愿我军王永作西垂之主","军王"之称也令人难解。简记于此,以待学者考证。

甘图018　大般若波罗蜜多经卷第四百一(尾题)

说明:首缺尾全,首起"调慧马亦"。黄麻纸。卷长851厘米,卷高

25 厘米。天头 2.1 厘米，地脚 1.6 厘米，乌丝栏，栏宽 1.4 厘米。单纸长 47.5 厘米，书 28 行，行 17 字。共 11 纸又 21 行，总 497 行。“世”字缺笔。卷中“授”字用武周新字。有水痕。收藏者已托裱。

文见《大正藏》第七卷第一页（中）至第七页（上）。

卷尾有收藏印一枚，字迹难辨。

甘图 019　诸星母陀罗尼经一卷（尾题）

首题：诸星母陀罗尼经

说明：首尾俱全，卷首略残。首题后下题：沙门法成於甘州（“甘州”二字脱）修多寺译。白麻纸。卷长 155 厘米，卷高 25.3 厘米。天头 2.7 厘米，地脚 1.4 厘米，乌丝栏，栏宽 1.5 厘米。单纸长 43 厘米，书 28 行，行 17 字。共三纸又 12 行，总 96 行。卷中有刮削改字痕迹，卷末附经字注音。有水痕。收藏者已托裱。

文见《大正藏》第二一卷第四二〇页（上）至第四二一页（上）。

甘图 020　诸星母陀罗尼经一卷（尾题）

说明：首残尾全。卷首前两行上下缺字，第三行下半行缺字。白麻纸。卷长 155 厘米，卷高 25.3 厘米，天头 1.8 厘米，地脚 2.3 厘米，乌丝栏，栏宽 1.45 厘米。单纸长 43.2 厘米，书 28 行，行 16 至 17 字。共 3 纸又 12 行，总 96 行。卷尾附经字注音。有水痕。收藏者已托裱。

文见《大正藏》第二一卷第四二〇页（上）至第四二一页（上）。

卷首钤“孔宪廷”印，阳文，纵 1.2 厘米，横 0.6 厘米。卷首背面书“民国十二年癸亥星海第五垣所有一百行”。

甘图 021　大般涅槃经卷第三十狮子吼菩萨品第十一之四

说明：首尾俱缺。首起“此间婆罗”，尾止“严此婆罗”。白麻纸。卷长 69 厘米,卷高 25 厘米。天头 3 厘米,地脚 2.7 厘米,乌丝栏,栏宽 1.72 厘米。前纸长 37 厘米,书 21 行,后纸长 32 厘米,书 18 行,行 17 字,总 39 行。有油渍。收藏者已托裱。

文见《大正藏》第一二卷第五四五页(上)至第五四五页(中)。

此件纸好,字好,为唐代写经中之上品,也是甘肃省图书馆藏品中之精品。

甘图 022　摩诃般若波罗蜜经卷第七无生品第二十六

说明:首尾俱缺。首起“邪婆罗蜜”,尾止“三菩提心”。黄麻纸。卷长 147 厘米,卷高 25 厘米。天头 2.3 厘米,地脚 2.3 厘米,乌丝栏,栏宽 1.75 厘米。单纸长 49 厘米,书 28 行,行 17 字。共 2 纸又前 20 行与后 7 行,总 83 行。经朱笔校勘。有水痕。收藏者已托裱。

文见《大正藏》第八卷第二七二页(中)至第二七三页(下)。

此件与甘图 021 号写经一样,也为唐代写经中之上品,甘肃省图书馆藏品中之精品。

甘图 023　妙法莲华经药王菩萨本事品第二十三

说明:首尾俱缺。首起“大王今当知”,尾止“如此之事”。黄麻纸。卷长 216 厘米,卷高 25.2 厘米。天头 2.5 厘米,地脚 2.2 厘米,乌丝栏,栏宽 1.74 厘米。单纸长 50 厘米,书 28 行,行 17 字。共四纸又 10 行,总 121 行。收藏者已托裱。

文见《大正藏》第九卷第五三页(中)至第五五页(上)。

卷尾有跋文两则。程宗伊跋:“仆署任酒泉时,见坊肆所售敦煌经数十种,迄少善本。兹/炳然先生出此卷(原文作“捲”,误)共阅,其间结(原文作“拮”,误)构紧严,精神团结,墨色纸色,俱臻绝顶,/洵唐经之最佳者。虽非全璧,然吉光片羽,亦可宝诸。时辛酉(1921 年)秋 8

月注/此，以志眼福。大梁程宗伊。”钤印二枚，字迹难辨。卷尾另有高镜寰跋文，文曰：“此唐经而胎息魏碑者，可宝也。湘阴高镜寰跋。”跋文后钤“秉清长寿”印，阳文，纵 1.8 厘米，横 1.6 厘米。

甘图 024　妙法莲华经卷第七陀罗尼品第二十六

说明：首尾俱缺。首起“首护之即”，尾止“无生法忍”。黄麻纸。卷长 137 厘米，卷高 23 厘米。天头 1 厘米，地脚 0.9 厘米，乌丝栏，栏宽 1.75 厘米。单纸长 52 厘米，书 28 行，行 17 字。共二纸又 19 行，总 75 行。收藏者已托裱。

文见《大正藏》第九卷第五八页（中）至第五九页（中）。

卷首另纸有慕少堂长篇跋文。其中曰：“此卷系玉门县贡程/君徽五所赠。徽五少时与余同/学，意气相投，今以唐人写经邮寄。/”（节录）落款：“宣统元年（1909 年）仲春月镇原慕寿祺识於金城寓庐。”跋后钤印两枚：“慕寿祺印”，阳文，纵 1.2 厘米，横 1.2 厘米；“少堂”印，阳文，椭圆形，纵 1.2 厘米，横 0.9 厘米。

慕寿祺（1875 年—1948 年），字子介，号少堂，甘肃镇原人。光绪二十九年（1903 年）举人，举孝廉方正。曾任甘肃文高等学堂史学教员兼经学分教，民国初年任甘肃省临时议会副议长。喜藏书，著述极富。中华人民共和国成立后，藏书与著作手稿由后人捐赠给甘肃省图书馆。1907 年至 1908 年，斯坦因、伯希和相继盗走大批敦煌写经，1909 年 8 月学部始电令甘肃，将其余写经检齐解部。慕氏此篇跋文撰于 1909 年 2 月，早于学部电令半年，远在敦煌写经解送京师图书馆之前，可见此前已有少数写经从敦煌藏经洞散佚，在甘肃河西一带流传，此件当是其中之一。

甘图 025 究竟大悲经卷第二(首题)

品题：教一切众生消融垢净当来奉佛品第五　显一切众生身内有佛父母品第六　对治服药治病品第七　除一切众生修道作佛病品第八　一切贤圣心海发作扭拔浑合品第九

尾题:同首题。

印章:卷尾钤“瓜沙州大王印”一枚,阳文,纵 4.3 厘米,横 3.2 厘米。

说明:首残尾全。首行缺四字,第二行缺一字。黄麻纸。卷长 724 厘米,卷高 25 厘米。天头 2 厘米,地脚 2.1 厘米,乌丝栏,栏宽 1.6 厘米。单纸长 45.5 厘米,书 17 行,行 17 字。共 16 纸,总 438 行。有油渍。收藏者已托裱。

文见《大正藏》(古逸部)第八五卷第一三七八页(中)至第一三八〇页(中)。

《究竟大悲经》无传世本。敦煌藏经洞发现以后,此经佚而复得,但经文完整者不多。本卷与 S.2244 号大英博物馆藏本相比,“品五”多前 30 行,“品九”多前 16 行;与北图号字 26 号相比,“品五”多前 26 行,只有北图宙字一五号“品五”与本卷“品五”一样完整无缺。

“瓜沙州大王印”是归义军曹氏的藏经印。钤有此印的敦煌写经,曾出土多件。其中,年代较早的有 P.2413 号《大楼炭经卷第二》,写于“大隋开皇九年(589 年)四月八日”;较晚的有北图羽字二四号《佛说佛名经》,写于“贞明六年(920 年)五月十五日”。西北师大 004 号写经亦钤有此印。

甘图 026 大般涅槃经卷第一(尾题)

说明:首残尾全。首起“尔时复有”。黄麻纸。卷长 819 厘米,卷高

25 厘米。天头 2.1 厘米，地脚 2 厘米，乌丝栏，栏宽 1.6 厘米。单纸长 48 厘米，书 28 行，行 17 至 18 字。共 16 纸又 25 行，总 473 行。有油渍。收藏者已托裱。

文见《大正藏》第一二卷第三六六页（中）至第三七一页（下）。

甘图 027　大般若波罗蜜多经卷第五百七十七·第九能断金刚分

说明：首尾俱缺。首起“尼杀昙云”，尾止“证等菩萨”。白麻纸，卷长 37.6 厘米，卷高 26.5 厘米。天头 3.1 厘米，地脚 3.4 厘米，乌丝栏，栏宽 1.57 厘米。前纸长 19.6 厘米，书一二行，后纸长一八厘米，书 11 行，行 17 字，总 23 行。地脚处有破损。有水痕。收藏者已托裱。

文见《大正藏》第九卷第九八五页（上）至第九八五页（中）。

引首背面钤收藏印一枚，字迹不清。

甘图 028　金光明最胜王经卷第九善生品第二十一

说明：首尾俱缺。首起“遍及一切”，尾止“流通不绝”。黄麻纸。卷长 52.6 厘米，卷高 25 厘米。天头 2.5 厘米，地脚 2.1 厘米，乌丝栏，栏宽 1.8 厘米。前纸长 19.6 厘米，书 11 行，后纸长 33 厘米，书 17 行，行 14 至 15 字，总 28 行。收藏者已托裱。

文见《大正藏》第一六卷第四四四页（中）至第四四四页（下）。

甘图 029　妙法莲华经卷第一序品第一

说明：首尾俱缺。卷首一至三行缺字。起“若有佛子”，止“愿决众疑”。黄麻纸。卷长 73 厘米，卷高 26.5 厘米。天头 3.2 厘米，地脚 2.6 厘米，乌丝栏，栏宽 1.6 厘米。一纸，书 45 行，行 16 字。有水痕。收藏者已托裱。

文见《大正藏》第九卷第三页（上）至第三页（下）。

甘图 030 金光明经卷第二四天王品第六

说明：首尾俱缺。首起“故复见无”，尾止“露法味充”。卷首 1 至 3 行缺字，卷尾 11 行下部均缺字。白麻纸。卷长 98.7 厘米，卷高 28.5 厘米。天头 1.7 厘米，地脚 1.6 厘米，乌丝栏，栏宽 1.8 厘米。前纸长 48.5 厘米，书 26 行，后纸长 50.2 厘米，书 27 行，行 17 至 18 字，总 53 行。收藏者已托裱。

文见《大正藏》第一六卷第三四三页（中）至第三四三页（下）。

此卷文字隶意较浓，显示了敦煌早期“经书体”的用笔特点。经文中的“神”“我”“蔽”“身”“达”“龙”“处”“风”“多”“其”“恼”“离”等字，在卷中的写法均残留有汉代篆隶文字的结构，为研究十六国至北朝早期文字从汉代篆隶向楷书过渡，及其发展中的相互关系，提供了重要实例。

甘图 031 妙法莲华经卷第二信解品第四

说明：首尾俱缺。首起“所得弘多”，尾止“柔伏其心”。黄麻纸。卷长 143 厘米，卷高 23.5 厘米。天头 1.4 厘米，地脚 1.5 厘米，乌丝栏，栏宽 1.6 厘米。单纸长 47.7 厘米，书 28 行，行 17 字，共三纸，总 84 行。收藏者已托裱。

文见《大正藏》第九卷第一七页（中）至第一八页（下）。

卷尾另纸有慕少堂长篇跋文。其中曰：“此卷敦煌郭孝廉璞存所/赠，云系唐人写经。然唐人避/太宗讳，其他经卷世字皆缺/一笔，此独不然。意者其在五/代之时耶。至其笔秀而挺/似学柳河东，虽未能上比/率更中令，而规矩森严，仍不/失雍容安雅之态。”（节录）落款“镇原慕少堂跋金城史筱文书”。跋后有收藏印二枚：一为“慕寿祺印”，阳文，纵 1.2 厘米，横 1.2 厘米；一为“少堂”印，阳文，椭圆形，纵 1.2 厘米，横 0.9 厘米。

慕少堂，即慕寿祺，见甘图 024 号写经叙录。郭璞存，敦煌地方人士，生平不详。从跋文可知，此卷亦系解送京师之前散佚于甘肃河西一带的敦煌写经。但慕氏断定此卷为五代时写经，却不无可商榷之处。其唯一理由是“世”字未缺笔，殊不知唐写经中“世”字不缺笔者并不少见，从字体与纸张来看，此卷当属中唐写经。

（原载于《图书与情报》1999 年第 3 期）

关于敦煌文献中几种装帧形式的研究

敦煌遗书是人类宝贵的文化遗产。它的发现,不仅推动了中国历史学、考古学、宗教学、语言学、文学史、艺术史和科技史的研究,同时也为中国书史的研究提供了丰富的实物。遗憾的是,中国书史的学者和敦煌学者对此都很少关注。1998 年至 2000 年,笔者在参与编辑《甘肃藏敦煌文献》时,有幸接触了全省各文博、图书单位收藏的全部敦煌遗书,从而引发了从装帧形式方面研究敦煌文献的兴趣。目的是丰富中国书史的研究成果,同时也对敦煌遗书研究中涉及装帧形式的不妥当提法予以澄清。

敦煌遗书的装帧形式有卷轴装、梵夹装、经折装和绳装册叶。卷轴装数量最大,梵夹装、经折装较少,绳装册叶则极为罕见。

一、纸写本鼎盛时期的装帧形式——卷轴装

卷轴装起源于帛书。纸写本书出现之后,继承和借鉴了帛书的装帧形式——卷轴装。

两汉时期,中国出现了纸。经过蔡伦(132—192 年)的改进和推广,纸的质量有了很大提高。西晋的傅咸(239—294 年)在《纸赋》中写道:“夫其为物,阙美可珍。廉方有则,体洁性真。含章蕴藻,实好斯文。取彼之弊,以为己新。揽之则舒,捨之则捲。可屈可伸,能幽能

显。”[①]傅咸在赞美纸张“廉方有则,体洁性真”的同时,也对卷轴装纸写本书的舒卷自如发出了由衷的赞叹。虽然如此,西晋时纸写本书并没有立即取代简策和帛书。东晋末年,桓玄(369—404 年)废晋安帝司马德宗,自立为帝,改国号为楚,始明令凡朝廷奏议不得用简牍,一律以黄纸代之。“古无纸,故用简,非主于敬也。今诸用简者,皆以黄纸代之。”[②]从此以后,简策正式废除,图书从简、帛、纸并行的时代过渡到了纸写本时代。纸写本时代,从 2 世纪到 10 世纪,长达八九百年之久。其中,公元 2 世纪至 3 世纪为纸写本的初期,简、帛、纸三者并行,以简、帛为主;公元 4 世纪至 8 世纪,纸取代了简、帛,纸写本制作技术日趋成熟和完美,是纸写本的鼎盛时期;8 世纪以后,纸写本进入了后期,此时印刷术已经发明,纸写本与印本书并存,后因印刷术的普遍应用而为印本书所代替。

纸书的盛行,对于简策和帛书来说,只是更换了书籍的制作材料,其制作方式仍然是手写,并没有丝毫改变。初期纸写本的装帧形式,也完全是模仿帛书的。纸写本书普及之后,从抄卷到制卷,才逐渐形成一整套卷轴制度。《唐六典》卷九对集贤殿藏书的装帧有详细的记载,文中写道:“其经库书钿白牙轴,黄带红牙签;史库书钿青牙轴,缥带绿牙签;子库书雕紫檀轴,紫带碧牙签;集库书用绿牙轴,朱带白牙签,以为分别。”[③]皇家藏书的装帧是何等讲究,有轴、有带、有签。有轴卷起易紧,上下余幅不致磨损;有带卷起之后可以捆紧;有签捆紧之后可以别住不易散开。经、史、子、集四部分别使用不同质地不同颜色的轴、带、签,豪华而又实用,一派皇家气象。

---

①潘吉星:《中国造纸技术史稿》,北京:文物出版社,1979。

②潘吉星:《中国造纸技术史稿》,北京:文物出版社,1979。

③袁文兴:《唐六典全译》,兰州:甘肃人民出版社,1997。

隋唐皇家收藏的卷轴装纸写本书虽然好,但很难流传到现在。因此,在研究纸写本的卷轴形式时,只有敦煌遗书才能提供丰富的实物。英人斯坦因在《敦煌取书记》中说,王道士偷卖给他的第一批经卷,"皆系卷叠圆筒,高约九寸半至十寸半,都是佛经的汉译本或古文书。很平软的黄色卷子,外裹以丝织物,甚为柔软。卷中插以小木轴,间有施以雕饰者,轴端或系以结。纸张长度各有不同,故卷轴之形式亦各异,大约每张之长,自十五寸至二十寸。书写时则每张连接成一卷,至文字终结为止,故展而阅之,延引颇长。"①这是对敦煌遗书中的卷轴形式的最早描述。

在编辑《甘肃藏敦煌文献》一书时,我们接触了大量4至10世纪的敦煌遗书。其中,4至8世纪即纸写本鼎盛时期的敦煌遗书,对我们研究当时纸写本的装帧形式——卷轴装具有很大价值。甘肃省博物馆收藏的甘博001《法句经卷下》,是国内外收藏的敦煌遗书中年代较早的写本之一。(本文所举文献除写明者外均来自《甘肃藏敦煌文献》一书,文献的编号前半部分是收藏单位的简称,后半部分的数字是收藏号码,以下皆同)从卷末的两侧题记得知,抄写时间当在公元368年以前。可惜其引首、木轴等早已不存,使我们难以看到东晋时纸写本卷轴的形态了。在甘肃所藏的敦煌文献中,从卷轴形式方面来说,比较完整的卷子还是有一些的。如,敦研328《说苑卷第二十反质》、甘图004《金刚般若波罗蜜经》、西北师大003《大般若波罗蜜多经卷第一》、甘博029《大般涅槃经后分卷第四十二》、敦博039《佛说解百生怨家陀罗尼经》、敦博041《大般涅槃经卷第五》、敦博044《大般涅槃经卷第二十五光明遍照高贵德王菩萨品第十之五》、敦博049《药师琉

---

①蒋元卿:《中国书籍装订术的发展》,载《图书馆学通讯》,1957(6)。

璃光如来本愿功德经》、敦博 050《大般涅槃经卷第三十三、三十四》。这些写经,或者首全,或者尾全,或者首尾基本都有,有的还有天杆、丝带和木轴。

现以敦博 041《大般涅槃经卷第五》和敦博 050《大般涅槃经卷第三十三、三十四》为例,具体看一下卷轴装敦煌写经的装帧形式。敦博 041《大般涅槃经卷第五》,首全尾残,引首题签书“大般涅槃经卷第五”。硬黄纸。卷长 937 厘米,卷高 26.8 厘米。天头 3.7 厘米,地脚 3.5 厘米,乌丝栏,栏宽 1.69 厘米。单纸最长者 143 厘米,书 84 行,行 17 字,共 6 纸又 2 残张。卷首以竹蔑作天杆,直径 0.2 厘米,中系 0.7 厘米宽的绿、红、黄、褐、蓝五色丝带,残长 1 厘米。可惜卷尾木轴已失,难窥其全貌。[①②]敦博 050《大般涅槃经卷第三十三、三十四》,首残尾全。硬黄纸。卷长 884.4 厘米,卷高 26.8 厘米。天头 3.3 厘米,地脚 3.2 厘米。乌丝栏,栏宽 1.79 厘米。单纸长 50.7 厘米,书 28 行,行 17 字。共 17 纸,总 447 行。卷尾上下切角,尾边长 19.5 厘米,粘于木轴之上。轴为硬木制作,长 27.2 厘米,直径 1 厘米。轴中段 22.6 厘米,木本色。两端安有轴头,轴头直径 1.2 厘米,长 2.3 厘米,轴头涂朱赭色漆。[③④]这两件写经,从纸张来看都是 7 世纪的。特别是敦博 041《大般涅槃经卷第五》,字体秀丽妩媚,与敦博 055《妙法莲华经卷第六》的字体极为相似。后者是初唐宫廷写经,写于咸亨三年(672 年),书写者是当时著名的经生王思谦,装潢者是解善集。解善集是秘书省下著名的装

①段文杰:《甘肃藏敦煌文献》,兰州:甘肃人民出版社,2000 年。

②荣恩奇:《敦煌县博物馆藏敦煌遗书目录》,油印本。

③段文杰:《甘肃藏敦煌文献》,兰州:甘肃人民出版社,2000 年。

④荣恩奇:《敦煌县博物馆藏敦煌遗书目录》,油印本。

潢手，在英藏敦煌文献的卷尾题记中署“装潢手解善集”的卷子就有二十卷。由此观之，这两件写经，特别是敦博041《大般涅槃经卷第五》，应当是来自长安的初唐宫廷写经。无论是从字体的娴熟流利，端正有法，还是从装潢的考究来看，都是敦煌写经中的上上品。将这两件写经的首尾结合起来，我们可以看出纸写本鼎盛时期卷轴装这种装帧形式的一些特点：

(1)卷首。有引首，长约十几厘米。引首开端纸向内折约一厘米，以粘天杆。天杆用竹蔑作成，中系彩色绢带，作捆绑之用，引首题签书写经名。

(2)卷身。由多张纸粘连而成，两纸粘连处约1~2厘米宽。有天头、地脚和竖栏。经文写于界栏之内。单纸若干行，行书若干字，多有定数。

(3)卷尾。卷尾上下切角，尾边小于纸高，呈梯形。木轴粘于尾部，略长于纸高，以防磨损。木轴两端安轴头，并涂漆。

现将敦研328《说苑卷第二十反质》与甘博029《大般涅槃经后分卷第四十二》的图版印于二封二，(图1、图2)以供读者观赏和研究。

二、来自印度的中国化了的装帧形式——梵夹装

梵夹装原本是古代印度贝叶经的一种装帧形式。公元三四世纪，随着印度佛教典籍的大量东传，这种装帧形式也来到了中国。隋代杜宝在《大业杂记》中说：“新翻经本从外国来，用贝多树叶。叶形似枇杷，叶面厚大，横作行书。约经多少，缀其一边，牒牒然，今呼为梵夹。”杜宝的记载，是对梵文贝叶经的客观描述。它的装帧形式是将书写好的贝叶经，视经文段落和贝叶多少，依经文顺序排好，然后用两块木板将其上下相夹，并在贝叶经和木板之一边穿洞系绳，以防散乱。元代胡三省在给《资治通鉴》作注中说：“梵夹者，贝叶经也。以板夹之，

谓之梵夹。”所谓梵夹，即是指木板夹起来的贝叶经。后来，人们将用梵文书写的贝叶经的这种装帧形式，便称为“梵夹装”。

梵夹装传到中国之后，逐渐被中国人所采用。尽管两国写经所用材料不同，但梵夹装这种装帧形式还是被应用到纸写本佛经上，从此出现了中国化的梵夹装。《资治通鉴》卷二十五《唐纪》，唐懿宗咸通三年(862 年)记载唐懿宗“奉佛太过，怠于政事。尝于咸泰殿筑檀，为内寺尼受戒，两街僧尼皆入项；又于禁中设讲席，自唱经，手录梵夹。”

在敦煌遗书中，只有少量汉文写经采用梵夹装，吐蕃文写经则普遍采用梵夹装。

出自敦煌藏经洞的汉文梵夹装写经，北京图书馆藏有一件，即北图新 1201 号《思益梵天所问经》。李际宁先生在《敦煌遗书中的梵夹装》一文中，曾对其装帧形式作了详尽的描述。该经为四卷本，纸质粗厚，色褐，唐末写本。每页长 26.5 厘米，宽 8.8 厘米，经文竖行，两面书写。每叶正面右上角书页码。共 120 叶，240 面。乌丝栏，每面经文 6 行，行 24 至 30 字。距上切面 9 厘米与位第三、四行处有一圆孔。书写过程中，为避免打孔时损及经文，特意在穿孔处空二字，预留孔位。圆孔中贯穿线绳，书末尚存木板，经文末叶即粘于木板上。夹板的底面为中间厚两边薄的弧形，最厚处为 0.7 厘米。夹版尚存，弥足珍贵。①

英国国家图书馆东方手稿部藏有梵夹装汉文写经三件。它们是《禅门经》《佛经疏释》《唯释三十论要释》，都是晚唐五代时的遗物。《禅门经》双面书写，共 19 页 38 面，书叶为长条状，每叶第三行的界行线上，距上、下边栏三分之一距离处，各有一孔。这两个圆孔即是供穿绳串连书叶，以防散乱无序而用的，其他两件，情况也与此相类

①李际宁:《敦煌遗书中的梵夹装》。

似。[①]除此而外,法国国立图书馆收藏的P4646号《顿悟大乘正理决》,也是梵夹装。

在敦煌遗书中,吐蕃文梵夹装写经数量最大。据载,“民国九年(1920年),甘肃教育厅派员会同敦煌知县、乡绅,清点藏文经卷。计有藏文卷子九十四捆,夹板藏文经十一打。经过清理的藏文经卷,分别收藏在甘肃公立图书馆卷子本一捆,夹板经一打,敦煌劝学所卷子本三捆,夹板经十打,其余卷子本九十捆仍封存石洞中。”[②]甘肃省公立图书馆是甘肃省图书馆的前身,敦煌劝学所即今敦煌市博物馆的前身。据黄文焕先生调查,吐蕃文梵夹装写经,在甘肃约有近万叶,即敦煌市博物馆8780页,甘肃省图书馆1120页,敦煌研究院42页,武威市博物馆7页。[③]

甘肃省图书馆收藏的梵夹装吐蕃文写经《十万颂般若经》为白麻纸,纸质坚韧、粗厚、纤维束肉眼可见,双纸粘在一起。纸长73厘米,纸高20.5厘米。用硬笔双面书写。乌丝栏,栏宽1.4厘米。每面书12行,双面24行,每纸正面左侧栏外书写页码。为了在书写时预留空位,每页在距左切口22厘米和上切口10.25厘米处,画一半径为2.5厘米的墨色圆圈,并在圆心处打一半径为0.4厘米的圆孔,以备穿绳之用。右边相应的位置也有同样的圆圈和圆孔,存放时,上下用夹板夹住,并从左、右两孔穿绳捆扎。遗憾的是,夹板与穿绳尽皆不存。

在这些吐蕃文梵夹装写经之后,有一篇西北人民图书馆(甘肃省图书馆的前身)于1952年8月1日撰写的题记,其中说:“省馆并归我馆后,因经页先后散乱,承甘肃民族事务委员会一位藏族同志加以

①李致忠:《古书版本鉴定》,北京:文物出版社,1997.2。

②姜亮夫:《莫高窟年表》,上海:上海古籍出版社,1985.10。

③黄文焕:《河西吐蕃文书简述》,文物,1978,(12)。

整理,以供研究古藏文的参考。又据兰州大学少语系王沂暖教授的审定,为初唐文成公主嫁吐蕃时的写经。这类经页,是由贝叶经发展而来的。像这样完整巨大的敦煌文物和它的历史价值,在我国人民文化遗产中,是极其珍贵的。”王沂暖教授对这些写经的历史价值的评价是贴切的,但对其时代的认定似有不妥。文成公主远嫁吐蕃,是贞观至显庆年间(643—658 年)的事。那时古藏文才创制几十年,翻译佛教经典的事业也才刚刚开始,一时很难译出这么多佛经。即使能够译出,跋涉几千里运至敦煌也是不可能的。据藏文史籍《贤者喜宴》《西藏王统世系明鉴》《青史》等书记载,西藏历木羊年(779 年)赤松德赞建成桑鸢寺(又译桑耶寺)后,邀集一批汉、蕃等族僧人,依照汉、于阗等文本译定了一批吐蕃文佛教经典。吐蕃文《十万颂般若经》等,就是这时首次译定的。之后,便在吐蕃本部和河西各地广为抄写传颂。据此可知甘肃省图书馆收藏的吐蕃文梵夹装写经《十万颂般若经》应当是 8 世纪末 9 世纪初中唐时期的遗物。

敦煌遗书中的梵夹装写经, 继承和保留了古代印度贝叶经在狭长书页上打孔、夹板、穿绳、捆扎的基本装帧形式,形成了中国化的纸质的梵夹装书籍。不过,在中国化的具体形式方面,吐蕃文梵夹装写经与汉文焚夹装写经又有所不同。主要不同是:

吐蕃文梵夹装写经书页幅面大,宽 73 厘米,高 20.5 厘米,汉文梵夹装写经书页幅面小,仅宽 8.8 厘米,高 26.5 厘米。

吐蕃文梵夹装写经,因书页幅面大,左右各打一孔,穿两根细绳捆扎;汉文梵夹装写经,书页幅面小,有的只在上部打一孔,用一根细绳捆扎,有的上下各打一孔,用两根细绳捆扎。

吐蕃文梵夹装写经,按照吐蕃文的书写习惯,从左至右横向用硬笔书写;汉文梵夹装写经,按照汉字的书写习惯,从右至左竖向用毛笔书写。

公元 8 世纪末至 9 世纪初，中国虽然出现了中国化了的梵夹装写经，但这种装帧形式并没有能够在全国广泛流行，汉文写经仍然是卷轴装占主导地位。晚唐五代之后，则以经折装为主。梵夹装虽然经过了中国化的改造，但其使用的范围仍然是有限的。究其原因，大约与梵夹装这种装帧形式，有利于保存而不方便展读有关。不过也有例外，凡篇幅较大的古藏文写经，直到明清之际则一直沿用梵夹装。

三、方便佛家弟子诵经的装帧形式——经折装

唐代佛教在中国处于鼎盛时期，大量梵文佛教典籍译成汉文，卷轴装佛经非常盛行。但卷轴装卷舒困难，僧人们诵经深感不便。于是，一场对流行已久的卷装轴的改革，便在佛教经卷方面悄然开始了。方法是将本来为长卷的佛经，从头至尾依一定宽度和行数连续左右折叠，成为长方形的一叠，然后再在前后各粘裱一张封皮。这种装帧形式就是经折装，它是卷轴装的改进形式。

1975 年香港中文大学出版社出版的钱存训先生的《中国古代书史》中载，一件敦煌藏经洞出土的唐代写经《入愣严经疏》，二百十一页，即为左右相连折叠的经折装。英国斯坦因在《敦煌取书录》中，也对敦煌出土的一件印本经折装佛经进行过描述。他说："又有一小册佛经，印刷简陋，然颇足见自旧型转移以至新式书籍之迹。书非卷子本，而为折叠而成，盖此种形式之第一部也。折叠本书籍，长幅接连不断，加以折叠，甚似近代之火车时间表。此小册佛经即为是式，共凡八叶，只印一面，然后加以折叠，最后将其他一端悉行粘稳。于是展开之后，甚似近世书籍。是书时代为乾祐二年，即纪元后九四九年也。"[①]从

①李致忠：《古书版本学概论》，北京：书目文献出版社，1990 年。

以上可以看出,经折装大约出现在晚唐五代时期。

敦煌研究院藏有经折装敦煌遗书一件,即敦研354《佛说天地八阳神咒经》,白麻纸,仅存1折,折宽7.4厘米,高14厘米。敦煌市博物馆藏有经折装敦煌写经三件。它们是敦博056《佛为首迦长者说业报差别经,佛说无量大慈教》,折宽9.2厘米,高14.3厘米,存85折,双面书写;敦博057《大宝积经卷第四十四、四十七》,黄麻纸,折宽10厘米,高28.5厘米,存2折;敦博071《大佛顶陀罗尼》。不过,敦煌市博物馆的三件,过去都被视作旋风装了。现在我们将《敦煌县博物馆藏敦煌遗书目录》一文中对敦博056号写经的描述摘抄如下:

敦博056《佛为首迦长者说业报差别经,佛说无量大慈教经》

说明:两经首尾完整。麻纸,纸质地较粗。旋风装。全长780.4厘米,用10张纸粘连折成。每纸46.5厘米,高14.2厘米。每纸折为5页,共存85页。此卷折为高14.2厘米,宽9.2厘米,厚1.1 厘米的折子。每折双面书写。每单页画有长方形乌丝栏,栏高11.5厘米,栏宽1.4厘米。每单页6行,行10至12字。第一页为封面无字。全折两面书写经文,可连续转读。正面与背面的一部分为《佛为首迦长者说业报差别经》,余为《佛说无量大慈教经》。[①]

近年来,中国书史方面的著作,对于何谓旋风装,何谓经折装,常常说得不明不白。这些著作中,把经折装误认作旋风装者不在少数。现将有代表性的说法,摘录如下。

1. 1956年蒋元卿在《中国书籍装订术的发展》一文中,将我们前文所引斯坦因描述过的小册子,视作旋风装。[②]

---

①荣恩奇:《敦煌县博物馆藏敦煌遗书目录》,油印本。

②蒋元卿:《中国书籍装订术的发展》,载《图书馆学通讯》,1957(6)。

2. 钱基博1957年出版的《版本通义》说："书之装册，初不用线订。其始为旋风装，如今之裱碑帖者，糊粘之为一帙，折叠成之，其首尾加封面以题书名，世传佛经，犹沿此装……"①

3. 刘国钧先生在1958年出版的《中国书史简编》中说："卷子有时长达几丈，展开卷起都非常费时费力……于是就有人把一幅长卷折叠起来，成为长方形的一叠……这就出现了一种新式书籍，称为经折装或梵夹装……可是这样的书籍容易散开，仍然不大便利。于是就有人用一张整纸把经折书的最前叶和最后叶粘连，而将书的右边包裹起来，这样就可以不致散开。这种形式称为'旋风装'，是经折装的变形。经折装和旋风装大约在9世纪中叶以后就出现了。"②

4. 1975年出版的钱存训先生的《中国古代书史》中说："书籍的卷轴形式，一直延续到9世纪唐代末叶才被折叠的形式所取代。自此而后，中国书籍的形式便逐渐演变。最初的折叠式，称为'旋风装'或'经折装'。"

5. 1977年出版的毛春翔先生的《古书版本常谈》中说："旋风装，由卷子变化而来，卷子本卷舒很不方便，因此，唐人于时常翻阅之书，改用旋风装。旋风装的做法，国内学人罕有说得明白的。日本人岛田翰自言见过这种装潢，是取卷子折叠成册，两折一张褾纸，粘于册的首尾即成。翻阅时，宛转如旋风，故叫旋风装。"③

以上这些著作中，均把左右折叠，并用一张整纸将首折与末折粘连的装帧形式称为旋风装。敦煌市博物馆大约就是根据这些观点，把

①钱基博：《版本通义》，北京：古籍出版社，1957年。

②李致忠：《古书版本学概论》，北京：书目文献出版社，1990年。

③毛春翔：《古书版本常谈》，上海：上海人民出版社，1977年。

敦博056号、敦博057号和敦博071号三件写经定为旋风装的吧。他们的这种看法还基本上得到了1998年出版的《敦煌学大辞典》“旋风装”词条的认可。该词条中写道:“旋风装,书籍装订形式之一。其说有二:一说为,以梵夹装之首末叶粘缀,阅时可循环翻阅,连续不断,故名。实为卷子装发展为册子装时过渡形式。如敦煌市博物馆56、57、71号均为此种装帧。”①

那么,何谓旋风装呢?北宋欧阳修在《归田录》中说:“唐人藏书皆作卷轴,其后有叶子,其制似今策子。凡文字有备检用者,卷轴难数卷舒,故以叶子写之。如吴彩鸾《唐韵》、李郜《彩选》之类是也。”对这种形式,南宋的张邦基进一步明确了它的称谓,称其为“旋风叶”。他在《墨庄漫录》卷三中说:“今世间所传《唐韵〉犹有,皆旋风叶。字画清劲,人家往往有之。”这里所说的《唐韵》,实际上指的就是《唐写本王仁昫刊谬补缺切韵》,唐天宝八年(749年)写本,今藏北京故宫博物院。李致忠先生在《古书版本学概论》中,对其装帧进行了详细的描述。他说:“全书共五卷,凡二十四叶。除首叶是单面书写外,其余二十三叶均为双面书写,所以共是四十七面。每面十三行,自四十“耕”起,为每面三十六行。每叶高25.5厘米,长47.8厘米。其装帧方式,是以一比书叶略宽的长条纸作底,除首叶因系单面书写,全幅裱于底纸右端之外,其余二十三面因均系双面书写,故以每叶右边无字空条处,逐叶向左鳞次相错地粘裱在首叶末尾的底纸上。看去错落相积,好似龙鳞。珍藏时从首向尾卷起,外表仍是卷轴的装式,但打开来翻阅时,除首叶全裱于底纸上,不能翻动外,其余均能跟阅览现代书籍一样,逐叶翻转。这种装帧形式,既保留了卷轴装的外壳,又解决了翻检必

---

①季羡林:《敦煌学大辞典》上海:上海辞书出版社,1998年。

须方便的矛盾。可谓独具风格，世所罕见，古人把这种装帧方式称为‘龙鳞装’或‘旋风装’。”①

经过认真比较可以发现，敦博 056 号写经的装帧形式与《唐写本王仁昫刊谬补缺切韵》的装帧形式是完全不同的。主要不同在于：

1.《唐写本王仁昫刊谬补缺切韵》单纸长 47.8 厘米，每纸即为一叶，共 24 叶；敦博 056 号写经单纸长 46.5 厘米，每纸折 5 折，共 10 纸 85 折。

2.《唐写本王仁昫刊谬补缺切韵》各纸之间互不粘连，首叶全幅裱于纸右端，其余各叶以每叶右边无字空条处依次裱于首叶末尾的底纸上，直至最后一叶，敦博 056 号写经各纸首尾粘连（基本同于卷轴装的粘连方法），首折和最后一折各裱于厚封皮纸上。

3. 保存时《唐写本王仁昫刊谬补缺切韵》从首向尾卷起；敦博 056 号写经，各折折起平放。

4. 阅读时《唐写本王仁昫刊谬补缺切韵》从尾向首展开，除首叶因裱于底纸上不能翻转外，其余各叶依次往右翻阅；敦博 056 号写经先将封皮翻开，从首折开始依次往右翻阅。

通过比较可以看出，敦博 056 号、057 号、071 号三件写经都不是旋风装，而是经折装。至于双面书写，可能是出于节约纸张的缘故。敦博 071 号写经，正反面是两种字体，反面的书写年代要略晚于正面。过去把它们定为旋风装显然是不妥的。我们这次在编辑《甘肃藏敦煌文献》一书时，对此一一作了更正，并说明了改定为经折装的理由。

旋风装保留了卷轴装的外观，但其实质上是册叶，不过每叶均为一整张纸；经折装经过折叠之后外观上像册叶，但各张却首尾相互粘

---

①李致忠：《古书版本鉴定》，北京：文物出版社，1997 年。

连,故又像卷轴。尽管二者采用的方式不同,但目的都是克服卷轴装舒卷不便,难于翻阅的缺点,从而达到逐叶翻阅的目的。可以说,旋风装和经折装都是卷轴装向册叶装过渡的装帧形式,或者说是册叶装帧的初期形式。

旋风装出现在中唐,经折装出现在晚唐。五代之后,经折装逐渐得以流行。虽然雕版印刷术普及之后,书籍装帧多采用蝴蝶装、包背装和线装,但不管是手写还是印刷的佛经都盛行经折装。北宋至民国初年,我国一共刊刻了 17 部大藏经,其中有九部,即《崇宁藏》(北宋)、《毗卢藏》(北宋)、《资福藏》(南宋)、《碛砂藏》(南宋末元代初年)、《普宁藏》(元)、《洪武南藏》(明)、《永乐南藏》(明)、《永乐北藏》(明)、《龙藏》(清)都采用经折装,就是最好的证明。

四、被历史湮没了的纸写本装帧形式——绳装册叶

英国国家图书馆东方手稿部的敦煌遗书中,有晚唐五代和北宋初年的线装遗籍。

1. S5534 号《金刚般若波罗蜜经》,粗厚麻纸,双面书写。卷尾题记:“时天复五年岁乙丑三月一日写竟信心受持老人八十有三。”天复五年乙丑实为天祐二年乙丑,即公元 905 年。大约中央帝祚禅让,改元更号,边陲不知,仍延用旧年号之故。

2. S5531 号《佛说地藏菩萨经》《佛说续命经》《摩利支天经》,粗厚麻纸,双面书写。卷尾题记:“庚辰年十二月二十七日。”晚唐至北宋初有三个庚辰年,即唐大中十四年(860 年)、五代后梁贞明六年(920 年)、北宋太平兴国五年(980 年),从纸张推断,很可能是后梁贞明六年,即公元 920 年。

3. S5536 号《金刚般若波罗蜜经》,粗厚麻纸,五代。

4. S5646 号《金刚般若波罗蜜经》,粗麻纸。卷尾题记:“于时大宋

乾德七年己巳岁四月十五日。"乾德七年己巳岁，实为开宝二年，即公元969年。①

我们在编辑《甘肃藏敦煌文献》一书过程中，也发现了四件用线绳或麻绳装订的敦煌写经。

1. 敦研096《金刚般若波罗蜜经注》，厚黄麻纸，双面双写，题记"大唐天宝元年五月日白鹤观御注"，天宝元年即742年。（图3-1、图3-2见封二）

2. 甘博016《劝善经》，厚白麻纸，双面书写，《劝善经》末尾题记："贞元拾玖年二三日下"，贞元十九年即803年。

3. 敦博053《金刚般若波罗蜜经》，浅棕色，粗麻纸，双面书写，题记"唐天祐三年丙寅正月廿六日八十"，唐天祐三年丙寅即906年。

4. 敦博077《坛经等五种禅籍合抄》，厚麻纸，双面双书写，宋代。②

从英藏的四件和甘肃藏的四件敦煌写经来看，用线或绳子装订书籍的方法在中唐时期就已经出现了，晚唐五代和北宋初年仍在使用。令人遗憾的是，甘肃收藏的四件在《敦煌文物研究所藏敦煌遗书目录》《关于甘肃省博物馆藏敦煌遗书之浅考和目录》《敦煌县博物馆藏敦煌遗书目录》三篇文章中，均被误认作是蝴蝶装。这次我们在编辑《甘肃藏敦煌文献》一书时，考虑到其装帧方式与蝴蝶装完全不同，因而改定作绳装册叶。何以如此呢？只要将绳装册叶与蝴蝶装的装订方法作一比较，就可以不言自明了。

绳装册叶，取五至六叶写经叠在一起，戳齐中间对折，钻孔6个，

①李致忠：《古书版本鉴定》，北京：文物出版社，1997年。

②段文杰：《甘肃藏敦煌文献》，兰州：甘肃人民出版社，2000年。

用线绳或麻绳沿书脊竖穿作一叠；将数叠合在一起，用线绳或麻绳穿过孔洞横索书背；将订好的书叶左侧上、下角切成圆弧状，以防经常翻检折角；上、下和左侧书口刷桐油或银粉，以保护书口。使人惊异的是，它们与今天笔记本的装订方法几无二致。①

蝴蝶装也简称蝶装。具体做法是，将每张印好的书叶，以版心为中缝线，以有字的一面为准，面对面折齐；集数叶为一叠，以折边居右戳齐作书脊，在书叶反面版心的地方用浆糊逐叶彼此粘连；再用一张硬厚整纸对折粘于书脊作前后书衣；最后将上、下和左边余幅剪齐，即算装订完毕。②

通过比较不难发现，绳装册叶与蝴蝶装截然不同。主要不同处有：

1. 绳装册叶的书叶双面有字，蝴蝶装的书叶单面有字，折叠时文字朝里，版心集于书脊；

2. 绳装册叶用绳编连，有针眼和孔洞；蝴蝶装书籍没有针眼和孔洞，不用绳或线，全用糊粘；

3. 绳装册叶书籍打开后每面均有文字，蝴蝶装书籍翻阅时隔叶有字。

关于蝴蝶装与绳装册叶的优劣，南宋的张邦基进行过客观的比较。他在《墨庄漫录》中援引北宋初年王洙的经验说："作册粘叶为上，久脱烂，苟不逸去，寻其次第，足可抄录。屡得逸书，以此获全。若缝缋岁久继绝，即难次序。初得董氏《繁露》数册，错乱颠倒，伏读岁余，寻绎缀次，方稍完复，乃缝缋之弊也。"③王洙字原叔，应天宋城（今属河南）人，进士出身，官侍读学士兼侍读士。北宋仁宗时，曾参加撰集《集

①段文杰：《甘肃藏敦煌文献》，兰州：甘肃人民出版社，2000年。

②李致忠：《古书版本鉴定》，北京：文物出版社，1997年。

③李致忠：《古书版本鉴定》，北京：文物出版社，1997年。

韵》的工作。他生活的时代，离北宋开国不过半个世纪左右。这段话说明了两个问题。第一，北宋初年同时存在两种装帧方式，一是用粘叶方法的蝴蝶装，一是用缝缋方法的绳装册叶。王洙所得董仲舒著《繁露》一书，即是采用后一种方法装订的。第二，两种方法相比，蝴蝶装较好，比较牢固，即使日久脱落，也不至丢失，易于按原次序恢复。绳装册叶，岁久容易断绝，错乱颠倒，难于恢复原来次序。蝴蝶装的优越与绳装册叶的弊病是相当明显的。

我国唐代发明了雕版印刷术，五代时由政府雕印了《九经》。宋代统一之后，雕版印刷事业得到了空前的发展。书籍生产方式的变化，导致书籍装帧形式也跟着发生了变化，于是蝴蝶装便应运而生了，并逐渐取代了缝缋作册的绳装册叶，《明史·艺文志序》称："秘阁书籍皆宋、元所遗，无不精美，装用倒折，虫鼠不能咬。"北宋初年以后，随着蝴蝶装的盛行，绳装册叶逐渐被人们遗忘了。

绳装册叶与明朝中叶以后流行的线装，两者全然不同。线装是将印好的书叶正折，版心所在的折边朝左向外，文字向人；折好的数十页书叶，依顺序排好，以朝左的折边为准戳齐、压稳；然后配封皮与副叶，打眼，穿线，装帧即算完成。这是正规概念的线装。绳装册叶则是将五六叶写经叠在一起，用麻绳或线绳穿作一叠，再把几叠用麻绳或线绳从中编连成册，类似今天笔记本的装订方法。线装与绳装册叶，虽然都用线或绳缝缋，但其缝缋的方法则全然不同。因此，不能视作是同一种装帧方式。线装是雕版印刷事业普及之后，为适应一版一叶而产生的最成熟最完美的装帧形式。绳装册叶是纸写本时代的产物，其方法虽不乏合理之处，但其工艺与成熟的线装相比则不能同日而语。

绳装册叶这种装帧方式，在我国古代文献中没有留下具体的名称，它既不是蝴蝶装，也不是正规概念的线装，那么如何称呼它呢？我们认为，根据这种方式本身的特点，也为了区别于明代中叶以后盛行的线装,可以名之曰“绳装册叶”。妥当与否,尚待中国书史方面的专家学者继续研究。

绳装册叶在8世纪中期出现以后,虽然存在了两个多世纪,但其使用的范围恐怕是比较有限的。它是对卷轴装的改革,然而它终究没有能将卷轴装取而代之。晚唐北宋以后,雕版印刷事业的逐渐普及,绳装册叶便与旋风装、经折装一样,逐渐被蝴蝶装所取代。这恐怕就是为什么在中国古代文献中有关它的记载少而又少,甚至连个正式的名称都没有留下来,世间也不见有代表这种装帧形式的实物的真正原因。明代中叶以后盛行的线装,不是绳装册叶的简单重复,它既便于翻阅,又不易破散,既有美观庄重的外形,又坚固耐用,是中国传统装帧技术的集大成者。藏经洞发现以后,人们在敦煌遗书中重新见到了中晚唐、五代和北宋初年用麻绳或线绳装订的几件写经,被历史湮没了900多年的绳装册叶才重新为世人所知,对于中国书史研究来说,这不能不说是一件好事,毫无疑问,它丰富了中国书史研究的内容。

五、结束语

敦煌文献为中国书史研究提供了丰富的实物。通过对这些实物的研究,我们不但可以确切地了解4至10世纪中国文献卷轴装、梵夹装、经折装、绳(或线)装册叶的具体形态,而且还可以对中国古代文献的装帧形式得出一些新的认识。首先,可以明确汉文梵夹装和吐蕃文梵夹装的不同和它们流行的年代。其次,可以纠正以往一些书史著作和敦煌学著作中将经折装与旋风装相互混淆的错误观点,它们大多把经折装误认作旋风装。第三,绳(或线)装册叶既不是一些敦煌学著者中所说的蝴蝶装,也不是明代中叶以后广为流行的传统意义上的线装,而是一种被历史湮没了的独立装帧形式。这种装帧形式,在南宋张邦基的《墨庄漫录》中被称为“缝缋”。但如何“缝缋”，其形态如何，张氏在《墨庄漫录》中都语焉不详。在研究了敦煌文献中留存的几件实物之后，我们可以确认，这是一种在中国史籍中鲜有记载的而又与已知的装帧形式不同的独立的装帧形式。

（原载于《图书与情报》2004 年第 5 期）

四、书画赏析

乾隆御笔画观音

清代初年，统治者为了巩固政权，一方面以武力镇压汉族的反抗，一方面提倡文教，开科考，举鸿博，极力笼络汉族的知识分子，以便为其所用。自康熙至乾隆，在文化学术上虽然一方面排斥异己，钳制思想，但另一方面又继承发扬中国古代悠久文化传统，其对传统文化的继承，主要表现在《康熙字典》《佩文韵府》《古今图书集成》《四库全书》等大型图书的编纂方面，同时也表现在对中国古代书画艺术的喜爱、收藏与鉴赏方面。有清一代，虽然不像宋代那样在宫廷设立画院，并设待诏、锦衣卫等官职，但也在启祥宫南设如意馆，作为宫廷绘画活动的场所，并设内廷供奉、内廷祇候，以礼画士。

在清朝的十个皇帝中，说起对书画艺术的喜爱，乾隆尤甚。他在位时期，宫廷收藏书画极为丰富。他千方百计寻觅马和之《国风图》，历数十年才获得，藏于学诗堂。得唐代韩滉《五牛图》，特设春藕斋予以珍藏。此时，宫廷搜集的书画数量相当可观，举凡存世的唐、宋、元、明的名画，几乎被网罗殆尽。这些藏品，大多编入了宫廷藏品目录《石渠宝笈》《秘殿珠林》正续编，计有数万件之多。乾隆不仅喜欢收藏和鉴赏书画，而对于能书善画之士，无论在朝在野，也都优礼以加。据郑昶《中国画学全史》记载，被优眷者在朝有钱载、高凤翰、李方膺、邹一桂、蒋溥、王文治等；在野则有丁敬、边寿民、金农、李鱓、潘恭寿、上官周、郑燮等；而供奉内廷者，则有余省、严钰、周鲲、俞榕、黄增、毕大椿等。乾隆对著名画家张宗苍、缪炳泰的优眷，更具有传奇色彩，被广为

流传。张宗苍(1686—1756年),江苏吴县(今苏州市)人,擅长山水,仿北宋诸家,无不毕肖。乾隆十六年(1751年)乾隆南巡,张以《吴中十六景画册》进呈,乾隆大喜,命其人都为内廷祗候。乾隆十九年又授正五品户部主事。缪炳泰(1744—1807年),江苏江阴人。据传缪炳泰为南书房某翰林学士画了一幅肖像,神气宛然。学士回京后,将此像悬置家中。一日,乾隆临幸,见了这幅肖像,诧为神似,问何人所作,学士对曰:江阴缪炳泰。乾隆随即命人以八百里排单往取缪氏进京。学士非常惶恐,奏曰:“缪氏布衣,恐不堪供亿。”乾隆即命赏举人出身。缪氏进京后,乾隆命恭绘御容,缪氏跪对良久,不敢下笔。乾隆曰:“毋乃矜持耶?可毋庸顿首。”缪氏奏曰:“实短视。”乾隆命侍臣托出一盘眼镜,令选合适者戴上。过了一会,乾隆御容,一挥而就。当时,乾隆已经高寿,耳窍毫毛丛出,他人为乾隆画像时,大多不敢画上,缪氏独兼而绘之。画好之后,乾隆揽镜比视,非常高兴。当日即赏缪氏为五品郎中,不久便补了某部的实缺。从以上两例可以看出。乾隆对能书善画之士,是何等的眷顾。乾隆不但是一个书画收藏鉴赏家,而且自己也能书善画。据画史记载,“如意馆者,在启祥宫南,馆屋数十楹。凡绘工文史及雕琢玉器裱背帖轴之匠,皆在焉。高宗常临幸,看绘士作画,有用笔草率者,辄手教之,时以为荣。”又载,有一次张宗苍献画,乾隆披阅之际,为加两三笔,气韵发越,顿觉改观,众人无不佩服之至。由此可见乾隆在书画艺术上的深厚功力。近人马宗霍在《霎岳楼笔谈》中云:“高宗席父祖之余烈,天下晏安,因而栖情翰墨,纵意游览,每至一处,必作诗纪胜,御书刻石。其书圆润秀发,盖仿松雪(赵孟頫)。”画史也谓其游艺笔墨,兼擅山水、花草、兰竹、梅花。绘山水,喜用董其昌笔法,作平远小景。间画佛像,亦只以数笔勾勒而成。乾隆出巡时,常让画臣随侍。兴致到来时,也常与画臣、内廷供奉合作书画。甘肃省图书馆藏有一幅《观世音菩萨立轴》,就是乾隆与军机大臣刘纶、内廷祗候余省三人共同合作完成的。

乾隆御笔画观音

这幅《观世音菩萨立轴》，绢本，黄绫装裱，纵115厘米，横57厘米。画面中下部，画的是观世音菩萨。她头戴宝冠，双目俯视，冠上饰以宝珠，冠正中有一化佛。造型眉细目长，鼻直嘴小，面相丰腴，双耳垂肩。身着白色袈裟，跏趺坐，袒胸、袈裟上饰以瓔珞。观世音菩萨下面坐的是一块上面平整、四周参差不齐的圆石。圆石的前面，是绿茸茸的草地和五颜六色的花朵。右侧是一人高的假山，假山之后七株翠竹高耸云天。画面的左上部画的是一只展翅飞翔的山雀，山雀的鸣声似乎隐约可闻。左侧中部行书落款“庚午仲冬御笔写像”，后钤朱文连珠印“乾隆”，左侧下部楷书落款“臣余省恭补竹石”，后钤连珠印“臣省恭绘”，左侧中部是八行楷书经文：观自在菩萨行深般若波罗蜜多时照见五蕴皆空度一切苦厄舍利子色不异空空不/异色色即是空空即是色受想行识亦复如是舍利子是诸法空相不生不灭不垢不净/不增不减是故空中无色无受想行识无眼耳鼻舌身意无色声香味触法无眼界乃至/无意识界无无明亦无无明尽乃至无老死亦无老死尽无苦集灭道无智亦无得以无/所得故菩提萨埵依般若波罗蜜多故心无罣碍无罣碍故无有恐怖远离颠倒梦想究/竟涅槃三世诸佛依般若波罗蜜多故得阿耨多罗三藐三菩提故知般若波罗蜜多是/大神咒大明咒是无上咒是无等等咒能除一切若真实不虚故说般若波罗蜜多咒即/说咒曰揭帝揭帝波罗揭帝/波罗僧揭帝菩提萨婆诃般若波罗蜜多心经臣刘纶敬书。后钤连珠印"臣纶敬书"。整幅画面的正中顶部钤有朱文"皇极殿宝"方印。

余省,字曾三,号鲁亭、唯亭、唯亭居士,江苏常熟人,画家余珣之子。曾受业于大学士、著名画家蒋廷锡。据郑昶《中国画学全史》记载,乾隆年间他与严钰、周鲲、俞榕、黄增、毕大椿等同祗候内廷,颇受乾隆眷顾。余氏善花鸟、虫鱼、翎毛,间也采用西法,赋色妍丽,尤善画蝶,亦工兰竹水仙。他的作品屡经乾隆睿题,藏于《石渠宝笈》。

刘纶(1711—1773年),江苏武进人,号绳庵。乾隆初年,被举应博学鸿词考试,授翰林院编修。乾隆十五年(1750年)以工部侍郎兼军机大臣,前后入值军机处近20年,累官至文渊阁大学士,还担任过《四库全书》馆总裁。与同时期的刘统勋一样,是乾隆倚重的少数几个重臣之一。擅书法,工诗文,有《绳庵内外集》传世。

从乾隆"庚午仲冬御笔写像"的落款得知,此立轴作于乾隆十五年(1750年)阴历十一月。其时,刘纶以工部侍郎入值军机,余省也正祗候内廷,均备受宠幸与眷顾。正是此时,乾隆与他们共同作了这幅立轴。作画的时间虽然在冬天,但从画面上的花草、竹石、山雀来看,画的显然是春天的景色。在清幽的环境中,观世音菩萨端坐石上,前面是绿茸茸的小草和五颜六色的花,右侧是一人高的假山和翠绿的修竹,远处山雀鸣声隐约可闻,左侧则是端楷书写的《般若波罗蜜多心经》。庄严、肃穆、幽静和生机盎然,美妙地结合在了一起,是那么和谐,又是那么令人遐想。《般若波罗蜜多心经》的主旨是,明诸法空相,不生不灭,不垢不净,不增不减。它主张一切事物的本性都是"空",所谓"空"并非否定事物的存在,而是认为事物的本性超越形相、概念,是一种神秘的存在。只要能真正理解和把握事物的这个本性,便可以消灭一切苦难,得到最后的解脱。试想,处在画面那样美妙的环境之中,人还会有什么烦恼呢?还有什么不可解脱的呢?人间一切的一切,恐怕都离我们而远去了吧!

乾隆与余省、刘纶共同合作的这幅《观世音菩萨》立轴,确是一幅看了之后令人深思、使人遐想的佳作。

(原载于《陇上珍藏》,敦煌文艺出版社,2001年11月)

乾隆《御制诗》书作鉴赏

清宫秘府，藏有大量中国古代书画。乾嘉之时，奉皇帝之命编纂的《石渠宝笈》《秘殿珠林》正、续、三编宫廷书画目录，收书画达数万件之多，这是中国古代灿烂文化艺术的一部分。它们秘藏于深宫，保管条件自然是比较完备的，真可谓“尽人力之所及，避天时之不利，防有患为未善”。但是，清代后期，由于清政府的腐败无能，这些珍贵书画迭遭厄运。1860 年，英法联军攻入北京，圆明园所藏的书画，大部被英法军队劫掠而去。1900 年，八国联军侵入北京，故宫书画也损失惨重。1911 年辛亥革命之后，清宫 1200 余件书画被溥仪盗运出宫，先后流散到国内外。至民国期间，清代宫廷藏书画多已佚失，这从四种《故宫已佚书画目录》中可窥其大概。

甘肃省图书馆有几件清代宫廷藏乾隆《御制诗》书法作品，它们是梁诗正书《御制重华宫赐宴联句》、于敏中书《御制冰嬉联句》、蒋溥书《御制咏左传诗》与朱珪书《御制诗》（两册）。这些书法作品都有较高的艺术水平与收藏价值，弥足珍贵。此物只在宫中有，世间难得睹真容。下面我们就对它们做简要介绍。

梁诗正书《御制重华宫赐宴联句》

纸本，经折装，前后有木夹板。高 24 厘米，宽 15 厘米，共 7 页。四周单边，边高 19.4 厘米，宽 24.2 厘米，无竖栏。前夹板正中刻《御制重华宫赐宴联句》。扉页上部正中钤“避暑山庄”方印，首页卷端题“立春

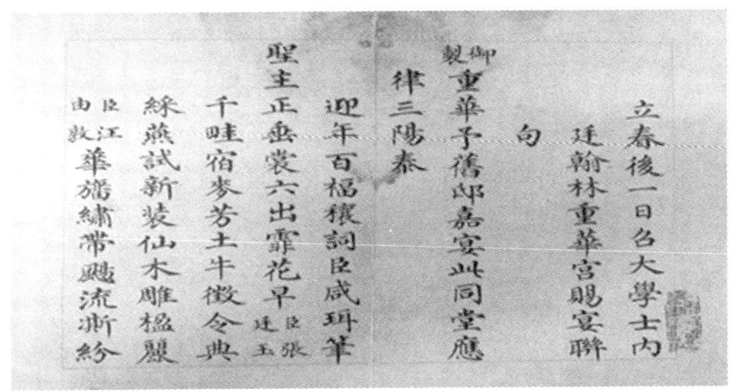
立春後一日召大學士內
廷翰林重華宮賜宴聯
句
御製 重華予舊邸嘉宴此同堂應
律三陽泰
迎年百福穰詞臣咸珥筆
聖主正垂裳六出霏花早 臣張廷玉
千畦宿麥芳土牛徵令典
綵燕試新裝仙木雕楹麗
臣汪由敦 華旛繡帶飄流澌紛

《御制重华宫赐宴联句》卷首

后一日召大学士内廷翰林重华宫赐宴联句”，卷尾落款题“乾隆岁次乙丑春正月梁诗正奉敕敬书”，并钤连珠印“臣诗正”“敬书”。卷尾钤宫廷收藏印三枚：正中上“乾隆御览之宝”椭圆印，左中“宜子孙”方印，左下“三希堂精鉴玺”长方印，卷末副叶正中上部钤“五福五代堂古稀天子宝”方印。从所钤印鉴得知，《御制重华宫赐宴联句》曾藏于承德避暑山庄。

联句是古代作诗的方式之一。赋诗时每人各赋一句或几句，合而成篇叫做联句。乾隆十年（1745 年）正月初一，为了庆祝新年，乾隆在重华宫赐宴，席间命群臣联句。参加者除乾隆本人外，有大学士和内廷翰林张廷玉、汪由敦、刘统勋、梁诗正、钱陈群、励宗万、张若霭、嵇璜、裘日修、陈邦彦、鄂容安、董邦达等。宴会之后，乾隆命梁诗正将联句书写成册，以志纪念和永存。这次所作之诗，后来被收入《清高宗御制诗初集》卷 24。

梁诗正（1697—1763 年），字养仲，号芗林，浙江钱塘（今杭州市）人。雍正八年（1730 年）探花。乾隆时历任礼、刑、户、吏部侍郎和户、兵、吏、工部尚书，官至东阁大学士，掌翰林院学士。他文才出众，曾受

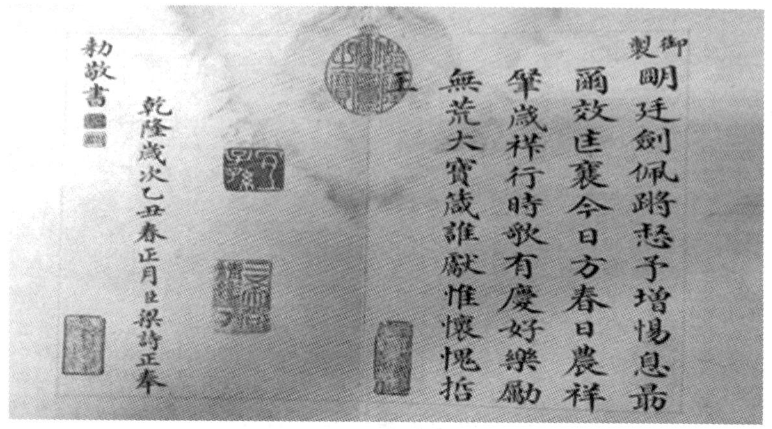

《御制重华宫赐宴联句》卷尾

命编选《唐宋诗醇》，充《续文献通考》馆总裁，还常随乾隆出巡，重要文稿多出其手，对于书画鉴赏也颇有见地，是乾隆时代有名的书画鉴赏大家。乾隆八年至九年（1743—1744 年），曾受命与张照、励宗万、张若霭一起编纂《秘殿珠林》，乾隆九年至十年又受命与张照、励宗万、张若霭、董邦达等人一起编纂《石渠宝笈》正编。

梁诗正在书法艺术上具有很深造诣。据《国朝先正事略》记载，他的书法早年学唐代柳公权，继参元代赵孟頫和明代文征明，晚年复师唐代颜真卿和李邕。从其所书《御制重华宫赐宴联句》观之，结体严谨平衡，笔法锐利，筋强骨挺，颇有柳氏书体遗韵，是一件艺术水平很高的佳作。

于敏中书《御制冰嬉联句》

《御制冰嬉联句》，纸本，经折装，前后有木夹板。高 25.2 厘米，宽 15 厘米，共 12 页。四周单边，边高 19 厘米，宽 23.7 厘米，无竖栏。前夹板正中刻《御制冰嬉联句》。扉页正中上部钤“避暑山庄”方印。首页

卷端题 “冰嬉联句”,卷末落款题“臣于敏中奉敕敬书”,钤连珠印“臣敏中”“敬书”。该页还钤宫廷收藏印五枚:右上“乾隆御览之宝”椭圆印,左上“古希天子”圆印,左中“宜子孙”方印,左中下“石渠继鉴”方印,左下“养心殿鉴藏宝”长方印。卷末副叶中上钤“太上皇帝之宝”方印。从所钤印鉴可知,《御制冰嬉联句》曾藏于承德避暑山庄和故宫养心殿,并被收入宫廷书画目录《石渠宝笈》重编。

《御制冰嬉联句》见《清高宗御制诗三集》卷 35。联句的时间在乾隆二十九年(1764 年)正月。参加者除乾隆皇帝之外,有傅恒、来保、刘统勋、兆惠、刘纶、阿里衮、舒赫德、阿桂、陈德华、彭启丰、董邦达、张泰开、观保、于敏中、钱汝诚、王际华、窦光鼐、陈兆仑等 20 人。这些人之中,像傅恒、刘统勋、刘纶、阿桂、于敏中等都是乾隆所倚重的重臣。联句之后,乾隆命于敏中将其书写成册,以使永久保存。

于敏中(1714—1779 年),字叔子,一字重棠,号耐圃,江苏金坛人。乾隆三年(1738 年)一甲一名进士。授翰林院修撰,累迁侍讲,先后

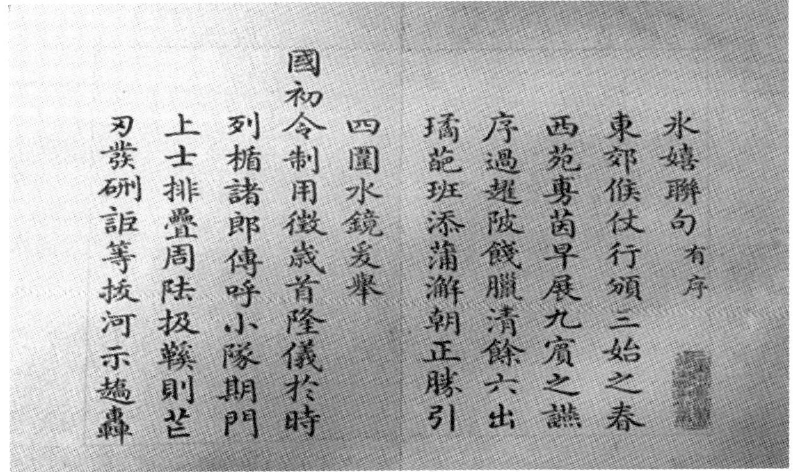
冰嬉聯句 有序
東郊俟仗行頒三始之春
西苑專茵早展九賓之讌
序過趯陂餞臘清餘六出
璚葩班添蒲澥朝正勝引
四圍水鏡爰舉
國初令制用徵歳首隆儀於時
列楯諸郎傳呼小隊期門
上士排疊周陸扱韉則芒
刃發硎詎等拔河示趫蟲

《御制冰嬉联句》卷首

山立輳瓊虎旅騫職貢来
伻馳博洛朝正屬國會和
闐律師久讋洸芳潰 臣劉統勳
繩伎徒矜美且鬈踛蹻齊
班同歲裂頦顙夾侍半頭
纏聯情誼以幽遐阻 臣兆惠
御製
佈惠兼令聽覿鮮有戒文恬
誇豫大無非國俗致精堅西
瀛北漠胥来賀
縣圃環洲儼列仙潔映島

《御制冰嬉联句》卷中

典山西乡试，督山东、浙江学政，历官内阁学士、兵部侍郎、户部尚书，乾隆三十三年（1768 年）加太子太保，乾隆三十六年协办大学士。于氏思维敏捷，才学出众，以文翰受知于乾隆。乾隆三十七年，安徽学政朱筠提出搜访校录书籍的建议，于氏积极支持，力促其成。三十八年被任为《四库全书》正总裁，他除在军机处办理军务和内廷笔墨事情之外，还兼及《四库全书》编纂过程中的诸多繁杂事务。

于氏擅长书法，其书法近董其昌。乾隆二十五年（1760 年）初入直懋勤殿，曾奉敕书《华严经》《楞严经》。书《华严经》时，他先在纸上画成塔形，小楷写经于画格之内，凡栏柱檐瓦窗阶铃索皆有字，宛转成线，读之成文。每有“佛”字，皆事先算定写在柱顶与檐际诸尊处，其巧妙不可言状。他所书的这件《御制冰嬉联句》，结体方正，法度严谨，笔画凝重有力，平淡中具有苍劲秀逸之姿，观之颇耐寻味。

蒋溥书《御制咏左传诗》

《御制咏左传诗》上册，纸本，经折装，前后有夹板。高16.2厘米，宽11.8厘米，共12页。四周双边，有蓝色界栏，栏高13.8厘米，栏宽2.1厘米。前夹板正中刻《御制咏左传诗》。扉页正中上部钤满文方印。卷端题“《御制咏左传诗》上册四十六首”，卷尾落款“臣蒋溥敬书”，并钤连珠印“臣”“溥”。首页正中上部钤“乾隆御览之宝”椭圆印。末页钤宫廷收藏印三枚：正中上部“古希天子”圆印，正中下部“石渠宝笈”长方印，右下“宝笈三编”方印。卷尾副叶钤满文方印，文字与扉页满文方印同，显系同一印鉴。卷端虽题“《御制咏左传诗》上册 四十六首”，但实为26首。从卷尾所钤印鉴可知，此件已被收入嘉庆二十年（1815年）英和、黄钺等人奉敕编纂的《石渠宝笈》三编中。

乾隆皇帝不仅是一位较有作为的帝王，而且也是中国历史上一位多产的诗人。他在位时陆续刊印的《御制诗》1—5集，加上做皇子时刊印的《乐善堂全集》与死后刊印的《御制诗余集》，作品总数达43630首之多。其数量之巨，有史以来无人可以望其项背。当然，数量如此巨大的诗篇不可能完全是乾隆自己的创作。对此，他本人也并不讳言，一再申明，所作“或出词臣之手，真赝各半”。乾隆对于赋诗，有着浓厚的兴趣，“机务之暇，无他可娱，往往作为诗、古文、赋”。他在位期间，自始至终保持着这个习惯。观其诗之内容，或叙述史实，或阐述制度与政策，或记录本人行踪游迹，或发挥自己的统治思想、历史观点、人生哲学和学术宗旨，有时还记载日常生活，等等。其题材之广、领域之宽是十分惊人的。

乾隆的《御制咏左传诗》，通过对春秋时代人与事的褒贬，反映了他自己的治国思想。“尸位假仁义，羊质而虎皮。优柔必溃败，果断事有为”，对优柔寡断，坐失战机的宋襄公的批评，可谓一针见血，入木三分。“修德本必固，为政首爱民”（《咏楚武王侵随》）、“暴虐益招损，乱法坠国基”（《咏齐鲁宁母之盟》）等诗句，正是乾隆六十年来治国理念的重要组成部分。

御製詠左傳詩 上冊四十六首
詠鄭莊公克段
周末王道替宣聖作春秋亂臣賊
子懼萬世綱常由茲明繼傳詁魯
隱始著修寤生失母愛弟段成寇
仇伐鄢忘同氣本枝翦不留忍哉
[illegible]臧潁書語誠謬悠考叔進忠告
舍肉諷諫捄純孝感君念錫類恢
良猷
詠石碏諫寵州吁
教子失義方驕奢惡日積階之速
罪尤去順效六逆忠諫置罔聞立
完生怨隙亂作自操戈衆叛終罹
厄偉哉謀國臣如陳天奪魄滅親

《御制咏左传诗》卷首

越求顯恥欺蒙潔身隱巖窟侍母
樂簞瓢清氣決林樾
詠晉文公勤王
周室多艱危大叔還車駕勤王亙
爭雄宣義服諸夏晉文繼齊桓戡
亂功相亞除逆復入朝取威而定
霸詭體恩遇隆請隧王章借孔門
定論貽誅心實譎詐
詠晉文公去原取信
行軍賞罰明令嚴申退進圍原日
期三還師重取信馭衆勿食言宅
心貴靜鎮定見務堅持決機在奮
迅輸誠勝力降庇民合豫順大小
盡畏懷重耳能與晉 臣蔣溥敬書

《御制咏左传诗》卷尾

蒋溥(1708—1761 年),字质甫,号恒轩,江苏常熟人,蒋廷锡之子。雍正八年进士,直南书房。曾任湖南巡抚,累官至户、礼、吏部尚书。乾隆十八年(1753 年)授东阁大学士、军机处行走。工书画,尤擅花草,随意布置,亦多生趣。极受乾隆眷顾,每有佳作进呈,常蒙品题。乾隆在《题蒋溥写生即用其韵》中写道:“露玉风金塞景清,秋花待客发幽荣。拈来迦叶不禁笑,问去嵇含无定名。细朵含飔银麝艳,斜枝映水锦粧明。师承家法闲图出,右相丹青有后生。”乾隆谓蒋溥花草,得乃父真传,评价不可谓不高。

在中国书画史著作中,对蒋溥花草赞誉有加,但对其书法,却鲜有论及,从其所书《御制咏左传诗》来看,结体端正,笔力劲健,饶有筋骨,倒也不失为一件传世佳品。

朱珪书《御制诗》二册

朱珪书《御制诗》共二册,一册书于乾隆三十四年,一册书于乾隆三十六年。

朱珪书《御制诗》(乾隆三十四年),纸本,经折装,前后有夹板。高 18 厘米,宽 11 厘米,共 11 页。四周双边,朱丝栏,栏高 15.3 厘米,栏宽 1.8 厘米。前夹板正中刻《御制诗》。扉页钤“乾隆御览之宝”方印。卷端直书诗题 “题廓然大公八景”,卷末落款 “臣朱珪敬书”,并钤连珠印“臣朱珪”“敬书”。首页钤宫廷收藏印三枚:中上“古希天子”圆印,右下“石渠继鉴”方印,左下“宜子孙”方印。卷尾亦钤宫廷收藏印三枚:中上“乾隆御览之宝”椭圆印,右下“宝笈重编”方印,左上“五福五代堂古稀天子宝”长方印。书末副叶钤“五福五代堂宝”方印。从印鉴可知,此件确系宫中之物,并被收入《石渠宝笈》重编。

《御制诗》(乾隆三十四年)所收诗篇,见于《清高宗御制诗三集》卷 80 至 81 共七言绝句 21 首,即《题廓然大公八景》8 首、《题邹一桂写生小册》8首、《万松寺》3首、《题唐寅品茶图》1首、《王蒙东山草堂图》1首；五言律诗《微雨》1首，七言律诗《咏柳絮》1首，总计23首。

《御制诗》(乾隆三十六年)，纸本，经折装，前后有夹板。高18厘米，宽11厘米，共8页。四周双边，朱丝栏，栏高15.3厘米，栏宽1.8厘米。前夹板正中上部刻《御制诗》。扉页钤“乾隆御览之宝”方印。卷首直书诗题《峦影亭》，卷尾落款“臣朱珪敬书”，并钤连珠印“臣朱珪”“敬书”。卷首钤宫廷收藏印三枚：中上“古希天子”圆印，右下“养心殿鉴藏宝”长方印，左下“石渠继鉴”方印。卷尾亦钤宫廷收藏印三枚：中上“乾隆御览之宝”椭圆印，右下“宜子孙”方印，左上“宝笈重编”方印。卷末副叶钤“德寿殿宝”方印，从印鉴可知，此件曾藏于故宫养心殿、德寿殿，并被收入《石渠宝笈》重编。

《御制诗》(乾隆三十六年)所收诗篇，载于《清高宗御制诗三集》卷93。包括七言绝句6首，即《峦影亭》《见春亭》《画舫斋口号》《题阅古楼》《邻山书屋》《古遗堂口号》；五言律诗14首，即《静憩轩》《延佳精舍》与《题王翚摹古十二帧》，总计20首。

这两册《御制诗》所收诗篇，内容上大体分作两类。一是歌咏山川名胜、亭台楼阁之作，一是评品书画之作。特别是后一类作品，充分显示了皇家庋藏之富和乾隆个人书画艺术造诣之高。如《题邹一桂写生小册》和《题王翚摹古十二帧》中的一些诗篇，或诗中有画，画中有诗，诗画情景交融，读诗品画，两两相得；或从画史角度，述其师承，使人在享受艺术的同时，也增加了书画方面的知识。

朱珪(1731—1806年)，字石君，号南厓，晚号盘陀老人，顺天府大兴(今北京市)人。乾隆十三年(1748年)进士，历官湖北按察使、山西布政使。乾隆四十年(1775年)值上书房，侍清仁宗颙琰学。又授安徽巡抚。嘉庆帝亲政，召朱珪还京，朱珪造膝密陈，嘉庆初政之美，多赖其助。后任上书房总师傅，调户部尚书，拜体仁阁大学士，死后赠太

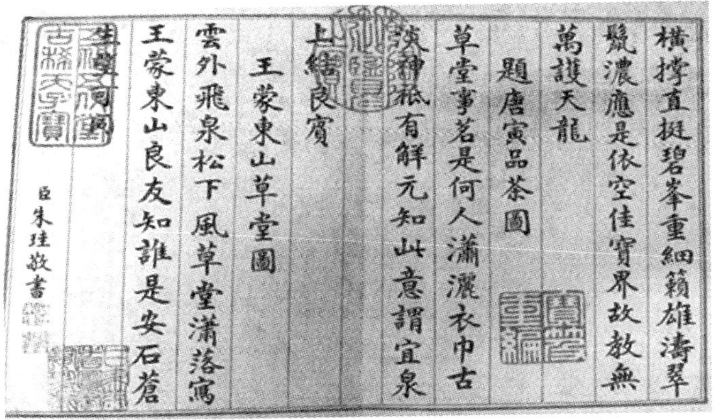

橫撐直挺碧峯重細籟雄濤翠
鬣濃應是依空佳實界故教無
萬護天龍
題唐寅品茶圖
草堂事茗是何人瀟灑衣巾古
淡神祇有解元知此意謂宜泉
上結良賓
王蒙東山草堂圖
雲外飛泉松下風草堂瀟落寫
王蒙東山良友知誰是安石蒼
臣朱珪敬書

《御制诗(乾隆三十四年)》卷尾

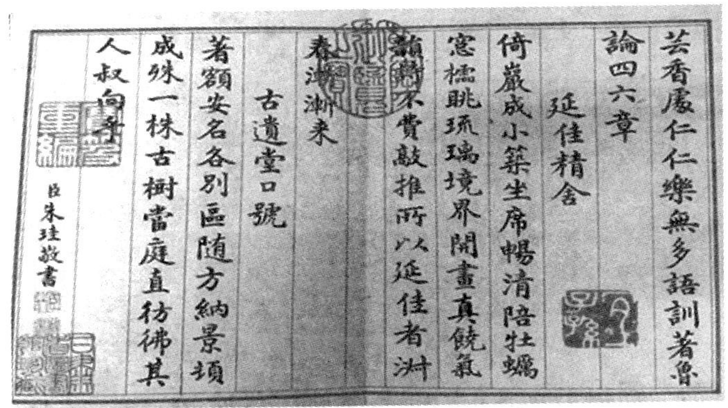

芸香處仁仁樂無多語訓著魯
論四六章
延佳精舍
倚巖成小築坐席暢清陪牡蠣
窓櫺眺瑠璃境界開畫真饒氣
韻豈不費敲推所以延佳者渊
春[illegible]澌來
古遺堂口號
著額安名各別區隨方納景頃
成殊一株古樹當庭直彷彿其
人叔向
臣朱珪敬書

《御制诗(乾隆三十六年)》卷尾

傅,谥文正。

朱珪在书法上具有很高造诣。书史谓其工隶书，清代包世臣在《艺舟双楫》中把其楷书列为逸品上。从其所书两册《御制诗》观之,字体秀美,法度严谨,起笔收锋,皆具筋骨,婀娜中含有刚劲之气,确有超众脱俗之处。

(原载于《陇上珍藏》,敦煌文艺出版社,2001 年 11 月)

清代帝王书法荟萃

清朝是我国最后一个封建王朝。纵观清代270多年的历史，在文化学术上虽以排除异己、拑制思想贯彻始终，但对继承发扬中国传统文化方面还是有一定功绩的。这一点在书法领域里，表现得尤为突出。清代入关后的十个皇帝，个个热爱书法，尤以康熙、雍正、乾隆三帝为甚。康熙字的逸美，雍正字的放达，乾隆字的甜丽，在中国书法史上都占有一席之地。

甘肃省图书馆藏有三幅清代皇帝书法真迹，即康熙大字《双凤齐鸣》横幅、嘉庆楷书《五言诗》立轴和咸丰楷书大字《镜海流慈》横幅。

康熙大字《双凤齐鸣》，横幅，赤黄色泥金纸，黄绫装裱，纵73厘米，横188厘米，正中上方钤“康熙御笔之宝”朱文方印。

清圣祖康熙（1654—1722年），本名爱新觉罗·玄烨，清世祖第三

康熙楷书《双凤齐鸣》横批

子。他8岁登基,16岁亲政,是一个非常有作为的皇帝。在他统治期间,东征西伐,平定叛乱;减轻赋税,奖励垦荒;治理水患,发展生产;开博学鸿词科,设明史馆,编纂《全唐诗》《康熙字典》《佩文韵府》《佩文斋书画谱》等。凭其治国安邦的雄才大略,统一了国家,捍卫了主权,发展了经济和文化,使中国封建社会进入了最后一个繁荣昌盛时期。

康熙在繁忙的政务之余，非常喜爱书法。他初从宋四家入手，苏、黄、米、蔡多所临习,特别对米芾所学尤多。以后康熙对董其昌书法艺术的潇洒出尘、变化无端则更加推崇,不但自己刻意学习,还利用其天子至尊的地位大力提倡。马宗霍《书林纪事》说:“圣祖则酷爱董其昌书,海内真迹,搜访殆尽,玉牒金题,汇登秘阁……帝自书也酷摹董法。”康有为《广艺舟双楫》也说:“至我朝圣祖,酷爱董书,臣下摹仿,遂成风气。”一时董其昌书画身价倍增,趋炎附势者,为邀圣宠,竞献董笔。只有那些落款有“玄宰”(董其昌字玄宰)者,因犯御名,不敢进呈,故也有流落世间的。

康熙擅行书、楷书和草书,深得董其昌书艺的精髓,无论用笔结体、神气韵味都酷似董书。他的行书,笔法秀润,行笔顺畅、率真,结字疏朗清丽,笔画横粗竖细,结构严谨,从容不迫,在圆劲相济、温润流畅、潇洒飘逸之中,透露出一种刚毅之气。他的楷书,遵循法度而又善于变化。前人评之曰:“体格精严,笔法变化。”“备八分之楷模,兼诸家之美善。”充分显示出“运笔古茂沉郁,尽脱从来蹊径”的特点。不过,有时也流露出平顺有余而险峻不足的缺憾。他的草书常一挥而就,流畅自然,但因缺少轻重行笔的交错,有时略显顺畅有余而起伏不足。

康熙擅写大字,常常题写匾额。山东曲阜大成殿的“万世师表”、子贡墓前的“贤哲遗休”、白鹿洞书院的“白鹿书院”等,都是他的御笔。他还常给大臣们题写匾额,如赐侍讲学士张英“忠恕存诚”,赐詹事府詹事沈荃“龙飞凤舞”等。省图书馆所藏“双凤齐鸣”四个大字，行笔顺畅，结构精严，温润潇洒，神采炜焕，字里行间显示出一种凝练恢宏的气度。俗话说，字如其人，康熙的书法正是他自己人生的写真。他8岁丧父，10岁丧母，治国之初，创业维艰，作为繁荣昌盛政局的开创者，他付出了常人难以想象的心血和精力。政治与生活的磨炼，使他具有主掌国家命运的才智和气魄的同时，又不乏殚精竭虑，处事认真的作风。这种性格反映在书法上，圆劲苍逸表露出他的刚毅，秀润流畅表露出他的才思，精严的结体，又透着他处事的严谨。可以说：“双凤齐鸣”这四个大字，既含有政治家雄才大略的恢宏气度，又含有陶醉于传统文化文人的温和与从容，两者结合得如此巧妙，实在是一般书法家断难创作出来的佳作。

嘉庆楷书《五言诗》立轴

嘉庆楷书《五言诗》，立轴，黄色绢本，纵110.5厘米，横46厘米，诗为：“文石色敷腴，清华满书屋。晤对契静因，何异居岩谷。润挹几席间，暖晖转东麓。寂然太古心，蔼蔼春光淑。所愿感遂通，兴云结平陆。施泽不崇朝，兆民沐厚福。”落款为“丁卯仲春月下浣御题”，后钤“嘉庆御笔”朱文方印和“所宝维贤”白文方印一枚。

嘉庆，即清仁宗，本名爱新觉罗·颙琰。乾隆二十五年（1760年）生，嘉庆元年（1796年）继皇帝位，嘉庆四年（1799年）亲政，嘉庆二十五年崩。

他聪明好学,克勤力俭,涵儒德义。他继位之时,国力日衰,政务、外务各种矛盾日益恶化,清王朝正处于由强盛走向衰弱的转折时期。他虽以身作则,崇俭黜奢,惩处了大贪官和坤,勤政戒惰,提倡讲实话,行实政,在一定程度上抑制了危机的恶化,但是却难以扭转清王朝江河日下的大趋势。

嘉庆也像康熙、乾隆一样喜欢书画。《绘境轩读画记》说他能书画,有所作书画扇一柄,一面画折枝墨梅,一面制诗楷书。康有为《广艺舟双楫》说:"国朝书法有四变:康、雍之世,专仿香光;乾隆之代,竞讲子昂;率更始于嘉、道之间;北碑萌芽于咸、同之际。"嘉庆的字,确有欧体的特点。

这幅楷书《五言诗》立轴,书于嘉庆十二年(1807 年)二月下旬。在阳光明媚的春天,在温暖、静谧的书房里,周围是那么安静,春光又是那么美好,作者好像回到了太古,置身于天上。他暗暗祝愿,希望上天施恩泽于人间,使亿万人民得到幸福。这种情景,真实地反映了嘉庆想要有所作为而又难于有所作为, 只好把希望寄托于苍天的无可奈何的心态。从书法艺术方面看,楷书《五言诗》立轴结体严谨,间架坚实平衡,章法规矩适度,平实而秀美,但缺乏欧阳询楷书那种执猛披锐、刚健险劲的气势。如果将嘉庆的字与他的前辈相比,既缺乏康熙书法圆劲相兼、温润流畅的恢宏气度,也缺乏雍正书法酣畅放达的激情和乾隆书法潇洒妍丽、英迈焕发的风貌,这大概是因为在气魄与才情上,嘉庆远逊于康熙、雍正与乾隆的缘故吧!

咸丰楷书大字《镜海流慈》,横幅,黄色绢本,纵 67 厘米,横 207 厘米,正中上方钤"咸丰御笔之宝"朱文方印。

咸丰(1831—1861 年)即清文宗,本名爱新觉罗·奕詝,道光第四子,在位 11 年。据《郎潜纪闻》与《绘境轩读画记》记载,咸丰工书画,喜画马,有《求骏图》,亦能画山水、花卉。

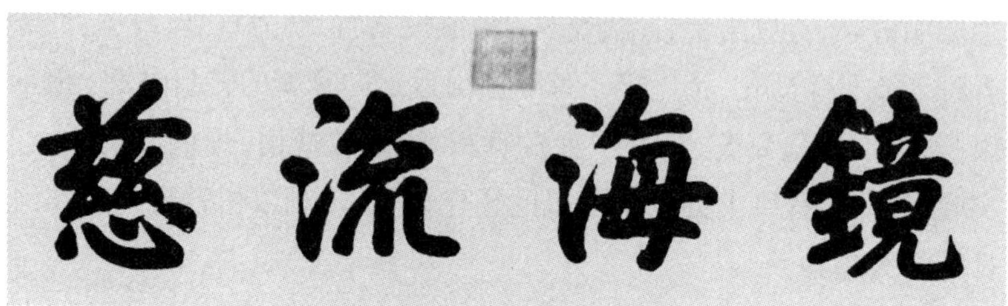

咸丰楷书《镜海流慈》横幅

嘉庆以后，从道光、咸丰、同治到光绪、宣统各帝，无论是文治武功、政治经济各个方面均已每况愈下。咸丰虽也爱书法，并受北碑的影响，然而在当时或后来均无多大影响。如将咸丰的楷书大字《镜海流慈》横幅与康熙的大字《双凤齐鸣》横幅相比，人们会很容易发现，无论是气韵还是功力，都是相差很多的。

（原载于《陇上珍藏》，敦煌文艺出版社，2001 年 11 月）

何绍基墨迹赏析

何绍基(1799—1873 年),字子贞,号东洲,晚号蝯叟,清朝湖南道州人,世称何道州。他以其渊博的学识,聪颖的性灵和一生孜孜不倦的勤奋,在书法艺术上独树一帜,使碑学盛极一时,改变了清代中晚期书法衰微的状况,为书法艺术的发展开拓了新天地。

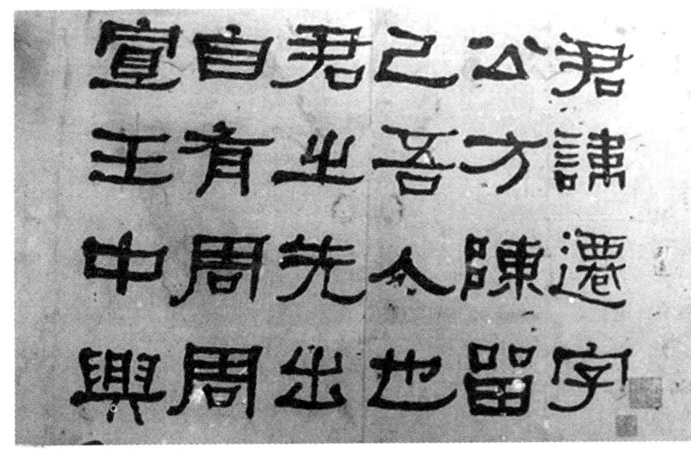

何绍基临《张迁碑》局部

何绍基是一代名臣何凌汉的长子。何凌汉,清嘉庆十年(1805 年)进士,官至吏部尚书,书法造诣颇深。他对子女要求很严,有一年,他回家探亲后,返京时带长子何绍基同行,准备让他在京城读书,以便应试。途中,何凌汉考查何绍基学识和书法,结果既对何绍基所答不满,又见他书法“拙劣”,非常生气。待船行近零陵时,便命何绍基登岸回家,并说道:“今后如学业不成,毋得晋京,以失吾体面。”何绍基受此刺激,惭愧无比,非常内疚。从此之后,便勤奋学习,苦练书法,永不知足。终于在道光十六年(1836 年)38 岁时考中了进士。本来在笔试中何绍基成绩最好,只因在殿试中“语疵”丢掉了状元桂冠,而被贬为第十一名。中进士后,何绍基历官翰林院编修,文渊阁校理,国史馆提调纂修协修,贵州、福建、广东乡试副主考官、主考官。咸丰二年(1852 年),出任四川学政,入蜀后便革除陋规,严劾贪官,不久以“肆意妄言”罪名降职,从此结束了他坎坷的仕宦生涯。此后,他便将毕生精力投入到文化教育和书法艺术中去了。他先后担任过济南泺园书院、长沙城南书院和浙江孝廉堂讲习,还主持过苏州书局、扬州书局的工作。《清史稿·文苑列传》说:“绍基通经史,精律算。尝据《大戴记》考证《礼经》,贯通制度,颇精切。又为《水经注》刊误。于《说文》考订尤深。诗类黄庭坚。嗜金石,精书法。”何绍基虽然政绩突出,学识渊博,但他对社会最大的贡献,还是在书法艺术方面。曾国藩评价何绍基说:“子贞之学,长于五事。一曰《仪礼》精,二曰《汉书》熟,三曰《说文》精,四曰各体诗好,五曰字好。渠意皆欲有传于后,以余观之,字则必传千古无疑矣。”

曾国藩对何绍基的评价是确切的。何氏的书法艺术成就,在当时就得到同时代人的赞誉,对后世也有着广泛而深远的影响。《清史稿·文苑列传》称:何氏“书法初学颜真卿,遍临汉、魏各碑至百十通,运肘敛指,心摹手追,遂自成一家,世皆重之”。近人马宗霍在《霎岳云楼笔谈》中说:“何氏早岁楷法宗唐代欧阳通的《道因碑》,行书宗颜鲁公的《争座位帖》《裴将军帖》,骏发雄强,微少涵渟。中年极意北碑,尤得力于北魏普泰元年(531 年)的《张黑女墓志》,遂臻沉著之境。晚喜分篆,周金汉石无不临摹,融入行楷,乃自成家。”综观何氏的书法艺术,马宗霍对他的评价极为中肯。何氏早期书法,多为楷书;中期以后,行多于楷，行书多参篆意，于纵横欹斜中见规矩，于恣肆中透秀逸；后期则多为篆书和隶书。晚年的书法作品更具有独特风貌，将草书、篆书、隶书、行书融为一体，浑厚雄重，独创一格，颇具成就。

何绍基一生苦练书法，不断创新，为后人留下了大量书法作品。甘肃省图书馆藏有何氏的两件书法作品真迹，一是《行书录董香光评法书条屏》，一是《临张迁碑》。

《行书录董香光评法书条屏》，共四条，纸本，纵 152 厘米，横 35 厘米。释文：

东坡先生书，世谓其学徐浩。以余观之，乃出于王僧虔耳。但坡公用其结体，而中有偃笔，又杂以颜常山法，故世人不知其所自来。即米颠书自率更得之，晚年一变，有冰寒于水之奇。书家未有学古而不变者也。论书以章法为第一大事，盖所谓行间茂密是也。余见米芾小楷作《西园雅集图记》，是纨扇，其直如弦。此必非有他道，乃平日留意章法耳。右军《兰亭序》章法为古今第一，其字皆映带而生，或小或大，随手所为皆入法，所以为神品也。录董香光评法书子贞何绍基，并钤“何绍基印”阳文方印一枚，“子贞”阴文方印一枚。

这件行书真迹，虽然落款处未写明年代，但综合各方面情况看，当属中期作品。作品中大量使用篆隶笔法，用笔圆润遒劲，转折处提笔婉转流利，线条貌似软弱无力，实则外柔内刚，筋力牵连，拙中见巧，飘逸脱俗。看似纵横欹斜，天花乱坠，矫若游龙，似出于绳墨之外，实则腕平锋正，蹈于规矩之中。徐珂在《清稗类钞》中说：何氏“行体尤于恣肆中见逸气，往往一行中，忽而似壮士斗力，筋骨涌现；忽又如衔环勒马，意态超然。非精究四体，熟谙八法，无以领其妙也”。杨守敬在《书学迩言》中：“子贞以颜平原为宗，其行书天花乱坠，不可捉摹。”面对这件《行书录董香光评法书条屏》真迹，细细揣摩，方知徐、杨二人之言，确是精当。

《行书录董香光评法书条屏》之一、二、三、四

《临张迁碑》是何绍基晚年的作品。纸本,经折装,24页,每页6行,共556字。落款为“壬戌(1862年)八月二十九日 七十七通蝯叟”,并钤方印一枚。碑后有跋文六则,分别是宣统己酉(1909年)何维朴跋,光绪乙巳(1905年)顾印愚跋,光绪丙午(1906年)杨守敬跋,光绪丙午(1906年)胡棣华跋,光绪乙巳(1905年)郑氏跋,光绪丙午(1906年)易顺鼎跋。何维朴(1844—1925年),字诗孙,晚号盘止,一号盘叟,又号秋华居士,是何绍基孙。他的跋文详述了何绍基晚年临

碑的情况和本件作品的来历，颇有史料价值。现全文摘录于下：

先大父肆书，从篆分入手，故行楷多有篆分意。思往未尝专习篆分也。至六十岁，当咸丰戊午(1856年)己未(1859年)间，始专习八分书，日作二三百或四五百字。自此至七十岁，十年中凡东京诸碑，临写殆遍。初不自矜惜，有为亲友索取者，有为臧获窃去者，有因省纸而两面书之者。《礼器》《张迁》两碑，各临至一百数十通。今家笥存藏乃不过十数本耳。此临公方碑第七十七通，是年先大父六十四，中阙第十三页，匋宧从石本钩补之。嘱为题记，因谨识数语于后。时宣统己酉(1909年)九月立冬后二日也。

《张迁碑》，全称为《汉谷城长荡阴令张迁表颂》。碑主人张迁，字公方，陈留己吾(今河南宁陵县境)人。此碑刻于东汉中平三年(186年)，原在山东省东平县城内，现存泰山岱庙。该碑结体高古典雅，朴厚宽舒，用笔以方为主，棱角分明，多半为民间书法家作品，没有大家刻意为之的痕迹。

从何维朴所作跋文与何绍基落款可知，此件确是何氏真迹无疑。何绍基专习隶书时间较晚，大约是从60岁开始的。在济南泺园书院、长沙城南书院期间，不间断地临摹汉代名碑古本，尤以对《张迁》《礼器》二碑用功最深，各临百遍，因此有大量墨迹传世，给后人留下了许多珍贵的墨宝。何氏临碑，并非一味照书，而是为了熔铸古人，自成一家。他每临一碑多至若干遍，或取其神，或取其韵，或取其度，或取其势，或取其用笔，或取其行气，或取其结构分布，精神只专注一端。故每次所临无一件与原碑完全相似者。何氏"先分之以究其极，然后合之以汇其归"。因此，他能"入乎古"，也能"出乎古"。这恐怕就是何绍基能够学古而不泥古，能够在"古" 的基础上立宗开派，成为一代碑学大师的秘密吧。

(原载于《陇上珍藏》，敦煌文艺出版社，2001年11月)

附录

邵国秀主要论著目录

一、主要著作(含合著)

1.《邵国秀论文选》，吉林省图书馆学会、四川省图书馆学会编印,1988年。

2.《中国地方志总目提要》(甘肃地方志撰稿人)，台湾汉美出版社,1995年。

3.《中国西北稀见方志》八册(编辑),中华全国图书馆文献缩微复制中心,1994年。

4.《中国西北稀见方志续集》十册(编辑),中华全国图书馆文献缩微复制中心,1997年。

5.《科技文献管理》(合著),兰州大学出版社,1996年。

6.《甘肃藏敦煌文献》(参编),甘肃人民出版社,2000年。

7.《中华竹枝词全编》(参编),北京出版社,2001年。

8.《甘肃省文献资源利用指南》(合著)，兰州大学出版社,1991年。

二、图书馆学情报学专业译文

1.《作为建设世界科学情报系统基础的自动化情报系统》，甘肃省图书馆学会第一次科学讨论会,1979年6月。

2.《医学科学文献的语言障碍》，甘肃省图书馆学会第一次科学讨论会,1979 年 6 月。

3.《城市高等学校图书馆藏书补充的协调》,《高校图书馆工作》1982 年第 3 期。

4.《关于免疫学领域情报流的研究》,《医学情报工作》1982 年第 4 期。

5.《选择对专家最有用的杂志的方法》,《书刊资源利用》1983 年第 1 期。

6.《科学期刊利用情况分析》,《书刊资源利用》1987 年第 1 期。

7.《情报需求的研究》,《图书馆理论与实践》1988 年 1 期。

三、其他译文

1.《微生物对正烷烃和石油芳香烃的消耗》,《烃蛋白技术》1974 年第 2 期。

2.《烃培养的饲料酵母中游离氨基酸的测定》,《烃蛋白技术》1974 年,第 2 期。

3.《烃酵母和碳水化合物酵母化学成分和营养价值的比较》,《烃蛋白技术》1974 年,第 2 期。

4.《石油蛋白》,《烃蛋白技术》1974 年,第 3 期。

5.《关于用石蜡基质培养的 Hπ–4 假丝酵母中烃的分布问题》,《烃蛋白技术》1974 年,第 3 期。

6.《烃饲料酵母中的氨基酸成分》,《烃蛋白技术》1974 年,第 3 期。

7.《肉用仔鸡日粮中的烃饲料酵母》,《烃蛋白技术》1974 年第 3 期。

8.《关于用石油馏份连续培养假丝酵母属酵母的某些规律》,《烃蛋白技术》1974 年,第 4 期。

9.《原放线菌属、分枝杆菌属和小球菌属微生物在烃基质上的培养特性》,《烃蛋白技术》1974 年,第 4 期。

10.《正石蜡被酵母氧化的部位》,《烃蛋白技术》1974 年第 4 期。

11.《正石蜡进入酵母细胞的机制》,《烃蛋白技术》1974 年第 4 期。

12.《热带假丝酵母生长速度的最佳化》,《烃蛋白技术》1975 年第 1 期。

13.《以烃为基质的生产中细菌作为蛋白质产品的利用》,《烃蛋白技术》1975 年第 1 期。

14.《在流动培养中某些因子对酵母生产的影响》,《烃蛋白技术》1975 年第 2 期。

15.《季也蒙氏假丝酵母属酵母对各种不同分子量的正石蜡的消耗》,《烃蛋白技术》1975 年第 2 期。

16.《强烈通气条件下季也蒙氏假丝酵母 Hπ-4 在烃基质上的发育》,《烃蛋白技术》1975 年第 2 期。

17.《关于生长在葡萄糖和正烷烃上的热带假丝酵母属酵母细胞壁的成分》,《烃蛋白技术》1975 年第 2 期。

18.《胃肠道蛋白分解对烃饲养酵母蛋白质的水解率》,《烃蛋白技术》1975 年第 2 期。

19.《苏联微生物合成蛋白质的研究概况》,《应用微生物》1979年第 1 期。

20.《由泥煤水解生产蛋白质—维生素制剂》,《应用微生物》1980 年第 4 期。

四、课题

“甘肃省文献资源调查”,1989 年甘肃省科委批准立项,1991 年获国家科委优秀科技情报成果三等奖。

五、未入编论文

1.《略论省级公共图书馆的科学交流功能》,《吉林省图书馆学会会刊》1980 年第 3 期。

2.《微生物对图书馆藏书的损害及防治》,《四川图书馆学报》1980 年第 3 期。

3.《书库害虫及防治》,《图书馆通讯》1981 年第 1 期。

4.《九年来我省馆际互借书刊工作的统计分析》,《书刊资料利用》1982 年第 2 期。

5.《分类目录的参照系统》,《宁夏图书馆通讯》1985 年第 3 期。

6.《甘肃省图书馆藏本〈永乐南藏〉考略》,《图书与情报》1988 年第 2 期。

7.《甘肃省文献资源布局、开发和利用方案(试行)》,《图书与情报》1990 年第 3 期。

8.《甘肃省文献资源发展战略初探》,《情报杂志》1991 年第 3期。

9.《情报信息与科学决策》,《图书与情报》1993 年第 1 期。

10.《西北五省(区)第六次图书馆科学讨论会总结》,《青海图书馆》1995 年第 4 期。

《陇上学人文存》已出版书目

第一辑

《马　通卷》马亚萍编选　《支克坚卷》刘春生编选
《王沂暖卷》张广裕编选　《刘文英卷》孔　敏编选
《吴文翰卷》杨文德编选　《段文杰卷》杜琪　赵声良编选
《赵俪生卷》王玉祥编选　《赵逵夫卷》韩高年编选
《洪毅然卷》李　骅编选　《颜廷亮卷》巨　虹编选

第二辑

《史苇湘卷》马　德编选　《齐陈骏卷》买小英编选
《李秉德卷》李瑾瑜编选　《杨建新卷》杨文炯编选
《金宝祥卷》杨秀清编选　《郑　文卷》尹占华编选
《黄伯荣卷》马小萍编选　《郭晋稀卷》赵逵夫编选
《喻博文卷》颜华东编选　《穆纪光卷》孔　敏编选

第三辑

《刘让言卷》王尚寿编选　《刘家声卷》何　苑编选
《刘瑞明卷》马步升编选　《匡　扶卷》张　堡编选
《李鼎文卷》伏俊琏编选　《林径一卷》颜华东编选
《胡德海卷》张永祥编选　《彭　铎卷》韩高年编选
《樊锦诗卷》赵声良编选　《郝苏民卷》马东平编选

第四辑

《刘天怡卷》赵　伟编选　《韩学本卷》孔　敏编选
《吴小美卷》魏韶华编选　《初世宾卷》李勇锋编选
《张鸿勋卷》伏俊琏编选　《陈　涌卷》郭国昌编选
《柯　杨卷》马步升编选　《赵荫棠卷》周玉秀编选
《多识·洛桑图丹琼排卷》杨士宏编选
《才旦夏茸卷》杨士宏编选

第五辑

《丁汉儒卷》虎有泽编选　《王步贵卷》孔　敏编选
《杨子明卷》史玉成编选　《尤炳圻卷》李晓卫编选
《张文熊卷》李敬国编选　《李　恭卷》莫　超编选
《郑汝中卷》马　德编选　《陶景侃卷》颜华东　闫晓勇编选
《张学军卷》李朝东编选　《刘光华卷》郝树声　侯宗辉编选

第六辑

《胡大浚卷》王志鹏编选　《李国香卷》艾买提编选
《孙克恒卷》孙　强编选　《范汉森卷》李君才　刘银军编选
《唐　祈卷》郭国昌编选　《林家英卷》杨许波　庆振轩编选
《霍旭东卷》丁宏武编选　《张孟伦卷》汪受宽　赵梅春编选
《李定仁卷》李瑾瑜编选　《赛仓·罗桑华丹卷》丹　曲编选

第七辑

《常书鸿卷》杜　琪编选　《李焰平卷》杨光祖编选
《华　侃卷》看本加编选　《刘延寿卷》郝　军编选
《南国农卷》俞树煜编选　《王尚寿卷》杨小兰编选
《叶　萌卷》李敬国编选　《侯丕勋卷》黄正林　周　松编选
《周述实卷》常红军编选　《毕可生卷》沈冯娟　易　林编选

第八辑

《李正宇卷》张先堂编选　《武文军卷》韩晓东编选
《汪受宽卷》屈直敏编选　《吴福熙卷》周玉秀编选
《蹇长春卷》李天保编选　《张崇琛卷》王俊莲编选
《林　立卷》曹陇华编选　《刘　敏卷》焦若水编选
《白玉岱卷》王光辉编选　《李清凌卷》何玉红编选

第九辑

《李　蔚卷》姚兆余编选　《郗慧民卷》戚晓萍编选
《任先行卷》胡　凯编选　《何士骥卷》刘再聪编选
《王希隆卷》杨代成编选　《李并成卷》巨　虹编选
《范　鹏卷》成兆文编选　《包国宪卷》何文盛　王学军编选
《郑炳林卷》赵青山编选　《马　德卷》买小英编选

第十辑

《王福生卷》孔　敏编选　《刘进军卷》孙文鹏编选
《辛安亭卷》卫春回编选　《邵国秀卷》肖学智　岳庆艳编选
《李含琳卷》邓生菊编选　《李仲立卷》董积生　刘治立编选
《李黑虎卷》郝希亮编选　《郭厚安卷》田　澍编选
《高新才卷》何　苑编选　《蔡文浩卷》王思文编选